学校心理咨询与辅导

主　编　邓晓红　严　瑜

副主编　吴和鸣　张红梅

周守珍　陈建新

華中科技大學出版社

http://www.hustp.com

中国·武汉

内容简介

本书从学校心理咨询与辅导的发展简史，以及心理咨询与辅导工作对从业者的要求等问题入手，详细阐述了中学生的心理特点和常见心理问题、心理咨询与辅导的理论体系、心理咨询关系、心理咨询过程、咨询会谈技术、心理测验的技术、学习心理辅导、青春期性心理辅导、生活与休闲辅导和团体心理辅导等内容。本书力求体现以下特点：①除阐述心理咨询与辅导的理论知识外，更加注重传授心理咨询与辅导的具体方法和技能；②在保证教材科学性和严谨性的前提下，本书在体例的设计上将学习目标、案例导入、视野扩展、思考与练习、课外延伸等融合在一起，力求做到深入浅出，生动有趣；③内容力求反映近年来本学科的最新进展。由于本书大部分编写人员为心理咨询与辅导领域的知名专家学者，具有扎实的理论基础和丰富的心理咨询实战经验，因此，本书不仅适合提供给在校大学生作为教材使用，也适合作为社会上广大心理咨询爱好者提高心理咨询与辅导的理论水平和实践操作技能的参考书。

图书在版编目(CIP)数据

学校心理咨询与辅导/邓晓红，严瑜主编. —武汉：华中科技大学出版社，2011.12
ISBN 978-7-5609-7590-0

Ⅰ.①学…　Ⅱ.①邓…　②严…　Ⅲ.①学校教育-咨询心理学　Ⅳ.①G44

中国版本图书馆 CIP 数据核字(2011)第 270691 号

学校心理咨询与辅导　　　邓晓红　严　瑜　主编

策划编辑：曾　光
责任编辑：华竞芳
封面设计：龙文装帧
责任校对：代晓莺
责任监印：张正林
出版发行：华中科技大学出版社(中国·武汉)　　电话：(027)81321913
　　　　　武汉市东湖新技术开发区华工科技园　　邮编：430223
录　　排：华中科技大学惠友文印中心
印　　刷：武汉市籍缘印刷厂
开　　本：787 mm×1092 mm　1/16
印　　张：19.25　插页：2
字　　数：458 千字
版　　次：2019 年 1 月第 1 版第 3 次印刷
定　　价：38.00 元

总序

教师兴则教育兴，教师强则教育强。当今世界，大力加强教师队伍建设，创新教师教育培养模式，提高教师专业化水平，是世界各国教育改革与发展的一项共同目标。我国新近颁布的《国家中长期教育改革和发展规划纲要(2010－2020年)》提出，"教育大计，教师为本。有好的教师，才有好的教育。""加强教师教育，构建以师范院校为主体、综合大学参与、开放灵活的教师教育体系。深化教师教育改革，创新培养模式，增强实习实践环节，强化师德修养和教学能力训练，提高教师培养质量。"

教材建设与开发是创新教师教育培养模式、促进教师专业化发展的一个重要手段，也是深化教师教育改革、提高教师培养质量的一项重要举措。2009年6月，教育部启动实施"教师教育创新平台项目计划"，明确提出要努力创新教师培养模式，加强教师教育学科群建设，深化学科专业、课程教学改革。在这种背景下，我们组织一批教学经验丰富、研究成果突出的高校专业教师，根据教师教育创新培养模式以及教师专业化发展的新形势、新目标和新任务，以华中科技大学出版社为平台，编写了"高等学校教师教育创新培养模式'十二五'规划教材"，包括《教育学教程》、《心理学教程》、《现代教育技术教程》、《课程与教学论教程》、《中国教育史教程》、《外国教育史教程》、《教师伦理学教程》、《学与教的心理学》、《学校心理咨询与辅导》、《人格心理学》、《公关心理学》、《班主任工作艺术》、《多媒体课件设计与制作》、《教育科研技能训练》、《教师教学技能训练》和《教师语言艺术训练》共16本。

通过教材建设与开发创新教师教育培养模式，探索教师专业化成长之路，是一种新的尝试，也是一项比较复杂的系统工程。本系列规划教材的编写，以《国家中长期教育改革和发展规划纲要(2010－2020年)》精神为指导，在坚持教材编写的科学性、创新性、系统性、规范性等基本原则的基础上，力图从以下三个方面进行有益的探索。

(1)在传承教育学专业基础知识的基础上，突出教师教育教材编写的实践取向。教师教育教材体系的变革，是当前创新教师教育培养模式的一个重要课题。教师教育教材的编写，既要体现系统、严密、扎实的教育理论知识，又要突出丰富、生动、具体的教育实践情境；既要注重将抽象的理论知识引入鲜活的实践领域，还要注意将日常实践经验导向富有魅力的理论阐释。其重点和难点在于达成理论与实践两方面的动态平衡和相互转化，并始终专注于教材的现实取向和实践立场，以克服理论脱离实际、知识与能力相分离、所学非所用等方面的流弊。本系列规划教材的编写，力求在简明介绍、评述相关理论知识及其背景的基础上，凸显教材的实践取向和实用价值。如《班主任工作艺术》、《多媒体课件设计与制作》、《教育科研技能训练》、《教师教学技能训练》、《教师语言艺术训练》等教材，都充分体现了这种取向。

(2)在坚持教材编写为教师服务的基础上，突出教材编写的学习者取向。任何教材的编写，既要考虑教师"教"的需要，也要考虑学习者"学"的需要，好教材通常是教师"好教"，学生"好学"，教学一致，师生相长。本系列规划教材的编写，力求在为从事教师教育的专业教师提供优质的课程与教学设计的基础上，坚持"以学习者为主，为学习服务"的基本原则。基于创新教师教育模式所要达成的目标，教师的"教"需要满足于学生的"学"，"教材"需要趋向于"学材"。尽管许多教材名曰"教程"，但我们更倾向于将它转化为"学程"，追求"教程"与"学程"的有机统一。同时，在教材编写过程中注重学习资源与问题情境相结合、文字表述与图表呈现相结合、文本学习与思想交流相结合、知识掌握与能力训练相结合。

(3)在坚持教材编写的普适性、通用性原则的基础上，突出教材编写的区域性特色。湖北是我国的教育大省，湖北教育尤其是教师教育在中部地区具有重要的比较优势与特色。未来 10 年湖北将努力从教育大省迈进教育强省，而教师教育必将是我省基础教育改革与发展的一项重点工作。本系列规划教材的编写者以湖北省属高校专业教师为主，旨在充分利用湖北省丰富的高校教师教育方面的教学和研究资源，以及广大中小学校教育教学改革的先进经验，凸显教师教育教材编写的区域特色和比较优势。同时，也注意充分吸收其他地区教师教育的理论和实践成果。

本系列规划教材的编写，是一次较大规模的集体劳动的成果。湖北大学、江汉大学、长江大学、三峡大学、湖北师范学院、湖北第二师范学院、湖北民族学院、黄冈师范学院、孝感学院、咸宁学院、襄樊学院、荆楚理工学院、郧阳师范高等专科学校等 10 余所院校的百余名专业教师的热诚加盟，华中科技大学出版社领导和各位编辑的大力支持，各路同仁的精诚团结与通力合作，使本系列规划教材的编写得以顺利进行。编委会同仁深知编写系列规划教材是一件非常不易的大事，有的教材或许存在某些问题、差错，热诚欢迎广大读者及时加以指出，以便我们在下次修订时改正、完善。

本系列规划教材适用于高等师范院校学生和综合性大学师范专业学生学习，同时可作为在职教师培训教材和专业教师教学参考用书。

靖国平

2010 年 11 月 30 日

前言

当今世界，各国间综合国力的竞争日趋激烈，而竞争从根本上来说是人才的竞争。我们的教育就是要培养与现代社会相适应的高素质的劳动者和接班人，要全面提高学生的思想道德素质、科学文化素质、劳动技能素质、身体素质和心理素质。从一定意义上来说，学生的心理素质决定着其他素质的质量水平，甚至决定着学生最终能否成才。心理素质的重要性目前已逐渐被广大的教育工作者所认识，学校心理咨询与辅导工作也日益受到学校、社会与家长的重视。

自 20 世纪五六十年代以来，在世界上许多国家和地区，特别是一些发达国家和地区，学校心理咨询与辅导的理论和实践都有了长足进步，心理咨询与辅导在某种意义上已经成为现代学校的一个重要标志。但目前很多学校从事心理咨询与辅导工作的教师缺乏相关的专业知识和咨询辅导技巧。鉴于上述原因，我们编写了这本《学校心理咨询与辅导》，力求体现以下特点。

(1) 除了注重讲解心理咨询与辅导的理论外，更加注重传授心理咨询与辅导的具体方法和技能，其中大量的咨询案例和介绍咨询技能的实例不仅增加了教材的可读性和趣味性，还便于读者能很好地将心理咨询与辅导的理论与具体实践相结合。

(2) 体现知识衔接的趣味性。在保证教材科学性、严谨性的前提下，本书在体例的设计上将学习目标、案例导入、视野扩展、思考练习、课外延伸等融合在一起，力求做到深入浅出，生动有趣。

(3) 由于受到篇幅等条件的限制，本书心理咨询与辅导的对象主要针对中学生，针对小学生和大学生心理咨询与辅导的内容涉及较少。

本书的编者邓晓红、吴和鸣、陈建新等多人具有医学和心理学双重教育背景，并且，作为知名专家学者，他们不仅有着很高的理论水平，而且在心理咨询实践方面有丰富的经验。主编邓晓红为医学博士，湖北大学心理学系主任，湖北省心理学会和武汉市心理学会副理事长，中国社会心理学会理事，长期从事医学临床、心理学教学科研和心理咨询师国家职业资格培训工作。主编严瑜为武汉大学心理学系副主任，长期从事学生的心理咨询与辅导工作，在心理测量学方面有很高的造诣。副主编吴和鸣为中国地质大学(武汉)应用心理学研究所副所长，中国心理卫生协会心理治疗与咨询专业委员会精神分析学组成员，中国心理学会注册督导师，曾任武汉中德心理医院院长，长期从事精神科临床工作和学生的心理咨询与辅导工作，是中德及中挪精神分析培训班的中方教师。本书不仅适合在校大学生作为教材使用，也适合广大心理咨询爱好者为提高心理咨询与辅导的理论水平和实际操作技能作为辅导材料。

本书由邓晓红、严瑜担任主编，吴和鸣、张红梅、周守珍、陈建新担任副主编。邓晓红负责大纲编写、各章初稿修改和统稿定稿，严瑜、张红梅、周守珍、陈建新、邹德菊等协助审稿。全书各章编写人员如下：第一章由湖北大学的邓晓红老师编写；第二章由湖北大学的陈建新老师编写；第三章由湖北大学的谢桂阳老师编写；第四章由湖北第二师范学院的张红梅老师编写；第五章由中国地质大学（武汉）的吴和鸣老师编写；第六章由湖北大学的邓晓红老师编写；第七章由武汉大学的严瑜老师编写；第八章由湖北大学的徐学俊老师编写；第九章由湖北省襄阳市第五中学的邹德菊老师编写；第十章由长江大学的周守珍老师编写；第十一章由湖北大学的柳珺珺老师编写。

另外，本书的编写和出版得到了湖北大学、武汉大学、中国地质大学（武汉）、长江大学、湖北第二师范学院和华中科技大学出版社的大力支持；湖北大学教育学院心理学系教师王凤霞、徐碧波、纪凌开、刘洁，心理学系研究生张洁、徐锦芬、王昭昭、吴保忠、李凡繁、刘玲、徐玙仙，心理学系本科生周婷婷、俞晓阳等参与了本书文稿的校对工作。在此，向他们表示最衷心的感谢！

由于时间等因素的限制，本书难免有不足之处，敬请广大读者批评指正。

本书全部内容已制作了多媒体课件，可免费提供给将本书作为教材和参考书的学校师生使用。

编　者

2011 年 6 月

目录

第一章　绪　论

学习目标　……

- 掌握心理咨询、心理辅导和心理治疗的含义
- 掌握心理咨询、心理辅导和心理治疗的区别
- 理解学校心理咨询和思想政治教育的区别
- 掌握学校心理辅导的目标和任务
- 了解学校心理咨询和辅导的发展简史
- 了解心理咨询与辅导工作对从业者的要求

徐某,男,14岁,初二学生。学习成绩中等偏下,智力一般,性格倔强,自尊心特强,逆反心理十分严重。常和父母、老师发生冲突,有很强的抵触情绪。常受不了老师和家长的批评。每次老师批评他,他就用眼睛瞪着老师,一副不服气的样子,甚至还和老师顶嘴。学校的心理老师通过与徐某交流,发现他之所以出现这种情况,主要原因是家庭和个别老师教育不当。于是为他制订了心理辅导计划并实施,主要是争取家长的主动配合,改善家庭教育环境,坚持正面疏导教育等。通过经常、持久的心理辅导,徐某的逆反心理有所改观,与同学、老师的紧张关系得到了缓解,最大的变化是做错了事能主动承认,学习比以往认真,上课还主动举手回答问题,学习成绩有所提高。

从上面的案例可以看出,学校的心理老师对徐某进行了心理辅导。那么,什么是心理辅导?心理辅导与心理咨询、心理治疗之间有什么区别和联系?学校心理咨询辅导就是给学生进行思想政治教育吗?学校心理辅导的目标和任务是什么?在我国,具备何种条件的人才能从事心理咨询与辅导工作?通过本章的学习,你将会找到相应的答案。

第一节　概　述

一、心理咨询与心理辅导的含义

(一)心理咨询

"心理咨询"在英文中被称为"咨询"(counseling),counseling 的词干 counsel 源

于拉丁语的 consilium(会议、考虑、忠告、谈话、智慧)和古法语的 conseiller(商谈)。从形式上看,现在的心理咨询仍继承着词源的原意。但目前学术界关于心理咨询却存在着多种不同的定义,各种定义的外延和内涵因理论流派和职业取向的不同而有差异。

美国心理学家卡尔纳认为,心理咨询是指一种专门向他人提供帮助与寻求这种帮助的人们之间的关系。在这种关系中,助人者的手段及其所创造的气氛使人们逐步学会以更积极的态度对待自己和他人。

美国著名心理学家罗杰斯则认为,心理咨询是一个过程,在此期间,咨询师与当事人的关系能给予后者一种安全感,使其可以从容地开放自己,甚至可以正视自己过去予以否定的经验,然后把那些经验融合于已经转变了的自己,做出统合。罗杰斯强调人际关系在咨询过程中的重要性,相信人可以通过对自己的重新认识达到自我改变。

中国的阮芳赋先生曾推荐里斯曼在 1963 年对心理咨询所下的定义:心理咨询乃是通过人际关系而达到的一种帮助过程、教育过程和增长过程。这一定义基本表达了心理咨询的实质内容。

在《国家职业资格培训教程》中,将心理咨询定义为“心理咨询师协助求助者解决心理问题的过程”。

(二) 心理辅导

“辅导”含有“协助、帮助、支持、引导、鼓励、援助”的意思。到目前为止,心理辅导专家对心理辅导的定义还有所区别。

我国香港心理辅导专家林孟平认为,心理辅导是一个过程。在这个过程中,一位受过专业训练的辅导员,与当事人建立一种具有治疗功能的关系,协助对方认识自己、接纳自己,进而欣赏自己,克服成长中的障碍,充分发挥个人潜能,使人生有丰富的发展。

图 1-1 学校心理辅导活动

目前,大多数学者认为,学校心理辅导是指教育者运用心理学、教育学、社会学、行为科学乃至精神医学等多种学科的理论与技术,通过集体辅导、个别辅导、教育教学中的心理辅导及家庭心理辅导等多种形式,帮助学生自我认识、自我接纳、自我调节,从而充分开发自身潜能,促进其心理健康与人格和谐发展的一种教育活动。学校心理辅导活动如图 1-1 所示。

二、心理咨询、心理辅导和心理治疗的区别

心理治疗又称精神治疗，是指以临床心理学的理论系统为指导，以良好的医患关系为桥梁，运用临床心理学的技术与方法治疗病人心理疾病的过程。

心理咨询、心理辅导与心理治疗有很多相同的地方。例如：它们都是通过建立相互信任的工作关系对来访者进行帮助，促进来访者改变或成长。但是，这三个概念之间又各有其特点和独立性，目前学术界一些学者认为，混淆它们之间的差异可能会造成不良后果，因此，有必要对它们之间的区别加以认识。

（一）心理咨询与心理治疗的区别

第一，服务的对象和面对的问题不同。一般来讲，心理咨询面对的是普通人群，即来访者不具有经临床诊断的心理疾病。而心理治疗侧重为具有临床心理诊断的有心理疾病的人群服务。这其中的关键在于来访者是否有心理疾病。例如：人总有情绪低落的时候，但情绪低落和抑郁症是不一样的，抑郁症需要通过心理测量、评估和诊断才能被确定。

第二，在方法和具体操作上也有所不同。由于心理治疗面对的是有心理疾病的人，所以操作过程更像医学模式。如先要进行诊断，有了诊断结果，才能设计并实施治疗方案。在整个过程中，心理治疗师有很大的控制权，而来访者则处于相对被动的地位。与心理咨询师相比，心理治疗师对来访者更具有权威性，而心理咨询的过程虽然也有发现问题、判断问题和解决问题这样一个模式，但由于诊断并不是一个必须的阶段，也不一定必须有一个诊断结果，所以在方法上比较灵活，可以多样化，并不拘泥于单一的某种理论或技巧，心理咨询师可以综合不同的理论技巧制定出适合于个案的咨询方法。

（二）心理咨询与心理辅导的区别

心理辅导可以说是心理咨询这个概念下的一个具体咨询内容，它特指在中小学学校对学生进行的心理咨询，帮助学生解决成长中遇到的各种问题，面对的对象是全体学生而非个别有心理疾病的学生。从事心理辅导的专业人员在接受培训时学习的侧重点也有所不同，培训的内容是从发展的角度出发，注重从业人员对在校学生和学校文化等多方面的了解，以便更好地帮助学生适应学校生活。学生的学习、社交、情感发展和职业发展是心理辅导的三大主要内容。与心理辅导相比，心理咨询显然不仅仅限于中小学这样特定的场所，也不仅仅是面对学生这些特定的人群和解决学生的学习、社交、情感发展等特定的问题。

心理辅导工作者如果遇到的学生问题超出心理辅导的内容而需要进行临床诊断时，应及时把学生转介到心理咨询师或心理治疗师那里，以得到适当的帮助。由于心理辅导的培训内容不包含深入的心理诊断和心理治疗，因此，心理辅导工作者不具备进行长期深入心理治疗的能力。但他们需要接受基本的咨询理论和技能（包括初始的心理测量、评估等）的培训，因为心理辅导工作者需要对来访的学生是否需

要转介进行初步判断。

【他山之石】

什么样的人适合做心理咨询?

专家认为,适合找咨询师做心理咨询的人应具备以下几个特点。

(1) 智力基本正常:表达力、领悟力与智力水平成正比。

(2) 人格基本健全:无严重的人格障碍,具备基本的社会责任感、道德感、恐惧感、自控能力及对人对事的真实稳定的感情等。

(3) 要解决的问题与心理因素有关:这些问题主要包括由心理因素所引发的心因性问题、社会适应不良问题、情绪调节问题、心理教育与发展问题等。生物因素致病的患者及发作期的精神病人不属于心理咨询范围。

(4) 有真正的、合理的求助动机:自觉有心理烦恼或心理痛苦并愿意寻求帮助的人咨询效果会比较好;经反复做工作仍无求助动机的人或动机不正确的人不适合做心理咨询;迫于他人压力前来求助的人易对心理咨询产生抵触情绪,过度使用心理防御机制的人也会使咨询的难度增加。

(5) 愿意客观地认识自己:那些愿意客观地认识自己、善于内省、对他人的建议持开放心态的求助者咨询效果较好。

(6) 对咨询有一定信任度:信任咨询、信任咨询师,期待通过咨询消除痛苦获得帮助,这样的心态有助于促进咨询效果。

三、学校心理咨询和思想政治教育的区别

学校心理咨询和思想政治教育是两种不同的社会实践活动,两者之间具有差异。现实中人们在开展心理咨询或思想政治教育活动的时候,往往忽视了它们的区别,犯下了"心理咨询思想政治教育化"或"思想政治教育心理咨询化"的错误,因而导致效果不理想。准确把握心理咨询和思想政治教育的差异,对深刻全面地把握它们之间的关系、更有效地开展相关工作具有重要的意义。

(一) 心理咨询与思想政治教育具有不同的内涵

按照《国家职业资格培训教程》的定义,心理咨询是心理咨询师协助求助者解决心理问题的过程。在这一过程中,心理咨询师运用有关心理学的理论和方法,通过语言、文字等媒介,与来访者一起分析、研究和讨论,揭示引起心理障碍的原因,找出行为问题的症结,探索解决问题的可能条件和途径,共同协商出摆脱困境的对策,最后使来访者对自己及环境有一个正确的认识,对社会生活有良好的适应,增强信心,克服障碍,维护心理健康。

思想政治教育是指社会或社会群体为了实现其政治目标和任务,用一定的思想观念、政治观点、道德规范对其成员施加有目的、有计划、有组织的影响,使它们形成符合教育者所要求的思想品德的社会实践活动。思想政治教育是由社会定向并为

一定的阶级服务的,带有浓厚的政治色彩。思想政治教育是教育的组成部分,是教育者向受教育者传递社会行为规范,促进社会客观要求转化为受教育者内心需要,促进社会价值观内化为受教育者主体意识并形成社会主体德行的过程,注重的是人的思想层次的提高与升华,追求的是一种社会意义。

(二)心理咨询与思想政治教育具有不同的理论体系

咨询心理学是心理学的一门分支学科和重要的应用领域,心理咨询主要以心理学和医学方面的理论为基础,理论体系包括普通心理学、发展心理学、社会心理学、变态与健康心理学、心理测量学等。心理咨询还涉及社会学、行为科学、教育学等相关领域的理论。

思想政治教育以马克思主义、毛泽东思想、邓小平理论和"三个代表"的思想为指导,理论体系包括马克思主义哲学、政治经济学、社会学及教育学等方面的理论,具体包括意识的能动作用、社会意识与社会存在的辩证关系、人的本质是社会关系的总和、人的全面发展及"灌输"等理论。

由上可见,虽然心理咨询与思想政治教育都坚持唯物辩证法的观点,并都吸收了教育学、社会学等学科的理论内容,但两者的基本理论体系是截然不同的。

(三)心理咨询和思想政治教育具有不同的目标与任务

心理咨询的基本目的在于帮助来访者摆脱消极情绪,克服心理和人格障碍,建立社会与个人和谐的生活模式;其主要任务是帮助来访者认识自己的内外世界,纠正不合理的欲望和错误观念,学会面对和应对现实,学会理解他人,增强自我认识能力。

思想政治教育就是用人类历史上最先进、最科学的世界观与方法论去教育和启发受教育者,提高受教育者的思想政治素质、职业道德素质,帮助受教育者树立正确的世界观、人生观、政治观、道德观、审美观、法制观、创造观,掌握科学的思想方法和工作方法,正确处理国家、集体和个人之间的关系,使受教育者把党和国家的理想、信念、路线、方针、政策内化为受教育者自身的价值诉求和行为目标,要帮助受教育者确立为建设中国特色社会主义而奋斗的政治方向,做自觉自愿的社会主义现代化事业的建设者和接班人。

(四)心理咨询与思想政治教育具有不同的工作方式

心理咨询主要有个体心理咨询和团体心理咨询两种形式。前者一般是由心理咨询师在固定地点等待来访者前来咨询,咨询在很大程度上以来访者自愿接受咨询为基础,倾听和商讨是主要形式。个体心理咨询的具体方法主要有系统脱敏法、冲击疗法、厌恶疗法、模仿法、生物反馈法、认知行为疗法和求助者中心疗法等。团体心理咨询是在团体情境中提供心理帮助与指导的一种心理咨询与治疗的形式,一般由1～2名领导者主持,根据团体成员问题的相似性,组成课题小组通过共同商讨、训练、引导,解决成员共有的发展课题或相似的心理障碍。

思想政治教育一般是由思想政治教育工作者根据政策方针、现实问题等主动展开的，是一种“外部指导或灌输”的过程。思想政治教育虽然也强调受教育者的主体地位，但往往是教育者主动教育、受教育者被动接受。思想政治教育的基本方法有理论教育法、实践教育法、批评与自我批评的方法等，多以政治学习、座谈讨论、表扬批评、典型示范、演讲报告、参观访问、检查评比等具体形式展开，思想政治教育更强调言传身教的作用。

（五）心理咨询与思想政治教育对从业人员具有不同的要求

虽然说心理咨询与思想政治教育都是“做人的工作”，并且都要求从业人员具有热情、耐心、负责等品质特征，但二者对从业人员的要求还是存在较大的差别。心理咨询是一项高度专业化的工作，要求从业人员参加过专门的职业培训，具备扎实的理论功底，掌握丰富的心理学、医学及其他相关学科知识，并且具备娴熟的心理咨询临床操作技巧。特别是在 2001 年 8 月我国开始启动心理咨询师的职业化工作并颁布《心理咨询师国家职业标准》以后，对心理咨询从业人员提出了更高的、更具体的要求，从事心理咨询的人员应具备心理咨询员及以上的职业资格。

思想政治教育工作者则更强调对党的理论、路线、方针、政策有深刻的理解，具有敏锐的政治洞察力，具有坚定的政治立场和原则。同时，思想政治教育工作者在道德修养等方面的要求也比较高，要求具有人格魅力。心理咨询与思想政治教育还有一点区别就是，心理咨询作为一种社会服务，虽然强调“助人自助”，但心理咨询师可以依据相关的标准收取一定的费用，而思想政治教育工作者不能收费。心理咨询对保密也有着更高的要求。

【趣味阅读】

色彩心理学

色彩具有不可思议的神奇魔力，会给人的感觉带来巨大的影响。例如：色彩可以使人混淆对时间的知觉，这是它的众多“魔力”之一。

请两个人做一个实验。让其中一人进入粉红色壁纸、深红色地毯的红色系房间，让另外一人进入蓝色壁纸、蓝色地毯的蓝色系房间。不给他们任何计时器，让他们凭感觉在一小时后从房间中出来。结果，在红色系房间中的人在 40～50 min 后便出来了，而蓝色系房间中的人在 70～80 min 后还没有出来。有人说，这是因为红色的房间让人觉得不舒服，所以感觉时间特别长。的确有这个可能，但最主要的原因是人对时间的知觉会被周围的颜色扰乱。

举个例子，在时下非常流行的休闲运动——潜水中，人需要携带氧气瓶。一个氧气瓶大约可以持续供氧 40～50 min，但是大多数潜水者将一个氧气瓶的氧气用光后，却感觉在水中只下潜了 20 min 左右。海洋里的各色鱼类和漂亮珊瑚可以吸引潜水者的注意力，因此会感觉时间过得很快，这是原因之一。更重要的是，海底是被海水包围的一个蓝色世界。正是蓝色麻痹了潜水者对时间的感觉，使他知觉到的时间长度比实际的时间短。这个现象在日常生活中也很常见，灯光照明就是其中一个例子。在青白色的荧光灯下,人会感觉时间过得很快,而在温暖的白炽灯下,就会感觉时间过得很慢。因此,如果单纯出于工作的需要,最好在荧光灯下进行。白炽灯会使人感觉时间漫长,容易产生烦躁情绪。反之,卧室中就比较适合使用白炽灯等令人感觉温暖的照明设备,这样会营造出一个属于自己的悠闲空间。

第二节 学校心理辅导的目标和任务

目前,心理学领域对学校心理辅导的目标和任务等尚未形成一套完整的、公认的看法。1981 年,我国台湾中小学已初步确立了包括目标、内容在内的较为完整的心理辅导体系。在这个体系中,小学、初中、高中的具体辅导目标与内容有所区别。

一、初中学生的心理辅导目标与内容

初中心理辅导要求达到下列目标。

(1) 协助学生了解自我所具备的能力、性向、兴趣和人格特质,并认识所处的环境,以发展自我、适应环境、规划未来,促进学生的自我价值实现。

(2) 协助学生培养主动积极的学习态度,有效地应用各种学习策略与方法,养成良好的学习习惯,以增强学习兴趣,提高学习能力,开发个人潜能。

(3) 协助学生掌握人际交往的技巧,发展价值判断的能力,培养良好的生活习惯和人际关系,建立正确的人生观,更好地适应社会生活。

(4) 协助学生了解生涯发展的理念,增进生涯觉知与探索的能力,学习关于生涯抉择规划的技巧,以便为未来发展作准备,丰富人生阅历,实现个人的价值和追求。

根据这四项目标,台湾把初中心理辅导工作分为“生活辅导”、“学习辅导”和“生涯辅导”三大类,具体内容如下所述。

(1) 生活辅导。一是协助学生利用各种教学媒体探讨青少年时期身心发展的特点,从而协助学生认识自我;二是协助学生分析个人生活中的各种有用资源,分析自我发展的方法,学习接纳个人的不足并探索弥补的方法,从而达到悦纳自己的目的;三是协助学生认识人际关系的重要性,并学习人际交往的技巧,如表达同情心、尊重他人、问候别人、自我表露、致歉、致谢等与人沟通的方法;四是协助学生懂得对父母的养育感恩,发展良好的家庭氛围,学习如何化解家庭危机;五是协助学生认识并有效地利用社区资源;六是协助学生充实生活内容和学习生活技巧;七是协助学生学习休闲生活的知识、技能与态度,养成良好的休闲生活习惯;八是分析青少年时期的两性心理,协助学生学习适当的两性交往的态度与方法;九是协助学生认识、关怀与照顾残障学生等。总的来说,我国台湾地区初中生活辅导内容比小学有所提高,主要体现在辅导内容纵向上的深入,还有横向上根据青少年的身心发展规律,适时增加了休闲辅导和两性辅导等内容。

(2) 学习辅导。一是协助学生认识学习环境,了解初中与小学情境的差异;二是

协助学生培养主动积极的学习态度；三是协助学生了解各种有用的学习策略并应用于学科学习；四是协助学生准备考试，介绍有效的复习方法和降低考试焦虑的方法；五是协助学生反思学习状况和克服学习困难的方法；六是协助学生充实学习的内涵，体会学习的乐趣，了解终身学习与不升学时寻求延续学习资源的方式等。概括起来说，台湾初中学习辅导主要是协助学生培养良好的学习态度和学习策略，养成良好的学习习惯，提高学业成绩，开发个人潜能。

(3) 生涯辅导。一是协助学生了解青少年时期的发展任务和生涯发展理念并发展生涯觉知，帮助学生收集、分析、归纳当前社会就业概况，进行生涯探索，并进一步协助学生学习基本的求职知识；二是协助学生建立良好的职业道德观念，学习各种丰富人生与发展生涯的方法和途径；三是比较与分析不同类型升学学校，探讨有效升学的策略。

我国台湾地区初中的心理辅导活动以全体学生为对象，全校教师共同承担辅导学生的责任。辅导活动在纵向上是全程的，注重与小学及上一级学校或就业单位的连接及相互配合；辅导活动在横向上与各科学习活动密切配合，加强联络，并与校外各种资源协调、配合。在具体的辅导中，以上三个方面的心理辅导在每个年级的侧重点有所不同，一、二年级学生以学习、生活辅导为重点；三年级学生以生涯辅导为重点。在辅导活动中广泛采用讨论、报告、参观、访问、座谈、表演、绘画、填表、调查、辩论、角色扮演、家庭作业等辅导方式。

二、高中学生的心理辅导目标与内容

关于高中学生心理辅导的目标可以简要地概括为辅导学生统整自我、认识环境、适应社会，并能正确选择升学或就业方向。在辅导内容的分类上淡化了以前以“生活辅导”、“学习辅导”和“生涯辅导”的分类方式，更重视学生身心状况，采用了心理辅导的三种层级来进行分类，即发展性辅导、介入性辅导和矫治性辅导。这三种层级的心理辅导具体内容如下所述。

(1) 发展性辅导。这是针对学生身心健康发展进行的一般性辅导，主要包括实施新生适应辅导，增进学生的生活适应能力；协助学生了解高级中学的教育目标，并认清各学科的学习目标、学习内容及选课方式与原则；实施各项辅导活动，增进学生解决问题能力并建立健康的价值观与人生观；提供相关活动与课程，辅导学生规划生涯蓝图，增进生涯发展技能；辅导学生培养良好学习态度、学习习惯与学习方法；协助学生适应团体生活，建立良好人际关系，培养适应社会的能力；参考评价结果、运用生涯信息，进行选课辅导；培养学生主动搜集数据、运用信息的能力；辅导具有特殊才能的学生，实施学生升学、就业及延续辅导；其他相关发展性辅导事项。

(2) 介入性辅导。这是针对适应困难或濒临行为偏差学生进行的专业辅导，主要包括对生涯未定向的学生进行生涯咨询；协助适应困难的学生转换学习环境；为行为偏差或适应困难的学生提供心理咨询；熟悉校园危机处理小组的运作方式，以降低危机事件对学校及师生的伤害；其他相关介入性辅导事项。

(3) 矫治性辅导。这是针对严重适应困难或行为偏差学生进行的咨询或转介，并配合转介后的身心康复辅导，主要包括提供长期中途辍学生延续辅导与生涯咨询；为行为偏差或严重适应困难的学生提供学习辅导；对行为偏差或严重适应困难学生进行心理咨询或心理治疗；配合社区资源与精神医疗机构，对有精神疾病的学生进行转介与延续辅导；对校园危机事件进行紧急处理；其他相关矫治性辅导事项。

为了实现上述的辅导内容，高中学生心理辅导工作是以全校学生为主体，根据学生身心发展的特质，辅导学生适应性发展。辅导教师广泛运用测验、观察、调查等方式获取数据，作为学生辅导的基础。辅导工作的实施是依托课程教学、社团活动、个别谈话、团体辅导、测验实施等方式进行的。

【视野扩展】

关于学校心理辅导的基本观点

(1) 学校心理辅导是素质教育的基础工程。

人的素质包括身体素质、心理素质和社会文化素质三个层面。如果舍弃居于中介层面的心理素质，就会造成学校教育的弊端，比如学生言行不一、高分低能等。心理辅导主要是解决青少年成长中的问题，促进其社会化。完善的学校教育体系应该教会学生三方面的知识：关于自然的知识、关于社会的知识和关于自我的知识。心理辅导就是让学生进行自我探索，认识自我、调节自我、完善自我，解决自己成长中的各种问题。关于自我知识的获得，是学生得到真正意义上的成长。

(2) 学校心理辅导必须秉承“两条腿走路”的方针。

所谓“两条腿走路”是指面向全体和针对个别的心理辅导相结合。心理辅导课程面向全体学生，着眼于发展性辅导目标，以学生成长中的问题为主题，以学生自我探索为主线是真正意义上的学生自我教育活动。同时，不能忽视对个别心理问题的咨询服务工作。这就需要有专职人员运用心理咨询的专业知识解决学生的个别心理问题。

(3) 学校心理辅导强调教育生态环境的优化。

学校和家庭是与学生发生密切关系的生态系统，教师、家长和学生是这个系统的要素。教师和家长的心理、行为健康与否，将直接影响学生的心理和行为健康。所以，教师学会心理调适，保持良好的心理状态；家长懂得一些心理保健知识，懂一些青少年心理发展的特点，给孩子以良好的行为示范，是学校实施心理健康教育的重要保证。

第三节 学校心理咨询和辅导的发展简史和启示

美国是现代心理咨询的发源地，也是心理咨询业最发达的国家。了解美国学校心理咨询和辅导的发展历史，对推进我国学校心理咨询和辅导事业的发展很有启发意义。

一、美国学校心理咨询和辅导的发展简史

美国学校心理辅导的起源可追溯到1900年。当时，由于工业革命的影响，美国纽约和芝加哥等大城市工商业迅速发展，各地移民大量涌入，社会问题与日俱增，给人们的生活带来了许多忧虑和困难。在这种背景下，心理辅导工作应运而生。

1907年，戴维斯受当时美国改良主义教育思想的影响，认为辅导有助于医治美国的社会问题，在其督学的学区所辖学校开设每周一次的辅导课程，以塑造学生的人格，避免问题行为的发生，成为第一个在公立学校建立系统辅导课程的人。1908年，心理学家帕森斯在波士顿成立了职业辅导中心，专门辅导青年去认识自己的能力和志趣以便寻求合适的工作。这项服务在美国大受欢迎，帕森斯为此而获得"心理辅导之父"的美称。同年，一位曾患躁郁症的美国大学生比尔斯根据自己在精神病院的亲身经历和体验，出版了一本名为《一颗发现自我的心灵》的书，呼吁改善精神病院的医疗条件，改革对心理疾病患者的治疗方法和手段，引起美国大众对心理卫生工作的注意和重视。1909年，由比尔斯发起，美国成立了全国心理卫生委员会，其宗旨是防止心理异常和精神疾病的产生，增进人的心理健康。比尔斯的贡献是使精神病学家和心理学家在观念上发生了深刻的变化，成为美国心理健康运动发生的原动力，他也被视为心理健康教育的先驱者之一。

第二次世界大战后，心理辅导逐渐成为一门学术性的学科，心理测验和辅导技巧也日益受到重视，学校心理辅导的内容也不仅仅局限于职业和适应问题，对个人的全面发展问题也给予更多的关注。所以在后来逐渐产生的各种辅导模式中，注重个性和人的整体发展的辅导模式，以情感交流为基础的新的辅导方法越来越受到重视。心理学家卡尔·罗杰斯在1942年出版的著作《辅导与心理治疗》中，提出了"以来访者为中心"的辅导模式，这种理论对心理辅导和心理学的发展都产生了十分深刻的影响。20世纪40年代至50年代，关于辅导理论与实践的刊物、著作和心理测验等大量涌现，使得心理辅导的经验、技术得到进一步的推广和提高，辅导的模式也日渐增多，目前流行的辅导模式最少有12种。

战后，美国退伍军人管理委员会通过提供奖学金的方式，鼓励更多的学生接受心理辅导和心理学培训，并对辅导者的专业角色进行重新定义，创造了"咨询心理学家"这一名词。这个委员会的参与对大学的心理辅导专业教育产生了深刻影响，使专业教育的内容更加明确、针对性更强。心理辅导开始作为一种专门的职业与职业辅导相分离。1957年，苏联人造卫星的成功发射震动美国，美国联邦政府有针对性地颁布《国防教育法》，指定学校要推行辅导及评估计划，识别天才及思维迟缓的学生并因材施教，而大学也不断增设辅导训练课程，并给辅导工作提供专门的经费。这一法案极大地促进了学校心理辅导工作的发展，到1964年心理辅导已扩展到美国的小学，1965年，美国学校心理辅导工作者已达3万人。

自从1952年美国中小学指导人员协会和美国心理学会第十七分会"咨询心理学

分会”成立以后，60 年代出现专业辅导人员的作用和培养标准的全国性文件，一直到 1976 年，弗吉尼亚州第一个通过立法，实行心理咨询执照制度，美国学校心理教育走过了一条逐步专业化的道路。目前，在美国大学的咨询心理学是攻读人数众多的一个专业。此专业的课程内容包括心理学、教育学、社会学、政治学等基础知识课，辅导与指导原理、辅导与指导方法、心理及行为测验法、辅导关系、变态心理学及鉴定、测验和评估等专业知识和技能，另外，专业实习和见习也是必不可少的一环。早在 20 世纪 70 年代中期，在美国各大专院校每年暑假毕业的心理辅导学硕士 96 030 人，博士 907 人。现在，美国许多州要求大约每 300 名学生应配备一名专职辅导人员，这名专职辅导人员与一般任课教师不同，从事的是一种专业性职务，收入较高，从事学校心理辅导的人员必须达到由美国心理学会（APA）和全美学校心理学家学会（NASP）制定的专业标准，参加这两个机构审批认可的培训计划的培训并取得硕士、博士学位，同时持有州政府颁发的资格证书，才可以从事学校心理辅导工作。美国学校心理教育立足于各心理学派坚实的理论基础，兼容并蓄，力求运用科学的方法、客观性较高的技术和先进的工具。心理辅导的主要内容可分为六类：①在学业、社会生活等方面个人问题的咨询；②就业指导及跟踪性服务；③信息服务；④为每个学生建立详细而系统的累积性档案，以记录其智力、兴趣、性向、人格特征和测量结果、学业成绩、嗜好、健康状况、家庭历史背景、经济状况、打工经历等内容；⑤磋商性服务，主要是辅导人员与社会、家庭和学校联系与合作；⑥辅助学生治疗心理疾病和矫正不良行为习惯。美国还特别重视对学校心理辅导工作的评估，对辅导方法和测验技术进行研究和鉴定，以便验证学生辅导的有效性，并促进学生自身的不断完善。

二、美国学校心理咨询和辅导对我国心理健康教育工作的启示

我国学校心理健康教育的探索工作开始于 20 世纪 80 年代初期，大致经历了调查呼吁、尝试起步、发展推进三个阶段。虽然发展迅速，形势喜人，但是因为起步较晚，地区差别较大，理论研究和实践探索仍然停留在初级阶段，科学化、专业化水平不高，并且各自为战，缺乏统一规范。美国学校心理辅导的发展历史较长，理论、手段、方法、经验、资料及师资队伍、组织机构等都比较完备，比较成形，这无疑对我国心理健康教育工作的发展成熟有着重要的借鉴作用。

（一）抓住机遇，大力开展心理健康教育工作

从美国学校心理辅导的发展历程不难看出，社会需要是心理健康教育的原动力。从学校心理健康教育的现状来看，可以断言，社会需要将决定心理健康教育发展的未来，学校心理健康教育必须面对 21 世纪各种社会问题的挑战，并积极为新世纪的社会服务。美国学校心理辅导协会（ASCA）针对复杂文化背景和多元价值观下不断增多的社会问题（如虐待儿童、自杀、辍学、早孕等），要求美国学校心理教育工作者在 21 世纪扮演极为重要的角色，使学校心理教育发挥更大的作用。在我国，随着社会主义现代化进程的不断加快，社会主义市场经济的逐步形成和完善，社会发

展对心理健康教育的要求越来越高，迫切需要加强学校心理健康教育工作。一方面，大量调查显示，我国在校学生心理健康状况不容乐观，约有10%～40%的学生存在不同程度的心理问题，对青少年的健康成长影响非常大。造成这种现状的原因非常多，涉及社会、家庭、学校、教师、朋友等各个方面，如何改变这一现象，是教育所要关注的问题。另一方面，面对21世纪高科技的发展和世界各国经济的激烈竞争，未来社会需要的人才不仅要具备良好的思想道德品质、科学文化素质和身体素质，还必须具备良好的心理素质。因此，应当使学生学会生活、学会学习、学会思考、学会关心、学会创造、学会自我教育，成长为符合现代社会要求、身心健康、德才兼备的合格公民。这不仅关系到我国教育的成败，而且关系到整个中华民族素质的提高。

我国学校心理健康教育的开展虽然只有短短的二十几年，但开展这项工作有三个有利条件。①社会各界普遍关注，全社会要求开展心理健康教育和辅导的呼声很高。②政府重视。《中共中央关于进一步加强和改进学校德育工作的若干意见》中强调，要通过各种方式对不同年龄层次的学生进行心理健康教育和指导，帮助学生提高心理素质，健全人格，增强承受挫折、适应环境的能力。《中共中央国务院关于深化教育改革全面推进素质教育的决定》也明确指出，要针对新形势下青少年成长的特点，加强学生的心理健康教育，培养学生坚韧不拔的意志，艰苦奋斗的精神，增强青少年适应社会生活的能力。③部分学校已开始了心理健康教育的探索并取得了一定的经验和成果，开展心理健康教育工作已成为普遍共识，重视心理素质的观念正逐渐被学生、学校、社会接受和支持。这三个有利条件为广泛推行学校心理健康教育创造了大好机遇。

(二) 加强领导，统一管理，规范心理健康教育工作

心理健康教育是一个系统工程，必须有一定的组织保证和物质保证，有科学的理论基础，明确的目标原则和适当的内容方法，整个社会通力合作，才能取得成功。美国不仅有众多的专业协会来规范学校心理辅导，还有政府提供雄厚的资金支持；不仅有兼容并蓄的各个学派的理论做理论基础，还有明确的目标原则和科学有效的技术方法。然而，尽管我国自1994年以来，有关文件多次指出在学校开展心理健康教育工作的重要意义，教育部1999年8月13日颁布《关于加强中小学心理健康教育的若干意见》，对中小学心理健康教育的重要性、开展心理健康教育的基本原则、主要任务、实施途径、师资队伍、组织领导等都作了一些规定，但至今尚没有具体的指导文件，缺乏明确的要求和可操作性的规定。不少学校未能将此项工作纳入正常轨道，分工不明确、机构不定位、编制不落实、制度不健全、管理体制混乱。许多学校缺乏心理健康教育的专用场所，缺乏心理健康教育工作者的工作职责和规章制度的明文规定，缺乏兼职人员的资格审定制度，没有形成较完备的教育大纲，各学校在对心理健康教育的理解上各有侧重，在采用的方式、方法、内容、途径上五花八门，一部分甚至走入了各种误区，有的认为心理健康教育只是针对少数问题学生，把心理咨询、

心理治疗等同于心理健康教育；有的承袭传统的教学弊病，以教师、教材为中心，把心理健康教育等同于心理知识教育；有的认为心理健康教育只是专兼职辅导老师的事，与其他工作人员无关；有的把心理健康教育等同于心理测验等。没有强有力的领导和统一规范的管理，心理健康教育工作就无法走上专业化、正规化的发展道路，因而，加强对学校心理健康教育工作的指导并进行规范管理是实施这项工作的关键，必须提高认识，转变观念，人财物全方位落实，制定全国及各地方的心理健康教育实施纲要，全面规范心理健康教育工作。

（三）建设队伍，抓好培训，试行资格认定

学校心理健康教育工作的成败在很大程度上取决于教师，不仅包括从事心理健康教育的教师，也包括学校全体员工。我国学校心理健康教育面临的一个关键问题是专业人员缺乏。依据全国心理学者协会的一项估计，在美国，各州从事学校心理服务的人数已达23 000人，这些人大都是经过专门培训，拥有硕士或博士学位且获得心理辅导资格证书的专业人员。与美国相比较，我国学校心理健康教育专业工作者的匮乏，表现在“量”和“质”两个方面。从量上来看，以全国2亿中学生来计算，以每5 000名学生配备一名心理教育工作者来推算，全国共需要40 000名心理教育专业人才，而当前我国的院校毕业生和专业工作者的人数远未达到这个数目；从质的角度来看，我国从事心理教育的教师大多数未经过心理学专业培训，许多是德育教师、党团干部、医务人员等。缺乏一支高素质的工作队伍已成为制约我国心理健康教育发展的主要障碍。

但根据我国目前的实际情况，不可能在短时间内由大学教育培养出大批的心理健康教育从业人员，于是狠抓在职人员的培训就成为心理教育队伍建设的又一条重要思路。在培训过程中应充分考虑不同岗位的不同特点，对专职教师、兼职教师、普通教师给予不同程度的要求，最大限度地节省资源和提高效率。同时，结合培训工作，要试行心理辅导人员资格认定制度。各学校要逐步建立一支以专职为骨干，专兼职结合，相对稳定的师资队伍。专职人员可从大学毕业生中选拔，或从在职教师中聘任。兼职人员可以从政治课教师、团队干部、班主任等教职人员中选拔。专兼职人员都要热爱心理教育工作，身心健康，经过培训和资格认定后上岗。

（四）大胆探索，开展心理健康教育的理论与实践研究

心理健康教育工作的科学化、规范化离不开科学研究。美国心理辅导的每一次进步，都伴随着心理科学和辅导理论的突破。我国目前的科研工作中除了对学生心理健康现状的调查研究以外，还应该重视心理健康教育的基本理论、基本内容、基本规律等的研究。要博采众家之长，吸取国内外的先进经验，鼓励第一线的工作者总结经验，参与研究。广泛开展学校心理健康教育的研讨活动、论文评选活动，加强学术交流，促使心理健康教育工作上水平、上层次，为培养21世纪的优秀人才服务。

另外，我们在实践过程中绝不能全盘照搬国外的经验，应根据我国的实际情况，

进行本土化研究，开创出一条适合我国基本国情的心理健康教育工作的新途径。

第四节　心理咨询与辅导工作对从业者的要求

心理咨询与辅导工作是一种较为特殊的职业，对从业者的素质和能力有着很高的要求。要成为一名合格的心理咨询与辅导工作者，不仅要接受严格的专业教育和训练，掌握较高的专业技能，而且应具备职业行为所必需的个性品质及其他方面的个人要求。可以说，心理咨询与辅导过程是心理咨询与辅导工作者知识、技能、职业道德、价值观、人性观诸多方面的展示，并在很大程度上决定着心理咨询与辅导的效果。

一般来说，一个人要成为专业的心理咨询与辅导工作者需经历若干阶段，如参加培训、接触来访者、获得实习经验等。国外有一项研究考察了心理咨询与辅导工作者职业生涯的发展，发现一个人由决定从事咨询业开始，到成为经验丰富的临床咨询专家，往往经历八个阶段：常规阶段、职业训练转型阶段、模仿专家阶段、条件化自主阶段、探索阶段、整合阶段、个性化阶段和完善阶段。咨询师在每个阶段都有最关注的主题，如初学咨询师必然更关心技能的掌握，而不是个人的咨询特色，他们大多是按照教师或指导者的样板去规划自己的行为。随着职业化过程的进展，新的主题和关注点会不断产生。虽然起初几个阶段较为枯燥、刻板，但它们却是成为有效咨询师的整个过程中所必须经历的过程。

一、专业知识和技能方面的要求

无论何种职业都有其特殊的专业属性，对从业者都有明确的资格要求，而达到资格要求的途径主要是通过接受专业教育和训练来实现的。

（一）国外心理咨询与辅导工作对从业者专业知识和技能方面的要求

欧美发达国家心理咨询工作对从业者的专业知识和技能有严格的要求。在美国，各个州都对职业心理咨询师有严格的从业要求，他们若要成为一名国家级资格认定的心理咨询师，必须通过“国家咨询师资格认定委员会”(NBCC)制定的标准化考试，获取相应的从业“执照”。美国的心理咨询工作者，至少要获得心理咨询硕士学位，并在相应的专业领域完成规定的实习内容和实习时间，相应的专业领域有健康心理咨询、学校心理咨询、职业心理咨询、婚姻与家庭心理咨询、组织心理咨询等。美国的心理咨询工作者的从业资格通常由 NBCC 加以认定，并由各州或 NBCC 公布名单。NBCC 规定了心理咨询师应该了解和掌握的八个主要知识领域：①人类成长与发展；②社会与文化基础；③如何建立助人的关系；④小组活动；⑤生活形态和职业发展；⑥鉴定；⑦研究与评价；⑧职业适应。

美国的心理咨询人员由两个主要的专业领域加以培养：咨询心理学和咨询师教育。咨询心理学的人才培养模式由美国心理学会及其下属的咨询心理学分会加以制定。为了保证教育质量,美国心理学会和咨询心理学分会对专业人才培养的标准、专业教育机构和教师所应具备的条件与技能提出了详细的规定。其中,专业课程至少要达到3年全日制注册学生的课程量,课程的内容必须包含科学与职业道德规范、研究设计和方法学、统计和心理测量学、行为的生物基础、行为的认知和情感基础、行为的社会基础、个体行为等特殊学科的课程。专业教育必须包含专业实习及现场或实验室训练,实际操作的时间最少为300 h,其中至少有200 h的直接实践经验和50 h的有督导的正规实习,实习期必须有一年的全日制工作量或至少1 500 h的实习经验。咨询师教育专业的培养模式由美国咨询及相关教育项目资格认定委员会制定,该模式有硕士和博士两个层次,涉及社区咨询、心理健康咨询、学校咨询、高校学生人事服务、婚姻与家庭咨询等专业。

在欧洲,由于各国的教育体制不同,有些要求从业者具有博士学位,有些则要求具有硕士学位,即便是后者所花的时间也是相当可观的。以荷兰为例,一名咨询工作者或心理治疗工作者要获硕士学位的学习年限至少为5年,长者达7年,而且学习的最后一年全部投入临床实习训练,获得学位毕业之后,一般不能马上找到正式工作,必须先去医院或诊所做不拿工资的助理工作人员1～2年,有这样的资历之后,才有可能受聘做正式的心理咨询或治疗专业工作人员。另外,在毕业实习期间和做助理工作人员期间,都有经验丰富的专家对其工作进行指导。

（二）我国心理咨询工作对从业者专业知识和技能方面的要求

我国心理咨询事业起步较晚,在相当长的一段时间里缺乏较系统正规的专业要求和训练,从业人员的专业水平高低不一,不利于心理咨询领域的健康发展。中国心理学会和中国心理卫生协会对此非常重视,于1993年颁布了《卫生系统心理咨询与心理治疗工作者条例》。此前,中国心理学会为了避免心理测验在包括医疗、教育等领域的各种滥用和误用所带来的危害,于1992年12月通过了由张厚粲主持制定的《心理测验管理条例(试行)》,该条例对测验的登记注册、测验使用人员的资格规定、测验的控制使用与保管等做出了详细的规定。1999年,中国心理学会和中国心理卫生协会又联合起草并下发了《有关心理治疗与心理咨询工作者注册资格的规定》的专门文件,对什么样的人可以从事心理治疗和心理咨询工作做出了更为详细的规定。2001年,我国劳动和社会保障部委托中国心理卫生协会组织有关专家,制定了《心理咨询师国家职业标准》(以下简称《标准》),并已颁布试行。该《标准》将本职业分为心理咨询员(国家职业资格三级)、心理咨询师(国家职业资格二级)、高级心理咨询师(国家职业资格一级)三个等级,对心理咨询师职业的活动范围、工作内容、技能要求、知识水平、晋级培训、资格鉴定等都做了明确规定;其中要求掌握的基础知识包括普通心理学、社会心理学、发展心理学、变态与健康心理学、心理测验学、咨询心理学等。晋级培训期限:心理咨询员不少于720标准学时,心理咨询师不少于520标准学时,高级心理咨询师不少于320标准学时。资格鉴定方式包括理论知识综合考试和实际能力考核两项内容,理论知识综合考试采用闭卷笔试,实际能力考核采用专家组面试评定的方式进行，内容包括心理评估、案例分析、咨询方案制订和交谈技巧等。这里主要介绍对心理咨询员的工作要求，具体如表 1-1 所示。

表 1-1　心理咨询员的工作要求

职业功能	工作内容	工作技能
心理诊断	初诊接待	能按心理咨询原则完成对求助者的初次接待工作
		能进行摄入性谈话
		能正确使用心理测验
		能进行初诊资料的整理
	初步诊断	能依据初诊资料，做出精神病和非精神病的判断
		能依据所获得资料和心理评估结果判断求助者心理健康水平
		能向上级咨询师提出诊断报告
心理咨询	咨询方案的制订	能把握心理咨询要解决的主要问题
		能进行咨询失误的处理
	咨询工作的实施（个体咨询）	能运用谈话法做心理疏导
		能进行咨询效果的初步评定
		能协助上级咨询师整理咨询案例
	心理咨询的实施（团体咨询或小组咨询）	能在指导下见习团体咨询
		能实施团体咨询
		能进行见习咨询效果鉴别
心理测验	智力测验	能进行韦氏测验
		能进行瑞文测验
		能进行比奈-西蒙测验
	人格测验	能进行 MMPI-2 测验
		能进行 16PF 测验
		能进行 EPQ 测验
		能进行 CPAI 测验
		能进行 UPI 测验
	心理评定量表	能进行 SCL-90 测验
		能进行 SAS 测验
		能进行 SDS 测验
	团体心理测验的实施	能在指导下见习团体心理测验
其他	心理咨询的其他辅助工作	能协助上级咨询师进行文档处理工作

二、职业道德方面的要求

在美国，所有的专业咨询师都必须遵守有关法律和所属专业组织所明文规定的道德准则，违反这些准则将导致失去专业组织的成员资格、吊销执照和法律诉讼。

中国心理学会和中国心理卫生协会1993年颁布的《卫生系统心理咨询与心理治疗工作者条例》中，就包含职业道德方面的规定。1992年12月中国心理学会制定了《心理测验工作者的道德准则》。1999年，中国心理学会和中国心理卫生协会又联合起草并下发了《心理治疗与心理咨询工作者道德规范准则》的文件，对心理治疗和心理咨询从业者的道德伦理方面提出了更高的要求。

2001年8月，我国劳动和社会保障部首次颁布试行的《心理咨询师国家职业标准》对心理咨询师的职业守则和职业道德都作出了明确规定。根据这项《标准》，心理咨询师的职业守则是热爱本职工作，坚定为社会做奉献的信念，刻苦钻研专业知识，增强技能，提高自身素质，遵守国家法律法规，与求助者建立平等友好的咨询关系。该《标准》对心理咨询师的职业道德规范作了进一步明确规定，具体包括以下六项主要内容。

(1) 心理咨询师不得因求助者的性别、年龄、职业、民族、国籍、宗教信仰、价值观等任何方面的因素歧视求助者。

(2) 心理咨询师在咨询关系建立之前，必须让求助者了解心理咨询工作的性质、特点，了解这一工作可能的局限及求助者自身的权利与义务。

(3) 心理咨询师在对求助者进行咨询工作时，应与求助者对咨询工作的重点进行讨论并达成一致意见，必要时应与求助者达成书面协议。

(4) 心理咨询师与求助者之间不得产生和建立咨询以外的任何关系，尽量避免双重关系（心理咨询师尽量不与熟人、亲友、同事建立咨询关系），更不得利用求助者对咨询师的信任谋取私利，尤其不得对异性有非礼的言行。

(5) 当心理咨询师认为自己不适合对某个求助者进行咨询时，应向求助者做出明确的说明，并且应本着对求助者负责的态度将其介绍给另一位合适的心理咨询师或医师。

(6) 心理咨询师始终严格遵守保密原则，具体措施包括：①心理咨询师有责任向求助者说明心理咨询工作者的保密原则，以及应用这一原则时的限度；②在心理咨询工作中，一旦发现求助者有危害自身或他人的情况，必须采取必要的措施，防止意外事件发生（必要时应通知有关部门或家属），或者与其他心理咨询师进行磋商，但应将有关保密信息的暴露限制在最低范围之内；③心理咨询工作中的有关信息，包括个案记录、测验资料、信件、录音、录像和其他资料，均属于专业信息，应在严格保密的情况下进行保存，不得列入其他资料之中；④心理咨询师只有在求助者同意的情况下才能对咨询过程进行录音和录像，在因专业需要进行案例讨论，或者采用案例进行教学、科研、写作等工作时，应隐去那些可能会据以辨认出求助者的有关信息。

三、从业者个人素质的要求

(一) 要有适宜的心理品质

卡瓦纳对心理咨询师应有的人格特质做了详细的描述,包括自我认识能力、令人信任、诚实、坚强、热情、反应敏捷、耐心、敏感、给人以自由等。他强调有效的心理咨询更依赖的是咨询师的人格特征,而不是咨询师的知识和技能。他认为知识和技能不是不重要,而是因为教育和训练很难改变咨询师的那些基本的人格特征。吉尔伯特等人在谈到什么样的人适宜做心理咨询师与治疗师时曾指出,正如音乐、艺术或写作的能力一样,专业训练对共情、不含敌意的态度等只能有少量的帮助,即专业的训练可以教会一个人如何运用共情,却很难训练一个人具有共情的态度。考米尔认为,最有效的心理咨询师是那些可以把人格因素和科学的理论、方法加以完美结合的人,换句话说,就是可以在人际关系上和咨询技术上寻求平衡的人。他提出一个优秀的心理咨询师应具备六项心理品质,即智力、精力、适应力、支持与鼓励、友善和自我意识。

我国颁布试行的《心理咨询师国家职业标准》对心理咨询师的职业能力特征提出了比较权威的要求,指出观察能力、理解能力、学习能力、思维判断能力、表达能力、人际沟通能力及自我控制能力、自我心理平衡能力及交往控制能力对胜任该职业是非常重要的。

(二) 保持心理健康

心理咨询作为一种比较特殊的助人工作,使得心理咨询师非常容易出现所谓的"职业枯竭"现象。导致这一现象主要有四个原因。第一,在咨询过程中,心理咨询师应努力与来访者建立良好的咨询关系,使用共情、积极关注、尊重、真诚、鼓励等技能来帮助来访者,这就需要咨询师投入大量情感,而这种投入是咨询师向来访者的单向性投入,是一种非对称性的投入。这种对情感的经常性要求,以及设身处地的体验求助者所经历的种种强烈的紧张情绪,会造成咨询师情绪、情感的极度疲劳。此外,在与求助者相互作用的过程中,矛盾、冲突也不可避免,不满、恐惧、失望、难堪等不良情绪体验时常伴随而生。第二,心理咨询师面对的是形形色色的心理问题,有些甚至是扭曲、变态了的心理,这就要求心理咨询师能运用自己的智能去发现错综复杂的心理问题背后的根源,这根源或许是许多年以前埋下的,又经过多年的演变,有时往往连来访者自己也察觉不到了;因此,心理咨询师要能"进入"来访者内心去体验他(她)的情感,又不能失去观察的客观性;要在短时间内消除求助者长期积累起来的"三尺冻冰",而这一过程又主要靠心理咨询师的言语表达及非言语行为,此外还要会对抗、调整和清除来自来访者的不良影响。所以,在咨询过程中,需要心理咨询师投入大量的心智。第三,来访者负性情绪对咨询师的影响。心理咨询过程是心理咨询师与来访者之间的互动过程,这其中包括情绪上的交互影响。对于职业心理咨询师来说,来访者负性情绪影响的日积月累会在一定程度上损害他们的心理健康。第四，心理咨询师如果无法成功地帮助来访者解决其所面临的问题，有效地排除其心理困扰、障碍，就意味着心理咨询效果的失败，而这种失败的体验会强烈地动摇心理咨询师的自信心，会使他们对自己的能力和专业水平产生怀疑，因此，心理咨询师在工作中常常会体验到来自自我、来访者、同事和组织的强大压力。所以，心理咨询师很容易产生心理疲劳、身心疾病和情绪障碍，导致工作效率降低、服务质量下降、职业成就感降低，以一种非客观的、缺乏同情心的、麻木不仁的，甚至是不人道的方式去对待来访者。

心理咨询师的"职业枯竭"现象对心理咨询师、心理咨询师所在的组织、心理咨询师为之服务的来访者来说，都是一件危害极大的事情。对心理咨询师来说，"职业枯竭"会使他们在情绪上出现极度疲劳、沮丧、抑郁、无助、失落等症状，在躯体上表现出头痛、溃疡、高血压、周身疼痛、疲劳无力等症状，并容易诱发个人问题和家庭矛盾的激化，导致滥用药物和酗酒等不良后果；对心理咨询师所在的组织而言，"职业枯竭"会导致心理咨询师工作效率降低、职业道德缺乏、服务质量下降等不良后果；对来访者而言，他们将难以获得高质量的服务，因为"职业枯竭"使心理咨询师以一种非客观的、缺乏关心的，甚至是不人道的方式去对待他们。因此，"职业枯竭"现象值得高度关注和认真对待。

国外一些研究对如何避免心理咨询师的"职业枯竭"现象提出了许多有效的建议，具体包括：①工作以外，多与健康的人交往；②理智地选择心理咨询理论和方法；③对当事人(即来访者或患者)既要保持一种公正、关心的态度，又要善于超然事外；④善于改变或调节环境中的压力因素；⑤经常进行自我测验；⑥定期检查和澄清心理咨询的角色、预期和信念；⑦经常进行放松训练；⑧寻求必要的个体心理辅导或治疗；⑨拥有一定的私人时间和自由。

【趣味故事】

情志疗法

1. 怒胜思

传说战国时代的齐闵王患了忧郁症，请宋国名医文挚来诊治。文挚详细诊断后对太子说："齐王的病只有用激怒的方法来治疗才能好，如果我激怒了齐王，他肯定要把我杀死的。"太子听了恳求道："只要能治好父王的病，我和母后一定保证你的生命安全。"文挚推辞不过，只得应允。当即与齐王约好看病的时间，结果第一次文挚没有来，又约第二次，第二次没来又约第三次，第三次同样失约。齐王见文挚恭请不到，连续三次失约，非常恼怒，痛骂不止。过了几天文挚突然来了，连礼也不见，鞋也不脱，就上到齐王的床铺上问疾看病，并且粗话野话激怒齐王，齐王实在忍耐不住了，便起身大骂文挚，一怒一骂，郁闷一泻，齐王的忧郁症也好了。文挚根据中医情志治病的"怒胜思"的原则，采用激怒病人的治疗手段，治好了齐王的忧郁症，给我国医案史上留下了一个情志疗法的典型范例。

2. 喜胜忧

清代有一位巡按大人，患有精神抑郁症，终日愁眉不展，闷闷不乐，几经治疗，终不见效，病情一天天严重起来。经人举荐，一位老中医前往诊治。老中医望闻问切后，对巡按大人说："你得的是月经不调症，调养调养就好了。"巡按大人听了捧腹大笑，说道："这是什么名医，我堂堂男子怎会'月经不调'，真是荒唐到了极点。"自此之后，每回忆及此事，就大笑一番，乐而不止，久而久之，病也好了。一年之后，巡按大人与那名老中医相遇，老中医对他说："君昔日所患之病是'郁则气结'，并无良药，但若心情愉快，笑口常开，气则疏结通达，便能不治而愈。"巡按这才恍然大悟，连忙道谢。

3. 恐胜喜

明朝有个人中了举人，喜极发狂，大笑不能止，于是求体庵诊治。体庵大惊，说："你得的是绝症，恐怕是治不好了，只有几天的性命。你还是快点回家吧，延迟恐怕就来不及了。如果能坚持到镇江，就请一位姓何的医生诊治。"于是写了一封书信，寄给了姓何的医生。这个人到了镇江，原先大笑不止的病好了，到了姓何的医生那儿，何医生把收到的书信拿给他看，说："你喜极而狂，喜则心窍开张而不可复合，不是医药所能治愈的，所以拿话来吓你，说你会死，令你忧愁抑郁，那么心窍就关闭了，到了镇江你的病就能痊愈。"

【思考练习】

1. 什么是心理咨询？什么是心理辅导？二者有什么区别？
2. 什么是心理治疗？心理治疗和心理咨询有什么区别？
3. 学校心理咨询和思想政治教育有什么区别？
4. 初中生学校心理辅导的目标和任务是什么？
5. 高中生学校心理辅导的目标和任务是什么？
6. 心理咨询与辅导工作对从业者有哪些要求？
7. 心理咨询师出现"职业枯竭"现象的原因是什么？
8. 如何避免心理咨询师出现"职业枯竭"的现象？

第二章 中学生的心理特点和常见心理问题

学习目标 ……

- 掌握中学生的认知发展的特点及其培养方法
- 掌握中学生的知、情、意发展的特点及其培养方法
- 掌握中学生自我意识发展的特点及其培养方法
- 掌握中学生人际关系发展的特点及其培养方法
- 了解中学生的常见心理问题及处理原则

一位女中学生经常听母亲讲:"世上男人没几个好的,接触男的要小心。"从初三开始,她见了男性便不由自主地将目光移向"不该看的部位",由此产生罪恶感,不敢出门,甚至想弄瞎自己的眼睛。

上述案例说的是一位女中学生进入青春期后所出现的心理障碍。中学阶段是青春发育的高峰期,这一时期青少年的生理、心理发生着急剧的变化,出现了一些从未有过的新体验、新问题和新困惑。作为教师应该了解这些处于中学阶段的青少年的心理发展的特点以及他们成长期间所产生的困惑和烦恼,及时加以引导,并有针对性地进行心理辅导和咨询,使他们的心理问题得以解决,从而达到维护和保持他们心理健康的目的。

第一节 中学生认知的发展

中学生认知的发展主要表现为注意、记忆、观察力、思维和智力等心理过程及社会认知能力等方面的发展。

一、中学生注意的发展

(一)从无意注意向有意注意的转化

儿童的注意是从无意注意开始发展的,无意注意的产生主要是依靠外界刺激物的作用。儿童的无意注意会随着年龄的增长达到一个高峰,在进入中学后会出现缓慢下降的趋势,如图 2-1 所示。

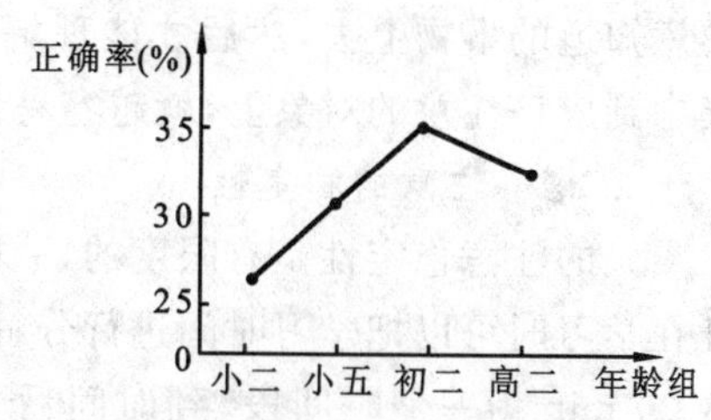

图 2-1 个体无意注意的发展

对于中学生来说，有意注意随着年龄的增长会逐渐加强，开始可能需要强迫自己克服困难，或者用顽强的意志力坚持，才能维持有意注意。而后，随着中学生对活动任务的理解和自觉的学习态度及顽强的学习毅力，他们不仅能长时间地保持自己的注意，而且还能把注意集中在毫无直接兴趣或非常困难的学习活动上。

（二）注意品质进一步的发展

从注意的稳定性上看，在中学阶段，随着学生自制力的发展，青少年已经能较长时间地、稳定地集中注意于某项活动和某个内容上。他们的注意力保持 45 min 已毫不困难，但在初中阶段，学生的情绪仍有冲动和不稳定的特点，有时也难控制自己的注意力，一些学生还有容易分心走神的毛病。到了高中阶段，学生集中和稳定注意的能力才能逐渐向高水平发展。

从注意的转移上看，中学生注意的转移比小学生具有更大的自觉性和灵活性。研究表明，注意转移的发展趋势是小学二年级是迅速增长时期，初中二年级至高中二年级是发展的停滞期，高中二年级到大学二年级是缓慢增长期。

从注意的广度上看，中学生的注意广度随着年龄的增长而日益扩大，13 岁儿童的注意广度已接近成年人水平。

从注意的分配上看，小学生、初中生和高中生的变化不大(具体见表 2-1)，主要与注意的分配必须具备一定的条件有关。只有当各种技能逐渐熟练，并加以严格训练之后，他们才可能在比较复杂的动作之间建立反应系统，使注意进行合理的分配，而这种技能熟练化和协调化的发展进程是比较缓慢的。

表 2-1　不同年级注意分配能力比较

年　级	小学二年级	初中二年级	高中二年级
注意分配能力	0.583 3	0.608 7	0.620 1

（三）中学生注意力的培养

注意力主要指集中注意的能力，必须经过学习和训练才能掌握。训练注意的方法是约束自己注意做每一件事情，形成良好的注意品质。

1. 培养集中注意的能力

首先就是在课堂上，应该把自己的注意力集中在教师所讲的教材上。我们对任何事物的认识，最初都是源于对事物集中注意力。把注意力集中到我们愿意了解、愿意知道的事物上去，然后才能理解这个事物。所以在上课的时候，越是把注意力集中到应该注意的对象上，就越容易记住它、理解它。

2. 培养注意的稳定性

人的注意稳定性是有限度的，一般中学生注意稳定性只能持续 30 min 左右，因此在学习时可以把学习时间进行分解，可以根据自己的情况把学习时间分为 10 min 或 20 min 为一个时间段，到时间后觉得注意力分散了就休息一下。10 min 或 20 min 是一个较短的时间，即使是不喜欢的事情，人们也容易保持注意，所以能够以轻松、安然的心情去迎接这 10 min 或 20 min，并且相信自己能够坚持做到。

【经典案例】

神奇的十分钟

有一名刚上初中的学生，其他功课成绩都很好，只是英语一科的成绩总是徘徊在及格的边缘。一天，他终于鼓足勇气去请教英语老师，老师给他的建议是：第一个月每天只花 10 min 时间打开课本来看，不必念，更不必写；接下来一个月每天花 20 min 时间照书抄写；再接下来一个月每天花 20 min 念英语课本。这个学生开始按照老师的要求去做，在第一个月里，每天花 10 min 面对英语课本，使他感觉很难熬，但熬过了这一个月，又抄写了一个星期的英语课本后，竟然产生了想学习英语的念头，仅仅两周便结束了每天 20 min 的抄写，主动改为每天读 30 min 英语课本，甚至有时持续 1 h 也不感到疲劳，几年时间，他的英语成绩已经在班级名列前茅。

这其中的秘密是开始时的 10 min 起了关键作用，如果当时老师让这位学生一开始就每天读 1 h，会在心理上造成压力，反而适得其反。学习英语是老师把一个复杂行为予以细化，整个训练过程分为几个小阶段，每完成一步，本身学习的结果加强了自己的学习行为，即继续学习，每完成一步就与最后目标越为接近。学习英语的行为就形成了，这也是行为塑造理论的观点。

3. 培养注意转移的能力

注意的转移是指一个人的注意善于从当时不需要的客体或活动转移到需要的客体或活动上。灵活、主动地转移注意是学生主动学习的必要条件。有了这种注意的主动性，学生就能及时地去从事那些必要的学习活动。

培养注意转移的能力，就要发展自己的有意注意。不但能做好自己喜欢做的事，而且也能坚持做好自己虽然不喜欢但是必须要做的事情。锻炼自己的意志，培养自我控制的能力。

4. 扩大注意的范围

注意范围的个别差异很明显地表现在阅读的速度上，凡是阅读快的学生，如“一目十行”者，其注意的范围必然较大；相反，凡是阅读慢的学生，如“十目一行”者，其注意的范围必然较小。

关于扩大注意范围方法，大家可以利用生活中的一切条件，充分运用五官去接受新的信息，在生活中做到“眼观六路、耳听八方”，在接受新思想或思考问题时，要对事物之间的关系进行广泛的横向联系。

5. 培养注意的分配能力

一个善于分配注意的学生，能在同一时间里以较少的精力从事较多的学习活动，从而获得较多的知识。在课堂上，一方面需要学生把注意集中在听教师的讲解和看教师的板书上；另一方面，又要求学生把较少的注意分配到写字及记住教师前面的讲话上。学生必须把注意分配好，让自己在专心致志于某一客体或某一活动的基础上，把注意适当地分配到那些不太需要意识参与的其他学习活动上，这样就可以在完成主要学习活动的同时，也完成了与主要学习活动相联系的其他一些熟练的活动。

我们可以在日常生活中练习注意的分配，一边听一边写，一边看一边做，等等；也可以在课堂上练习注意的分配能力，如训练你的视力和听力，注意听同学朗诵、背诵并指出优缺点，继续别人的朗诵或背诵，边看教具边听教师讲解，听同学回答问题的同时思考正确答案。

【心理小测验】

怎样知道自己注意力的好坏

仔细阅读下面的问题，认为符合自己情况的，在括号内画"○"，不符合的打"×"。

(1) 听别人说话时，常常心不在焉。 ( )
(2) 学习时，往往急于想干另外的工作。 ( )
(3) 一有担心的事，便终日萦绕在心。 ( )
(4) 学习时，常常想起毫无关联的其他事情。 ( )
(5) 学习时，总觉得时间过得太慢。 ( )
(6) 被别人指责的情景始终不会忘记。 ( )
(7) 有时忙这忙那，什么都想干似的度过一天。 ( )
(8) 想干的事情很多，却不能专心干一样事情。 ( )
(9) 听课时常呵欠不断。 ( )
(10) 说话时，有时会无意识地说出其他的事情。 ( )
(11) 在等人时，感到时间长得难熬。 ( )
(12) 对刚看完的笔记会重新阅读好几遍。 ( )
(13) 读书不能坚持两个小时以上。 ( )
(14) 做一件事的时间太长后，就会急躁地希望早点结束。 ( )
(15) 学习时，对周围人的说话声听得很清楚。 ( )

把打"×"的问题相加记分，每个"×"为1分。0～3分者为注意力差；4～7分者为注意力稍差；8～11分者为注意力一般；12～13分者为注意力好；14～15分者为注意力很好。

二、中学生观察能力的发展

(一) 中学生观察能力的特点

观察是有目的、有计划地主动知觉事物的过程。观察过程总是与积极的思维相联系，所以它有时也被称为思维的知觉。观察力即有目的、有计划地主动知觉事物的能力。

小学生的观察力已有一定的发展。进入中学之后，中学生会逐步地学会根据教学和实践任务的要求，较长时间、集中地观察要认识的事物；为了完成学习任务而观察时，不仅能感知事物的外部特征，而且能抓住该事物的主要特征和本质特征，从而更加全面地去感知该事物。因此，中学生观察力的目的性、持久性、精确性和概括性较小学阶段都有显著的发展。

1. 目的性的发展

中学生观察力的目的性发展有一个过程。他们往往从被动地接受教师或家长的任务而进行观察，逐步发展到主动自觉地制定观察计划，进行有意识的观察。

2. 持久性的发展

中学生观察力的持久性，往往以有意注意为研究指标，它既取决于观察的任务，也取决于年龄特征。例如林崇德等研究一个由不同年级组成的区级航模组，在一次寻找飞机模型故障的观察中，初二年级的组员平均坚持 95 min，高一年级的组员平均坚持 180 min。在一般的学习活动的观察中，保持注意力集中的时间往往是随着年级的上升而延长。

3. 精确性的发展

中学生观察的精确性也有一个发展过程。主要表现在观察细节的感受性逐步发展，对比事物的正确率逐步增加，理解所观察事物的抽象程度逐步深刻。

有研究表明，中学生的视觉感受性比小学一年级学生的视觉感受性高 60%以上，初三、高一的学生视觉和听觉的感受性都能达到成人的水平，有的甚至超过成人。另外有人研究了中学生的图形辨别力，设计了九幅大照片和五十幅小照片，每一张小照片都是大照片的一部分。要求中学生迅速准确地辨认每一张小照片的图形是大照片的哪一部分(大照片的每一部分标有数码，辨认后按其数码写入答案栏内)，测验时间为 10 min。研究结果表明，初中生被试的正确率只有 30%，而高中生被试的正确率普遍都超过 50%。

另外，初中生对抽象几何空间的知觉和宏观的空间知觉逐渐发展起来，但对较为复杂的空间关系的观察，仍需要直观表象的支持；对于立体几何、光年等抽象空间概念的理解，要到高中之后才能形成。

4. 概括性的发展

中学生的观察力逐步变得全面而深刻，这主要是由于思维参加到知觉(观察)活动中，使得知觉的概括性有明显的发展。

（二）中学生观察能力的培养

中学生的观察力不是天生具有的，而是需要通过培养、在实践活动中逐步形成和发展起来的。

1. 明确观察目的和任务，激发学生观察兴趣

观察的效果取决于观察的目的和任务的明确程度。观察的目的和任务越明确，观察者对知觉对象的反映就越完整、越清晰；反之，学生如果没有目标，就抓不住要领，得不到收获。

在向学生指明观察的目的和任务时，也要培养学生的观察兴趣。可以通过参观、访问等多种形式和途径激发学生的观察兴趣；也可以通过讲解道理、设置悬念等激起学生的求知欲，使学生产生观察兴趣。

2. 教给学生观察的方法

培养学生的观察力是十分重要的，培养观察力的具体方法有：第一，让学生在观察前做好必要的知识准备；第二，指导学生有计划、有步骤地进行观察；第三，善于引导学生在观察中进行思考；第四，指导学生做好观察总结。

3. 对学生进行观察的实践训练

实践活动是观察力发展的基础。教师应当根据学生的年龄特征和知识水平，提出不同的观察要求，对他们进行观察训练。例如：让学生通过观察自然景色、观察人和其他事物，写一些比较复杂的观察日记或说明文。通过这类有计划、有目的的训练，学生的观察力就会逐步发展起来。

三、中学生记忆的发展

教育心理学家桑代克认为，人的记忆力水平一般分为四级：20～30 岁属于第一级，即记忆的黄金时期；30～45 岁属于第二级，是优等记忆力时期；12～20 岁和 45～65 岁属于第三级，是中等记忆力时期；第四级见于 12 岁以下的儿童，列为次等记忆力时期。一般中学生的记忆力处于中等水平时期，因此，中学生记忆力的培养是不容忽视的重要心理学课题。

（一）中学生记忆的特点

中学阶段是记忆力发展的“黄金”时期，不仅发展速度快，而且有许多质的变化，呈现出如下发展特点。

1. 记忆的自觉性明显增强，有意识记占主导地位

在记忆的目的性和自觉性方面，学前儿童是无意识记占主导地位；小学阶段是由无意识记占优势向有意识记占优势转化的过渡时期，但小学生的有意识记被动成分多，主动成分少；而中学阶段则是有意识记占主导地位的时期。与小学不同的是，中学生的有意识记被动成分逐步减少，主动成分逐年增多，他们不再满足完成教师和家长提出的任务，而是主动给自己规定识记任务，并自查记忆效果。在识记难度较大的学习材料时，能自觉地克服困难，完成记忆任务。此外，他们也开始探索良好的记忆方法，提高记忆效率。

2. 记忆的理解性明显提高，意义识记占主导地位

在记忆方法的发展上，学前儿童是机械识记占主导地位。小学阶段是由机械识记占优势逐渐转化为意义识记占优势的过渡时期。到了中学阶段，尽管机械识记依然存在，但其成分随学生年级升高而逐步减少，意义识记的成分随着年龄的增长迅速增加，并居于主导地位（如图 2-2 所示）。即使无意义的材料，一些学生也能人为赋予其意义联系，以利于记忆。

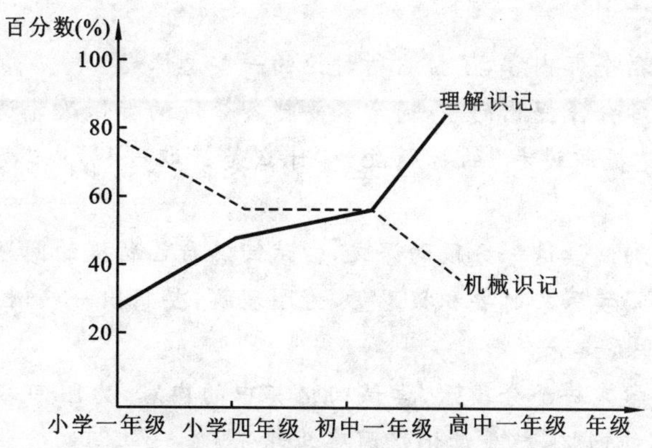

图 2-2　中小学生机械识记与理解识记成分的变化

3. 语词识记迅速发展，抽象记忆占主导地位

学前期儿童是形象记忆占主导地位，小学阶段是由形象记忆占优势逐渐转化为抽象记忆占优势的过渡时期，自初中起则是抽象记忆日益占主导地位的时期。中学生已能掌握大量的科学概念，并据此进行判断和推理。

（二）中学生记忆能力的培养

培养学生的记忆能力是教学的重要任务。其目标是，通过培养和训练，使学生记得快、记得准、记得牢，并能在需要的时候迅速提取出来为己所用。培养学生的记忆力应从以下几个方面入手。

1. 加强学习目的教育

进行学习目的教育，是培养学生记忆力的首要条件。学生只有明确了为什么学习以后，才能自觉学习，主动记忆，积极思考。因此，在教学的各个环节都要把学习目的教育置于首位。

2. 教给学生科学的记忆方法

记忆方法既是完成记忆任务的保证，也是影响记忆效果的重要因素。科学合理的记忆方法可收到事半功倍的效果。心理学已研究、总结出许多行之有效的记忆方法，如直观形象记忆法、特征记忆法、归类记忆法、重点记忆法、歌诀记忆法、联想记忆法、推导记忆法、图表记忆法等。教师要把方法教育渗透在知识传授之中，使学生能用科学的方法去记忆知识，不断提高记忆效率。

3. 讲究记忆卫生

记忆卫生也是影响记忆效果的一个重要因素。愉快的情绪、清新的空气、适当的营养、合理的作息制度和科学用脑等，都能增强记忆效果，提高记忆能力。

【心理拓展】

记忆教材的有效方法和步骤

怎样才能提高对教材内容的记忆效果呢？实验表明，采取以下 6 个步骤会显著提高记忆的效率。

(1) 预习:涉猎全部内容,了解它所讨论的一些总课题。

(2) 提问:对各分段提出问题,通常只要把各分段的标题改为适当的问句就可以了。例如,可以将“提取过程”的标题改为“什么是提取过程”或“提取过程有哪些特点”。

(3) 阅读:仔细阅读这一分段的课文,尝试回答自己所提的问题。

(4) 思考:在阅读课文时要积极思考,力图理解,要想出一些例子来加以说明,把教材与原有知识联系起来。

(5) 复述:在学完一个分段后,尝试回忆其中的内容,力图回答自己就本分段提出的问题,如果不能回忆,就重读记忆困难的部分。

(6) 复习:学完一章后,默默回忆其中的要点,最好把各要点写出来,并再一次试着回答各节中提出的每个问题。开始复习时,时间间隔要短些;熟记后,复习的时间间隔可适当延长。

四、中学生思维的发展

(一) 中学生思维发展的特点

思维的发展有一定的顺序性和阶段性,而且人的思维发展有一个最佳年龄阶段称为“关键期”,错过这个时期,就难以正常发展。许多心理学研究表明,中学时期是思维发展的最重要时期。其中,初中二年级是中学生思维发展的关键期,从初中二年级开始,中学生的抽象逻辑思维能力开始从经验型水平向理论型水平转化;高中阶段就明显实现了这种转化,思维能力基本成熟,接近成人水平。中学生思维发展的特点如下所述。

1. 初中生的思维处在从“经验型”思维到“理论型”思维的过渡阶段

初中生已能领会和掌握一般的抽象概念,形成每一学科的概念体系,掌握一定的定理,假设和演绎推理的能力有所发展,能对许多想象进行概括和抽象。但初中生在掌握复杂的概念和原理时,还需要具体的、直观形象的感性材料做思维的“支柱”。例如,学生掌握物理、化学知识,需要通过实验亲自观察到物理现象和化学变化,才能加深对有关概念和原理的理解。以理解掌握抽象概念为例,有研究表明,初一学生学习字、词概念还不会从事物的本质下定义,只会从事物的功用或具体形象方面加以描述。因此,初一学生学习社会概念和哲学概念感到特别困难。初三学生一般能从事物的功用或本质方面下定义,能学习理解一些抽象概念,但仍需要一定感性材料作支撑。

初中二年级是中学生思维发展的关键期。教学要从学生思维发展的这一特点出发,根据学生的思维能力和实际知识水平,选择适当的具体形象作为支撑,帮助他们分清主要和次要、本质和非本质的属性,充分运用变式,使他们全面地掌握事物的本质属性,进而掌握科学概念。紧紧抓住初中二年级这一关键期,以开设的几何、物理等课程为重点，强化抽象思维的训练，引导学生自觉、独立地对事实材料进行分析、概括、判断和推理，促进学生向理论型转化。

2. 高中生思维具有抽象概括性与理论性，开始出现辩证思维

中学生的抽象逻辑思维由经验型向理论型过渡经历的时间比较长。一般从初二开始，到高二基本过渡完毕。研究表明，高中一年级学生经验型思维仍占有相当大的比重，在相当大的程度上仍依靠具体经验材料作支持，不善于从理论上进行逻辑推理。而在他们日后的学习中，要经常探讨事物发展的规律和科学理论，这就需要使用严密的逻辑来分析事物发展的因果关系。从高二开始，他们不仅能够以经验材料为基础作理论的说明，而且可以摆脱具体材料在理论上进行推导、论证即依据理论命题去获得新知识的方式，并能用理论把材料贯穿起来。例如，他们在论述"容器内盛有一定质量的气体，当气体温度升高时，如果容器的体积适当增大，可以使气体压强保持不变"的道理时，能从分子运动的观点去加以解释，即"当一定质量的气体受热而温度升高时，气体分子运动速度增大，因而气体分子对单位面积容器壁的碰撞次数增多，每次撞击的作用增强，有使压强增大的倾向；如果体积适当增大，可使气体分子对单位面积容器壁的碰撞次数减少，有使压强减少的倾向。这两种相反的倾向相互抵消，就可以使气体压强保持不变。"由此可见，高中学生思维具有较高的抽象概括性和理论性，他们能从一般原理、原则出发，运用理论来分析、综合事实材料，从事物的对立统一关系中进行合乎逻辑的推理，这种理论思维已经开始具有辩证逻辑思维的特点。辩证逻辑思维是思维发展的高级形式，高中学生的辩证思维已初步形成。研究表明，高中生已基本能理解特殊与一般、归纳与演绎、理论与实践等辩证关系，能初步运用全面的、发展的、联系的观点去分析问题和解决问题。

（二）中学生创造性思维能力的培养

创造性思维能力不是先天就有的，是个体在一般思维能力培养发展的基础上，在创造活动中逐步训练和培养出来的。中学阶段是人的创造性思维能力培养的黄金时期，中学生创造性思维能力的培养是一个系统工程。尽管用教育的手段来培养中学生创造性思维能力不是一件轻而易举的事情，但良好的教育可为学生的创造性思维能力的发展与提高提供必要的条件。创造性思维能力的培养应从以下几个方面着手。

1. 激发求知欲和好奇心，培养学生学习兴趣，博学广识

求知欲和好奇心人皆有之，中学生更强烈。在求知欲和好奇心的驱使下，学生往往不满足于书本上的结论和问题的现成答案，而会积极地去思考和探索，试图发现新问题，做出新解释。教师在教学过程中要善于激发学生的求知欲和好奇心，这就要求教师：①要创设能激发学生求知欲、好奇心的教学环境；②善于组织、引导学生观察学习，考察社会生活；③重视学生在观察和考察中发现的新情况、提出的新问题；④努力启发学生自己寻找答案，或帮助学生对问题进行更全面的解答；⑤经常结合教学向学生提出一些学生乐意且又需动脑筋思考才能解答的有趣的思考题。

教学中激发学生的求知欲、好奇心有利于培养学生的学习兴趣。学习兴趣是激励学生深入地钻研和思考问题的动力因素之一,兴趣对正在进行的活动有推动作用,对活动的创造性态度有促进作用。学生有了学习兴趣,才会孜孜不倦地去学习钻研,才可能博学广识,积累大量的知识经验。博学广识为创造性思维能力的发展奠定了坚实的基础。

2. 教师应树立创造教育观念,教给学生创造性思维的方法,加强训练

创造性思维是有方法和技术可供学习和训练的,学习掌握诸如质疑法、发散法、结合法、逆向法等带有普遍意义的创造性思维方法,加强训练,养成行为习惯,创造性思维能力必然会得到发展提高。

3. 积极引导、鼓励学生参加创造性活动

学生参加富有创造性的活动,可以激发其创造欲望和创造灵感。通过尝试运用创造性思维方法,养成创造性思维的行为习惯,从而培养和发展创造性思维能力。因此,学校应广泛开展科技创新活动,经常组织学生参加科技小组、兴趣小组、手工制作小组和文艺创作小组等课外活动,开辟"第二课堂",让学生的学习过程更加生动活泼,自由丰富。对学生积极参与创造活动所取得的新成果要给予鼓励和奖励,维护其创造权益,使创造型人才茁壮成长。

【心理拓展】

发散思维的训练

1. 流畅性训练方法

(1) 用词的流畅性训练。例如,在一定时间内要求学生说出尽可能多的含有规定的字母或字母组合的词来,并提供范例进行训练。

(2) 联想的流畅性训练。例如,在限定时间内要求学生对一个指定的词说出尽可能多的意思及其同义词或反义词,并提供范例进行训练。

(3) 表达的流畅性训练。例如,按照句子的语法结构与语意要求,要求学生运用尽可能多的词汇造出一个句子来。

(4) 观念的流畅性训练。例如,要求学生在限定的时间内提出尽可能多的满足一定要求的观念,即提出尽可能多的解决问题的答案。

前三种训练都要运用语言,后一种既可借助语言也可借助动作。

2. 变通性训练方法

(1) 物体功能变通性训练。例如,要求学生在一定时间内对普通物体如桌子、木块等提出尽可能多的用途来。

(2) 遥远联想变通性训练。例如,训练学生能在意义距离相隔甚远,表面看似不存在联系的事物间建立新联系。

(3) 问题解决变通性训练。例如,要求学生解决一系列问题,而其中每个问题的解决都需要运用一个不同的策略,从而增强思维灵活性的意识。

3. 独特性训练方法

(1) 命题独特性训练。例如，要求学生对所给予的一段故事情节给出一个适当的富有新意的题目，并且越有新意越好。

(2) 后果推测独特性训练。给出一些独特性的事情，如“如果国家和地方的法律都突然被废止”，“在宇宙飞船上分娩”等，让学生想象可能会发生什么事。

(3) 故事结尾独特性训练。例如，给出一些没有结尾的故事或寓言，要求学生作出独特性的结尾来完成这些故事或寓言。

(4) 问题解决独创性训练。要求学生对所提出的问题尽可能用独特的方法去解决。

五、中学生智力的发展

(一) 中学生智力发展的特点

1. 智力水平随年龄增长而变化

青少年的智力发展随年龄的增长呈现出一定发展变化的规律和模式。一般而言，人的智力发展在3～13岁之间呈现匀加速趋势发展，13岁以后发展速度变慢，大约在25岁达到智力发展的顶峰，26～36岁保持稳定，36岁之后则出现下降。国内外一些研究发现，初中二年级是智力发展的关键期；高中二年级迅速发展；智力的批判性也比较明显。所以，中学时期不仅是身体发展的关键期，也是智力发展的关键期。

2. 创造能力的发展相对滞后于智力的发展

中学时期虽然创造能力有较大的发展潜力，但创造力还处于萌芽状态。中学生受思维定势的影响小于成人，而且他们好奇心强，乐于探索，兴趣广泛，所以，中学时期是培养创造能力的最佳时期。

(二) 中学生智力的培养

1. 加强知识和技能的学习

能力是在掌握和运用知识、技能的过程中得到发展的。例如：语文课的学习主要通过听、说、读、写培养语文学习的各种能力；数学知识的学习可以使学生的概括能力、空间想象能力、计算能力、判断和推理能力等得到发展。可以说，地理、生物、物理、化学等任何一门学科，都是训练人的智能的一套形式不同的体操。教师应在讲授自己本学科知识的同时，尽力启发学生思考，培养各种技能和能力。

2. 开展丰富多彩的课外实践活动

健康、丰富的科技活动和课外活动是促进学生探究兴趣的形成和观察、思维、想象能多种能力发展的有效途径。根据学生的年龄特点，开展棋类、谜语、球类、航模、桥牌等多种形式的活动，可以调节学生的学习活动，增强体质，陶冶情操，增长知识，开阔眼界；可以培养勇敢、团结、互助的道德品质；还可提高反应灵活性等智力品质。

3. 注意学生能力的个别差异，因材施教

因材施教就是根据学生不同的个性特点和智力发展水平，有区别地进行教育教学工作。

目前，一般学校多实行班级授课制，即将一部分知识水平相近的学生编在一个班里，进行统一教学，这种方式称“同质分组”，开设“重点学校”、“补课班”等都是同质分组的不同形式，但同质分组是相对的。在相对同质的一个班里，个别差异不仅存在，而且可能还很突出。教师如果对所有学生采用千篇一律的教学目标、教学内容和教学方法，那么，能力强、智力水平高的学生就难以充分发挥他们的潜能；而能力较低学生则可能因跟不上进度、达不到要求、屡遭失败而失去学习的信心。至于大多数中等生，他们的实际智力水平也各不相同。因此，在班级教学中，教师要贯彻统一要求与个别教学相结合的原则，实行“抓两头、带中间”的因材施教方针。

【研究发现】

人类智力青出于蓝而胜于蓝吗?

新西兰奥塔戈大学教授詹姆斯·弗林于20世纪中期首次发现人的IQ测试分在上升，并把这种现象称为“弗林效应”。

新南威尔士大学实验心理学家罗伯特·霍华德认为，营养改善、家庭缩小、教育面扩大和其他的环境变化使我们的总体智力的确有所提高。其原因之一是由于社会变得更加复杂，人们不得不更努力地思考解决问题的办法。

霍华德在对澳大利亚、新加坡和韩国的比较研究中发现：澳大利亚的老师说这些年来学生没有变聪明；而新加坡和韩国的绝大多数老师说孩子们变得聪明了。他说：“我的解释是，工业化国家的整体智力很早以前就停止了上升。”霍华德推测，在工业化社会，促进整体智力提高的社会变化已经变慢，只有视觉空间技能仍在继续提高。相反，亚洲新兴国家进入现代化社会只有大约40年的时间，所以仍然在产生迅速的变化。

弗林说：“在人类历史上，富足常常导致堕落。看看当初的罗马人：他们变得懒惰，雇佣希腊人替他们思考。”

第二节　中学生知、情、意的发展

一、中学生情绪和情感的发展

中学阶段的情绪情感会发生较大的变化，此时，情绪的发展既有积极发展走向成熟稳定的一面，又有相对不稳定、不成熟的一面，表现出矛盾不定、错综复杂的特点。由于这一时期的特殊性，国外的学者称这一时期为“危机期”，他们认为，在这一时期，中学生成长中面临的问题较多。这一称呼是否科学姑且不论，但这一时期中学生的情绪情感具有独特性是客观事实。

（一）中学生情绪和情感的特点

1. 初中生情绪和情感发展的特点

初中时期是一个半幼稚、半成熟的时期，是从幼稚期向成熟期过渡的时期，是独立性与依赖性、自觉性与幼稚性错综矛盾的时期。初中生随着认识水平的提高和学习能力的形成和完善，在情绪和情感发展中表现出一些新的特点。因此，心理学家们将这一时期称为“狂飙期”、“心烦意乱期”，这一时期情绪和情感的突出特点表现为情感动荡不定、易冲动、易走极端。

具体来说，初中生情绪和情感发展的特点主要表现为：第一，具有活泼乐观的心境和饱满充沛的热情；第二，情绪情感体验具有兴奋性、紧张性、不稳定性和冲动性；第三，高级情感有了明显的发展。

不少心理学家认为，初中阶段是情感发展最困难、最令人担心的时期，这一时期学生的情感富有冲动性，不善于自我控制，容易感情用事，常常因为一点小事激动不已，甚至打架斗殴，造成严重后果；有时会因偶发事件而苦闷、不安、泄气、绝望；有时面对社会矛盾和不良风气而感到忧郁、愤慨和悲伤；由于性意识的觉醒，又缺乏适当的准备和教育，既恐慌不安，又按捺不住内心的渴求。

初中生的情绪具有明显的两极性，常常是大起大落，例如一时自我欣赏，一时自我贬低；一时自负，一时又自卑。喜悦与悲伤，自信与胆怯往往瞬间即变。

2. 高中生情绪和情感发展的特点

高中生处于身心发展的高潮阶段，也是最富于激情的时期。具体来说，高中生情绪和情感发展主要表现为以下几种特征。第一，情感体验丰富多彩。青年人精力充沛、朝气蓬勃、奔放，各种需要不断出现，情绪日益丰富多彩。他们对事业的向往，对工作的迷恋，对知识的渴求，对友谊和爱情的追求，都表现得积极主动，道德感、理智感和美感也日趋成熟。第二，情绪表现强烈。青年人血气方刚，情绪体验快而强烈，情境性强，感染性大。有时豪情满怀，勇往直前；有时头脑发热，易于冲动。他们富于激情，对人对事比较敏感，再加上精力旺盛，情绪一经爆发就难以控制。遇事好激动，忽冷忽热动荡易变的现象仍然存在。第三，情感的延续增长。高中生少有破涕为笑的情况，他们的情绪一旦被激起，刺激消失后在一段时间内仍会保持某种心境，或愉快或抑郁，余波延续时间长。第四，情绪表现上外显与内隐并存。比如喜欢某个人，却出于自尊或其他原因会有意无意地表现出冷漠，特别是对异性。

高中生对自己的控制能力还不够强，对于情绪和情感所引起的冲动，还不善于正确对待和处理，容易酿成不良后果。在与亲密朋友或异性的交往中，更易受到激情的支配，不自觉地成为情感的奴隶，导致种种错误和难以弥补的损失。高中生面对复杂的社会，他们既要适应新的环境，解决理想与现实的冲突，又要面对学习、生活、工作、恋爱、交友和各种各样的冲突，还得处理好升学与就业的关系。因此，高中生的烦恼大大增加，压力、冲突日趋增多，情绪障碍时有发生，抑郁、焦虑、恐惧、强迫行为、自杀倾向、自卑感、失落感等初显端倪，所有这一切都应该予以重视和预防。

（二）中学生情绪和情感的培养

中学生处在情绪和情感发展的关键期，他们的情绪和情感的可塑性很大。因此，对他们进行情感教育就十分必要。对中学生进行情感教育，应重视以下几个方面。

1. 利用教学中的因素进行情感教育

在教学中，挖掘教学中的情感教育因素，适时地进行情感教育。根据教学内容，采用适合学生年龄的教学方法，激发学生的热情；充分利用教师的影响力去感染学生，发挥教师的表率作用。

2. 正确引导学生理解自己的情绪和情感

在教学中要正确引导学生认识自己情绪和情感的特点，帮助学生学会理解和把握自己的情绪和情感，提高情绪与情感的正确表达方式，学会情绪的自我控制和调节。

3. 培养学生形成正确的人生观

正确的人生观往往决定人的价值取向。良好的人生观的确立，可使学生有宽阔的视野，而不患得患失，从而使学生形成良好的心态。

二、中学生意志的发展

（一）中学生意志发展的特点

1. 自觉性和独立性的特点

小学生的意志行动盲目性大，不稳定性强。他们很容易改变自己的行动或盲目地追随他人的行动。他们的行动在很大程度上是根据家长和老师的要求和指导来调节的，有很大的依赖性。中学生则不同，他们对客观事物的认识能力已有较大发展，自我调节能力和行动规划能力都与小学生不同。他们的学习活动一般都有比较明确的目的，能在一定程度上独立确定目的、制订计划、支配和调节自己的行动。

对初中生来说，意志行动自觉性的特点还表现为，近期目标起着更重要的作用，如得到老师的表扬、考第几名等。他们对未来理想的观念比较笼统和肤浅，并且未来理想对他们的行为的影响较小。在意志行动独立性方面，初中生往往还保留依赖性和模仿性，易受人暗示。

而高中生的意志行动自觉性则有了很大的发展。首先，他们既有近期目标，又有较长远的目标，如既可能有考第几名的目标又可能有今后考什么大学的目标；其次，高中生确立行动目的，比初中生有更强的独立性，也更能独立支配自己的行为。

2. 果断性的特点

中学生一般都能按照一定的观点、原则去行事，果断性比以前提高了。但是，他们的行为常常带有盲目性、冒险性，遇到困难和复杂的事物，往往不加周密思考就草率行事，有时也表现为犹豫不决。我国的一些心理学研究表明，意志果断性的发展，从小学二年级到初中二年级并不显著。到高一前后才出现明显提高。这可能是同他们的认识能力，特别是思维的批判性和敏捷性的发展相联系的。高中生的果断性比初中生有了明显提高。

3. 自制力的特点

初中生的自制力比小学生有了质的提高。无论课堂纪律的维持上，还是在课外活动中，小学生更多地需要教师的提示和管束，而初中生则表现出更多的自律，但自律能力仍然较差。初中生的情绪也易于变化，意志也不够坚定。而高中生与初中生相比，在这方面有明显的提高。

4. 坚韧性的特点

中学生行动目的的明确性、情绪情感及个性对意志的支撑作用、自我调控能力等方面都比小学生强，因此，坚韧性比小学生大有进步。但初中生也常常表现出虽有坚持下去的决心，但遇到困难时却又容易灰心丧气的特点。高中生的坚韧性往往比初中生要强。

（二）中学生意志的养成

1. 帮助学生理解学习目标的意义和结果来培养学生的意志

实践证明，目标越明确、对目标的意义和结果理解得越深刻，就越能激发学生的动机和积极的行动。学生越具有克服困难的力量，也越能培养学生的自觉性、自制力和坚韧性等品质。所以，教师在教学过程中应更多地采用目标定向的教学法，让学生明确学习的目标，理解目标的意义和结果。在教学管理中应鼓励学生自定目标、制订计划、实施计划。

2. 设置困难情境，使学生获得意志行动的成功经验

学生的意志品质是在不断克服困难过程中培养起来的。学生成功克服困难的经验能增强他们克服困难的信心和自我效能感，对增强意志品质十分有益。教师和家长应该在教学和生活方面根据学生的特点设立适当的困难情境，鼓励学生通过自己的意志努力克服困难，获得意志行动的成功经验，增强其克服困难的信心和自我效能感。“成功教育”理念应贯彻到意志品质的培养中去。

3. 以学生积极的情感体验增强其意志力量

积极的情感体验能激发起人的行动动机，使人表现出巨大的意志力量，从而以极大的热情去战胜困难，完成任务。为此，教师首先应与学生建立起真挚、亲密的师生关系，将学生对教师的情感迁移到学习中去，成为学习的动力。其次，教师在对学生的学习和个性进行评价时，要以正向的、鼓励性的评价为主。不仅对成功的行为结果进行表扬鼓励，在对待失败的行动结果的评价中也应尽量让学生看到自己的成绩与进步，这样能使学生产生愉悦感，增强自信心，增加战胜困难的勇气。教师在教学中遵循使学生“逐步成功”的原则可增加学生的积极情感和自信心。

4. 让学生在不感兴趣但很有意义的行动中锻炼意志品质

高度的责任感是自觉性、自制力、坚韧性的重要支撑力量。通过让学生参加不感兴趣但又很有意义的活动来培养高度的责任感，不但有利于意志品质的培养，也

有利于良好品德的培养。

5. 重视榜样和群体意志的作用

榜样的力量是无穷的，榜样对改变学生的知、情、意、行都有巨大的力量。教师要善于树立典型的榜样，促使学生在认识上认同，在情感上受到震撼。那么，学生在意志行动中必然会模仿榜样，从而激发出坚强的意志力量。

个体意志与群体意志相互影响、相互促进。优良的个体意志品质能提高群体意志的层次，坚强的群体意志也会优化个体的意志行为，对学生意志品质的培养必须重视优良班风、校风等的建立，通过群体意志来培养个体的意志品质。

6. 重视意志的自我锻炼

首先，要鼓励学生善于自我评价，使学生通过对自身意志行动的分析评价，看到自己意志品质的优点，以增强自信心。也看到自己的缺点和不足，以增强自我锻炼的决心。其次，要鼓励学生善于对自己提出意志行动的具体化要求，如自我控制、信念坚定、勤奋努力等。再次，要鼓励学生善于约束自己，如严格遵守规章制度、如期完成工作和任务、养成良好的生活习惯等。最后，鼓励学生善于自我督促、自我激励等，如用格言、名人名言等来对照督促自己、激励自己，以形成优良的意志品质。

第三节　中学生自我意识的发展

中学时期是自我意识发展的重要时期。这一个时期的自我意识的发展有着自己的特点。这些特点与中学生的态度、行为选择有密切的联系。

（一）中学生自我意识发展的特点

1. 关注“自我形象”和内心世界

由于“第二性征”的出现，中学生除了对自己的体征产生极大的关注之外，更加注重“自我”形象及自我体验，喜欢修饰外表，关注自我内心世界的变化，对自己在别人心目中的形象看得十分重要，常常在反省中观察、体会、评价自己的内心活动，随着年龄的增长其关注程度逐渐增强。

2. 自我评价的独立性获得了发展

中学生自我评价独立性的发展经过了两个阶段。一是开始摆脱成人权威的依赖，表现出某种反叛的对抗；在评价标准上由童年期的成人评价标准取向向同龄团体评价标准取向过渡，形成了相对独立的自我评价。二是自我评价摆脱了对成人的依赖，同时逐渐克服了同龄团体的强烈影响，表现出真正的个体独立意向，形成个体特有而明显的自我评价。

3. 自我调节能力明显增强

自我调节可分为被动的自我调节和主动的自我调节。前者是指由外在控制力作用引起的自我调控。后者是指由主体自设目标、自定要求而致的主动的自我调控。中学生自我意识水平不断成熟，自我调节水平和能力也逐渐提高和发展起来，但是在由被动的自我调节向主动的自我调节转变中，具有不稳定性和波动性。

4. 有维护自尊和保护自尊的需要

中学生随着自我意识的发展，对个性品质的意识不断增强，自尊心也得到了突出的发展，开始要求别人尊重自己的言行，产生维护一定的荣誉和社会地位的自我意识倾向，强烈反对成人把他们当成“小孩子”，要求父母和老师尊重他们的个性独立性，保护他们的“隐私”和“内心秘密”，要求成人信赖他们，给他们一定独立发展的空间。这是青少年自我意识走向成熟的一种表现。

【经典案例】

他长大了吗?

——一封家长的信

儿子日夜长大，进入初中之后如同得了什么催生之道，一下子拔到 1.75 m 以上，俨然一个大小伙子。这对我这个只长到 1.60 m 左右，被现代女性视为“等外品”的人来说，内心的高兴和欢愉是不言而喻的。

但很快烦恼接踵而来，我犹如走亲戚一般，老是往儿子就读的学校跑。一接到班主任的电话，心就吊到了喉咙口。先是小小的年纪谈起了女朋友，双双对对地进进出出。老师当然很看不惯，怕他们分散精力影响学习。我诚恳地对儿子说，你现在应该集中精力搞好学习，争取考上大学，谈朋友的事实在太早了。谁知他根本听不进去，也不承认是在谈朋友，振振有词地说：“男女同学之间就不能有友谊吗？在一起说说话有什么不可以呢?”还说，即使是谈朋友，这种初恋也是很纯洁的，将来是一份很珍贵的经历。说到最后，他总是说我们做父母的思想太保守，观念太陈旧，有“代沟”，等等。

前不久发生的事就更令人恼火了。因儿子是足球迷，我们便给了他一张看足球赛的票。谁知散场后，他去和人打了一架，弄得鼻青脸肿回家。问他干吗要去打架，他说“球迷”的心情你们不了解，“球迷”之间打来打去是常有的事，反说我们少见多怪。妻又心疼又气恼，上去想打他一下，谁知他稍一阻挡，就把妻的手拨得老远。

儿子平时住校读书，节假日才回家。每每回家来，我们就要千叮咛万嘱咐，而他总是嫌我们啰嗦，说：“我已经是大人了，你们干吗老是把我当孩子看，从头管到脚?”而实际上他哪里像个大人的样子！看起卡通片来津津有味；迷恋电子游戏机时，玩到昏天黑地；一开口说话总是孩子气十足。这样的儿子，真是令我欢喜令我忧，不知他何时才能真正长大。

（二）中学生自我意识的培养

从教育上说，培养学生良好的自我意识，最重要有两点：一是使学生建立自信心；二是使学生正视自己的优缺点。为此，应努力做到以下几点。

1. 坚持正面教育,培养自我接受能力

所谓自我接受能力,是指能正视自己的现状并喜欢自己,接纳自己的能力。人的自我意识的形成和发展离不开别人的评价和态度。一个人若经常得到别人的肯定和鼓励,就会充满自信;反之,则会丧失信心,悲观失望。教师对学生自信心的建立负有重大责任。教师要善于发现学生的优点,让学生知道自己的可贵可取之处。一个人要能自信自己有可贵可取之处,才能自尊自爱,不断努力去提高自己,完善自己,形成良好的自我意识。一些儿童、青少年行为顽劣,屡教不改,这常常与社会、成人对他们的厌恶、嫌弃态度有关。他们从他人的态度中感受不到自身价值,因而自暴自弃。所以,“最需要爱的孩子,正是那些不讨人爱的孩子。”教师要喜欢学生,肯定学生,才能使学生接受自己,悦纳自己,发展良好的自我意识。

2. 参与社会生活,培养自我认识能力

所谓自我认识能力,指的是既知道自己长处,也知道自己短处的能力。知道自己长处,可以增强一个人的自信心,使之有勇气去克服困难,实现目标;知道自己短处,可以有意识地加以克服或扬长避短使之变劣势为优势。因此,认识自己是一个人形成良好自我意识的重要方面。各种社会生活实践是认识自我的最好课堂,学习、工作、社交等活动为我们检验自我意识的正确与否提供了条件。在每一种社会活动中,每个人都会有自己的利弊、得失感受和体验,我们可以借此对自己各方面的情况作一番冷静、认真地回顾和总结,看看以前对自己的认识是否正确,有没有夸大或缩小自己的优点,有没有过高或过低估计自己的能力,等等。俗话说:“金无足赤,人无完人”。每个人都会有许多长处和短处,只有认识它们,才能扬长避短,发挥优势,获取成功,建立自信。良好的自我意识只有通过参与社会生活才能得到培养和发展。

3. 引导中学生形成正确的自我意识

青春期到来时,中学生身体迅速增长,“第二性征”出现,自我意识也在发生急剧的变化。青少年越来越关注自己的身体特征和容貌,强烈关注周围人对自己的评价等,这个时期意味着从儿童向成人、从被保护的依存者向独立的存在者过渡。贺林渥斯把青年摆脱父母监督,成为独立人的过程称之为“心理断乳期”。此时青少年独立性有了很大的发展,想急于摆脱成人的监督;但另一方面,在经济上对成人又有很大的依赖性。此时青少年身心各方面能力的显著发展,使得父母难以满足他们内心世界的欲求,只好在同龄人身上选择知心朋友作为精神上的依托。尤其是当他们与父母发生分歧时,同龄人之间往往更容易沟通,更愿意相互听取意见。

针对这一特点,父母和教师既不要对青少年过分保护,也不应对青少年提出过多的要求。要充分给他们自己做主的权力。对青少年的行动过多地限制,企图包办一切,会增强他们的反抗情绪,使他们产生压抑感。但是,如果只看到他们独立、自主的一面,过早地期望他们独立,也会使他们失去安全感。中学时期是自我意识发展的时期,家长和教师应看到他们的长处和不足,有目的地培养正在成长的青少年的自我意识,使他们能正确地进行自我教育、评价别人。为他们树立榜样,开展恰当的评价活动，坚持用辩证的分析的方法看问题，使他们对自己的要求变成行动的需要，更有利于他们个性的发展。

第四节　中学生人际关系的发展

（一）中学生人际交往的特点

处于初中阶段的孩子已有了自己的爱好和向往。尽管他们尊重父母和教师，但当自己的看法与父母或教师的看法不一致时，就会表现出顶嘴、不服从、对立等反抗行为。随着年龄的增长，他们喜欢讲道理，与别人商量事情，有效地参与集体计划，分担责任。在实际活动中，希望得到他人的公平对待和信任。

到了高中阶段，他们面临人际交往中新的任务：第一，体形健美，相貌堂堂，借以赢得同伴的注目；第二，喜欢与异性伙伴建立新的社交关系，并为此感到愉快；第三，不再依赖父母，不再盲目崇拜教师，强调自我独立，但不丧失互相之间的感情与尊重；第四，希望像成人一样，获得经济上和社会上的地位，并为此制订计划，做好准备；第五，对自己向往的目标，充满必胜的信心。

由此可以看出，中学生在人际交往过程中，表现出如下一些特点。

1. 强烈的同伴交往需要

人际交往的需要是人类共同的一种特性，而中学时期这种人际交往的需要更为强烈。这一方面是由于性成熟给中学生带来心理动荡，另一方面中学生在过渡期的社会地位本身具有不稳定性。因此，中学生有获得心理和社会地位的迫切需求，并希望能通过人际交往来获得这种满足。通过人际交往，他们可以找到同伴朋友，同伴朋友能倾听自己无法对父母或教师讲的苦衷，得到朋友的理解、同情和心理上的支持，从而能缓和他们与教师或父母之间的矛盾，获得心理上的安全感。

2. 人际交往内容更多与学习相关

儿童时期人际交往内容相对简单和贫乏，游戏和玩耍占据了很大比例。初中生人际交往主要围绕学习活动为中心展开，一般来说，学习成绩好并且谦虚、乐于助人的学生最受大家的欢迎。

3. 异性交往受到关注

青少年时期，由于生理发育的渐趋成熟，女性为10～18岁，其中10～13岁为性生理发育成熟的迅猛阶段；男性为12～20岁，其中12～15岁为性生理发育成熟的迅猛阶段，个体的性意识开始觉醒。因此，异性交往备受关注。据上海一项对1 698名中学生的调查，从初一到高二，青少年向往异性的人数随年龄的增长而逐渐增加（见表2-2）。

女性渴望与异性交往的程度比男性更为强烈，这主要是由于女性的生理成熟早于男性。男性更注意女性的外表，女性则注重男性的内在气质。据研究，男性向往与异性交往的原因依次是：①对方漂亮可爱；②可以相互了解；③温柔亲切；④有力量、有帮助。女性向往与异性交往的原因依次是：①能相互了解；②有力量、有帮助；③能学习社交技巧；④有安全感和稳定感。

表 2-2　男女中学生向往异性交往的人数比例统计

年　级	女性(%)	男性(%)
初一	10.3	5
初二	34.12	16.66
高一	30.2	54.5
高二	81.5	61.5

（二）中学生人际交往能力的培养

1. 建立正确的人际交往理念

确立情感重于金钱、诚信高于一切的观念，使青少年在人际交往中增强获取信息、沟通情感的能力，在学习中交强已之友、交德高之友、交知心之友。

2. 掌握正确的人际交往规范

人际交往行为要受到一定社会文化背景形成的习俗、礼节、法规等交往规范的限制，要教育青少年掌握正确的人际交往规范要求，尊重对方的习俗和礼仪。

3. 矫正不良的人际交往方式

退缩型的人际交往方式表现为孤立、被动、害羞、冷漠，不能充分表达自己的思想观点和需要，从同伴身上引发社会性反应较少，表现为适应不良。攻击型的人际交往方式表现为好动、不合作，以发怒、争吵、打架等作为解决冲突的手段，侵害或不顾他人利益。自主型的人际交往方式表现为适当的交往技能，既能维护自己的权益，又不损害他人利益，开放而坦诚。因此，应积极鼓励自主型的人际交往方式，矫正退缩型和攻击型的人际交往方式。

4. 个别指导

对人际交往能力有障碍，因某种原因导致人际处境不佳、与异性伙伴来往过密过频的学生，要因人因事而异，科学地给予指导。

5. 学习建立友谊的技巧

首先，要先做自己的朋友。作为自己的朋友，你不需要完美无缺，但需要自己对自己有充分的了解。其次，信任。每一个青少年都希望并且需要信任别人，但是信任别人并不意味着盲目地把自己交给别人或做自己不喜欢的事情。信任是他人可能赢得的东西，而不是你随便发送的东西。第三，有效性。对人忠实可靠，始终如一，并用一种轻松的方式共享痛苦和欢乐。第四，安全和爱。在一种安全的关系中，朋友双方要能彼此深深地尊重对方的人格，彼此没有伤害和歧视，能体验到爱和喜欢。第五，成长性。健康的交往会有助于个人的成长，能使你在安然共处中体验新的想法和经验，彼此可以分享，充满活力。

第五节　中学生常见心理问题概述

中学生心理问题是指中学生在心理发展过程中所出现的不良适应状况、轻度的心理障碍及心理与行为方面的异常表现，主要包括学习上不适应、考试焦虑，性心理与性行为障碍，情绪的抑郁、焦虑和恐惧等不良反应，以及行为偏离、人格失常、人际交往不良等。本章主要介绍中学生常见的情绪问题和行为问题。

一、情绪问题

心理健康的核心问题是情绪问题。情绪问题使人们陷入痛苦或紧张的状态，极大地影响人们的正常生活、学习和工作。中学生存在的许多学习问题和行为问题往往与情绪状态有密切的联系。下面探讨的是影响中学生个体发展常见的情绪障碍。

（一）抑郁障碍

1. 抑郁障碍的表现

抑郁是青少年比较常见的情绪障碍，以情绪低落、自卑和压抑为主要特征，具有一定持续状态的心理障碍。其表现特征为：①在情绪方面表现为心境低落，情绪消沉，兴趣淡漠，悲观失望等；②在认知方面表现为自我评价过低，厌烦自己，自卑自责等；③在动机方面表现为社交退缩、自我封闭、有自杀意念或动机等；④在身体方面表现为精神不振，行为迟缓，食欲不振，四肢无力，睡眠困难等。

【经典案例】

抑郁障碍

杜某，女，15岁，初三学生。该生自升入初中，成绩在班上一直优良，升上初三后分到了快班(尖子班)。杜某在开学几周后的一次数学测验中不及格，曾闷闷不乐。后又因语文成绩低于平时水平，班主任无意中说了一句“语文也考差了”，该生随即开始号啕大哭，并说死了算了，断断续续地哭泣了两个多小时。

班主任反映，该生在初一、初二也曾有多次哭泣事件出现，但并没有像这次这么伤心，而且也没有听其提到死亡。

两周后，该生因听表姐说现在初中生有许多人早恋，误以为说她，回校时又大哭一场。周日老师家访后，她觉得委屈，哭得伤心欲绝，觉得活着没意义，并有自伤行为和乱摔东西的现象。

2. 抑郁障碍产生的原因

导致中学生产生抑郁障碍的主要原因是生活、学习和交往中的挫折、失意引起心境持久的负性情绪体验；自尊心受到伤害，丧失了自信，产生了自卑感和自我评价过低的心理；性格懦弱，为人过多拘谨，不善交往，心胸比较狭窄；家族中有神经症，自杀现象等。

3. 抑郁障碍的矫正方法

(1) 认知疗法。

改变患者对现实、对自己不正确的认知，建立个人与社会适当的、合理的关系，进而使负性情绪得以扭转。

(2) 社会适应训练。

针对患者人际交往中存在的缺陷与不足，制订有关模拟适应训练的程序，在学校、家长和同学共同配合下进行有效训练。

(3) 采取催眠疗法。

根据实际症状进行催眠治疗或采用一定剂量的药物治疗。

(4) 创造良好心理氛围。

丰富精神生活，增加娱乐活动，同时还要加强监护措施，实施早期预防。

(二) 恐惧障碍

1. 恐惧障碍的表现

恐惧障碍是指对某种不具任何伤害性的事物不合理的恐惧反应。患者明知自己的害怕不切实际，但无法控制。该症状的反应与正常人对真实的威胁产生的恐惧是不同的，所恐惧的对象不具有危险性。恐惧障碍发作时，表现为呼吸短促，脸色发白，四肢发抖，出冷汗，想极力逃避。

【经典案例】

恐惧障碍

某女，高一学生，刚刚进入某重点中学。班主任为了使同学们相互之间尽快熟悉起来，就在班会课上组织了一次“一分钟自我介绍”的演讲活动。那天，班长一宣布演讲开始，该生的心就“咚咚”地狂跳起来。尽管她已写好了演讲稿，而且离她演讲还有一段时间，但她已紧张得有些喘不过气来。

终于轮到她上台了，她感觉到全班52位同学的眼睛“唰”地一下都盯在自己身上，顿时耳热心跳，掌心冒汗，浑身变得不自在起来，在同学们热烈的掌声中，她总算走到讲台上，但双腿发抖，脸上的肌肉也绷得紧紧的，口角也开始抽搐。她硬着头皮作自我介绍：“大家好！我是……”“她是飞女？”同学们哄堂大笑。她又羞又急，好不容易才结结巴巴地把演讲稿读完，接着跌跌撞撞地回到自己的座位，恨不得钻到地底下去，很久都没有从那种恐惧感中恢复过来。

从那以后，该生再也不敢在班上发言，她变得有些孤僻抑郁，怕见老师，怕和同学说话，更怕陌生人找她讲话。上课时她把头埋得低低的，生怕老师点名提问，下课时她总远离同学躲在一边。家里来了客人，她马上就躲到自己的房间里去。

2. 产生恐惧障碍的原因

导致中学生产生恐惧障碍的主要原因有：对学习环境适应不良，学习中经历过挫折或创伤的体验，受到老师、同学或家长的批评，当遇到类似情景时，往往唤起了恐惧的反应；学习成绩不良，学习中体验不到乐趣，曾有被羞辱、嘲笑的经历；性格过于内向、孤僻胆怯、不善交往，有强烈的依赖性，缺乏独立性和自信心；家庭教育不当，父母过分保护、溺爱或者缺乏关心、关爱；教师教育方法不当，师生关系紧张；同学关系不协调，学习压力过大，等等。

3. 恐惧障碍矫治的方法

(1) 心理支持疗法。

纠正患者不良的认知，并给以指导、劝解和疏导等心理支持，帮助患者建立克服恐惧情绪的信心。

(2) 系统脱敏疗法。

鼓励患者正视和接触所恐惧的事物或情境，建立恐惧的等级层次，要求患者在放松的情况下，按等级层次中列出的项目进行想象或实地脱敏，渐进适应，直到完全适应，消除恐惧情绪。

(3) 活动训练法。

鼓励和引导患者积极参加各种有益身心健康的娱乐活动，培养其开朗、活泼、热情的性格和广泛的兴趣爱好。

(4) 自我放松训练。

面对恐惧处境时，通过自我暗示，使自己保持松弛状态，克服紧张、焦虑情绪，保持愉快、轻松的心境，也可以采取药物辅助治疗，服用小剂量的镇静药，可以缓解心理恐惧引起的紧张、焦虑反应。

(三) 强迫障碍

1. 强迫障碍的表现

强迫障碍是指人在主观上感到有某种不可抗拒的和被迫无奈的观念、情绪、意向或行为的存在，并能清楚地认识到这种强行进入的自己并不愿意的思想、纠缠不清的观念或行为都是毫无意义的，明知没有必要，但不能自我控制和克服，因而感到痛苦。

【经典案例】

强迫障碍

小张，男，初三学生。该生性格畏首畏尾，谨小慎微，做事力求尽善尽美，做完事总不放心，反复检查，如检查门是否锁好，上学的路上，经常要停下来几次，检查书与作业是否带齐。晚上复习功课时台灯放得高了，认为照明度不够，放低些，又怕光太强，伤害了自己的视力，因此，他便反复将台灯抬高些，放低些……明知没必要，也得调放半个多小时。夏天衬衫扎在西裤内，皮带系紧了，觉得影响自己的呼吸，系松了又认为有碍个人的形象，他便将皮带不断扣在第四个眼儿里、又扣在第五个眼儿里……每天重复做着这些无谓的动作，严重影响了他的正常生活和学习，为此他很苦恼。

2. 强迫障碍产生的原因

中学生产生强迫障碍的主要内在原因是强迫性人格。研究表明，在强迫障碍中有2/3的人具有强迫个性的特点，如性格拘谨，固执，犹豫，思虑过多；爱钻牛角尖，做事过于认真，缺乏灵活性；求全责备，要求别人过严，过高，对自己也有较高标准；喜爱清洁，事事要求有条有理，稍有疏忽，就放心不下，要求尽善尽美。还有就是社会生活、情感生活受到限制，家庭教育比较古板，严格。遗传因素也有一定的影响。

3. 强迫障碍矫治对策

(1) 心理疏导疗法。

对有强迫观念及行为的人进行耐心疏导，消除不正确的观念和疑虑，树立克服不良障碍的信心。

(2) 森田疗法。

要求患者对症状“顺其自然，为所当为”，而不要压抑。不过多地注意个人症状，以减轻心理上的不安和痛苦。采取不理和不对抗态度，使症状逐渐从意识中淡化，以至消失。

(3) 行为疗法。

采用行为疗法中的系统脱敏法、思维阻断法、满灌法和模仿学习等方法。

(4) 努力创造和谐的生活环境。

组织患者参加集体活动和兴趣活动。转移目标，解除学习与生活中的单调乏味体验，减少精神压力和紧张情绪，投入到愉快的学习生活中去。

二、行为问题

行为问题是指在没有智力和精神异常的情况下，表现出与所处的社会生活环境不适应或对社会规范及评价相违背的非常态行为。

1. 攻击行为的表现

所谓攻击行为或攻击倾向是指出于品行、习惯和非理性冲动而产生的旨在伤害他人的行为，与平时所说的打架骂人等现象是不同的概念。这种行为不是为了报复，也不是为了财富，仅仅是满足一种不健康的心理需要。

一般来说，攻击行为可分为若干类型：①团伙型攻击行为，即有相似需要的人组成一个亲密无间的团伙，专门欺侮他人，中小学校里经常可以发现这样的小团伙，有时在晚上到教室里或马路上，骚扰女生或年龄小的学生，进行人身侮辱或翻兜要物；②单个型的攻击行为，即攻击者没有任何朋友，十分孤僻怪僻，对人冷言冷语，以伤害他人满足自己或表达自己对社会、对学校、对他人的不满。此外，攻击行为还分为对人的身体伤害和口头伤害的攻击行为。

【经典案例】

攻击行为

H，男，15岁，初二学生。该生自我评价过高，容易自负，有"宁可我负天下人，天下人不能负我"的思想。对学校的规章制度适应困难，常有迟到、旷课现象发生，争强好胜，好勇斗狠，常因小事出手打架，受到学校警告和记过处分。与父母、老师、同学的关系十分紧张，听不进别人的批评意见，经常顶撞父母，辱骂老师，欺负同学，打伤同学。

父母在该生读小学时就感情不和，父亲稍不如意就将他当成出气筒，常挨打受骂。后来，父母离异，他一直与父亲一起生活。为了生计，父亲经常外出打工。H很少受到家庭看管和照顾。为了寻求精神寄托，他常与一些不三不四的社会青年为伍，染上吸烟、酗酒和打架的恶习。

2. 攻击行为障碍产生的原因

攻击行为障碍产生的原因：①身心发育不健康，社会成熟度不够，情感和情绪的自我控制能力较差；②个体遭受挫折，在生活、学习或交往中遭遇挫折，导致出现消极情绪，消极情绪的发泄就是攻击行为；③家庭教养方式不当，或溺爱式，或专制式，缺乏民主式教育，以及不恰当的惩罚手段，导致子女把压抑的情感以攻击行为方式表露出来；④学校教育不当，教师教育方法简单、粗暴，缺乏灵活性和策略性，有的学生自尊心受到了伤害，为维护其自尊，采取了消极防御方式——攻击行为。

3. 攻击行为障碍矫正的对策

(1) 调整家庭教育方式。

父母不应对子女使用暴力手段或过于溺爱，建立良好的强化机制，鼓励子女勇于面对挫折，掌握挫折的自我调适方法。

(2) 角色扮演法。

让学生扮演一种角色，体验一定的情绪状态，让有攻击行为者在攻击行为中，扮演和体验专制、残暴的角色；体验恐惧、逃避、愤恨甚至委屈的情绪，从而抑制自己的攻击行为。

(3) 榜样学习法。

利用宣传媒介，在青少年中树立以和平、协助、包容、团结为主题的榜样，对青少年不良行为的消除或遏制会起到一定的作用。

总之，中学生心理问题的矫正是一个系统工程，也是长期的任务，需要社会、家庭和学校的综合干预，需要教师和家长及时发现，及时矫正，形成良好的氛围，同时也需要通过多种方式提高学生自我认识、自我调整的意识，增强学生矫正问题、自我改善的能力。

【思考练习】

1. 中学生认知发展的特点有哪些?

2. 中学生情绪、情感及意志发展的特点有哪些?

3. 中学生自我意识发展的特点有哪些?

4. 中学生人际关系发展的特点有哪些?

5. 针对中学生心理发展的特点,你觉得应该从哪些方面进行培养?

6. 目前中学生常见的心理问题有哪些?

【课外延伸】

请利用教育实习或实践的机会,跟踪调查、分析了解一名有心理问题的中学生,分析其形成的原因,同时提出心理辅导的策略与方法。

第三章 心理咨询与辅导的理论体系

学习目标……

- 理解精神分析疗法、行为疗法、合理情绪疗法、以人为中心疗法等理论基础
- 掌握精神分析疗法、合理情绪疗法、森田疗法等主要治疗方法
- 掌握行为治疗的常用技术方法
- 理解以人为中心疗法的条件

是年三月，春光烂漫，众心理医生结伴出游，正于桃花林中流连忘返，忽见前方黄沙漫漫，原来是一群饿狗飞奔而来。行为主义治疗师首先发话："给我拿根大点的电棒来！谁咬人就电谁，让它在咬人的时候感觉很难受，这样它们就会放弃咬人的恶习了。"众狗愕然止步。认知治疗师接着说："狗朋友们，你们之所以咬人，并不是因为喜欢咬人，而是由于你们的不合理信念，认为人和狗是天敌，这是一种绝对化的错误观念，其实世事无绝对，人和狗也是可以做朋友的……"众狗陷入沉默。精神分析治疗师说："其实，你们并不想咬人，只是因为你们的口欲期没有发展好，造成了口欲期的固着，所以才用咬人来释放你们的焦虑，是你们的狗爸爸狗妈妈没有抚养好你们，现在你们对我们出现了负性移情，你们的防御机制是转移、投射、否认……总之你们童年有创伤。"众狗凄然泪下。人本主义治疗师见此情景，不由眼圈一红说："别哭了，我能感觉到此时此刻你们的悲伤难过。你们不要这样迷茫地看着我，我不想告诉你们怎样做，我相信，人有选择自己行动的自由。啊，错了，是狗。狗也有让自己走向健康的能力。相信我，没错的。"(讲话的同时给予众狗深情注视)众狗号啕大哭。

这段阐述虽然有调侃的成分，但还是比较准确地把握了认知理论、精神分析、行为主义、人本主义等几个主要心理治疗流派的核心思想，并且指出了它们之间的主要区别。认知理论注重观念和思维的改变，以对不合理信念的探寻和辩驳作为突破口；精神分析注重对过去生活经验和心理创伤的挖掘；行为主义强调通过强化、惩罚等方式塑造和改变行为表现；人本主义则相信人的内在潜能，通过共情等方式创造有利于来访者成长的环境。

心理咨询作为一门科学，有其自己的理论和方法。近百年来，经许多学者的努力，已形成了诸多的理论流派。本章主要就几种比较有代表性的咨询流派作一下介绍。

第一节　精神分析的理论与方法

一、精神分析的理论

精神分析，又称心理动力学。在所有心理咨询与心理治疗理论中，弗洛伊德所开创的精神分析理论是历史最悠久、影响也最深远的一派。在精神分析的基本理论中，与心理咨询和心理治疗有关的部分主要有无意识与压抑的理论、人格构成学说、性心理发展学说和神经症的心理病理学说。

（一）无意识与压抑的理论

弗洛伊德认为，人的精神生活主要由三个不同水平的部分组成，即意识、前意识和无意识。

无意识，又称潜意识，包含两种含义：一是指人们对自己的一些行为的真正原因和动机不能意识到；另一个含义是指人们在清醒的意识下面还有潜在的心理活动进行着。作为后一种含义的无意识，包含了各种为人类社会伦理道德、宗教法律所不能容许的原始的、动物性的本能冲动，以及与各种本能有关的欲望。

意识是可以直接感知到的心理部分。弗洛伊德曾比喻心理活动的意识部分好比冰山露在海面上的一角，而无意识则是海面下那看不见的巨大部分。

在意识和无意识中间还夹着很小一部分的精神活动，即前意识。前意识所包含的内容可以召回到意识中去，即其中的经验或观念可以说暂时不属于意识，但随时能够回忆起来，进入意识。

人的心理活动中的意识、无意识和前意识之间所保持的是一种动态的平衡，前意识之中的内容与意识之中的内容可以随时转换，但无意识部分的东西要进入到意识中来则非常困难。前意识起着“检察官”或“看门人”的作用——严防无意识中那些使人产生焦虑的创伤性经验、不良情感及为社会道德所不容的内容进入意识部分。

无意识之中的各种本能冲动或动机、欲望一直都在积极活动之中，有时还很迫切，力求在意识的行为中得到表现。但因为它是为社会道德、宗教法律所不能容许的冲动，所以当其出现时，人就会在意识中唤起焦虑、羞耻感和罪恶感，因此人会对这些冲动加以抵抗，进行压抑。弗洛伊德认为无意识的动机是向上运动的，向外推的，而意识却施以相反的力量，向下、向内紧压，这就是所谓压抑。

压抑的功能是把主体的经验和回忆、各种欲望和冲动保存和隐藏起来，不让它们出现在意识中。但这些东西并未消失，而是一直潜伏着、活动着，并通过梦、口误、笔误、记忆错误等方式表现出来，而病态的压抑则会导致心理疾病，即以神经症的形式表现出来。

【经典案例】

认识潜意识的存在

有位家庭妇女被送到医院来诊治，说是最近数天来，常常有一阵子讲不出话来。经过咽喉科医生检查，并未发现什么器质性毛病，因而被送到精神科会诊。当医生问她这毛病发生多久时，她回答是三天前发生的。再问她三天前什么时候发生的？如何发生的？她却一问三不知，并且怎么也回想不起来了。她只记得毛病刚发时她坐在家中客厅，小孩子还没有上幼儿园，是早晨。因为她不能讲话，小孩子大声哭泣，邻居觉得有异，跑过来看究竟，结果发现她在那里一言不发，才知道她患了不能讲话的毛病。医生后来从该家庭妇女的丈夫那里了解到另一半故事。原来该家庭妇女的丈夫前夜到外面去打麻将，打了个通宵，她很不高兴。次日早晨先生打完牌回来后，她就向先生兴师问罪。哪知先生不仅不听，反而骂她“啰嗦”，然后就离家出走。她一气之下，马上骂不出话来，也讲不出话，只是呆坐到被邻居发现。

这位妇女是患了“转化型心理症”，即她把对丈夫的气转化到喉咙里来，使喉咙失去机能而不能讲话。但为什么她记不起来自己到底是怎样生的病？说起来很简单，这位妇女把会引起她痛苦的事情从意识的境界放到潜意识的境界里去，让她自己意识不到，而不觉得痛苦，所以就想不起来了。

从这个例子可见，人虽然能意识到自己的一举一动的理由，一言一行的道理，但有时却不能意识到许多自己的情感与行为动机，就像人们常说的：“不知为什么突然心血来潮，做了这傻事。”其实，这是潜意识里的情绪、欲望和冲动的反应。在大多数情况下，我们的这些冲动和欲望是被压抑的，但它可在一些笔误、口误、梦境和心理症状中表现出来。因此，精神分析的要诀之一就是要探讨和揭示潜意识的资料，帮助病人领悟自己的问题所在。

（二）人格构成学说

弗洛伊德根据临床经验知识，指出人格的构造可以分为三个部分，即本我(id)、自我(ego)、超我(superego)。本我属于生物性要素，自我属于心理性要素，而超我属于社会性要素。

本我是人格的基本体系，它代表着人最原始的一面，由一切与生俱来的本能冲动所组成。它潜伏了人的各种欲望，如性欲、觅食欲望、追求安全的欲望和攻击欲望等。本能和欲望会对紧张作立即反应，以维持一种均衡状态。因此，本我只受“快乐原则”的支配，其目的在减轻紧张，避免痛苦，获得快乐。本我是非理性、非道德的，它一味寻求无条件的、即刻的满足，永远不会成熟，也不会思考，仅有欲求或行动。本我属于潜意识层面，但也可浮现在前意识或意识中。

自我是与真实的外界相接触的部分，它是管理、控制与调整人格的执行者，它的职责在于协调本我与周围环境之间的关系。它受“现实原则”的支配，能作现实性与逻辑性的思考，并根据现实情况作出计划以满足本我的欲求。

超我是人格中道德或正义的部分。它是一个人的道德信条，主要判断行为的好与坏、对与错。它代表理想而非现实，努力追求完美，而非快乐。它也是传统价值与社会理想的代表，这些传统价值与社会理想很大程度上是由父母“传递”给儿女的。

弗洛伊德认为，人格的这三种构成——本我、自我和超我之间不是静止的，而是不断地交互作用着的。自我在超我的监督下，按现实可能的情况，只允许来自本我的冲动有限的表现。在一个健康的人格之中，这三种人格结构的作用必然是均衡的。如果这三种力量不能保持动态平衡，则将导致心理失常。

（三）性心理发展学说

按弗洛伊德的观念，人的发展即是性心理的发展。这一发展从婴儿时期开始到青春期共划分为5个阶段，每个阶段的性活动都可能影响人的人格特征，甚至成为今后发生心理疾患的根源。其中，儿童早期的经历对一个人其后的心理发展是至关重要的。

口欲阶段(0～1岁)：此期间婴儿的主要活动为口腔的活动，快感来源为唇、口、吸吮、吃、吃手指。长牙后，快感来自咬牙、咬东西。

肛欲阶段(1～3岁)：此期间婴儿要接受排泄大小便的训练，主要为肌紧张的训练。快感表现为忍受和排便。

性器欲阶段(3～6岁)：此期间儿童能分辨两性、产生对异性双亲的爱恋和对同性双亲的嫉妒。此外，生殖器部位的刺激也是快感的来源之一。

潜伏期阶段(6～12岁)：此期间的儿童性欲倾向受到压抑，快感主要是对外部世界的兴趣。

青春期阶段(12～18岁)：兴趣逐渐转向异性，幼年的性冲动复活，性开始成熟。其特征是异性爱的倾向占优势。

弗洛伊德认为：性心理的发展过程如不能顺利进行，停滞在某一发展阶段，即发生固着；或个体在受到挫折后从高级的发展阶段倒退到某些低级的发展阶段即产生了退行，就可能导致心理的异常，成为各种神经症、精神病产生的根源。

【经典案例】

从过去了解现在

精神分析家相信，个人的早期生活经验对他将来的性格形成有相当的影响。因此，要了解病人问题的真相，就必须去认识他过去的背景。特别是病人的主要问题不在于现在而源于过去时，必须仔细认识从前的一切，包括家庭背景、父母关系、幼年的生活状况等。

有个病人从母亲去世之后，就患了一种毛病，即时刻要去按自己的脉搏，量量脉搏的快慢，唯恐有毛病。因为运动心跳加快，马上担心自己是否有心脏病。他常常请医生给他量血压，担心自己是否患了高血压症。这位难倒内科医生、无病呻吟、患有“疑病性心理症”的病人，到底是怎么一回事呢？假如我们研究一下他的过去，就不难理解其原因。原来这位病人是个独子，从小常生病，母亲对其特别疼爱和特别关心。只要他稍微一咳嗽，或肚子不舒服，妈妈就赶快替他按脉搏、摸肚子、请医生。如此数十年，不但养成了依赖母亲的心理，也产生了过分注意自己身体状况的习惯。现在母亲忽然去世了，他变得不知所措，于是不自觉地开始了随时按脉搏的行为。虽然他是给自己按脉搏，但仿佛是他的母亲替他按脉搏一样。一个经常依赖母亲的人，忽然失去母亲，就用自演母亲的角色来弥补内心的空虚。

早期的生活经验对个人性格和心理的影响是较大的，所以在精神分析中，需要病人谈他过去的情况，其目的是要了解现在。在谈过去的过程中、重复曾经受过挫折的经验，让病人有机会再次正视自己的问题，了解问题的真相，矫正自己的情绪。这也是精神分析的方法之一。

（四）神经症的心理病理学说

弗洛伊德认为：神经症的症状，与过失和梦相同，都各有其意义，都与病人的内心生活有相当的关系。他指出神经症的症状是性的满足的代替物。症状既可用以达到性欲满足的目的，也可以达到禁欲的目的。

心理分析学说认为，焦虑是理解神经症的关键所在。本我中的本能欲望和冲动在力比多的驱使下不断地寻求其自身的满足和表现。超我根据社会、道德的要求不允许其表现，而自我同时要注意本我和超我及现实这三方的利益，必然对寻求满足的本能冲动感到焦虑。为防止焦虑的发展，就要设法干预、抑制或消除本能的冲动。在自我足够强大时，采用心理防御机制中的压抑能够获得成功。但当自我力量减弱时，压抑未能成功，即产生神经症性的心理冲突。两种势力冲突的结果达成妥协，自我采用心理防御机制中某些特别的技巧，对急于寻求表现的性冲动予以化装，使之以神经症症状的形式表现出来。这既使力比多的能量得到了宣泄，又使自我避免了焦虑。

【经典案例】

神经症的症状之意义

患者为一患有强迫症状的女青年，她有许多强迫动作的表现，其中包括睡前要使自己的卧室和父母之间卧室的门半开着，并在门口放上障碍物。她床上的长枕头不能与床背碰到一起，等等。她上床前的各种预备仪式即强迫动作可重复1～2 h。在治疗过程中发现这个少女忽然了解到自己之所以不让长枕头与床背接触的缘故是因为她认为长枕像一个妇人，而直挺挺的床背像一个男人。弗洛伊德指出，其强迫性仪式动作的目的在于阻止父母性交，并想借此仪式使自己代替母亲。因此，弗洛伊德认为，症状是被压抑到无意识中的欲望寻求满足的曲折的表现，是压抑与被压抑的两种势力相妥协的结果。被压抑的本能欲望既不能得到真正的满足，则以症状的形式得到某种替代性的满足；而由于症状不是本能欲望赤裸裸的再现，因此超我亦不再干涉。

由于病人本身并不能意识到症状的真实意义，是无意识的，因此必须通过长时间的自由联想和分析，病人才能意识到。

二、精神分析的方法

精神分析的方法主要在于逐渐地觉察、明晰、洞察人的行为，以及了解症状所显示的意义。因为精神分析认为症状的产生是由于不同意识水平的冲突，一方处于意识或前意识，另一方处于无意识。早年未解决的欲望会被压抑到无意识中，并且会通过宣泄或自由联想等方式表现出来。所以，患者虽为症状所困，却并不了解真正的原因和意义。咨询中要帮助当事人寻找症状背后的无意识动机，使之与意识相见，即通过分析让当事人自己意识到其无意识中的症结所在，产生意识层次的领悟，使无意识的心理过程转变为意识的，让当事人真正了解症状的真实意义，便可使症状消失。精神分析有如下五种主要方法。

（一）自由联想

自由联想是分析者辅导当事人尽可能地将心中的话说出来，不管自己心里所想的是多么的琐碎、无逻辑、不清楚，当事人仍直觉地、不加思考地报告出来的方法。在自由联想过程中，治疗师的任务是鉴别与解析潜意识中被压抑的事件中与当事人症状有关联的资料。当事人通常躺在长椅上，而咨询员则坐在其后，这样才不至于在当事人自由联想的时候受到限制。

（二）梦的分析

人在睡眠中防卫能力是比较低的，一些被压抑的情感会得到“释放”。弗洛伊德把梦看作通往潜意识的大道，在梦中一个人的潜意识欲望、需要与恐惧会表现出来，某些不被人所接受的动机会以伪装的形式表现出来，而非直接显现。对梦的分析就是要揭示梦的隐义。

【经典案例】

分析梦境

精神分析医生常要病人报告做梦的内容，因为他们认为，梦是在睡眠中所想的东西，比较少受意识的影响，属于潜意识的材料。要了解潜意识的真相，就必须去分析梦，探讨白日梦和幻想等潜意识活动的产物。在分析梦的过程中，重要的不在于追究梦或幻想的内容，而在于病人对于自己的梦或幻想的联想。因为让病人去联想、思考、谈论时，可以让病人渐渐去发觉、了解、领悟自己潜意识的冲动、欲望或情感。

有位女病人因患“性冷感症”来找医生。她报告说，她与丈夫恋爱时曾做了一个梦，梦见她与一个男性黑人同坐一部车子。他们好像认识没多久，但已决定要结婚。当他们准备把车子开到教堂时，忽然听到背后父亲大声吼叫，骂她是个坏女孩，她吓坏了，从梦中惊醒过来。这位病人报告了这个梦之后，联想到她的母亲很早去世，她是由父亲一手带大的，她的父亲很爱她，却管得很严。每当有人约她出去时，特别是男朋友约她出去时，父亲就会整晚守在家里等她回来，并且经常训斥她行为要规矩、谨慎。

用精神分析理论不难解释这位病人的梦及其联想，她现在的"性冷感症"症状的原因：梦中的情境表示她与男朋友发生感情时，就恐惧父亲生她的气，骂她不规矩。这也说明了她为何不易与丈夫产生亲热行为的缘故。

（三）抗拒的分析

抗拒是当事人有意识或无意识地回避某些敏感话题，有意无意地使咨询重心偏移。弗洛伊德认为，当事人抗拒的原因是一种潜意识的防御作用，以逃避面对自己所无法忍受的焦虑。处理抗拒的方法是治疗师指出当事人的抗拒心理，帮助当事人了解抗拒的原因，让当事人正视抗拒的行为，并借此探讨潜意识的作用。

（四）移情的分析

移情是指当事人在咨询过程中，把治疗师当成他过去生命中的一个重要人物（如父母或其他重要人物），并以对待这个人的情感态度来对待治疗者。在咨询过程中，移情是一个关键，因为透过移情作用，治疗师有机会去具体地观察和了解当事人的人际关系，并解析问题行为的冲突所在。

【经典案例】

观察和应用移情关系

有位常被父亲宠爱而善于撒娇的女病人，在心理治疗的初期很喜欢向医生撒娇，无理取闹。她要求医生每个星期要给她多看几次，要求医生打电话给她的学校，要老师准许她请假去旅游等。每当医生向她解释这些是不合理的要求而不替她做时，这位病人就生气，并且骂医生说："我的父亲都听我的话，替我做事。你这个做医生的怎么一点也不替我着想。"很明显，这位病人一直以为所有的人都应该像她的父亲一样宠着她、惯着她。她在不知不觉中，把过去对自己父亲的期望转移到医生身上，当自己得不到满足时，便像平常对父亲发脾气一样地向医生发脾气。

从上述例子可见，经由移情关系所表现出来的态度、情感与欲望等，都属于比较原本的东西，也即是潜意识的心理活动表现。所以，观察和分析移情关系，可以让病人有机会去矫正对人的感情，从而改善人际关系，这在治疗上极为重要。

（五）解释

解释是精神分析中最常用的方法。解释的目的是让当事人正视他所回避的东西或尚未意识到的东西，使无意识之中的内容变成意识。要揭示症状背后的无意识动机，消除抗拒和移情的干扰，使当事人对其症状的真正含义有所了解，解释都是不可缺少的。

解释要在当事人有接受的思想准备时进行。此外，单个的解释往往不可能明显见效。较为有效的方法是在一段时间内渐渐地接近问题，从对问题的澄清逐步过渡到解释。因此，解释是一个缓慢而又复杂的过程。通过解释，治疗者可以在一段时间内，不断向当事人指出其行为、思想或情感背后潜藏着的本质意义。

第二节　行为治疗的理论与方法

一、行为治疗的基本理论

行为治疗与精神分析不同，前者从一开始就植根于实验发现之中。行为治疗的基本理论主要来自行为主义的学习原理，包括三个部分：经典的条件反射原理、操作性条件反射原理和模仿学习原理。

（一）经典的条件反射原理

提到经典的条件反射，首先必然会想到巴甫洛夫的经典条件反射实验。给狗喂食物会引起狗的唾液分泌，这是先天的反射，称为无条件反射。给狗节拍器声音刺激，不会引起唾液分泌，但如果每次给狗喂食物的同时出现节拍器声音，这样反复多次之后，狗一听到节拍器声音就会出现唾液分泌。节拍器声音本来与唾液分泌无关（称为无关刺激），由于多次与食物结合同时出现，就具有引起唾液分泌的作用，节拍器声音变成了进食的“信号”。这时，节拍器声音已转化为信号刺激（即条件刺激），这种反射就是条件反射，也称应答性条件反射。可见，形成条件反射的基本条件就是无关刺激与无条件刺激在时间上的结合，这个形成条件反射的过程称为强化。若条件刺激多次出现，而没有无条件刺激的强化，这个条件反射也可以消退。

华生很早就利用应答性条件反射的知识进行实验，他曾使一个 11 个月大、本来喜欢动物的男孩对白鼠产生恐惧的反应。其做法是每当这个男孩伸手要去玩弄白鼠时，实验者就在他背后猛击铁棒，制造出巨大的响声。经过这样几次之后，每当白鼠出现，这个男孩就会哭闹，出现恐惧的表现。此后，进一步发现男孩的恐惧反应又泛化到其他白色的动物身上去，那些他本来并不害怕的兔子、狗、有毛的玩具等，现在看到后也产生了恐惧或消极的反应。

（二）操作性条件反射原理

操作条件反射原理是美国著名行为主义心理学家斯金纳提出的。斯金纳做过许多实验研究。他研制出一种现在被称之为“斯金纳箱”的实验仪器。他曾经进行过一项实验研究，将一只饥饿的白鼠关入箱内，任其自由活动，箱内有一杠杆，白鼠偶然按压杠杆时即有食丸滚进食盘内，于是按压杠杆的动作随即得到强化，增加了白鼠按压杠杆的频率。多次强化后，白鼠入箱即会按压杠杆，这就形成了操作性条件反射。根据这一实验，斯金纳归纳出了许多用于行为治疗的方法，如强化原理、强化的时间与方式等。他认为，包括心理疾病在内的大多数行为都是习得的，因此，心理咨询和心理治疗就是要以改变对来访者起作用的强化物的方式来改变其行为。

（三）模仿学习原理

模仿学习原理又称社会学习原理，是班杜拉在对幼儿作了大量的实验研究后提出的。他认为个体仅仅通过观察其他人的行为反应就可以达到模仿学习的目的。观察学习是个体社会学习的一种重要形式。班杜拉指出，观察学习的机制不能简单地用操作性条件反射的原理进行解释，它由注意、保持、动作复制和动机建立四个相互联系的阶段构成，各阶段分别受一系列变量的影响。这四个阶段被认为是模仿学习必备的阶段。除此之外，人们还注意到被模仿人的特征、观察者的特征和观察者的参与程度也是影响模仿学习的因素。

模仿学习理论认为，人的大量行为都是通过模仿而习得的，人的不良行为也常常是通过这一方式形成。如儿童经常看到成人或电视中的攻击行为，就容易变得富有攻击性；疑病症的儿童多来自特别关注疾病的家庭。模仿能够有助于人们学会很多重要的技能，但也可能会在习得变态行为方面起作用。

二、行为治疗中的常用技术

行为治疗技术是建立在行为治疗的基本理论之上的，其不仅仅为行为治疗学派的治疗师所偏爱，属于其他治疗学派的治疗师也常常选用个别的行为治疗技术。应该说许多行为治疗技术是广泛应用的、富有成效的咨询与治疗方法。

（一）放松训练

放松训练对于应付紧张、焦虑、不安、气愤的情绪与情景非常有用，可以帮助人们振作精神、恢复体力、消除疲劳和稳定情绪。这与我国的气功、太极拳、站桩功、坐禅等很相似，有助于全身肌肉放松，形成自我抑制状态，促进血液循环，平稳呼吸，能增强个体应付紧张事件的能力。放松训练在方法上比气功等更为简便易行，不需要很多时间来学习和掌握。

1. 一般放松训练

（1）准备工作。

让来访者找到一个舒服的姿势，这个姿势能使其感到轻松、毫无紧张之感，可以是靠在沙发上或躺在床上等。要在安静的环境中进行放松训练，光线不要太亮，尽量减少无关的刺激，以保证放松练习的顺利进行。

（2）放松的顺序。

在放松训练中，让来访者逐步进行身体的放松，放松顺序应该是：手部——头部——躯干部——腿部。

如手部放松的具体操作：伸出右手，握紧拳，紧张右前臂；伸出左手，握紧拳，紧张左前臂；双臂伸直，两手同时握紧拳，紧张手和臂部。

头部放松的具体操作：皱起前额部肌肉，似老人额部一样皱起；皱起眉头；皱起鼻子和脸颊（可咬紧牙关，使嘴角尽量向两边咧，鼓起两腮，似在极痛苦状态下使劲一样）。

躯干部位放松的具体操作：耸起双肩，紧张肩部肌肉；挺起胸部，紧张胸部肌肉；拱起背部，紧张背部肌肉；屏住呼吸，紧张腹部肌肉。

腿部放松的具体操作：伸出右腿，右脚向前用力像在蹬一堵墙，紧张右腿；伸出左腿，左脚向前用力像在蹬一堵墙，紧张左腿。

(3) 放松的方法。

每一部分肌肉放松的训练过程为五个步骤：集中注意；紧张肌肉；保持紧张；解除紧张；松弛肌肉。咨询师可按下述方法给来访者放松指示。

手部放松，咨询师可以这样发出指示：伸出你的右手，握紧拳，使劲儿握，就好像要握碎什么东西一样，注意手臂紧张的感觉（集中注意力，保持肌肉紧张）……坚持一下……再坚持一下（保持紧张）……好，放松……现在感到手臂很放松了……（解除紧张和肌肉松弛）。

躯干部位的放松，指示语可如下所述：耸起你的双肩，使肩部肌肉紧张，非常紧张，注意这种紧张的感觉……坚持一下……再坚持一下……好，放松……非常放松……

当各部分肌肉放松都做完之后，治疗者还可继续给出指示语：现在你感到很安静、很放松……非常非常安静、非常非常放松……全身都放松了……（然后等来访者从1数到50——这是事先教好来访者，或者由咨询师掌握时间）……请睁开眼睛。

咨询师在给出放松的指示语时，特别要注意利用自己的声调语气来创造出一个有利于来访者放松的气氛。从开始到最后，语速是逐渐变慢的，但也不能太慢，注意发出的指令要与来访者的呼吸协调一致。每部分肌肉由紧张到放松的过程都要有一定的时间间隔，为对方更好地体验紧张和放松留有适当的余地。

另外，放松训练后来访者可根据在咨询中学习的放松方法回去自行练习（一般每日1～2次），也可由咨询师提供录好的有指示语的磁带，据此进行练习。

2. 其他放松训练

(1) 想象性放松。

想象性放松比一般放松训练更为容易，但效果常常因人而异。做想象性放松之前亦要求来访者放松地坐好、闭眼，然后开始先由咨询师给予言语性指导，进而由来访者自行想象。

言语指导的内容是咨询师需要事先了解的部分，看看来访者在什么情景中最感舒适、惬意、轻松，常用的想象情景是在大海边。

咨询师可以这样给出指示语：想象你静静地俯卧在海滩上，周围没有其他的人，你感受到了阳光温暖的照射，触到了身下海滩上的沙子，你全身感到无比的舒适，微风带来一丝丝海腥味，海涛在有节奏地唱着自己的歌，你静静地、静静地聆听着这永恒的波涛声……

咨询师在给出上述指示语时，同样要注意语气、语调的运用，节奏要逐渐变慢，配合对方的呼吸。另外，在给出这类指示语时，咨询师也要具有想象力，注意以语言提示配合五官的感觉。

(2) 深呼吸放松。

咨询师可能会遇到这样的来访者,其在面临某些特殊的场合时容易突然感到紧张,此时已无时间和场地来慢慢练习上述放松方法。在这种情况下,可以教其最简便的深呼吸放松法,这和日常生活中人们自我镇定的方法相似。

具体做法是让对方站定,双肩下垂,闭上双眼,然后慢慢地做深呼吸。咨询师可配合对方的呼吸节奏给予如下指示语:一呼……一吸……一呼……一吸,或深深地吸进来,慢慢地呼出去;深深地吸进来,慢慢地呼出去……

这种方法虽然简单却常常起到一定作用,且来访者若遇到紧急场合常常容易记不起或根本不知该怎么办,咨询师此时教授这一方法,决不多余。此法亦可由咨询师先教会来访者再让其自行练习,以备必要时使用。

(二) 系统脱敏法

系统脱敏法是最早应用的行为治疗技术之一,它主要利用交互抑制或反条件作用的原理,来矫正当事人在某一特定的情境下产生的超出一般紧张程度的焦虑或恐惧状态。

在系统脱敏法的具体实施过程中,利用的是人的肌肉放松状态去抵抗由焦虑或恐惧引起的个体的心率、呼吸、皮电等生理指标的变化反应。放松状态多次与引起当事人焦虑或恐惧的条件刺激物结合,即可消除原来因该刺激物引发的焦虑或恐惧条件反应。由于人的肌肉放松状态每次只能抵抗一个较低程度的焦虑或恐惧反应,因此治疗时要从能引起个体较低程度的焦虑或恐惧的刺激物开始。一旦某一刺激不会再引起当事人焦虑或恐惧的反应时,治疗者便可向处于放松状态的当事人呈现另一个比前一刺激略强一点的刺激。如果一个刺激所引起的焦虑或恐惧状态在当事人所能忍受的范围之内,那么,经多次反复的呈现,当事人便不会再对该刺激感到焦虑和恐惧了。

系统脱敏法由三个部分组成:放松训练;建立恐惧或焦虑的等级层次;要求当事人在放松的情况下按等级层次中列出的项目进行想象或实地脱敏。

【扩展阅读】

系统脱敏疗法的变式:现场脱敏、眼动脱敏和再加工法

1. 现场脱敏

在现场脱敏疗法当中,求助者接受的刺激等级项目由现实生活中的情境构成。他所面对的是一系列逐渐升级的真实情境,而不是想象。这种变式方法的使用条件是:求助者对想象的控制存在困难,或者想象的情境不能使他产生焦虑,或者真实情境刺激对他更为有效。如果求助者可以置身于所害怕的情境,那么应选择真实的情境刺激,而不是想象情景刺激,因为真实情境见效更快,也更易于泛化。咨询师有时要陪同求助者应对所害怕的情境。现场脱敏疗法在治疗儿童的声音恐怖和蜘蛛恐怖中都有成功经验。现场脱敏疗法还能成功地治疗成年男性有他人在旁边时不能小便、成人的突然恐慌(包括幽闭恐怖症的症状)以及气球恐怖的毛病。最近,现场脱敏疗法还被用来治疗成年女性的浅层阴道痉挛。现场脱敏治疗中主要的困难,在于对去条件反射反应进行控制。有时,求助者刚刚参与某一活动就达到很深的放松状态是很难的。

2. 眼动脱敏和再加工法

最近10年来,一种称为眼动脱敏和再加工法的治疗方法在美国、欧洲、加拿大和澳大利亚等地被广泛地使用。这项技术常常被用来帮助求助者治疗创伤性记忆。再加工法适用于那些经历过单纯性创伤事件或多重创伤的求助者,也可用来治疗经历过车祸的人、烧伤的人和吸毒者,也可以治疗具有焦虑、抑郁、悲痛、恐怖等症状的人,以及犯过罪的人和受到性侵犯的受害者。

加速信息加工模式眼动脱敏和再加工法是Francine称为加速信息加工模式中的一种特定操作方法。加速信息加工模式是假设有一个信息加工的神经平衡装置,当人具有这种装置时,便会用适当的联想加工信息,并将经验整合成积极的情感和认知图式。如一个少年可能由于父母在场而在同伴面前感到不安,他开始可能被这种体验所困扰,但后来他克服了不安,并能在将来用这种信息指导自己的行为。这里,这个少年将由一件小事得到的信息整合起来,经过一段时间使其成为一种积极的图式,最后形成了一种神经平衡的状态。

在眼球运动再加工法治疗中,治疗师伸出食指和中指,用拇指压在无名指和小指上,手掌朝着求助者,并停留在距离其面部12～14 in的地方。然后,治疗师将手指从求助者视野的最左侧,平移到最右侧,要求求助者的视线跟随手指运动。求助者和治疗师用距离、速度和手的高度几个指标,评价求助者眼球运动的平衡程度。眼球运动除了左右方向横向移动之外,治疗师还可以引入垂直、环形、对角方向的眼球运动。每次在加工完成之后,治疗者都要问求助者“发生了什么”或“你体会到了什么”。如果求助者表现出了较高的适应性,眼球运动就继续以相同的方向、速度和距离进行下一套运动,如果一套运动之后,求助者没有什么进步,那么就需要改变手指运动的方向或距离来提高求助者的适应程度。

在眼动再加工开始的时候,治疗者引导求助者回忆创伤事件各方面的信息,并在眼动的同时,把它们保持在意识当中。这一过程可能会引发记忆系统中的其他联系。当每个新的经验从求助者的记忆中被引导出来时,治疗者都会指导他进行一套眼动练习。新经验包括新的记忆、念头、想象、情感、任务和感觉,彼此连接的渠道构成了求助者的记忆网络,并与创伤事件的结果相互存储、联系起来。

帮助求助者识别联想渠道中的特定目标,就会帮助他们接近那些不能正常工作的、受阻塞的记忆网络。训练有素的再加工法治疗者报告说,治疗的结果使求助者消极的想象、情感、认知和感觉逐渐化解,并被积极的想象、情感、认知所取代。求助者眼动练习的结果加速了信息加工,转化了不能正常工作的信息,当失衡的信息加工系统中的阻塞物被去除后,信息就可以被调整、整合成为一个能发挥作用的、积极的情感和认知图式。

（三）模仿学习

模仿学习也是行为治疗常用的方法之一，其原理来自社会学习理论。它利用人类通过模仿学习获得新的行为反应倾向，帮助某些具有不良行为的人以适当的行为反应取代不适当的行为反应，或帮助某些缺乏某种行为的人学习这种行为。一般而言，模仿学习的行为治疗方法有两种方式：一是想象模仿，二是参与模仿。

1. 想象模仿

想象模仿是指借想象来仿效示范者的行为方式，即让当事人想象其他人（相当于楷模）在从事有关活动的情境，借此来改变当事人的行为。通常这些楷模的行为也正是当事人所要养成的目标行为。如想治疗一位在社交场合极端退缩的患者，须帮助他去想象一位楷模正在从事各种社交活动的情境。起初也只能想到楷模正在问候别人，随着治疗的进展，当事人就要想象楷模在从事更复杂的社交活动，诸如楷模与许多人讲话，楷模在大会场所与许多宾客寒暄，或是楷模在大会上发表演说等。这些想象情境的安排必须事先与当事人商量，并考虑是否可以帮助当事人发展适当的社交行为。在想象模仿中，楷模的特征（如年龄、性别、身份等）要尽可能与当事人相一致。

2. 参与想象

参与想象是让当事人一面观察示范者的所作所为，一面在治疗师的引导下，逐步地参与同演练有关的活动。参与模仿训练包含示范者表现适当行为，当事人模仿，再由治疗者逐步改正当事人的模仿行为。

如班杜拉等人曾用参与模仿的方法治疗一些有恐蛇症的人。做法是请一位示范者玩弄一条蛇，让当事人在一旁观看，同时还要在治疗师的指导下，逐步接触自己所恐惧的对象（蛇）。先是戴着手套去抚摸蛇，进一步再用手直接触摸蛇。如果当事人不敢摸蛇，就要让他先把手放在治疗师手上，然后一起去摸蛇身，再摸头部及尾部。若当事人进行这些动作不再那么紧张之后，就让蛇在房中随意爬行。此种渐进的治疗速度，需视当事人的紧张状态而定。

参与模仿的效果比想象模仿或系统脱敏要好，因为当事人毕竟进行实际的行为操作。不过，在进行参与模仿治疗时，必须有治疗者在场给予鼓励，而且进行的速度一定要根据当事人的具体情绪状态来调整。

（四）角色扮演

角色扮演是指扮演与来访者问题有关的特定人物，将其可能出现的行为表现出来。角色扮演可以说是对现实生活的一种重复，也是一种预演。在角色扮演过程中，来访者可学习改变自己旧有的行为或学习新的行为，并进而改变自己对某一问题的看法。

如一位女中学生来咨询，她希望以比较成人化的方式与其母亲交流，这时使用角色扮演技术是最恰当不过的。首先，咨询员可以鼓励来访者尝试几种不同的交谈方式，同时咨询员根据来访者的情况介绍，扮演她的母亲。这样，可以帮助这位女学生在一种比较安全的、较少焦虑的情境中试验不同的做法。通过这样的角色扮演训练，来访者就能够比较准确地预期她母亲的各种反应，进而恰当地选择目前与其交流的方式。

在角色扮演中，咨询员应鼓励来访者全身心地投入到他（她）所扮演的角色中去，考虑可能出现的各种情绪、姿态、言语，以及身体位置和实际场所等因素。同时也要考虑来访者希望尝试的其他内容。角色扮演越真实，提供给来访者的学习机会就越大，改变行为的可能性就越大。

（五）果敢训练

果敢训练又称肯定性训练、自信训练、敢于自我表达训练等。此方法适用于处理人际关系的情境，用于帮助来访者正确地、适当地与他人交往，尤其适用于那些不能表达自己愤怒或者苦闷的人、很难对他人说"不"字的人和那些很难表达自己积极情感的人。通过果敢训练，可以帮助他们能够或敢于表达自己的正当要求、意见或内心真实的情感体验。

果敢训练一般有这样几个步骤：确认需要进行果敢训练的问题；提高来访者进行果敢训练的动机；定义适当的行为；果敢行为的训练阶段。

果敢训练也可通过角色扮演的方式进行，这样可以使当事人有一个预演的过程，有助于他不断总结经验，进而更好地在实践中进行训练。

【案例】

果敢训练举例

一位自我表达能力极低的当事人这样讲到：他父母对他很好，爱护得无微不至。但每逢父母发觉他有异议时，父母就会重复地说："唉，一生为你做牛做马，含辛茹苦地养大了你，想不到现在却要被你教训……"当事人回顾到，每当想到父母的养育恩情，听着他们作出如此无奈的申述，心里就产生极大的内疚感与自责，于是要说的话又全部吞回肚子里了。面对父母，在"孝道"的压力下，当事人无可奈何地在表面上与父母维持和谐，但随着年岁的增长，内心的挣扎就越大。尤其是工作以后，由于缺少自我表达的习惯，往往受到许多挫折，遭遇到许多不公平的待遇，当事人都不能直言表达自己的意见，于是更加畏缩和忧郁。

对这位当事人的治疗，首先应设法协助他避免被引发的罪恶感和自责感等负性情感所控制，同时要帮助他学习用"我觉得……"作为语句的开头来向父母表达自己的想法。比如："你们的话令我感到很难过，也产生很大的自责"；"虽然我知道你们很爱我，但我觉得同时你们似乎总要控制我"；"你们一直要我听你们的，但却从来没有留心听我所说的，我觉得实在有点不公平"等。

（六）强化的方法

强化的方法是建立在操作条件作用的原理上的。例如：某一行为若得到奖赏，那么以后这个行为重复出现的频率就会增加；反之，得不到奖赏的行为出现的次数就可能会减少。在行为治疗中，常用的强化方法有以下几种。

1. 增强法

增强法有两种方式：一是积极增强，二是消极增强。所谓积极增强是指给予正性增强物(即人所喜欢的事物)，而消极增强是指拿掉负性增强物(即人不喜欢的事物，或称作厌恶刺激)，两种方式都是用来鼓励当事人受欢迎的行为，抑制不受欢迎的行为。比如要鼓励孩子上课专心听讲，可给予奖励物，这就是积极增强；如果孩子因为上课玩耍而正在受罚站，一旦老师发现孩子已经改正在专心听讲了，就可以通过撤销罚站的惩罚来鼓励孩子变好，这就是消极增强。

2. 惩罚法

惩罚的方法也有两种形式：一是给予个体不喜欢的物体或厌恶刺激，二是撤销个体正在享用的正性增强物。两种形式都是用来抑制或阻断不受欢迎的行为。

具体而言，常用的惩罚方法有：一般性惩罚，如给予批评、罚站、记过、勒令退学等；特殊性惩罚，如束缚身体、隔离、厌恶疗法等。其中心理治疗中厌恶疗法包括给予电击、催吐剂等，此法是一种很有争议性的技术，持批评观点的人认为这一技术很不人道，通常在特殊情况下才采用。另外，还有一种比较特殊、但比较柔和的厌恶技术，即饱和策略。其做法是治疗者主动提供大量的当事人所追求的目的物，让当事人享受到极限之后，产生生理上的不适，进而解除当事人的不适当要求，或削弱不良反应。比如，要矫正儿童乱撕衣物的不良习惯，治疗者可以向儿童提供大量的破旧衣服，并督促他一再反复地去撕扯。即使是儿童感到很累了，也要让他继续撕，直到他感到厌恶并吵着要把衣服拿走为止。

3. 消退法

消退法是指对不适应的行为不予注意，不给强化，使之渐趋削弱直至消失。例如，小孩因为某种原因而无理取闹，借哭闹的方式来引起大人的注意，达到自己的目的。这时，父母的劝说或打骂都可能成为孩子继续哭闹的强化因素。因此，父母不予注意、不予理睬，孩子的无理取闹行为就会慢慢减弱，最后消失。

4. 代币管制法

代币管制法是一种利用强化原理促进更多的适应性行为出现的方法。代币指可以在某一范围内兑换物品的证券，其形式有小红旗、小铁牌、小票券等。当事人可以用这些证券换取自己所需的物品。我国许多精神病院已采用此法管理病人，使精神病人的不良行为减少，生活秩序好转。此法也可用于培养儿童的适应性行为。

【经典案例】

行为治疗的方法举例

行为治疗方法的应用通常有这样几个步骤：分析当事人的问题、确立行为改变的终点目标、列出需要改变的具体目标行为、制定行为矫正的方法程序和对结果的讨论。这里举一个应用代币法和隔离法消除儿童攻击行为的个案来说明。

一、个案问题

当事人是一个7岁的男孩，长得很壮，攻击性强。由于是长孙，爷爷奶奶对其宠爱有加，自幼养成唯我独尊的小霸王作风。与妹妹住在一起以后，经常打妹妹，或用其他方式攻击妹妹。妹妹又很爱哭，因此家里几乎每天都吵闹不安，令父母很头疼。父母采用打骂的方法试图控制他，但效果不明显。

二、确立具体目标行为和矫正目标

（一）当事人的攻击行为

(1) 用手或其他东西推、打或敲妹妹；

(2) 用手抓妹妹头发；

(3) 用橡皮筋射击妹妹；

(4) 用各种东西投掷妹妹；

(5) 用嘴咬妹妹；

(6) 用水喷或泼妹妹；

(7) 用彩色笔涂妹妹的衣物；

(8) 抢夺、撕坏妹妹的东西；

(9) 把妹妹的东西扔在地上；

(10) 装神扮鬼，使妹妹受惊而哭。

（二）终点目标

以每天下午5点至第二天早上7点之间（其余时间当事人在学校里），当事人攻击妹妹的行为完全消除为终点目标。

三、行为矫正的方法与程序

（一）行为矫正方法

采用代币法和隔离法矫正他的行为，即每当当事人攻击妹妹时，就将他隔离在浴室站5 min。代币用贴纸，事先与当事人商定，每天给予10张，一周共给60张，每犯一次（即出现上述攻击行为的一项）则扣除一张。贴纸可以按数量兑换不同的实物，具体兑换规则可以参考下文所述的兑换规则。

5张贴纸可兑换冰棒1根、冰淇淋1个或汽水1瓶；

10张贴纸可兑换恐龙玩具1个；

30张贴纸可兑换四驱车1个；

40张贴纸可兑换遥控飞机1个；

50张贴纸可兑换到游乐场玩1次；

当事人在周末结算时，还有贴纸40张以上，就可以得到附加奖励，比如到爷爷奶奶家过周末。

（二）实施程序

第一步：向孩子说明攻击行为是不对的，父母不喜欢，并向他保证，如果改正了行为就可以得到奖励，激起孩子的合作动机。

第二步：让孩子具体讲明哪些是不受欢迎的行为，并同孩子一起制订行为改变的目标和奖励惩罚办法。

第三步：父母和孩子一起设计行为改变的表格，并挂在孩子的房里，由父母根据孩子每天的表现进行填写。

第四步：具体实施代币管理和隔离的行为矫正措施。

在给予奖励或惩罚时，要注意以下几点。

(1) 指明应给予奖励或惩罚的具体行为表现。例如：不能笼统地说这个星期表现不错，是个乖孩子；或者说表现不好，该惩罚。要具体指出孩子表现好坏的行为。

(2) 给予奖励或惩罚要及时、守信。及时给予奖励或惩罚，对孩子的效力最大。千万不要拖延对孩子行为的奖励或惩罚，更不能说话不算数，否则会导致孩子对父母的不信任，影响行为矫正的效果。

(3) 奖励和惩罚相互配合应用，有助于帮助孩子改变不良行为，建立新的良好行为。当孩子的适应性行为比较稳定时，即可逐步减少奖励的次数，或在其又有进步时才给予。

四、对结果的讨论

根据行为矫正的结果，进行分析与讨论，包括总结好的经验或分析效果不明显的原因，提出改进的意见和方法。这部分还可包括对下一步咨询工作的安排与布置。

第三节　合理情绪疗法的理论与方法

一、合理情绪疗法的理论

合理情绪疗法是美国著名心理学家艾利斯于20世纪50年代创立的一种心理治疗理论与方法。合理情绪疗法强调认知、情绪、行为三者有明显交互作用及因果关系，可被视为多模式和折中取向的学派。

合理情绪疗法的基本理论是ABC理论，要了解这一理论，首先要了解艾利斯对人的基本看法。

(一) 艾利斯的人性观

艾利斯很强调个人的价值观。他对人性的看法可以归纳为以下几点。

(1) 人生来可以同时具有理性与非理性的特质。

(2) 人有理性思考的潜能，也有非理性思考的倾向。

(3) 人的困扰源自于本身的非理性思考，而非外在世界的某事件。

(4) 人运用理性思考时，会产生积极正向的情绪；人运用非理性思考时，则会带来消极负向的情绪。

(5) 人的不好的情绪会带来不好的行为；人的好情绪则会带来好的行为。

(6) 人单凭思考及想象即可形成观念或信念：理性的思考方式会形成理性信念；非理性的思考方式会形成非理性信念。

(7) 人具有改变认知、情绪及行为的天赋能力。

(二) ABC 理论

ABC 理论是合理情绪疗法的核心理论,它是艾利斯关于非理性思维导致情绪障碍和神经症的主要理论。其主要观点是情绪或不良行为并非由外部诱发事件本身所引起的,而是由于个体对这些事件的评价和解释造成的。

在 ABC 理论中,A 代表诱发事件;B 代表个体对这一事件的看法、解释及评价,即信念;C 代表这一事件发生后,个体的情绪反应和行为结果。一般情况下,人们都认为是外部诱发事件 A 直接引起了情绪和行为结果 C,但合理情绪治疗不这样认为。ABC 理论指出,诱发性事件 A 只是引起情绪和行为反应的间接原因,而人们对诱发事件所持的信念、看法、解释,即 B 才是引起人的情绪和行为反应的更直接的原因。

【案例阅读】

ABC 理论

两个人一起走在路上,迎面碰到一个熟人,但对方没与他们打招呼,径自走过去了。这两个人中的一个人对此是这样想的:"他可能正在想事情,没注意到我们。就算是看到了我们而没理睬我们,可能是有特殊的原因。"而另一个人却可能有不同的想法:"他可能是故意这样做的,就是不想理睬我,就是看不起我。他凭什么这样对待我?"这样,他们两个人的情绪及行为反应就会不同,前者可能无所谓,该干什么还继续干自己的;而后者则可能怒气冲冲,以至无法平静下来做自己该做的事情。

从这个例子可以看出,对于同一个诱发事件,不同的观念可以导致不同的结果。如果 B 是合理的、现实的,那么由此产生的 C 也就是适应的;否则不合理的信念就会产生情绪困扰和不适应的行为。ABC 理论认为,个体的认识系统产生非理性、不现实的信念,是导致其情绪障碍和神经症的根本原因。

(三) 非理性观念及其特征

艾利斯通过临床观察,总结出日常生活中常见的产生情绪困扰、甚至导致神经症的 11 类非理性信念,具体如下文所述。

(1) 每个人绝对要获得周围环境中的人、尤其是每一位生活中重要人物的喜爱和赞许。

(2) 个人是否有价值,完全在于他是否是个全能的人,即能在人生中的每个环节和方面都能有所成就。

(3) 世界上有些人很邪恶、很可憎,所以应该对他们严厉谴责和惩罚。

(4) 如果事情非已所愿,那将是一件可怕的事情。

(5) 不愉快的事总是由于外在环境的因素引起,不是自己所能控制和支配的,因此人对自身的痛苦和困扰也无法控制和改变。

(6) 面对现实中的困难和自我承担的责任是件不容易的事情,倒不如逃避它们。

(7) 人们要对危险和可怕的事情随时加以警惕，应该非常关心并不断注意其发生的可能性。

(8) 人必须依赖别人，特别是某些与自己相比强而有力的人，只有这样，才能生活得好些。

(9) 一个人以往的经历和事件常常决定了他目前的行为，而且这种影响是永远难以改变的。

(10) 一个人应该关心他人的问题，并为他人的问题而悲伤难过。

(11) 对人生中的某个问题，都应有一个唯一正确的答案。如果找不到这个答案，就会痛苦一生。

从以上非理性观念中，可以归纳出相应的非理性思维特征，如：我喜欢如此——我应该如此；很难——没有办法；也许——一定；有时候——总是；某些——所有的；我表现不好——我不好；好像如此——确实如此；到目前为止如此——必须永远如此等。从中可以看出，许多不合理信念就是将“想要”、“希望”等变成“一定要”、“必须”或“应该”的表现。

一个情绪沮丧的人总是坚持他必须要有某事物，而不只是想要或喜欢它而已。因此他便会把这种过度极端化的需求应用到生活的各个方面，尤其是关于成就和获得别人赞许上，而当他的这种需要不能满足时，就容易产生焦虑、自卑、沮丧等情绪；如果他将这种需求应用到他人身上，那么他就会对人产生敌意、愤怒等情绪。

许多学者对上述不合理信念加以归纳和简化，指出“绝对化的要求”“过分概括化”和“糟糕至极”是这些非理性观念的三个主要特征。

二、合理情绪治疗的方法

合理情绪治疗认为人的情绪障碍是由于人的不合理信念所造成的。因此，这一治疗简要地说就是要以理性治疗非理性。帮助来访者以合理的思维方式代替不合理的思维方式，以合理的信念代替不合理的信念，最大限度地减少不合理信念给他们的情绪带来的不良影响，以改变认知为主的治疗方式来帮助来访者减少或消除他们已有的情绪障碍。

【拓展阅读】

ABCDE 模式

具体来说，合理情绪疗法的过程可以用 ABCDE 模式来表明：A——诱发性事件；B——由 A 引起的信念（即对 A 的评价、解释等）；C——情绪和行为的后果；D——与不理性的信念辩论；E——通过治疗达到新的情绪及行为的治疗效果。这里的关键是 D，即与不理性信念的辩论。

合理情绪疗法是一种整合式治疗法，根据当事人的情形采用认知技术、情绪技术和行为技术多种治疗方法，常用方法有：与不理性信念辩论、理性情绪想象、认知家庭作业等。

（一）与不合理信念辩论的方法

这一方法是艾利斯根据自己咨询与心理治疗的实践经验总结出来的，其特点是通过治疗师积极主动地、不断地提问来向对方不合理的信念进行质疑。他认为，这一方法使得治疗师得以用科学的方式向来访者所持有的关于他们自己、关于他人及关于他们周围世界的不合理信念进行挑战和质疑，以动摇他们的不合理信念。从提问的形式上看，可以分为质疑式和夸张式两种。

1. 质疑式

治疗师直截了当地向来访者的不合理信念发问，如："你有什么证据能证明自己的这一观点"；"是否别人都可以有失败的时候，而你不能有"；"是否别人应该按照你想的那么去做"；"你有什么理由要求事物按你所设想的那样发生"；"请证实你自己的观点"等。

一般来说，来访者不会简单地放弃自己的信念，虽然他们往往不加批判地接受了许多现成的看法，但面对治疗师的质疑，他们却会想方设法地为自己的信念辩解。因此，治疗师需不断努力，借助于这种辩论过程的不断重复，使对方真正认识到：第一，他们那些不合理的信念是不现实的，是不合逻辑的东西；第二，那些信念是站不住脚的；第三，分清什么是合理的信念，什么是不合理的信念；第四，以合理的信念取代那些不合理的信念。

2. 夸张法

治疗师针对来访者信念的不合理之处故意提一些夸张的问题，其落脚点与质疑式提问是一样的，仅仅是方式上略有区别。这种提问方式犹如漫画手法，把对方信念的不合理、不合逻辑、不现实之处以夸张的方式放大给他们自己看。

【拓展阅读】

夸　张　法

一个患有社交恐惧的来访者说："别人都看着我。"治疗师问："是否别人都不干自己的事情了，都围着你看？"对方回答："没有。"治疗师："要不要在身上贴张纸，在上面写上不要看我的字样？"对方回答："那样人家更要来看我了！"治疗师接着说："那你说别人都看你是否是真的？"答："……是我头脑中想象的。"

可见，与不合理信念辩论是一种主动性和指导性很强的认知改变技术，它不仅要求治疗师对患者所持有的不合理信念进行主动发问和质疑，也要求治疗师指导或引导患者对这些观念进行积极主动的思考，促使他们对自己的问题深有感触。这样做比患者只是被动地接受治疗师的说教更有成效。

【拓展阅读】

与不合理信念辩论的方法举例

下面是咨询师与一位来访者一次会谈的主要片断，这位来访者是位大学生，他觉得自己与别人在一起时总有一种排斥他人的感觉。

来访者：和别人在一起时常常觉得挺没意思的，玩得不好，不如自己看书、睡一会儿……

咨询师：什么样的情况你觉得没意思呢？

来访者：要是能和别人谈得挺好还可以。如果别人谈的是我不熟悉的事，我就觉得没意思了。

咨询师：在这种情况下，你是怎么想的呢？是不是觉得应该得到别人的承认？

来访者：有这样的想法。

咨询师：如果情况不是这样呢？

来访者：如果不是……嗯，我不在意别人怎么看我……

咨询师：如果你真是这样想的话，你的反应会是什么？

来访者：避开人群，就开始觉得对谈话没兴趣了。

咨询师：避开人群是因为你不在意别人的反应吗？如你确实不在意的话，你的反应会是什么？

来访者：……我是这么想的，如果别人评价不好，那么一个人在人群中就处于劣势；而如果得到了别人的承认，对他来说交往就是有价值的，对他肯定是有好处的。

咨询师：除此之外，还有别的什么想法呢？

来访者：要是别人瞧得起的话，我玩的就来劲儿；如果与别人谈得尴尬就没心思玩了……如果与某些人一次交往失败了，以后就觉得还要失败，就不大理睬他们了，见面只打招呼，相互不理睬。

咨询师：但是，如果你确实不在意别人的反应的话，你会怎么做？

来访者：如果确实不在意，就应该在人群中很自然……我明白了，对别人怎么看，我应该不在意，要是老计较这些，心胸就会变得很狭窄。

咨询师：我的问题是如果你不在意——

来访者：我还是在意，不在意就会勇往直前……

咨询师：那么在意是因为什么？

来访者：心理上受不了，就不愿讲话了，如果别人讲的是我不熟悉的问题……还是怕过多暴露自己，怕给人形成某种印象……

咨询师：觉得自己不行？

来访者：对，这样人家就会排斥我，我就先走一步。这样就形成了我排斥他的心理，这种感觉好些。就像空城计那样，人家不知道你是怎么回事，反而会造成一种神秘感，会有一种吸引力……

咨询师：那么这样做结果会怎么样呢？

来访者：其实我知道我自己的情况，有时也想学学别人，那么坦率……

咨询师：你对他们怎么看？他们有什么特点？

来访者：觉得他们挺奇怪的，他们可能特别憨厚，与他们交往就像和家里人交往一样，不觉得紧张。

咨询师：那就是说人群当中还是有不少人你不排斥？

来访者：有，但这类人只是少数。另一些人，我在他们面前就有一种想证实自己的感觉，就紧张……

咨询师：为什么紧张？

来访者：还是怕人家看不起自己……

咨询师：怕别人看出你的短处？

来访者：嗯……

咨询师：那么你是否有短处？

来访者：有。

咨询师：有没有长处？

来访者：当然也有啦。

咨询师：好，每个人都有长处和短处，是吗？

来访者：是的。

咨询师：那么，别人看到了你的短处，你的长处是否就不存在了？

来访者：不，还在。

咨询师：别人即便否定了你，你仍有你的长处，而别人即便是承认了你，你也仍有你的短处，这些东西并不因别人的承认或否定而消失，是吗？

来访者：……(点头)

在这段谈话中，咨询师更多的工作是在找来访者的不合理的信念。在这里，排斥他人的感觉实质上源于自卑心理，源于怕别人否定自己，绝不能让人家看到自己短处的不合理的信念。怕别人排斥自己，因此要先采用排斥他人的办法，这些来访者自己在辩论过程中已开始有了认识，而在这一过程中也使他看到了自己的认知与行为(避开人群)、情绪(紧张感)的关系。

(二) 合理情绪想象技术

来访者的情绪困扰有时就是他向自己头脑“传播”烦恼。他经常给自己传播不合理信念，在头脑中夸张地想象各种失败的情境，从而产生不适应的情绪和行为反应。合理情绪想象技术就是要帮助来访者停止这种传播的方法，其具体步骤如下所述。

(1) 使来访者在想象中进入不适应的情绪反应或自我感觉最受不了的情境之中，让他体会在这种情景下的强烈情绪体验。

(2) 帮助来访者改变这种不适当的情绪体验，并使他能体验到适度的情绪反应。这常常是通过改变来访者对自己情绪体验的不正确认识来进行的。

(3) 停止想象。让来访者讲述他是怎样想的，自己的情绪有哪些变化，是如何变化的，改变了哪些观念，学到了哪些观念。对来访者情绪和观念的积极转变，治疗者应及时给予强化，以巩固他在合理情绪治疗中获得的新的情绪反应。

合理的情绪想象技术除了像上述案例那样用于帮助来访者改变情绪体验、认清信念 B 与情绪反应 C 的关系之外，还可用于帮助来访者找出他对某事所持有的不合理的信念。有时来访者谈到某一事件时往往只记得自己当时多么气恼，却说不上自己当时的想法，想不起来为何如此气恼了。治疗师可帮助对方想象当时的情景，重新进入那种最坏的情绪体验之中，此时再进一步探查来访者当时的想法，从而找到其所持有的不合理信念。

【经典案例】

合理的情绪想象举例

一位女大学生，她对在一个即将举行的会上发言感到恐惧，认为自己肯定不行，会出错、出丑，一切都会变得非常之糟。咨询师可以帮助她做下面的想象练习来克服恐惧感。

咨询师：好，闭上你的眼睛，想办法使自己坐得很舒服。现在请你想象你到了会场，要想象得如真的似的……

来访者：嗯……

咨询师：想好了吗？（来访者点头）好，现在该轮到你发言了，你有点紧张，讲得有点磕磕巴巴……你在想吗？

来访者：……是。

咨询师：现在你感觉怎么样，是不是真正达到像你所说的那样恐惧、困窘了？

来访者：嗯，我已经觉得要不行了，要讲不下去了……

咨询师：对，这正是你担心的情形。现在我要求你把这个场景保持在脑海中，同时，请你把那种觉得要不行了的感觉变成只是有点紧张，想象你仍在会场上发言，只是有点紧张……

来访者：……恐怕不行……

咨询师：要坚持这样做。

来访者：……嗯，差不多了。

咨询师：很好，说说你是怎么想的？

来访者：我要是逃走会更糟，反正我得在这坚持讲完。

咨询师：还想了些什么吗？

来访者：我已经站在这儿开始讲了，虽然讲得不好人家会笑话我，但我要是中间停下来不讲跑掉了，人家更会看不起我。不管别人说我什么，我也得讲完该讲的话……

咨询师：说得对，你现在所做的事情正是在用合理的信念代替那些不合理的东西。这会使你的情绪不再那么坏。不管别人怎么看待你，你现在要做的最关键的事，是要完成这次大会发言。而且不管别人会怎样看待你，你还是你，可能发言不如某些人讲得好，但并不是个一无是处的人，是吗？

来访者：……（点头）

（三）认知家庭作业

认知性的家庭作业也是合理情绪疗法常用的方法，它实际上是治疗师与来访者之间的辩论在一次治疗后的延伸，即让来访者自己与自己的不合理信念进行辩论，主要有两种形式：合理情绪治疗的自助量表和合理自我分析报告。

合理情绪的自助量表是艾利斯创立的合理情绪治疗研究所印制的一种自助量表，内容是：先要求当事人写出事件A和结果C；然后从表中列出的十几种常见不合理信念中找出符合自己情况的信念B，或写出表中未列出的其他不合理信念；要求当事人对信念B逐一进行分析，找出可以代替信念B的理性信念，填在相应的栏目中；最后，当事人要填写出他所得到的新的情绪和行为。完成理性情绪自助量表实际上就是当事人自己进行ABCDE模式的一个过程。

合理自我分析和合理情绪自助量表基本上类似。当事人要以报告的形式写出ABCDE各项，只不过它不像自助量表那样有严格规范的步骤，但报告的重点也要以D即与不合理信念的辩论为主。

【案例阅读】

合理自我分析举例

事件A：出席一重要会议，突然发现自己已经晚了，心里顿时慌乱起来，抱怨自己无能。

信念B：我怎么这么差劲，连开会时间都会搞错。我总是把事情搞糟，真没用。别人会认为我是一个大傻瓜。在众目睽睽之下迟到，真丢人现眼。

情绪C：紧张、害怕、自责、沮丧等。

驳斥D：每个人都会出现记错时间这种情况，我只是第一次，以后会准时的；错过开会时间，只能说我不够细心，并不能说明我没用。许多事情我还是干得很不错；可能有人会认为我真傻，但只是少数人如此，大多数人会对我的迟到持无所谓的态度；我迟到了，是不对，别人可能会对我表示不满，但这并非糟糕透顶。我仍然可以继续开会、继续我的工作。

效果E：通过自我辩论，消除了自责，但仍有些紧张、担心。继续自我鼓励，并勇敢地进入会场。

第四节　以人为中心疗法的理论与方法

一、以人为中心疗法的理论

以人为中心疗法是由卡尔·罗杰斯于20世纪40年代首创的一种心理咨询与治疗的方法，目前已成为心理治疗领域中的主要理论流派之一。

（一）对人的基本看法

以人为中心理论是奠定在罗杰斯人性观的哲学基础上的，他的人性观是积极的、乐观的，他对人有极大的信心，认为人基本上是诚实的、善良的、可以信赖的，他强调每个人的价值和个人的尊严。他的主要观点可归纳为以下三条。

(1) 人是理性的，能够自主，对自己负责，有积极的人生取向，有控制自己的能力，因而可以独立自主，促进自身成长，迈向自我实现。

(2) 人是建设性的、社会性的，值得信赖，也可以合作，懂得尊重他人，能够对他人产生认同感和了解，能发展亲密的人际关系。

(3) 人有能力去发现自己心理上的适应不良，也可以通过改变自己来寻求心理健康。人的负性情绪（如失望、恼怒、悲痛、敌视等）的出现，是由于人在爱与被爱、安全感与归属感等基本需要上受到了挫折，得不到满足而发生的。

总之，罗杰斯深信人最基本的生存动机就是全面地发展自己的潜能，以使自己成长并达到自我实现。这种积极的人性观对心理咨询与治疗具有深远的意义。

（二）人格的自我理论

罗杰斯认为，自我概念是人格形成、发展和改变的基础，是人格能否正常发展的重要标志。

罗杰斯还提出了理想自我的概念，理想自我是一个人所希望的自我形象。他认为自我实现是人格结构中唯一的动机。人与其他生命有机体一样，具有一种自我实现的基本倾向。人们为趋近于理想自我、达到自我实现，就需要不断接近和保留那些符合自我实现的经验，避开和消除那些抵触自我实现倾向的经验、而个体对这些经验的评价是以实现的倾向作为参考体系的，这就称为机体评价过程。根据机体评价过程，将那些符合自我价值体系的经验准确地符号化于意识之中，维护自我的价值观念，达到经验与自我的统一；同时对那些不符合价值观的经验，或拒绝于意识之外，或加以歪曲、改造，纳入意识之中，从而防止自我的不和谐。在任何情况下，如果发现对自己经验的直觉出现歪曲或否认，就会出现心理上适应不良的状态。心理适应不良的程度取决于自我概念与经验之间的不和谐程度。

罗杰斯认为，自我概念与自我经验的不一致，主要源于自我概念受到外部文化因素的影响，个体把他人的价值观内化为自己的价值标准。以人为中心的治疗相信个体中蕴藏着实现倾向的强大推动力，相信积极的成长力量，相信人有能力引导、调整和控制自己，相信人是能够发现自我概念中的问题的。他们会评价自我经验对自我实现的作用，不断用自我概念适应新的经验。因此，心理咨询与治疗的目的就是重建个体在自我概念与经验之间的和谐，帮助人成长。

罗杰斯认为，只要人与人之间无条件地真诚地尊重彼此、关怀彼此，个体就能够调节自己的经验，使自我更趋于理想自我，使自我更完善、更成熟。

【延伸阅读】

高峰体验与心理健康

马斯洛在对健康人的研究中，获得了不少新的认识，其中之一就是高峰体验。

马斯洛注意到这些人常常说自己有过近乎神秘的体验。这种体验可能是瞬间产生的、压倒一切的敬慕情绪；也可能是转眼即逝的极度强烈的幸福感；或者是欣喜若狂、如醉如痴、欢乐至极的感觉。在这些短暂的时刻里，他们沉浸在一片纯净而完美的幸福之中，摆脱了一切怀疑、恐惧、压抑、紧张和懦弱的情绪。他们忘却了自我，不再感到自己与世界之间存在任何距离，而是紧紧相连，融为一体，仿佛到达了为之艰苦奋斗的目的地，曾一度渴求企盼的理想和愿望变成了现实。产生这种体验的人像突然步入了天堂，发现了奇迹，达到了尽善尽美之境。

马斯洛起初把这种体验称为“神秘体验”，甚至把它归结为“宗教迷信”。但以后的研究使他认识到这种看法是无根据的，我们完全可以对这类体验进行科学的研究。它们属于人的知识范围，而不是什么不可思议的外界神秘，它们存在于世界之中，而不是超乎世界之上，它们不是神父特有的本领，而是全人类共同的感受。

马斯洛在研究中有一个重要体会：高峰体验普遍存在。它不仅在健康人中产生，而且在一般人甚至心理病态的人身上都会出现，几乎每个人都有这种体验，只不过是人们有时不能认识到罢了。这些美好的瞬时体验来自创造冲动和创造激情(伟大的灵感)，来自意义重大的顿悟和发现，来自审美感受，来自个体与大自然的交融(如，在森林里，在海难上，在群山上，等等)，来自体育运动，来自翩翩起舞之时，来自爱情和异性结合，来自女性的自然分娩和对孩子的慈爱，等等。总之，高峰体验可以在任何一种行业和任何普通人的身上发生，而不仅仅是为那些在特殊的优雅环境中深居简出的人所专有。但高峰体验是不受意志控制的，它是以毫无预料、突如其来的方式发生的，是“喜出望外”的。它是在我们成功地完成了一件重要任务之后出现的，是“超越性需要”实现之后的副现象，因此，没有必要直接在高峰体验上下工夫。高峰体验的表现形式不一，它可以是极度欢乐的感受，也可以是宁静而平和的喜悦。

高峰体验对于心理健康也有重要的意义，两者之间有许多重叠和吻合之处。高峰体验能使人更完善、又有活力、更具个性，而较少感到抑郁和焦虑。马斯洛认为，自我实现者所追求的人生价值不是一般价值，而是一种存在价值。存在价值不是受缺失性动机所支配，而是受超越性动机支配，即人们对真、善、美的价值以及公正、秩序、和谐、幸福等状态的追求。存在价值的剥夺会引起马斯洛称为“超越性病态”的心理疾病，病态的消除在于存在价值的恢复。高峰体验能达到存在价值的认知，因此具有极重要的治疗效果。

二、以人为中心疗法的条件与技术

罗杰斯认为人有理解自己、不断趋向成熟、产生积极的建设性的巨大潜力，因而心理咨询与心理治疗的任务在于启发和鼓励这种潜能的发挥，促进其成熟和发展。

（一）促进人格成长的条件

罗杰斯阐述了促进人格成长的条件，即以下六种：①两个人心理上的接触；②当事人处在一种无助、焦虑与混乱状态中，表现出不一致；③治疗师在治疗关系中是一位完整的人，处在真挚、和谐协调的状态中；④治疗师对当事人无条件地积极关注、接纳、关怀，尊重当事人；⑤治疗师对当事人产生共情，不再从自己的观念和立场来看待对方；⑥当事人能够体会感受到治疗者对自己的尊重与共情。

罗杰斯深信，如果这种条件存在一段时间，建设性的人格改变就会发生。这六种条件不会因为当事人类型不同而改变，而且这些条件是所有治疗法的必要及充分条件，并且适用于所有的人际关系。

（二）以人为中心疗法的主要技术

由于以人为中心疗法从根本上来讲是一种以关系为导向的方法，因此在罗杰斯的治疗策略中并不包括为当事人做什么的技术。没有什么固定的步骤、技术、工具可以促进当事人朝向某一治疗目标前进，取代它们的就是对关系体验的促进策略。这些策略发生在此时此地，容许当事人和治疗师去体验，并且"生活"于正在进行的过程中。治疗师不是理智地讲出当事人所关心的问题，而是直接关注当事人在某一时刻内心深处所关心的问题。所以，以人为中心疗法的技术实际上就是促进心理成长条件形成的技术。

具体来说，以人为中心疗法主要有三种技术：一是促进设身处地地理解的技术；二是坦诚交流的技术；三是无条件积极关注的技术。这三种技术都围绕着与当事人建立开放、信任的相互关系而进行的，目的是帮助当事人进一步了解自我和促进当事人自我的成长。其中最著名的技术是情感反映，即治疗师对当事人通过语言或非言语行为所表露出来的情感活动给予准确、及时的理解和反应，从而帮助当事人对自我情感的了解。如当事人说："考试之后我的分数很低，但我并不认为自己做得很差。"治疗师说："你对你的考试成绩感到吃惊，也很烦恼，因为在你的预料中成绩不应这么糟。"

上述咨询师对当事人这种情感的反映，可以帮助当事人从更广泛的范围中认识自己的问题和挖掘深层的个人意义。可以这样说，所有以人为中心疗法的技术的重点都在于关注和理解当事人，并协助其自我开放、自我认识和自我潜能的发展。

【经典案例】

以人为中心疗法会谈举例

当事人：有时我会想，把我过去所经历的事情加在一起，我肯定会发疯的！我是从地狱中活过来的，我和他一起生活了 12 年……我恨透了其间的每一分钟，我会告诉你一些故事，没有人会相信的！如果有人相信的话，那他一定会觉得这是书上的故事！（笑了一下）我已经得到了报应，现在还在受着报应。现在回过头来想想都会把我吓死。

治疗师：你有点奇怪自己竟然能挺过来。而现在你已准备把这一切都抛之脑后了。

当事人：是。我能忍受这么长时间一定有点不正常。(停顿了一会儿)我和这个男人生活了12年，而他从来就没有把我当人看，他根本就不在乎我。他甚至都不了解我……尽管我清楚他。我像研究一本书一样地研究他，我了解他的一切。他是独一无二的，没有任何人和他相像。他绝顶聪明，但却一点也不了解我。(停顿了一下)和我生活了这么长一段时间——甚至不知道我、也不关心我。我给他生的孩子已经12岁了，甚至不知道我是谁！你可曾听过这样的事情吗？(笑了一下)我不知道自己怎么受得了。(停顿)是的，我忍了，为了我的母亲，为了家庭！我简直就像畜生一样地忍着。在很长一段时间里，我甚至宁愿死也不愿意离婚。

治疗师：尽管事情已经过去了，但你仍然对他怀有很强烈的情绪，你很想知道为什么你过去会那么做。从你的语气中我感到你为自己有勇气去做你认为应该做的事而感到满意。

当事人：那是因为迫不得已。在没有到最后关头之前你不会知道该怎么做的。好啦，有些东西是不能放弃的。但事情却越来越糟，他越来越严重地酗酒。我知道我已经尽了最大的努力。但他却不能接受帮助，孩子也开始受到影响。我自己还得工作(笑了一下)，但没有什么事情比我经历过的更可怕。这简直是一场噩梦(笑了一下)。你想想，我跟他结婚时才19岁，还是个孩子，还什么事都不懂(笑了一下)。

治疗者：你的话语里表达出了愤怒和遗憾，但我有点被你不时发出的笑声搞糊涂了。

当事人：哈哈……我想这只是使我不至于哭出来。很久以前我就经常感到想哭，但我已经学会用笑来掩盖哭泣(流泪)(停顿很长时间)，我只希望我能抛开这一切。离婚官司已经打完，我得到了抚养孩子的权利。事情已经过去了。这很不容易，天啊！我现在要做的就是看我自己该怎么做。我已经换了一份工作，自己有了房子，工作也很不错，而且也终于摆脱了那个畜生。我想我已经不再为自己感到难过了。

治疗者：看来你已经认识到自己肩上所承担的责任，而且尽管你并不快乐，但你是在依赖自己渡过难关。

当事人：啊(长时间停顿)我今天参加了升级考试，我快要吓死了。我知道自己花费了很多时间，但仍然很紧张。(停顿)当知道了考试成绩后，领导对我说："你做得不错。"我也长吁了口气，我得了92分。

这是一个典型的以人为中心疗法治疗的案例，治疗者全力以赴地关注当事人所传达的言语和非言语信息，并给予准确的共情与反应，这不仅帮助当事人清楚明白自己的真实情感和情绪，也帮助当事人达到对自我的更高层次的理解，帮助当事人明确自己的责任与行动方向的目的。

第五节　森田疗法的理论与方法

森田疗法是20世纪20年代初由森田正马在日本创立的，与许多在西方创始的心理治疗不同，森田疗法带有浓厚的东方色彩。

一、森田疗法关于神经质症的论述

（一）神经质与神经质症

“神经质”一词是森田正马基于对神经衰弱等神经症的本质的不同看法而提出的，他将其划分为普通神经质（又称作神经衰弱）、强迫观念症（包括恐怖症）和发作性神经质（心悸发作、焦虑发作、呼吸困难发作等）三种类型。他认为神经质的症状纯属主观问题，而非客观的产物。神经质症状是疑病素质和由它引发的精神活动过程中的精神交互作用所致。神经质症是森田疗法的适应症。

神经质症主要表现为患者具有某种并非器质性原因造成的症状，而这种症状对其正常的生活或工作、学习造成障碍。患者本人对症状具有内省能力，一直在做着克服症状的努力，有强烈的求治动机。如果对症状无疾病意识，没有寻求改变的强烈愿望，就不能看做是神经质症患者。

（二）疑病素质与神经质症

神经质症患者具有某种共同的特征，这种特征被森田定义为疑病素质。森田疗法认为疑病素质是神经质症发生的基础。

所谓疑病素质，是一种精神上的倾向性，或称素质。疑病素质即是一种担心患病的精神上的倾向性。具有疑病素质的人精神活动内向，内省力强，对自己身心活动状态及异常很敏感，被自我内省所束缚，总是担心自己的身心健康。精神活动内向，富于内省在人的精神生活中起着重要作用，是不可缺少的。但如果过分担心自身状况、过分的自我关注，则会产生消极作用，形成疑病素质，成为神经质症产生的基础。

（三）精神交互作用与神经质症

所谓精神交互作用，就是指因某种感觉，偶尔引起对它的注意集中和指向，那么，这种感觉就会变得敏锐起来，而这一敏锐的感觉又会越来越吸引注意进一步固定于它，这样一来，感觉与注意彼此促进，交互作用，致使该感觉越发强大起来，这种精神活动过程就是精神交互作用的过程。

神经质症患者因存在疑病素质，易于把面临考试引起的紧张不安或偶尔出现的心跳加剧，当作是异常的感觉现象而加以特别地关注，从而引起了对这种感觉的恐惧和预期不安。由于精神交互作用，逐步形成症状。此时的精神活动逐步变得完全指向内心，长期被封闭在精神内部冲突之中，自知有病，却无法摆脱，苦恼万分。在此状态下，更易产生预期的不安与恐惧，更使其注意固着在其神经质症状上而无法自拔。因此,如果说疑病素质对神经质症的发病具有决定作用的话,精神交互作用则可以说是对神经质症状的发展起着决定性的作用。

(四)精神拮抗与神经质症

如果说神经质症的发病与疑病素质有关,而其症状的发展与精神交互作用有关的话,其症状给神经质症患者带来苦恼的根源则与精神拮抗作用的加强有关。

森田认为人的精神活动,有一种对应和调节的现象。这种现象类似人体中作用相反、彼此制约、相互调节的拮抗肌的作用,因此被称为精神拮抗作用。

精神拮抗作用具体表现为:当一种心理出现时,常常有另一种与之相反的心理出现。例如:恐惧时常常出现的不要怕的心理;受表扬时反而涌现内疚的感情。森田认为,这种抑制性意志是我们精神领域中的自然现象。精神领域中的这种拮抗作用,如同肌肉的拮抗作用一样,都不是我们能够一一加以随意支配的。

人的精神拮抗作用过强或缺乏这种拮抗作用,都会出现问题。神经质症患者的各种苦恼,也是由于欲望和抑制之间拮抗作用增强引起的。例如:想要获取成功的欲望越强烈,对可能失败的恐惧就越强烈;拼命要加强成功的欲望而排除对失望的恐惧,为否定失败的可能想尽种种办法,反而使引起拮抗的作用力和反作用力都相应增加,加之思想矛盾的影响,个体就会感到越来越苦恼。

综上所述,森田疗法关于神经质症的形成机理可概括为:由于疑病素质的存在,在偶然事件的诱因影响下,通过精神交互作用而形成神经质症状。造成神经质症的根本原因则在于想以主观愿望控制客观现实而引起的精神拮抗作用的加强。

二、森田疗法的治疗原则

森田根据其对神经质症的认识,提出了针对性的治疗方法。其疗法的着眼点在于陶冶疑病素质,打破精神交互作用,消除思想矛盾。纵观森田疗法的治疗过程与实践,其治疗要点可概括为“顺其自然”和“为所当为”这样两点。

(一)“顺其自然”的治疗原理

森田把顺其自然看做是相当于佛教和禅宗中的“顿悟”状态。所谓“顿悟”状态就是让神经质症患者认识并体验到自己在自然界的位置,体验到对超越自己控制能力的自然现实存在的抵抗是无用的,这样才能具备一种与自然事物相协调的生活态度。对其症状而言,就是要老老实实地接受症状,真正认识到对它抵制、反抗或回避、压制都是徒劳的,不要把症状当作自己身心的异物,应对其不加排斥和抵抗,带着症状学习和工作。

应当说“顺其自然”是森田疗法中最基本的治疗原则。这条基本原则包含着下述多层含义。

(1)顺其自然,就应认识情感活动的规律,接受不安等令人厌恶的情感。

按照森田的看法,情感活动自有其自身的规律,是不以人的意志为转移的。神经质症患者反其道而行之,总是对自身出现的恐惧、不安或苦恼等这些人人都会有的情感极其反感，总想压抑、回避或消除这类情感。如对人际交往感到恐惧的人，面对人与人见面的场景常常会引起情感波动，特别是见到领导或异性时产生不安或不好意思，同时又为这种感觉感到苦恼，视之为必须排除的异物而采取压抑和对抗的态度。把本身很平常的事情，看得很严重而产生抗拒之心，结果使自己陷入神经质症的漩涡。改变这种状况就需使患者认识情感活动的规律，接受自己的情感，不去压抑和排斥它，让其自生自灭。并通过自己的不断努力，培养起积极的情感体验。

(2) 顺其自然，就要认识精神活动的规律，接受自身可能出现的各种想法和观念。

神经质症患者常常主观地认为自己对某件事物只能有某种想法而不能有另一种想法，有了就是不正常或者是不道德的，即极端的完善欲造成了强烈的劣等感。要改变这一点，就应接受人非圣贤这一事实；接受我们每个人都有可能存在邪念、嫉妒、狭隘之心的事实，认识到不好的想法在头脑中闪现，是精神活动中必然会出现的事情，是一个人靠理智和意志不能改变和决定的，不过是否去做不好的事情，却是一个人完全可以决定的。因此不必去对抗自己的想法而需注意自己所采取的行动。

(3) 顺其自然，就要认清症状形成和发展的规律，接受症状。

神经质症患者原本无任何身心异常，只是因为他存在疑病素质，对某种原本正常的感觉看成是异常的，想排斥和控制这种感觉，使注意固着在这种感觉上，造成注意和感觉相互加强的作用，即形成精神交互作用。这是一种继发性恶性循环，是形成症状并使之继续的主要原因。认清这一点，对自己的症状采取接受态度，一方面不会强化对症状的主观感觉；另一方面因为不再排斥这种感觉而逐渐使自己的注意不再固着在症状之上。以这样的方式打破精神交互作用而使症状得以减轻以至消除。如对人恐惧患者见人脸红，越怕脸红就越注意自己的表现，越注意越紧张，越紧张脸就越红，因此交互循环，反而使自己脸红的感觉持续下去了。相反，接受脸红的症状，带着“脸红就脸红吧”的态度去与人交往，反而使自己不再注意这种感觉，人渐渐放松，从而使脸红的反应慢慢消退。

当然，由于症状的形成已经经过了相当长的一段时间，即使对症状采取接受的态度，症状也不可能在一朝一夕就产生立竿见影的改变。认识这一点才能坚持对症状视若平常，不当作自己身心异物加以排斥，才可能真正消除精神交互作用的影响。

(4) 顺其自然，就要认清主观与客观之间的关系，接受事物的客观规律。

按照森田疗法的观点，人之所以患神经质症，疑病素质是症状形成的基础，精神交互作用是症状形成的原因，而其根源在于人的思想矛盾。这一思想矛盾的特征就是以主观想象代替客观现实，以“理应如此”限定自身的思想、情感与行为。如恐惧与不安是常见的心理现象，非要把它视为异物而与之持续抗争，坚持认为自己不应有不安等现象，是违反了事物的客观规律。反之顺其自然，不以不安为怪异，就可以破除思想矛盾，从神经质症的精神冲突中解脱出来。

（二）“为所当为”的治疗原理

森田疗法要求神经质症患者通过治疗，学习以顺其自然的态度不去控制不可控制的事，如人的情感；但还要注意为所当为，即控制那些可以控制的事，例如人的行动。事实上，为所当为是在顺其自然的态度指导下的行动。高良武久曾做过这样的说明：顺其自然的态度并不是说对自己的一切活动都放任自流、无所作为，而是要患者一方面对自己的症状和不良情绪听之任之；另一方面要靠自己本来固有的上进心，努力去做应该做的事情。应该说，为所当为是对顺其自然治疗原则的充实和补充。

(1) 忍受痛苦，为所当为。

森田疗法认为改变神经质症状，一方面要对症状采取顺其自然的态度；另一方面要随着本来有的生的欲望去做应该做的事情。通常症状不会即刻消失，在症状仍存在的情况下，尽管痛苦也要接受。把注意力及能量投向自己生活中有确定意义、能够见成效的事情。努力做应做之事，把注意力集中在行动上，任凭症状起伏，有助于打破精神交互作用，逐步建立起从症状中解脱出来的信心。

如对人恐惧的人，不敢见人，见人就感到极端恐惧。森田疗法要求其带着症状生活，害怕见人没关系，但该见的人还是要见，带着恐惧与人交往，注意自己要做什么，而不注意自己是否又产生了恐惧，坚持做下去，恐惧就会逐渐减轻。坚持这样做的结果，患者自己就会发现，原来自己想方设法要消除症状，想等症状不存在了再与人接触，其实是不必要的。过去为此苦恼，认为不能做，是因为自己仅仅是在脑子里想而不去做。“为所当为”就是要求患者该做什么马上就去做什么，尽管痛苦也要坚持，打破了过去那种精神对行动束缚的模式。

(2) 面对现实，陶冶性格。

神经质症患者的精神冲突，往往停留在患者的主观世界之中。他们对引起自己恐惧不安的事物想了又想，在内心不断地作斗争，但在实际生活中对引起其痛苦的事物却采取了一种逃避或敷衍的态度。如因怕自己脸红而产生对人恐惧的患者一方面拼命想抑制自己的脸红，另一方面却总想避开众人。因此，要想见人不再感到恐惧，只有坚持与人接触，在实际接触中采用顺其自然的态度，使恐惧心下降，才能逐步获得自信。

在顺其自然的态度指导下的为所当为，有助于陶冶神经质性格。这种陶冶并非彻底改变，而是对其性格的不同部分进行扬弃的过程，即发扬神经质性格中的优点，如认真、勤奋、富有责任感等；摒弃神经质性格中的致病之处，如神经质的极端的内省及完善欲。

三、森田疗法的治疗方法

森田疗法的治疗分为住院治疗和门诊治疗两种方式。无论是住院治疗还是门诊治疗，都应注意选择那些除了表现为神经质症状之外，对症状还具有某种程度的自我反省、自身在积极努力地克服症状以及具有从症状中解脱出来的强烈愿望的患者。如仅有某种症状，没有强烈的求治动机，不宜施行森田疗法。

（一）住院治疗

森田疗法的治疗所遵循的“顺其自然”的治疗原理，看似简单易懂，但对患者而言，真正领悟并能身体力行实非易事。很多时候，单靠患者自身的力量是不能做到的。住院治疗为其创造了一种崭新的环境，在治疗者指导下，使他达到对森田疗法的真正领悟，获得新的生活体验。在这种意义上，住院治疗被认为是治疗神经质症的最佳方法。住院治疗过程分为四期：绝对卧床期、轻工作期、重工作期和生活训练期。这四期的治疗目的及具体内容如下所述。

绝对卧床期一般为 4～7 天时间。在这段时间之内，禁止患者会客、读书、谈话、抽烟、听收音机等，什么安慰也不进行，除洗脸、吃饭、上厕所之外，保证绝对卧床、绝对安静。这一期主要观察患者在卧床期内的精神状态，以便结合病情进行诊断（排除非神经质症患者），并通过安静的休养，调整身心的疲劳。其重点在于解除患者精神上的烦闷和苦恼。

轻工作期一般为 3～7 天时间。此期禁止外出、看书，仍不允许患者与别人过多交谈。这一阶段的主要目的是让患者逐步恢复体力，通过前面的无聊期，促进其自发行动的动机，通过较轻作业的完成使之认识到不关注症状、坚持行动与症状减轻之间的关系，从而接受症状使之自然淡漠。

重作业期一般为 3～7 天。在这期间仍不过问患者症状，只让其努力去工作。此期间劳动强度、作业量均已增加。这一阶段的目的在于通过努力工作，使患者体验完成工作后的喜悦，培养忍耐力。在这之中学会对症状置之不理，进一步将精神活动的能量转向外部世界。

生活训练期又称回归社会准备期，一般为 1～2 周时间。此期间是为患者出院做准备，要指导患者回归原社会环境，恢复原社会角色。此期根据患者的具体情况，允许他白天回到原工厂或学校，或在医院参与某些管理工作等较复杂的社会活动。无论参加何种活动，都要求每晚仍回病房，并坚持记治疗日记。其目的是使患者在工作、人际交往及社会实践中进一步体验顺其自然的原则，为回归社会做好准备。

以上各期的情况，是对一般治疗情况的描述，对每个具体患者而言，还要根据患者的具体情况来决定治疗的进程。治疗周期会因此而长短不一。

【经典案例】

森田疗法患者日记

患者为女性，36 岁，工人，诊断为疑病症。5 岁时其母因胃癌去世，此后其父很注意患者的胃是否有不适，一有点胃痛，其父紧张得脸变色，使患者产生恐惧癌症的心理。患者有一次看过一本医书，书上写着气滞容易造成癌症，因此害怕胀气；又听说口水能引起胀气，就怕咽口水，结果越怕越紧张、口水越多，精神极度紧张恐惧。为此她做了许多检查，喝了许多汤药，仍觉肚子胀，总希望去医院做检查，担心患癌症。

绝对卧床期日记摘录如下所述。“我是对健康太注意了，越注意越担心有病，越咬牙越流口水。我每天醒来，第一个感觉，就是想着我肚子胀气。这就是心身交互作用。还有自我暗示‘我今天千万不要再难受了’。我的病是来自自身。我越想去掉病，越去不掉，医生讲这个方法不对。我按医生讲的不去理会病，多按要求做事，不去注意胀气，好像咽口水也少了，精神也不紧张了”。

轻作业及重作业期日记摘录如下所述。“我今天画的画，大家都说好，我有好多年没能这样画画了，我太高兴了。我注意画画儿，对胀气‘有就让它有去’，反倒觉得没那么胀了”。

回归社会准备期日记摘录如下所述。“整天忙着干活，按大夫讲的，‘把注意放到现实，做好现在的事’，身上感觉好多了……我的病压我十几年了，从来没像现在这么轻松，我不注意它，我感到什么病也没有了”。

（二）门诊治疗

门诊治疗须遵循森田疗法的基本原则。门诊治疗主要通过治疗师与患者一对一的交谈方式进行，一般一周 1 次或 2 次。治疗师应注意患者的病情并建立良好的治疗关系。在这一基础上，治疗师应在掌握患者生活情况的基础上，尽可能了解患者的现实情况，不以症状作为讨论的主要内容，鼓励患者面对现实生活，放弃神经质的抵抗立场，认识事物不以自己的主观愿望为转移，认识接受症状的本来面目、不试图去控制。这样症状就会改观。最后鼓励患者要承担自己生活中应承担的责任。在治疗中，治疗师应尽可能用提问的方法启发患者对问题的理解，而不是过多地采用说服的方式。治疗的关键是帮助患者理解顺其自然的原理。

森田疗法除有住院和门诊治疗的形式之外，还有定期对森田学说进行集体学习的组织——生活发现会。生活发现会会员大部分是为神经质症所苦恼、但尚能坚持工作和日常生活的人。生活发现会每月在一起学习森田理论一次，交流个人体会，起到互相启发、互相帮助、共同提高的作用，重点在于指导实际生活。

森田疗法是一种以“顺其自然”为指导思想的治疗方法，因其与老庄哲学及佛禅思想密切相关，易于为我国的病人所接受。

【经典案例】

案例分析 1

来访者 A，女，28 岁，来访者的咨询问题为在单位很难与同事搞好关系，常和别人发生冲突。怕别人议论自己，怕别人说自己精神不正常，也怕别人说自己干什么都不行。来访者虽然老和别人吵，但心里很自卑，觉得别人都比自己强，别人都看不起自己。和别人吵一方面是自己脾气一上来就控制不住，另一方面是为了争面子。

在家里父母及妹妹都对自己很好，自己常发脾气，大家也都能原谅自己。

分析：来访者的问题可用心理咨询与辅导的几种主要理论进行分析处理。

(1) 心理分析治疗。可寻找过去青少年期的创伤性事件，或以其心理年龄不成熟为依据对其现状进行分析解释，使之领悟。

(2) 行为治疗。可进行社交技能训练和自我控制训练。因这一来访者遇到不顺心的事情常常苦于找不到解决的方法，结果脾气一上来就只会和别人吵架，而且自感无法控制。

(3) 合理情绪治疗。采用与不合理信念辩论的方法帮助对方使之放弃对别人的不合理的要求，如别人都应该像我父母那样很好地对待我，等等。区别对家人、对父母、对同事的不同态度，改变自己的认知，不能过高地要求别人，而过低地要求自己。另外，进一步的咨询还可包括改变其自卑心理、对自己的不合理认识等问题。

(4) 以人为中心的治疗。创造一种对来访者理解、接纳的咨询气氛，以对来访者内心的理解，引导对方认识其焦虑及问题产生的根源——歪曲的自我概念以及对他人的不能接受和不能容忍的态度，进而产生某种改变。

最后，综合考虑：对于来访者错误的认知——采用改变认知的方法；对于来访者产生的情绪问题——采用放松等方法；对于来访者社交技能差的问题——采用角色扮演、决断训练及社会技能训练等方法。

对此来访者、咨询师采用了合理情绪治疗方法及技能训练的方法，一周后她本人及其母亲均反映她的情绪及言行有所改观。

案例分析 2

来访者B，男，25岁，研究生。来访者的问题为失眠、焦虑。来访者以前从未有过失眠现象。近三天每夜只能迷迷糊糊睡一小会儿，服用安眠药物也不起作用，心里全空了，很恐慌，觉得自己得了世间少有的奇怪的疾病。半月前提出和女友分手，因对方很依恋自己，内心有负疚感。家中父母对自己寄托了生活的全部希望，因此对自己现在的状况很焦虑。睡不着时一直在想，自己现在是什么状况？今后会发展成什么样？自己以后怎么办？这事对亲友的打击太大了，等等。

分析：此研究生来访时处于应激状态，不论采用何种理论方法，首先应采取的对策是设法调整其情绪，如采用放松训练；并给予知识方面的咨询，即讲解有关应激的理论与知识，使对方明确自己并非得了某种奇怪的病症，而是由心理问题引起的应激状态。以这两种方式都是为了稳定对方情绪，接下来再考虑其他的咨询方案。可采用行为治疗的方法帮助来访者改变其睡眠状况，也可以帮助此来访者学习森田疗法中“顺其自然”的原则，对现在的特殊状况采取接纳、非排斥的态度，即睡不着就睡不着，尽可能对此保持不急不躁的态度。在此基础上采用认知改变的方法帮助他改变看待与女友分手以及自己的努力与家人的期望之间的关系等问题的看法。

对此来访者咨询师采用了给予有关应激状态方面的知识的咨询及改变其认知的处理，同时辅以放松训练。但放松训练未能成功，因来访者无法进入放松状态而中止了训练。约两周后随访，来访者反映经咨询与其友人的帮助，此状态已得到缓解。

案例分析3

来访者C,男,19岁,大学生。来访者的问题为女友的选择问题。他有一中学女同学,两人一直关系不错,虽然那个女同学考上了别的大学两人见面很少,但他觉得对方有事业心,人很好,所以还是倾心于对方。不过近来大学同班的一个女生多次对他表示好感,这个女同学很活泼,自己也觉得很喜欢对方。面对这种情况不知该怎么办,心里很矛盾。

分析

来访者C的来访原因比较简单,因此咨询师可以根据对方所讲述的具体情况给予知识性、经验性解释及分析,例如爱与喜欢的区别,决策的时间是否适宜,与两个女同学具体接触时应注意哪些问题,以及怎样从友谊中了解对方等。另外,对于这样有需要做出选择的来访者的问题,咨询师还可帮助对方利用问题解决的方式,帮助对方整理自己的思路,进而找到一个解决问题的较好的途径。对来访者C,治疗师先请他列出自己认为自己的女友所应具备的基本条件,然后分别判断一下,他所说的两个女同学是否具有这些条件。来访者C的判断具体情况详见表3-1。

表3-1 来访者C的具体判断情况

女友应具备的基本条件	女同学A	女同学B
人品好	√	√
聪明	√	√
有事业心	√	×
是大学生	√	√
能干家务	√	?
相貌	√	√
身高	√	√
家庭	√	?
脾气	√	√
为人稳重	√	×

经过这样的分析和比较,帮助来访者理清思路,找出自己的倾向性。女同学A各种条件均与自己的想法一致,但其是否会成为来访者的女友仍是问题,需多找机会与之进一步接触;对于女同学B,来访者对其了解还很不够,需进一步了解。但这样分析下来,来访者认为其倾向于女同学A,对与女同学B的交往暂时不准备有进一步发展了。

【思考练习】

1. 精神分析学派对于人格发展有哪些理论描述?
2. 咨询师在咨询中应具备哪三种态度?
3. 行为治疗的基本原理是什么?
4. 行为治疗中常使用的技术有哪些? 这些技术分别适用于矫正什么行为?
5. 认知疗法有哪些独特的治疗技术?
6. 不合理信念有哪些特征?
7. 合理情绪疗法的主要观点是什么?
8. 森田疗法的治疗原则是什么?

第四章 心理咨询关系

学习目标

- 了解心理咨询关系的概念及咨询关系的特征
- 掌握促进咨询关系建立的技巧
- 了解咨询关系中的阻抗与移情
- 学会应对咨询关系中的阻抗与移情

一个女大学生因为体育课的测试要当着大家的面做一个动作而感到非常紧张,她的同伴也看出来了,问她怎么那么紧张。她对咨询师说:"别人都看出我紧张得不行。我难受极了。想到平时别人对我的好印象都会因为这件事而改变,想到同伴会和别人说,想到同宿舍的人会知道,全班人也会知道,我真觉得太难堪了!以后还怎么做人啊……"咨询师说:"这的确是一件让人觉得难堪的事情。但尽管如此,你还是完成了那些动作,并且顺利通过了测试。而且你还努力想使自己平静下来……"

在这个例子中,女大学生感到自己太懦弱、太怯场、太丢脸了,她当时的感觉是自己一无是处,全完了。咨询师体会到了这一点,但他并不完全同意来访者的看法,他看到了来访者在这件事情上表现出的积极的一面。咨询师没有对来访者说"这种情景真的太让人受不了,你会越来越难过的"。这句话也许反映了来访者当时的心境,但这种会谈的持续只能使对方陷入沮丧和困惑之中。这样既不能使她摆脱已有的负性情绪,也没有得到改变现状的指导,对于治疗有着潜在的破坏作用,不利于有效咨询关系的建立。

第一节 心理咨询关系概述

一、心理咨询关系的内涵

(一) 心理咨询关系的内涵

所谓心理咨询关系,是指需要心理帮助的人与能给予这种帮助的人之间结成的一种独特的人际关系,通过这种关系达到心理改善的效果。简单来说就是在心理咨询或心理治疗的过程中，咨询师与来访者的关系。

咨询关系是心理咨询的基础，是决定咨询成败的关键因素。咨询师只有与来访者建立良好的咨询关系，来访者才可能信任咨询师，才愿意向咨询师敞开心扉，并且接受咨询师的帮助。这样，咨询师才能充分了解来访者的问题所在，协助来访者认识自己、接纳自己，解决成长中的障碍，重整人格，充分发挥个人潜能，健康发展。

（二）各心理学派对咨询关系的看法

1. 行为主义学派“执行与控制”的咨询关系

行为主义认为人的一切行为都是刺激与反应的结果。人的行为基本上是机械性的，只能对环境作回应，对环境的控制能力很弱。因此，来访者的心理问题其实是行为本身不适应，而不是什么假设性的内在原因。咨询师的任务就是帮助来访者建立良好的适应行为，针对来访者的行为问题制定改进方法，并严格按照计划执行，监督来访者行为改变的过程。所以，行为主义学派关注来访者的症状，始终把咨询重点放在行为改变的过程和特定的行为治疗目标上，认为咨询就是对人类外在行为的矫正和调试。咨询师在咨询关系中处于指导者、命令者、控制者的地位，来访者是一个被动服从的、对咨询师的各种操作进行执行的人。

2. 人本主义学派“协助”的咨询关系

人本主义学派的代表罗杰斯提出来访者中心疗法，坚持积极乐观的人性观，相信人的本质是好的。来访者中心疗法强调每个个体本身具有潜能，能够有效地解决个人的问题。咨询关系是一种协助关系，在咨询过程中，咨询师只需要给来访者提供适当的心理环境和气氛，协助来访者发挥潜能解决自身问题，达到人格的成长、发展和成熟。罗杰斯认为来访者是主动的，咨询师是跟随者，反对咨询师以权威角色出现在咨询过程中。他强调咨询师不要把注意力放在来访者有什么心理问题，为什么发生了这些问题，应该运用什么方法帮助他克服这些问题等，而要放在努力建立一种理想的咨询关系这个方面上。由此可见，来访者中心疗法不仅仅重视咨询关系，更把建立良好咨询关系当作一种治疗的技术。

3. 精神分析学派“联盟”的咨询关系

弗洛伊德是精神分析学派的创始人，他认为人类行为主要的决定因素是性的内驱力。他采用自由联想、释梦或对移情的分析技术研究潜意识的内容。其中对移情的分析是重点，咨询师借助来访者的移情克服来访者的阻抗，深入来访者的潜意识，向来访者揭示他的无意识欲望和冲突，然后给予分析和解释，从而使来访者获得领悟。精神分析学派重视咨询关系，强调咨询过程中咨询师与来访者要相互信任，又要保持一定的距离，以保持咨询所必需的客观性，避免来访者产生某种形式的抗拒。

【小知识】

精神分析学派和来访者中心学派关于咨询关系的比较

在精神分析学派中来访者对咨询师完全信任，咨询师是以专家和权威的身份来与当事人相处，并与其保持一种分离客观且完全中立的态度。在来访者中心学派中来访者是以同伴的角色出现且咨询关系是作为技术来使用。精神分析学派中咨询关系是作为咨询过程中不可缺少的基础来发挥作用的。

有人曾经打比方来描述两者的不同。在来访者中心的咨询中，来访者像在游泳池中学习游泳的儿童，咨询师则是站在水池边让来访者自己摸索、自己游，同时给予不定期的指导。而在精神分析咨询中，咨询师在水中和当事人一起游，带领并引导着来访者游。由此可见，在咨询过程中，两种学派的咨询关系中的主导者不同，来访者中心的来访者是主导者，精神分析中咨询师起主导作用。

4. 理性情绪学派"教导与被教导"的咨询关系

以艾利斯为代表的理性情绪学派强调人既具有趋向成长和自我实现的内在倾向，也会产生非理性观念。咨询师的任务就是帮助来访者认清自己的情绪困扰和非理性观念，引导其减少种种不合理的要求。因此，理性情绪学派工作重心是放在来访者认知的改变上，而不是来访者本身，甚至不考虑来访者的情感变化。

在咨询过程中，咨询师更像一名教导人员，担任解释、教导的工作。首先让来访者正视并积极面对自己的非理性观念，认识自我挫败的行为和非理性观念的关系，然后教导他们如何改变自己思考和行为的模式。在咨询关系的问题上，理性情绪学派虽然赞成咨询师运用共感、倾听等技术来建立良好的咨询关系，但它不像来访者中心疗法那样认为咨询关系是咨询中的关键性因素，而是把咨询关系作为支持鼓励来访者进行自我探索和自我改变的辅助条件，认为在没有咨询关系支持的情况下，个人通过理性情绪疗法的自助读物也能取得咨询效果。

不同学派对咨询关系的重视程度有很大的差异。人本主义学派的来访者中心疗法把咨询关系放在一个至高重要的位置，认为心理治疗的关键就是为来访者提供一种良好的人际关系环境。而行为主义学派和理性情绪学派认为咨询关系可有可无，治疗过程以问题为中心，而不是以关系为中心。时至今日，在折中主义的思潮下，咨询关系也具有折中主义的趋势。临床咨询师无论采用什么学派的咨询方法，都很重视良好咨询关系的建立，尤其重视咨询初期咨询关系的建立。

二、咨询关系的特征

(一) 咨询关系的特征

咨询关系是一种咨询师对来访者的帮助关系，它不同于一般的人际关系，具有自己显著的特征。

1. 目的性

来访者来咨询往往都是带着问题，希望得到咨询师的指导，达到一定的目的。因此咨访双方对于为什么要建立咨询关系，结成这种咨询关系要达到何种目的，都要非常明确。

2. 职业性

咨询关系是咨询师与来访者为了特定目的，在特定时间、特定地点、解决特定问题而建立的一种职业关系，目的是帮助来访者在困扰中做出成长性的改变。为了完成这个任务，咨询师不能将心理咨询这类助人的专业关系变成其他的人际关系，不能成为来访者的"父母"、"恋人"、"上司"、"老师"或"朋友"等替代性角色。咨询师要恪守职业限制，要弄清哪些是来访者应负的责任，哪些是咨询师应负的责任，咨询师不能越俎代庖，不能代替来访者解决他在日常生活中遇到的问题，要从专业的角度帮助来访者理清问题，助其自助。除此之外，双方没有也不应该有任何其他瓜葛。咨询关系的这一特点，一方面保障了来访者的利益，可以使来访者有安全感，让他们在没有任何威胁的情况下敞开自己的心扉；另一方面也保障了咨询师的利益，使咨询师不必承担超过自己职责范围的责任，不用担心自己的私人空间和时间被来访者侵占。

咨询的职业性还表现在对会谈时间的限制，一般每次会谈时间为 1 h 左右。对咨询时间进行限制，一是非义务的咨询是根据咨询时间付费的；二是通过咨询解决问题往往是一个渐近的过程，若每次会谈时间过长、信息过多，反而不利于来访者的领悟，导致咨询成效下降。

3. 人为性

咨询关系的建立、维持和发展虽然以双方共同意愿为条件，具有非强制性，但咨询师会对双方关系进行评估、监督和调整，使这种关系在性质、作用上符合一定要求，所以这种关系不同于一般的人际关系，它带有人为性。

4. 动态性

咨询关系是咨询师与来访者的互动关系，它是根据咨询的进程和咨询需要而不断变化的。在咨询开始阶段，咨询师较多运用倾听技巧，这时的咨询师看起来像是一个倾听者；在治疗中后期，咨询师开始更多地运用影响技巧，这时的咨询师看起来更像是一个指导者。咨询关系的动态性还表现在面对不同的来访者，咨询师所采取的咨询方式不同，每个来访者对咨询师的感受是不同的。对有的来访者来说，咨询师可能像师长；对有的来访者来说，咨询师可能像朋友；对有的来访者来说，咨询师可能更像一位哲理大师。

（二）良好咨询关系的特征

建立良好的咨询关系一方面需要咨询师理解来访者，相信来访者，使来访者对咨询充满希望；另一方面需要来访者接纳、信任咨询师，承认并尊重咨询师的权威，积极配合咨询师，执行咨询师提出的咨询方案和措施。只有在咨询师与来访者之间建立相互信任、相互理解、相互接纳的关系，才更有利于达到咨询目标。良好咨询关系应具备以下特征。

1. 和睦友好又理智调控

在建立咨询关系时，咨询师要向来访者表示友好和睦，让来访者感受到咨询师的热情诚恳、和蔼可亲、善解人意，建立信任感，对咨询师形成良好的印象，营造一个温馨、自由和安全的咨询环境。在和睦友好的同时，咨询师还要保持足够的理智感。不能将自己与来访者混在一起，不能过多地干预来访者的生活。一是违背了心理咨询的原则。二是咨询师过分的友好，缺乏理智，可能助长来访者的依赖性，不利于来访者的自我探索和自我成长，无法达到助人自助的目标。

2. 积极情感又心态健康

积极的情感体验不仅有助于促使双方情感上的良好沟通，而且有助于咨询中共情、共感技术的应用。咨询师要通过来访者的表情、动作、语气等捕捉来访者的内心体验，切身体验来访者的感受，了解来访者深层次的心理问题，促进来访者的成长，体验积极情感，找回自信和自尊。健康的心态也是良好咨询的一个重要部分。不是所有的咨询都能收到良好的效果，在咨询的过程中总有这样那样不尽如人意的地方。咨询师应该有一种健康和开放的心态接受这些不完美，有信心、有决心，努力发挥自己的能力，想办法解决咨询中遇到的问题，尽可能达到预期目标，即使未能完成目标，也要用健康的心态看待，不能抱怨来访者，也不能否定自己。

3. 相互尊重又彼此信赖

只有建立相互尊重、彼此信赖的关系，来访者才会无拘无束地、准确清晰地、自由放松地表述真情实感，毫无顾虑地敞开内心世界，也才会愿意接受咨询师的帮助，信任咨询师的技术和能力。因此，良好的咨询关系一定是来访者和咨询师双方互相尊重、彼此信赖的。互相尊重对方的人格、权利、建议、要求、意愿和隐私等，彼此信赖和理解对方。

4. 积极倾听又善于鼓励

积极倾听要求咨询师保持非评价式的态度，全面、客观地获取来访者传递的信息，引导来访者表达事实和感受，观察来访者表现出来的非言语信息等。在积极倾听的同时，咨询师还要善于借助某些简短、重复的话语，以及调节氛围的语气词、表情动作鼓励来访者讲述，积极传达对来访者所述事情的兴趣、重视或接受，给其精神强化和心理支持。积极倾听和鼓励有助于建立良好的咨询关系，会促使来访者将谈话内容更深入地讲下去，以便道出真情，说出实话，充分表达来访的目的，从而提高咨询效果。

三、咨询关系的作用

从本质上讲，咨询的过程，就是通过咨询双方的互动，探讨问题产生的原因，建立相应的干预措施，最大限度地帮助来访者发展自助的能力。因此，如果缺少一种良好的咨询关系，这些目标难以实现。

（一）减少防御

良好的咨询关系能够减少来访者的防御心理，使来访者能够提供真实全面的咨询信息。

咨询要想取得效果,咨询师必须对来访者的问题表现和形成原因等进行准确评价和诊断,然后才可能设计出有针对性的咨询方案和计划。咨询师进行准确评价和诊断的基础是来访者必须提供真实、全面的信息,尤其是与问题有关的信息。然而,对于前来寻求帮助的来访者来说,他们来到的是一个陌生的环境,接触的是一个陌生的人,他们不知道咨询师是不是值得信任,是不是能够提供所需要的帮助。在这种情况下,来访者多少都会有一些防御心理,为了保护自己不受伤害,真正的问题是不会轻易示人的。只有在良好咨询关系建立之后,来访者认为咨询师值得信任并能为他们提供帮助时,才会减少防范心理,向咨询师倾诉自己的感受和问题,提供全面真实的咨询信息。而且,在良好关系下的这种倾诉不仅是心理治疗的良好开端,其本身就具有治疗作用,这种倾诉可以缓解来访者的心理压力,有利于来访者对自我的认识与探索。

（二）促进配合

良好的咨询关系能促使来访者接受咨询师的建议和措施,并积极配合咨询师。

咨询要想取得效果,来访者必须实施咨询师的咨询建议和措施。如果来访者不配合,再好的咨询建议和措施也不会取得任何效果。而来访者对咨询师的咨询建议和措施的执行,是以来访者对咨询师的信任为基础的。俗话说"亲其师,才能信其道",咨询师与来访者建立了良好的咨询关系,来访者才会相信与接受咨询师的解释,认同咨询师的观点,愿意学习和尝试咨询师建议的新的行为方式,使改变成为可能。良好的咨询关系是来访者改变的催化剂。

（三）治疗作用

良好的咨询关系会让来访者感到安全自由,他可以放下平时交往常有的戒备心理,面对自己内心世界进行分析和自我探索。来访者平时在生活中的消极情绪往往很难被周围人接受和理解,导致他无法开放和自由地表达这些情绪,在咨询师的接纳、理解和真诚的态度面前,来访者既能够自由体验,宣泄消极情绪,探索情绪因何而产生,有什么负面影响,获得理智认识,又能在咨询师的认同和信任下,相信自己能克服问题,变得更好,从而提高来访者的自我评价和自信,这本身就是一种治疗效果。

第二节 咨询关系的建立

建立良好咨询关系是咨询过程的第一步,也是咨询成功的关键。咨询关系具有咨询与治疗的功能,咨询师若能和来访者建立一种真诚、信任、理解、关爱、尊重、平等、宽容、自由的良好咨询关系,那么即使没有特别的技术,也能取得较好的咨询效果。要建立良好咨询关系一般需要的条件有接纳、同感、尊重、真诚。

一、接纳

（一）接纳的含义

所谓接纳就是在咨询时，不论来访者表现出怎样的感情和态度，咨询师都应给予耐心关注，并能够与其共同体验，用开放的态度促进来访者的自我探究和自我表现，无所顾忌地向咨询师说出心里的话。接纳并不是说咨询师要赞同来访者的观点和问题，接纳只是咨询师对来访者的态度和情感的接纳。

（二）接纳包含的要素

1. 接纳性的面部表情与言语

咨询师要随时通过言语和面部表情表达出对来访者谈话内容的兴趣，并能让对方感受到，而且这种兴趣是真诚的表现，不可假装。

2. 接纳性的声调

在交谈时，咨询师要发音清楚，语速平稳——平稳的声音本身就有安抚情绪的作用；语气坚定——坚定的声音传达的信息是，我有能力帮助你，你的问题是可以解决的；语调柔和——形成一种可以倾诉的氛围。还要注意谈话的节奏要适度，随着来访者问题情况而变化，既不能有气无力，让来访者感觉到你对他的问题没兴趣而不想再继续咨询下去，也不能语气过分强烈和急促，使对方感到你似乎就是想说服他，有一种被强迫的压力而不敢畅所欲言。

3. 接纳性的距离与姿势

咨访双方的座位宜平等，距离稍近，这样容易让来访者体验到亲切、友好的感觉，谈话时头和手可以做一些适当的动作，但是要避免左顾右盼或一些无关的不恰当的动作。

总之，接纳是一种自然流露出的无条件地对来访者的关心。在咨询之初主要是为了突破形式化的社交性质的交谈，在咨询中后期，接纳的作用主要体现在对谈话主题的纵深引导上，让来访者产生安全的、不必有什么顾虑的交谈感受，从而敞开心扉。

【案例分析】

来访者：听说在郊外有一座鬼屋，人如果闯进去了就会被鬼吃掉。

咨询师甲（关注的眼神注视他，用疑问的口气）：喔？

（接纳的态度：来访者感受到咨询师对其表述的问题的关心，他就会说出内心的秘密和担忧，从而咨询师就能了解到来访者的感受和需要帮助的方面。）

咨询师乙：你别听别人胡说八道，世界上根本没有鬼，哪来的鬼屋？

（拒绝的态度：咨询师一下子就否定了来访者的说法，来访者要么辩解，要么不敢再继续讲下去，咨询师也就无从了解来访者内心的感受，咨询也就无法继续进行了。）

二、同感

(一) 同感的含义

同感是咨询师认识来访者内部世界的态度和能力,咨询师不但用心关注来访者所讲的内容,而且能暂时放下自己的价值观,设身处地的从来访者的角度,理解来访者的感受,并向来访者表达出来。

同感与单纯的理解不同。理解是根据自己的价值标准认识某个对象,同感则除了认识外,还有对当事人情感的体会,而且是放下自己的标准用当事人的标准来感受。

咨询师能设身处地地理解来访者,一方面可以更准确地把握来访者的问题,有利于咨询取得良好的效果;另一方面来访者感到自己被理解和接纳,会感到愉快和满足,促进了来访者的自我表达、自我探索,从而达到更深入的自我了解,咨询双方也能有更深入的交流。反之,如果咨询师缺乏同感,就很难真正理解来访者的问题,会表现出不耐烦、反感,甚至批评,来访者会认为咨询师对自己不理解、不关心,觉得受到伤害,因而会感到失望,甚至停止自我表达。

(二) 同感反应的要领

1. 转换角度

咨询师要尽量使自己变成“来访者”,走出自己的参照框架进入来访者的参照框架,从他的角度,用他的眼睛和头脑去思考和体验。在这个过程中,咨询师要尽量排除自己经验的干扰,用愿意感受并且敏于感受的心态去了解对方的内心世界,也就是说咨询师要能做到“设身处地”和“感同身受”。

2. 忘掉自己

这种忘掉是指暂时的忘掉,咨询师全身心地、投入地倾听来访者的心声,既要注意他的言语内容,更要注意他的情感,特别是一些非言语线索,如声调、表情、姿势等所透露出来的情感信息。

3. 回到自己世界里

咨询师了解来访者咨询内容,体察其情感后,就要回到自己的世界里来,用自己的知识经验,把从来访者那里知觉到的东西做清理,非评价性地理解来访者,以便更好地把握来访者的体验与他的经历、人格之间的联系,找出问题的实质。

4. 传达同感

咨询师用言语或非言语的方式把接受到的感受传达给来访者。如何传达同感要视情境、时机的具体情况而有所不同。有时仅仅只需要把来访者的意思和感受表达出来即可,有时则需要把他未曾意识到的深层感受也揭示一些,甚至加上你的一些理解和解释,但要慎重,运用不当会出现误导。当咨询师不太肯定自己是否达到了同感时,可使用尝试性、探索性的语气来表达,请来访者检验并修正。

5. 留意对方的反馈

咨询师要留意来访者的反馈，观察来访者是否认同自己的同感传达，自己的理解是否准确。必要时可直接询问对方是否感到被理解了，通过反馈及时纠正错误的认识。

（三）同感表达的层次

不同的咨询师所表达的同感会有高低层次的差异，不同的层次代表了不同的同感质量，其咨询效果也会大不一样。同感表达有三方面的衡量标准。一是内容，即对来访者所陈述的事实、观点、情况等是否准确了解。二是来访者的感受，主要是来访者的表情、声调、动作所表达出来的感受。三是对感受的认识程度，是否准确而全面地把握了来访者的感受。

根据上面三个标准，心理学家卡库夫把同感分为了五种不同的水平和层次。

第一层次：三方面标准都缺乏，没有同感反应。咨询师完全忽略了来访者所表达的感觉，咨询师的反应只是否认、安慰或建议。

第二层次：仅有内容反应。咨询师对来访者理解不全面，只注意了来访者表述的内容，缺乏情感的响应。

第三层次：最基本的同感，有了内容和相应的情感感受。咨询师的反应与来访者所表达的意义和感受比较一致，但没有对来访者隐藏于言语背后的感受作出同感反应。

第四层次：同感程度较高，三方面标准都有。咨询师能表达出来访者深藏于语言背后的感受，能使来访者体验到并表达出起初并未觉察和未能表达出来的感受。

第五层次：三方面标准都很准确，这是一种高级的同感水平。咨询师既能准确地把握来访者所表达的内容，也能准确地把握其感受，既能准确把握来访者言语所传达的表层感受，也能准确把握其言语背后所隐藏的深层含义和感受。

【案例分析】

来访者：我觉得很难过，难过，因为我从来没有担心过会考，就算是想到这个问题，也只是估计自己有没有可能取得优良的成绩。唉，想不到居然会不合格！真是越想越不服气！其实这次考试并不难，班上成绩中下的也都应付过去了，怎会想到自己……老师，我觉得会考根本就不能正确地评估出一个人的成绩，况且读书也不应该只是为了考试。因此我也想开了，决定找份工作，投入“社会大学”，相信还实在些呢，对不对？不过，爸爸妈妈却骂了我一顿，坚持会考是正途，一定要我重读，然后再考一次；和他们争执了几天都没有结果，我真烦死了！

面对此来访者，咨询师不同层次的同感反应不一样，具体如表 4-1 所示。

表 4-1　咨询师同感层次分析

咨询师	同感层次	同感反应	感受	程度	内容	同感层次分析
一	5	你一向成绩很好，从来没想过会考会不及格，故此特别感到失望与难过，也有点气愤，与父母商谈后，似乎非重读不可，但自己实在的点不甘心，故此内心很矛盾	√	√	√	同感反应最为准确，不但准确体验和表达了来访者失望、难过的表面感受，而且对很深入的情感，如矛盾、不甘心也作出了正确的反应
二	4	因为会考不及格，所以你感到很失望、很难过，也不清楚前面的路该如何走，心中很混乱	√	×	√	同感层次水平较高，把来访者深藏在言语背后的感受也表达出来了，使来访者可由此来体验和表达起初未能察觉和表达的感受
三	3	因为会考不及格，所以你感到很失望、很难过	√	○	√	咨询师同感表达时只是与来访者表达的意义和内容一致，未能对来访者较深的感受做出反应
四	2	你一向成绩很好，但想不到考试会失败了	○	√	○	咨询师对来访者的感受有所反映，但只是对来访者表述的重复，缺乏情感的响应
五	1	你为什么感到如此悲伤呢	○	○	○	咨询师没有留心倾听来访者的表达，完全忽略了来访者的情感感受，这是低水平层次的同感

（四）同感使用应注意的事项

1. 耐心倾听，转换角度

在咨询过程中，咨询师要耐心倾听，既要注意来访者言语的真实内容，又要细心领悟其语调、姿势、动作等非言语行为所表露的情感信息，放弃自己的参考架构，采用来访者的参考标准看问题，设身处地用他的眼睛、头脑去思维和体验。

2. 感同身受的同时要保持客观

有些咨询师确实做到了设身处地，陪着哭、陪着笑，但在同悲同喜时忘记了咨询师的角色，这样容易失去客观性。正确的做法是，咨询师既要能进入来访者的内心世界，感同身受，但又要能及时返回到自己的世界中，随时保持客观的立场，对从来访者那里知觉和体验到的东西进行客观分析和判断。

3. 同感表达要适时适度，因人而异

同感表达应适时，不宜在谈话中间随便插入，否则容易破坏情绪。同感表达应适度，表达程度应与来访者的问题程度、感受程度相适应。同感表达过度，会让来访者感到咨询师小题大做，过度渲染情绪。同感表达不足，会让来访者觉得咨询师不够理解他。

同感表达还要根据来访者的问题和需求不同而不同，如有的来访者来咨询就是为了找个人诉说，而有的来访者的倾诉是在提供一些资料，前者更需要咨询师的同感反应。一般来说，情绪反应强烈的与情绪反应稳定的、表达杂乱的与表达清楚的、寻求理解愿望强烈的与寻求理解愿望平平的，均是前者应给予更多的同感。

4. 要善于通过言语和非言语表达同感

咨询过程中，咨询师要把同感通过言语或非言语的方式表达出来，让来访者清晰地感受到你对他的理解。表达同感时要注意克服一些不良表达方式，如“你太骄傲自大”等简单的评价；“你有自卑情绪”等贴标签式的诊断；“这事没什么大不了，你不应该烦恼”等排斥来访者消极情绪的表达；“你只要努力一定能取得好成绩的”等空洞的保证。

三、尊重

（一）尊重的含义

尊重是指咨询师对来访者的现状及他的价值观、人格和权益予以接纳、关注和爱护。把来访者作为有思想感情、内心体验、生活追求、独特性和自主性的人去对待，相信来访者有价值、有潜能、能改变。

咨询师尊重来访者，可以给来访者安全、温暖的氛围，使其最大限度地表达自己，可以唤起对方的自尊心和自信心。而且来访者感到自己受尊重、被接纳会获得一种自我价值感。特别是对那些急需获得尊重、接纳、信任的来访者来说，对其表示尊重具有明显的助人效果。

（二）如何使用尊重

1. 完整接纳一个人

每个人都有优点和缺点，有不同的价值观、人生观和生活方式。尊重意味着完整接纳这个人的优点和缺点，甚至与自己完全不同的价值观和生活方式。无论来访者的问题与困扰是什么，咨询师都乐意去帮助他。当然接纳并不是意味着去迁就来访者的行为或消极品质，而是在态度上给予同感。

2. 一视同仁

无论来访者相貌美丑、地位高低、经济贫富、年龄大小、性格如何、性别是男是女，咨询师都应一视同仁，予以尊重，不能厚此薄彼，轻视或奉承。

3. 以礼待人

对所有的来访者咨询师都是要以礼待之，不说粗话脏话，不嘲笑，不动怒，不发脾气，不贬损，不惩罚。即使来访者言谈举止有失礼之处，也应以礼相待，用诚心感染他。

4. 信任对方

信任是尊重的基础，缺乏信任就很难有尊重。有时因为咨询关系还未完全建立，来访者在涉及某些敏感问题时会有所顾虑、掩饰或犹豫，咨询师应予以理解，并借助于尊重、理解、温暖来消除顾虑。有时来访者的言语可能会出现矛盾，咨询师可以协助予以澄清，不可简单地认为是来访者故意不诚实。只有咨询师的信任才能换来来访者的诚实。

5. 保护隐私

对于来访者讲述的秘密、隐私，咨询师应予尊重、保护，不应随便外传。对于来访者暂时不愿透露而与咨询密切相关的隐私，咨询师应耐心等待，不可强迫来访者讲述。与咨询无关或关系不大的隐私，咨询师不得随便干预，不可出于好奇而去探问。

6. 以真诚为基础

尊重并不意味着一味地迁就来访者，没有原则，没有是非，没有不同意见。咨询过程中，咨询师如果有不同意见也不表明，这是一种不真诚的表现。在咨询关系已建立的情况下，适度地表达对来访者言行的看法，无损于咨询的进程，反过来会起积极促进作用。同时，咨询师要设法使来访者正确认识尊重与提出不同意见之间的关系，及早树立咨询对事不对人的观念，这有利于咨询后期面质环节的展开。

7. 平等的态度

在咨询过程中咨访双方有同样的权利，来访者有权利接受你或拒绝你，有权反驳或批评你，有权自主选择。咨询师不能以专家权威自居，出现失误要坦然承认。

四、真诚

（一）真诚的含义

真诚是指在咨询过程中，咨询师不把自己藏在专业角色后面，不带假面具，咨询不是在扮演角色或例行公事，也没有防御式伪装，而是以自己真正的个人面貌，出现于咨询关系之中，做一个表里如一的人。

真诚建立在对人性的乐观、对人的信任、对来访者充满关心、爱护的基础上，同时也建立在自我接纳、自信谦和的基础上。真诚是内心的真实流露，不是靠技巧所能获得的。

真诚在咨询活动中具有重要意义。一方面，可以为来访者提供一个安全自由的氛围，让他可以袒露自己的软弱、失败、过错、隐私等而无需顾忌，使来访者切实感到自己被接纳、被信任、被爱护；另一方面，咨询师的真诚坦白为来访者提供了一个良好的榜样，来访者可以因此受到鼓励，以真实的自我和咨询师交流，坦然地表露自己的喜怒哀乐，宣泄情感，也可能因此发现、认识真正的自我，并在咨询师的帮助下，促进自我改变。

（二）如何表达真诚

关于如何表达真诚的问题，伊甘曾提出五点建议：第一，走出角色；第二，多一点自发性，少一点瞻前顾后；第三，不设防；第四，表里一致；第五，分享自我，愿意自我揭示。

除了伊甘所说的这些之外，表达真诚还要注意以下几点。

1. 真诚不等于说实话

真诚与说实话之间有联系，但不能画等号。因为有些实话会伤害来访者，有损咨询关系，影响咨询效果，另外即使是事实也可以用更合理的方式表述而不是直接真实地把自己的感受表述出来。如“你这个人真是蛮不讲理”，“你是这种性格，难怪大家都不喜欢你”等。尽管这可能都是事实，但从良好咨询关系的建立这一角度来说，这些话都不宜直说，需要变换一下表达方式，可以分别改为“我觉得你刚才那番话理由不是很充分，有点按自己的意愿在评判，是不是这样”或“你的某些言行容易引起一些人的误解，引起矛盾。不知道我的这种感觉对不对”。这样的表述容易被来访者接受，而且更准确、更客观，避免了贴标签和过分概括化。

2. 真诚不是自我的发泄

咨询师流露真情，表示真诚，其目的是为了帮助来访者，咨询不能离开来访者所关心的主题，更不能变成咨询师的自我宣泄或主张宣传。而且，咨询师自我发泄占用了来访者的咨询时间，强迫来访者听，可能会产生负面效果，影响咨询师在来访者心目中的形象。

3. 真诚应实事求是

有些咨询师为了炫耀自己知识渊博或掩饰自己在某方面的欠缺，可能会不懂装懂。一旦被来访者识破，就会失去来访者的信赖。而且，不懂装懂还会误导来访者，带来不良的后果。有些咨询师很注意自己的个人形象，要求自己在来访者面前是权威，能让来访者敬佩。然而，由于过多地注意形象，过分地表现自己，带上了不少修饰成分，失去了真诚，拉大了咨询师与来访者之间的距离，给沟通增加了困难。因而，咨询师应实事求是，了解自己，承认并接受自己的不足，真实地表现自己。

4. 真诚应适度

真诚应因人因时而不同，在咨询初期，热情要适度，咨询师可保持沉默或避免表达出自己主观的评价。随着咨询关系的发展，咨询师可真诚表达对来访者的不足或缺点的反馈，但以不损害咨询关系为原则。

【案例分析】

一位来访者上次咨询时答应做家庭作业，但这次来却没有做。

来访者：我没做那些作业，您会不会很生我的气？

咨询师1：我怎么会跟你生气呢，不会的。

（分析：掩饰的，来访者下次也不这么开诚布公，而是先编一套理由。）

咨询师2：废话，我能不生气吗？

（分析：虽实话实说，但属于自我发泄，不尊重人。）

咨询师3：要是你，你会不生气吗？

（分析：虽没正面回答，但话中包含了生气的成分。）

咨询师4：没什么，现在我们还是来看看今天要谈的问题吧。

（分析：回避，来访者会觉得咨询师并不真关心自己的问题，他为什么不问我不交作业的理由呢？）

咨询师5：我是有点生气，你上次不是答应得好好的吗？

（分析：真诚的，但带有批评的口吻。）

咨询师6：我希望你能认真做那些作业，你没完成我感到有些失望。

（分析：真诚的，友好的，有分寸的。）

来访者：（停顿片刻）那您还愿意给我咨询吗？您会不会觉得我这人不可救药了？

咨询师：（微笑）我并没有那样想过。我刚才说你没做作业使我感到有些失望，这并不是说我对你这个人感到失望。我想你没完成作业可能会有你自己的原因和道理。现在，你能跟我说说为什么没做作业的原因吗？

（分析：对事不对人的处理方式，同时把话题引向深入，这本身就是有挖掘意义的。）

第三节　咨询关系中的阻抗与移情

一、阻抗

（一）阻抗的含义

阻抗原是物理学术语，指电路中电阻、电感和电容对交流电流的阻碍作用。在心理学上，弗洛伊德最早提出阻抗概念，他将阻抗定义为患者在自由联想过程中对于那些使人产生焦虑的记忆与认识的压抑。具体来说，心理咨询旨在帮助来访者成长，产生某种改变，以消除或减轻心理问题的影响。它涉及来访者内心深处活动及改变，在实施过程中，必然会遇到来访者有意或无意的抵抗。这种抵抗被称为阻抗。

阻抗对于心理咨询过程具有深刻的影响。人们只有加以积极的认识与控制，才能达到预期的咨询效果。反之，如果对阻抗现象不加理会或处理不当，则咨询的进展将受到阻碍。

（二）阻抗表现形式

1. 言语表达程度上的阻抗

阻抗在言语表达上主要有三种形式：沉默、少言和赘言。沉默往往表示来访者对于心理咨询有强烈抵触情绪，使咨询暂时无法进行。少言以短语、简句等形式应对咨询师的提问，常见于被迫咨询及对心理咨询充满戒备的来访者。赘言主要有两种表现：一种为来访者在心理咨询过程中滔滔不绝的讲话，看似积极配合咨询师，但其实背后隐藏了某种潜在动机，如减少咨询师讲话的机会，回避某些核心问题，转移其注意力等，以达到回避那些不愿意接触的现实问题，免除由此而产生的焦虑与其他痛苦体验；另一种表现是反复诉说，来访者一次次重复已澄清的问题，或者喋喋不休一些枝节问题，为自己的问题及症状反复做辩解，否认事实。

2. 交谈内容上的阻抗

阻抗表现在交谈内容上常见的形式有专业交谈、夸张情绪、谈论小事等。专业交谈指来访者用心理学专业术语与咨询师交谈，证明自己是内行的，为自己的症状辩护。夸张情绪指来访者对于某些谈话议题的强烈反应，如夸大哭泣或不自然地大笑，目的在于回避重新体验痛苦经历的焦虑与抵触情绪。议论小事指来访者对心理咨询谈话中无关紧要的小事谈论不止，回避谈论的核心问题。

3. 交谈方式上的阻抗

阻抗表现在交谈方式上常见的主要形式有外向归因、健忘、顺从等。外向归因是指来访者将产生心理冲突与矛盾的原因完全归于外界，回避从自身的角度认识。按照他们的想法，只有别人的态度改变了，客观处境改变了，才能使他们解除烦恼。但是，如果深入了解，便可知道在大多数来访者中，其烦恼的主要原因都来自于他们自己。当咨询师通过了解和分析，指出他们烦恼内在原因时，他们往往加以否认。健忘指在谈论来访者感到焦虑和痛苦的话题时，来访者表现出的一种遗忘。特别是当咨询师竭力启发来访者去唤起某种痛苦的记忆时，对方会通过各种方式来体现其已经遗忘。顺从则是来访者对咨询师的每一句话都表示赞同和服从，使咨询师无法了解来访者的内心世界。

4. 咨询关系上的阻抗

来访者通过故意破坏心理咨询关系达到自我防御的目的。如不履行心理咨询师的安排，故意迟到、早退，不配合咨询师的操作，不认真完成咨询师提出的作业要求等。虚伪夸奖咨询师，控制咨询关系发展，加强自己在心理咨询中的地位。

来访者表现阻抗是为达到自我保护，减轻痛苦经历所表现的精神防御，对心理咨询的进展和效果有很大的影响。咨询过程中及时发现阻抗，并妥善处理，是建立良好咨询关系，强化来访者自我暴露与自我改变的关键。

（三）产生阻抗的原因

1. 不愿否定自我

自我一旦形成，往往不容易改变。自我的否定必然会引起心理冲突与痛苦。来访者一方面感到心理冲突和痛苦而要求改变，另一方面又无意识地不愿意放弃和否定自我，对促进改变的建议不自觉进行抵抗。

2. 失调的行为带来了其他方面的好处

一些来访者产生失调的行为最初是偶然发生的，但因此使自己某方面的需要获得了满足，从而行为发生的次数增加，以致固定下来。来访者一方面为失调的行为感到痛苦，另一方面对咨询抵触。如一位学生为自己所患的神经症状感到苦恼，但咨询时却总是强调痛苦，回避实质问题，其原因是他的症状一旦去除就必须面对学习上的竞争，竞争让他感到痛苦，而患病可以使他逃避这一现实。

3. 对成长中的痛苦缺乏心理准备

成长中的变化必然会伴随已有行为习惯的消除和新行为习惯的建立而带来的痛楚。许多来访者由于缺乏面对成长所带来的痛苦的心理准备，期望毫不费力地产生改变，因而容易产生阻抗。如一些来访者希望咨询师给自己一剂灵丹妙药，能够一下子解决自己的心理问题，不用做出任何努力就可以“大功告成”。

4. 咨询前就有不愿意接受咨询的动机

有些来访者并非自愿、主动来进行心理咨询和辅导，而是迫于父母、老师和朋友的督促和压力前来求助。他们对心理咨询缺乏必要的了解和信任，求助的动机不强，内心深处对咨询有一种抵触情绪。还有一些来访者咨询前就已经对某事做出了决定，其咨询目的只是寻求专家对其决定的赞同。所以，当咨询师帮助他们分析其他解决问题的可能性时，他们会表现出不耐烦或不感兴趣，存在明显阻力。还有的来访者来咨询，不是为了改变自己或解决已有的问题，而是为了证明自己是对的，别人应该受到批评与惩罚，当咨询师不能和其观点一致时就会产生阻抗。

（四）应对阻抗的措施

在心理咨询中，来访者不能放弃对咨询的阻抗常常是中止咨询的一个重要原因，因此克服来访者的阻抗是达成咨询目标的重要因素之一。

1. 建立和谐融洽的咨访关系

在没有确立良好的咨询关系前，克服来访者阻抗几乎是不可能的。克服阻抗还是应从接纳、同感、尊重等咨询原则入手，增加来访者对心理咨询的信任，建立良好的咨询关系，创造良好的咨询气氛，解除来访者的顾虑，来访者才能主动暴露自己并愿意接受咨询师的帮助。

2. 解除戒备心理

咨询师对阻抗不必戒备，不要因为来访者的厌烦或攻击性表现而引起自己不良情绪，更不能将阻抗“个人化”，即认为阻抗行为是针对咨询师而来的。咨询师应该认识到阻抗是心理咨询和治疗的伴随现象，是来访者在面临“改变的可能”时所表现出来的自然反应。咨询师不必把阻抗问题看得过于严重,不要因此影响会谈气氛及咨询关系。咨询师一方面要了解阻抗的原因和表现形式,以便在阻抗真正出现时,能及时发现并进行处理;另一方面也不必"草木皆兵",使咨询气氛过于紧张。

3. 正确进行诊断

咨询师正确的诊断有助于减少来访者阻抗的产生。来访者最初所谈的问题一般是表层的问题,咨询师若能及早把握其深层的问题,将有助于咨询的顺利进行。咨询师要善于弄清来访者的不信任与咨询阻抗的区别,还要善于弄清来访者的暴躁、退缩等人格特征与咨询阻抗的区别。另外,有的来访者可能是害怕咨询室的气氛,或害怕某位咨询师,或感到咨询师伤害了他,或对咨询师产生了移情等,因而对咨询产生抵触情绪。在这种情况下,咨询师首先必须解决导致产生阻抗的原因。

4. 以真诚助人的态度应对阻抗

一旦咨询师确认治疗中出现了阻抗,咨询师可把这种信息反馈给来访者。但这种信息反馈一定要从帮助来访者的角度出发,以真诚的态度与对方共同探讨这一问题。首先是告诉来访者咨询过程中存在的问题;其次是争取来访者一致的看法,确认阻抗存在;然后一起分析阻抗产生的原因及解决的办法。这种处理的方式有助于减轻对方的紧张和焦虑情绪,使之以合作的态度共同应对阻抗。

5. 调动来访者主动性积极面对阻抗

咨询的本质是助人自助。应对阻抗的关键是要调动来访者的积极性,使之能与咨询师一同寻找阻抗产生的原因,认清阻抗的实质,产生去除阻抗的动力,以便最终消除阻抗,使咨询达到目的。

二、移情

(一) 移情的含义

移情是来访者把父母等对自己有显著影响的人的情感与关系,转移到咨询师身上的现象。弗洛伊德是第一个发现移情现象并将它运用到精神分析与心理治疗当中的治疗师。

(二) 移情的分类

1. 从形式上看,移情可以分为正移情和负移情

正移情是指在咨询过程中来访者对咨询师产生正向情感的移情现象,来访者把对父母等人的喜欢、崇拜、依赖等正面的情感转移到咨询师身上,对咨询师非常的友好、信任、敬仰,甚至产生爱恋之情。

负移情是来访者将敌意、不满、怀疑等负面的情感转移到咨询师身上。来访者把咨询师当作其生活中不喜欢的某个人,程度轻时反应不明显,表现为在意识上愿意接受咨询师的帮助,而潜意识中却与咨询师作对,如不按要求用药、不按咨询师的要求去做等消极行为;程度较重时则会产生明显的消极情绪对抗咨询师,表现为对咨询师的不满、猜疑、拒绝、敌对、被动、抵抗等现象。有时甚至向其发泄积压在内心

的消极情绪。

咨询过程中正负移情之间很容易发生转换，在来访者的某些要求得不到满足时，来访者的移情就可能发生从正向转向负向，从而对咨询师产生敌对情绪。

2. 从表现程度上看，移情分为直接移情和间接移情

直接移情是指来访者直接而明显地表现出对咨询师的移情反应，往往用言语表达出来，直接、直观，咨询师很容易觉察到。

间接移情是指来访者对咨询师的移情是隐蔽的、间接表现出来的。这种移情很难察觉，通常通过来访者的行为表现折射出来，而且不能明显观察到是否与咨询师有关。

（三）移情的处理

在咨询过程中来访者对咨询师产生移情是很普遍的现象，咨询师要学会准确地判断来访者移情的发生，并能对来访者的移情进行妥善的处理。

1. 理性科学地对待移情

咨询师判定来访者产生了移情心理和表现时，应冷静对待，深刻分析产生移情的根源，正确判断来访者把咨询师当成了何种对象或角色，并从来访者的个性特点和心理出发采取相应的咨询手段与方法，拉开与来访者的距离，控制对方情感反应的继续发展。也可以适当延长心理咨询的收尾时间，给来访者一个情绪缓冲，让移情体验渐渐冷却下来，避免或降低移情现象对咨询效果的负面影响，保证咨询的顺利进行。

咨询师要坚持不得满足来访者超越咨询范围的要求，不与来访者保持咨询以外的人际关系的原则。在对待移情时要从维护良好咨询关系的角度着手，尊重来访者，使来访者明白不能接受其超越咨询关系的情感的理由和目的，心悦诚服地接受咨询师的心理援助。

2. 对移情解释要慎重

移情往往是处于潜意识之中的，即使来访者在行动上已经表现出来，但是他们本身也不知什么原因。而了解自己的过去经验和心理冲突，有时候会让来访者感到痛苦而影响咨询关系的建立，所以对移情解释要慎重。移情的解释之前应该有充分的情感协调和稳定成熟的咨询关系，在还未达到信任、安全的咨询关系之前，最好不要向来访者进行移情的解释。

3. 不同的移情类别进行不同处理

针对一般程度的正移情，有时可以让其自生自灭，或者婉转地进行解释，并揭示这种感情的性质及时调整咨询关系。面对直接、强烈的正移情，咨询师不能马上向来访者揭示其移情现象，以避免因贸然指出而使来访者产生疑惑、恐慌，甚至敌对的情绪。咨询师可在尊重来访者的前提下向其剖析其情绪反应的实质，讲明心理咨询过程中所产生的感情和观点，都是从过去关系中的感情和观点转化来的，都是真实和正常的，这些感情表现可以反映出来访者问题的原因，从而发现问题的本质进而

解决问题。

当来访者对咨询师发生比较强烈的负移情时，咨询师可以加以利用，如把自己扮成来访者的移情对象，使其发泄心中的压抑情感，充分表达自己的内心活动，从而能够深入地分析探寻来访者内心深处的心理活动，使其心理问题得以化解。

对于间接移情，咨询师不需要太关注，只需随时监控，防止其发展成直接爆发的强烈的移情；对于直接表达出来的程度强烈的移情，咨询师要认真妥善对待，使用一些咨询技巧来处理。

4. 采用直接干预的方法处理移情

咨询师可以用提醒和关心的口吻询问来访者是否觉察到自己的行为已经超出了咨询关系的界线，让来访者分析是什么原因让他表现出这种行为，这种行为代表了什么含义等。咨询师也可以使用解释技术向来访者表明，其对咨询师的感情认同或防御对待，对咨询关系的不切实际的幻想，都可能是来访者把对他人的情感投射到咨询师身上了。这种解释技术为来访者提供一个新的思考问题的方式和处理问题和新视角来看待自己的问题。选择哪种直接干预的方法与咨询关系、来访者的认知能力、来访者的情绪状态有关。咨询关系尚未稳定、来访者认知承受能力不足或者解释可能引起来访者阻抗的情况下，就不能用解释技术促进来访者的领悟。

【思考练习】

1. 什么是心理咨询关系？各学派是怎么看待心理咨询关系的？
2. 良好咨询关系有哪些特征？
3. 咨询关系的作用有哪些？
4. 如何建立良好的咨询关系？
5. 什么是阻抗？阻抗的表现形式有哪些？产生的原因？如何应对阻抗？
6. 什么是移情？如何处理移情？

【课外延伸】

(1) 请利用咨询或实践的机会，采用咨询关系建立的技术和来访者建立良好的咨询关系，并对所采用的技术进行分析和总结。

(2) 找寻一个具体咨询案例，分析咨询过程中产生的阻抗或移情、来访者具体的表现、咨询师应对的措施及效果。

第五章 心理咨询过程

学习目标

- 深入理解心理咨询过程的概念
- 了解各种心理咨询过程的相关模型
- 掌握心理咨询初始阶段的简要过程及其注意事项
- 掌握心理咨询中期阶段的简要过程及其注意事项
- 了解心理咨询结束阶段的意义和作用
- 掌握一些完成心理咨询结束阶段的方法和措施

我记得小时候，家里把冬天吃的土豆储存在地下室的一个箱子里，这个箱子距离地下室那个小小的窗户有好几英尺，其生长条件相当差，可是箱子里的那些土豆竟然发芽了——很苍白的芽，比起春天播种在土壤里时长出的健壮的绿芽是那么的不同。这些病弱的芽，居然长到二三英尺长，尽可能地向窗户透进光线的方向伸展。它们这种古怪、徒劳的生长活动，正是我所描述的趋向一种拼死奋斗的表现。它们也许永远也无法长大成株，无法成熟，永无可能实现它们实有的潜能，但是即使在如此恶劣的生长条件下，它们也要拼死地去成长。

在与那些心理被严重扭曲的当事人打交道的经历中，我常常想起那些土豆芽。虽然供这些人成长发展的条件是那样恶劣，以致他们的生命看起来常常是异常的、扭曲的、缺少人性的。但他们身上那种拼死奋斗的趋向仍然值得信赖。理解他们行为的线索是，他们在以其唯一可行的方式奋斗，趋向成长，趋向成人。对我们来说，他们的努力古怪而又徒劳，但在他们，那是生命实现自己的拼死挣扎。

第一节　一般咨询过程概述

一、咨询过程的理解

“过程”是指事物发展所经过的程序、阶段，也可视之为输入转化到输出的系统。哲学上，将过程视为一种手段，通过该手段可以把人、规程、方法、设备及工具进行集成以产生某种期望的结果。咨询本身就是一种交互作用的过程，咨访双方独特的关系导致来访者一系列的转变。所以“过程”这个词本身就传达了关于咨询本质的多重含义。对于咨询过程，可以从以下两点来理解。

（一）阶段性与独特性

过程随着时间的流逝而发生了一系列事件，时间决定了其顺序性，是渐进的，其中暗含的自身规律决定了过程中一些可确认的阶段。最大的规律性无外乎生命发展的规律，从生到死，不少学者描述了其中可确认的阶段，比如埃里克森的人格发展阶段。咨询过程也有阶段，之所以划分阶段来把握咨询过程，是为了让咨询师明确在合适的时间做合适的事情。当我们全身心的尽情投入每一次咨询的时候，适时跳出来看一下目前的咨询处于什么位置是必要的。

每个来访者的成长阶段和咨询过程大同小异，但是他们对阶段的体验却是独一无二。心理咨询关注的和促进成长的就是这些独特性，所以在保证基本设置的前提下，咨询师要允许突发性的事件，容忍非常态的体验，并及时应对处理。

（二）三种观察角度

1. 来访者改变的角度

从来访者改变的角度看，咨询过程是来访者从不适应、不健康、或不理想状态到适应、健康或理想的状态的转变过程，看到的是来访者身上发生的事情。比如一个害怕去教室上课的学生，从开始时的根本不愿意或者不敢去教室，到后来逐渐能在教室中待 45 min，继而能坚持上午四节课程，情绪体验从“灭顶之灾”变化为“切肤之痛”，这就是来访者的改变和进步。

2. 咨询师工作的角度

站在咨询师的立场，咨询过程是咨询师面对来访者的问题，进行思索、体验、指导和影响来访者的过程，包括咨询师所面临的各种各样的咨询任务、所做的诸多努力、所体验到的各种感受。比如，咨询师从刚开始的紧张焦虑到后来的从容自如，从忧心忡忡到平和自然。

3. 关系发展的角度

可以说整个咨询过程都是一个建立、维护和经营咨询关系的过程。咨询师需要对咨询关系保有高度的敏感性，这也是影响咨询效果的重要因素之一。注重双方的互动，并且能够更好地理解双方的行为，从而能更好地了解咨询过程的特点。

一般来说在咨询过程中应该将三种角度结合起来，互相参照，因地因时综合运用。特别是当三者之间出现不一致的时候，要保持警惕，分析矛盾的原因和可能暗含咨询的契机。

二、咨询过程的相关表述

（一）五阶段三维度模型

五阶段三维度模型由江光荣提出，他把咨询过程划分为五个基本阶段。

1. 进入与定向阶段

这是正式辅导过程开始之前的一个阶段，通常由首次会谈(或第一次、第二次会谈)完成。咨询师通过初步的了解，决定是否接受该案，包括收集相关资料，初步界定问题，明确需要。

2. 问题探索阶段

问题探索阶段耗时较长，同时，不同的个案所需时间也不尽相同。此阶段主要任务是建立良好的咨询关系，搜集有关资料进一步界定和理解问题，协助来访者进行自我探索，达到对来访者的深入了解。

3. 目标与方案探讨阶段

该阶段紧承上一个阶段，所需时间比较短。这一阶段咨询目标一般很少正式提出，往往是咨询师借助具体的生活决策问题表达出来，而非以目标的语言表达出来的。

4. 行动转变阶段

行动转变阶段主要是咨询师根据前一阶段所确定的咨询目标和方案，以理论为指导，采用各种方式(技术和方法)影响来访者，使其向目标方向取得积极的改变。这是最具活力且耗时较多的环节。

5. 评估及结束阶段

这一阶段主要是评估目标收获，处理关系结束的问题。

在以上五个阶段的基础上，江光荣还提出了一个有关咨询过程深度的三维模型。这三个维度分别是情感维度(非情感的-情感的)、个人性维度(非个人的-个人的)、时间维度(非此时此刻的-此时此刻的)。

所谓情感维度指的是在会谈中是更多的集中于陈述事实、观点、看法等，还是表达情绪、感受。情感成分所占的比例越高，会谈越深入。个人性维度指的是交流的内容是咨询双方(尤其是来访者)个人的还是非个人的。个人的信息越多，会谈越深入。时间维度指的是讨论的内容是此时此刻的，还是过去的或将来的。此时此刻的越多，会谈越深入。把这三个维度合在一起就构成了一个立体的三维模型。咨询互动的深度随着非情感-情感、非个人-个人、非此时此地-此时此地的方向增加，如图5-1所示。

(二) 多元理论取向的三阶段整合模型

多元理论取向的三阶段整合模型关注认知、情绪、行为因素，以及三者的交互作用。这是一种多元理论取向的整合模型，它将咨询过程分为三个阶段:第一阶段，初步暴露，强调关系的质量;第二阶段，深度探索，重点在于帮助来访者对自我进行更深入的理解，借助精神分析的一些概念，如自我防御、无意识动机等，帮助咨询师进一步理解来访者;第三阶段，承诺行动，包括目标设置、制订行动计划和执行计划。

(三) 过程-效果四阶段模型

在前人研究的基础上，Hill 提出了一个新的泛理论过程模型，即过程效果四阶

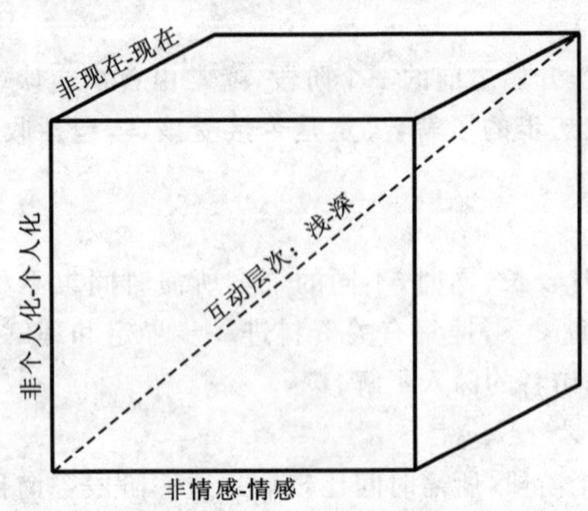

图 5-1　咨询过程深度的三维模型

段模型。该模型将咨询过程分为初步印象、咨询开始、咨询任务和结束四个阶段，每个阶段都从咨询师的技术、来访者的卷入和咨询关系来描述其特点，这三者间相互联系，咨询师的技术促进了来访者卷入，两者的相互作用形成了咨询关系，咨询关系为咨询师使用技术提供了平台，咨询师的技术让来访者更深地卷入，从而更强化了咨询关系，如此循环，将咨询从一个阶段推向下一个阶段，具体见图 5-2 所示。

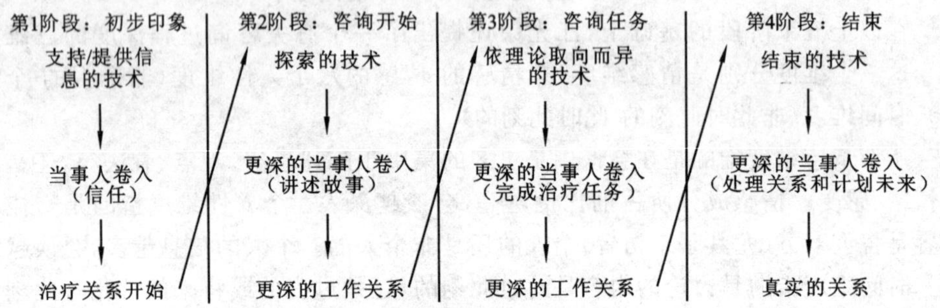

图 5-2　过程-效果四阶段模型

（四）助人者三阶段模式

Egan 从人本主义的角度出发，以来访者的需要为中心，发展出助人者三阶段模型。这是一套积极主动的助人模式，咨询师邀请来访者向自我挑战，去探索自己的问题与机会，确定目标并主动地追求，最终使未来生活得到改善。此模型的三阶段具体如下文所述。

阶段一，审视当前的情形。此阶段帮助来访者确定、探索和澄清他们的问题局面与利用的机会，主要分为讲明与澄清有关实情、认清盲点并向其挑战和寻找支点三个步骤。

阶段二，构想较理想的情形。此阶段帮助来访者在对自己的问题局面与机会已理解的基础上，以目的和目标的形式表明他们所想要得到的东西，包括拓展通往较理想情形的多种可能性、将诸多可能性化为可行的目标和建设性转变方案，同时下定决心并给出承诺。

阶段三，导向目标。此阶段帮助来访者发展实现目标的行动策略，以期获得他们想要的东西。可以采用头脑风暴法，选择最佳策略，最后将策略转化为行为。

助人者三阶段模式所划分的三个阶段有助于咨询师理解来访者处于何种位置，以及咨询师以何种方式介入最有效。

三、咨询过程的基本阶段划分

划分咨询阶段可以帮助咨询师明确自己在活动中的方向，知道在什么时候做什么事，需要完成什么工作和任务。因此，咨询过程可划分为开始、中间和结尾三个阶段。

（一）开始阶段：初步暴露与体验

一般说来，在咨询开始阶段需要1～2次会谈，也有的来访者需要3～4次会谈。咨询开始阶段的长短或次数取决于来访者问题的大小、程度以及他对咨询目标的期望。如果来访者带着对一个具体问题的困扰前来咨询，比如“是选择文科还是理科”，那么整个咨询可能在一次单独的会谈中完成。相反，如果来访者主诉“如何才能解决高中阶段离家住校的适应问题”，那么就可能需要多次会谈。

在开始阶段，咨访双方首次接触，有一个彼此了解与适应的过程。特别是来访者对自我暴露的担心及对心理咨询的怀疑。那么，这个阶段的一个中心任务就是减轻来访者的疑虑，并鼓励来访者做自我暴露。如果没有基本的信任关系及实质性的自我暴露，咨询师就很难界定来访者的问题，后续的咨询也就难以为继。专注的倾听作为鼓励自我暴露的一个技术，是开始阶段咨询师的一个关键行为。

充分的自我暴露是收集基本资料的前提，继而进行评估与诊断，判断来访者是否属于心理咨询的工作范畴，如果不是就需要及时转介；如果是，则要评估来访者的整体状态，结合自身的理论取向，建构对来访者的基本理解，激发并维持来访者的求助动机。实践证明，对咨询有较强的求助动机和成功期待的来访者，合作态度和咨询效果一般较好，比如积极完成家庭作业或自我训练项目等。上述整个过程都是在建立咨询关系。

【视野扩展】

一次性咨询的12条经验

（1）要有强烈的时间观念。

（2）不要野心太大。

（3）鼓励来访者情感的流露。

（4）谨慎地积极（指积极主动地去探索并理解来访者的内心世界）。

（5）不要过分重视诱因。

(6) 把事实性查询(提问)控制在最低限度。

(7) 避免谈话走上岔道。

(8) 不要过低估计来访者的坚强性。

(9) 不要过高估计来访者的自我觉察能力。

(10) 辨认出一个焦点问题。

(11) 探索,然后试着提出解释。

(12) 利用交谈启动来访者解决问题的过程。

(二) 中期阶段:深度探索与行动

经过开始阶段的初步暴露与体验,来访者感到被理解与接纳后,心理咨询便进入了核心阶段,即深度探索与行动。在这个阶段,来访者开始分享更多的私密信息及个人感受,并且建立对个人问题的理解。咨询关系继续向前推进,双方在协商目标的基础上制订计划,采取行动,尝试改变,共同审视并评估所取得的进步,强化新的行为方式,巩固咨询效果。

(三) 结尾阶段:最后结束与评估

经过前两阶段咨访双方的共同努力,来访者基本达到既定的咨询目标后,即进入结束与评估阶段。这一阶段心理咨询的工作主要是巩固效果,处理分离情绪。

作为一名合格的、有职业操守的咨询师,我们要让咨询关系一直保持到实现来访者的目标之后,但不能在达成目标后进行不必要地延长。出于一己之私而延长时间是不道德的,如为了某种利益或因为喜欢这个来访者等原因,无故地延长时间期限会削弱来访者在没有咨询帮助的情况下独自追求人生目标的能力。

正常的情况是,如果来访者的症状确有缓解,心理状态有所改善,且咨询师与来访者都认为咨询可以告一段落,那么就可以终止咨询。同时,应对咨询效果进行适当的评估,对来访者今后的生活、学习、工作进行适当的指导。遗憾的是,不是所有的咨询都是在达到目标之后结束的。如果经过多次咨询,心理问题的状态没有改善,则要考虑原先的咨询方案是否要调整或修正。

还有两种形式的结束:一是当咨询目标尚未达成时,由咨询师方面主动提出终止咨询关系,可能的原因包括咨询师的局限、两者关系的不匹配等;第二种是来访者提前终止咨询关系,可能不告而别,也可能因为诸如毕业离校、搬家等各种原因非正常结束咨询关系。

在结束咨询关系时,最主要的任务是提供充分的机会让当事人表达对整个咨询过程的所有想法和情绪,并回顾在实现目标的过程中取得的进步,思考将来需要做的工作,还要考虑是不是还有其他有用的支持,以及在结束咨询关系后双方应保持什么样的接触,再就是根据实际需要安排随访。

而评估主要是考察咨询的效果,有多个维度的指标。从咨询师的角度而言,就涉及从个案中收获了什么专业和个人成长的问题。

四、设置及其他问题

（一）设置

设置是咨询师对心理咨询的实际操作过程的具体安排，是经过心理咨询师为心理咨询的实施所做出的精心设计、事先安排好了的、要求咨询师与患者均要遵守的基本规则。按照动力学的观点，咨询就像是一个生活中的罗夏墨迹测验，即来访者把自己无意识的知觉、态度和意义投射在咨询中。而设置就是最稳定的背景，不同的来访者对咨询师的同一设置有着不同的反应与感受。

一般而言，咨询设置包括咨询的频率、会谈的时间、休假或取消的方法等。具体内容主要取决于咨询师的理论取向，部分取决于来访者的具体实际情况。设置最关键的是要保持稳定性，目的在于保证心理咨询的顺利进行。

（二）知情同意

知情同意指在与来访者确立咨询关系之前，咨询师有责任向来访者说明自己的专业资格、理论取向、工作经验、咨询或治疗过程、治疗的潜在风险、目标及技术的运用及保密原则与咨询收费等，以利于来访者自由决定是否接受咨询或治疗。

有一些人认为应该让来访者签下知情同意书，即使没有书面的文件，咨访双方也应该达成口头的约定。如做记录的时候要征求来访者同意，并解释记录的目的和作用。在接受未成年人为来访者时，应先征得其父母或监护人的同意，以示对合法监护权之尊重。如果咨询员要选择使用录音或录像设备来记录会谈过程，或者使用单向玻璃让其他人观摩、学习时，一定要向来访者解释记录会谈的目的是为了教学，或是为了确保来访者得到最好的帮助。

（三）保密

心理咨询中来访者要袒露大量的个人信息，并通过心理测量、自我探索等产生许多以前从未有过的私密信息，因此保密是心理咨询中最为重要的原则，它要求心理咨询师要尊重和尽可能地保护来访者的隐私。这不仅是咨询师的道德原则，还是建立和维持心理咨询信任关系的前提，也是咨询活动顺利开展的基础。

有一些打破保密原则的特殊情况，诸如一旦发现来访者有明显自杀意图和存在伤害他人的情况，必须采取必要的措施防止意外的发生（必要时应通知家属或有关部门），但应该将有关保密信息的暴露程度限制在最低范围之内。

第二节　开始阶段：初步暴露与体验

作为咨询的开始阶段，首要面临的问题就是如何能让来访者充分自如的暴露自己的问题或困扰。暴露本身就预示着风险，来访者往往会小心翼翼、诚惶诚恐、患得患失，这其实是最真实的咨询体验，在情绪情感层面从来都是强有力的，这种能量的流动在开始阶段就已经显现出来。

一、初始会谈的简要过程

在咨询中,许多初学者对于会谈内容忐忑不安,要么担心沉默冷场,要么所谈内容索然无味,自觉单薄无力。其实,一个人来到咨询室,也就将他十几年、二十几年的生命历程、丰盈百态的生命故事带给了咨询师,关键在于如何打开、继而悦纳这份厚重的礼物。而很多的线索早在初始会谈中就有所体现,毫不夸张地说,初始会谈的质量可以预测后续的咨询效果。而且当遇到僵局时,有经验的咨询师往往会回头看看,总能在初始会谈中找到灵感。一次 50 min 左右的初始会谈大致可以分为三个部分:开场相遇、开始倾听和最后小结。

(一) 开场相遇

形场相遇时的寒暄是初学者经常忽略的一个小细节。

心似双丝网,中有千千结。来访者在一个陌生的环境里主动地向一个素昧平生者吐露真情,可想而知需要多么大的勇气和胆量,而这种源源不断来自心底里的力量正是他们自身最大的资源。身为咨询师,不仅要感受、发觉这些资源,更要适时鼓励、倍加爱护,让这些能量更加流畅、充沛。

一个恰当的寒暄,一个友善的微笑,最简单也最实用。比如:“你今天还好吗”;“要喝点热水吗”等,此类寒暄可以让人放松,感觉温情脉脉。从来访者进门开始到入座,分秒之间涌现出的外貌表情、肢体语言、行为模式等大量信息,无一不是咨询师应敏感觉察继而细心洞察的东西,所有这些都可能会成为接下来会谈讨论的有意义的内容。

一般而言,来访者是带着对心理咨询的各种看法和预期前来寻求咨询的,那么落座之后,讨论并澄清这些看法和预期很重要。如“以前有接触过心理咨询吗”这样的开场白比起老套的“今天想谈点什么呢”更清新自然。对于首次咨询的来访者,应该说明心理咨询的性质(保密原则、危机的处理等)。如咨询师可以说:“我们这次会谈会持续 50 min 左右,如果时间不够的话,我们可以再安排一次会谈。我们要试图理解是什么样的问题让你来到这里。”这样,既可以打消来访者的疑虑,排除偏见,减少来访者对于不确定性的焦虑;又可以增进其对咨询的了解,加强来访者的自主感。如果以前接触过心理咨询,则可以顺便询问前次咨询的概况,鼓励其表达对咨询的感受和看法。对多次寻求帮助而又辗转于多个咨询师的来访者,我们要高度警惕,并对自身的情感反应保持专业上的敏感性。待到时机成熟,和来访者讨论这个话题,分享对此的感受。

这个阶段咨询师也需要澄清来访者求助的背景(探索咨询动机)和可能卷入的第三方(主要是学校)。如校方转介或被家长转介过来的来访者属于被动的来访者,要弄清楚动员他来咨询的缘故,更重要的是他如何看待这种咨询活动,来访者是觉得委屈还是无所谓,或者是有抵触情绪等。

（二）开始倾听

这是一个以来访者为主导的阶段。探索完咨询动机后，咨询师应该允许来访者自由地谈论发生的事情。向陌生人诉说心语，无疑是令人顾虑重重，而且望而生畏的。咨询师应尽力降低来访者的恐惧和不安，只要他的叙述能传递信息，便不要干扰或者打断，要耐心等待，鼓励来访者开放地表达，尽可能充分地暴露。除非是对方羞于启齿或欲言又止，可以使用询问技巧，以免在一开始就陷入尴尬的沉默。

咨询师在此阶段主要使用的技术是倾听，专注地倾听。Egan认为专注是咨询开始阶段咨询师的一种重要行为，咨询师需要高度地集中于来访者的言语和行为。对于某些来访者而言，咨询师的这种关注本身就有治疗的作用。而对于有的来访者来说，他可能从未有过这样的体验。来访者是否感知到被咨询师接纳和信任，不仅影响来访者暴露的程度和咨询动机的强度，也影响到咨询信任关系的建立。这种信任氛围的营造可以从罗杰斯提出的三大助长条件入手。第一，同感，就是咨询师体会和认识来访者内部世界的态度和能力，感受来访者的私人世界，就好像那是咨询师自己的世界一样，但又绝未失去"好像"这一品质；第二，无条件积极关注，指的是咨询师不依据来访者行为的好坏，无条件地从整体上接纳对方，给予关怀；第三，真诚，咨询师以真我的面目出现在来访者面前，开诚布公，表里如一，在咨询关系中是值得信赖的。

鼓励来访者尽情倾诉有两点好处。一是不良情绪可获得宣泄，障碍常能迅速得到某种程度的减轻；二是通过咨询师认真的倾听，来访者觉得自己的问题已经获得咨询师的重视和理解，于是精神上得到支持和鼓励。倾听的时候除了注意来访者的诉说以外，还要注意来访者是如何表达的，即言语模式。关注倾诉的事件及其前后相关的事情，特别是事件背后的情绪和情感。接下来，在听的过程中，咨询师可以适时问一些问题，有些问题会涉及可能隐藏着冲突的领域。借此扩展来访者的视野，获得更多的信息，比如家庭史、学习状况、人际关系等，以便心中有数，整体上把握来访者，形成初步的理解。

（三）小结

通常情况下，咨询师在每次咨询会谈结束前后会留几分钟作概括性总结，其目的是，总结本次会谈的主题和内容，反馈咨询师个人对来访者的理解，适当表达对来访者问题的感受和看法，安排续约或讨论其他的咨询计划。对于首次咨询的来访者，笔者通常会询问："我们这次谈话，你感觉怎么样？和你想象的有什么不同吗？"或者留几分钟时间请来访者提问，对来访者说："我不知道刚才我有没有说清楚，你还有什么问题需要我回答的吗？"最后，给来访者以希望，对来访者说："我想我能帮助你"或"我能感受到这对于你而言是多么的不容易，尽管如此你还是来了，这似乎是阴霾中的一丝光亮，我想我们可以一起走得更远。"

当首次咨询结束，在大多数情况下，咨询师应该反躬自省，判断是否接受这个来访者进入咨询。以下这些问题可能有所助益。来访者的主诉是什么？为什么他

(她)此时前来?来访者对自己的困扰怎么看?来访者的资源有哪些?首次咨询结束进行自省,以便开展下一个阶段的工作。

二、开始阶段的三大任务

开始阶段,最本质的目标是迅速且充分地评估来访者。当然,任何咨询过程中,收集资料、评估定义、理解支持等都是相辅相成的,只是各有侧重而已。咨询的开放性就在于多角度的理解,并适时修正这种理解。就如霍特曾谈到的一样:一般来说,咨询师不认为评估是咨询开始前一个需要独立完成的过程;相反,他们把评估和咨询看成是无法分开、相互结合在一起的过程。

(一)收集基本资料

收集与来访者有关的各种资料。通过会谈观察、倾听、心理测验等方式,了解来访者的基本情况及存在的问题和困扰。一般基本资料包括来访者的个人身份信息、家庭及社会生活背景、兴趣爱好、学习近况和有无心理咨询经验等。通过对基本情况的了解,掌握其过去、现在等各方面的活动及生活方式。

认识来访者的心理问题是确定心理咨询目标及有效开展咨询的基础。这比收集基本情况要复杂得多,因为来访者一般心存顾虑,往往不愿直截了当地把面临的心理问题如实暴露出来,或是他们自己也弄不清问题的实质,只是感觉到困扰,希望改变现状。需要了解的心理问题涉及多方面,咨询师要通过收集有关资料弄清心理问题的性质、持续时间及产生原因。

【视野扩展】

病史采集法提纲(桑德伯格提纲)

(1)身份资料:姓名、性别、年龄、职业、收入、婚姻、地址、出生日、出生地点、宗教信仰、教育、文化水平和文化背景。

(2)来就诊的原因和对治疗服务的期望。

(3)现在及近期的状况:居住条件、活动场所、日常活动、近几个月来生活发生变动的种类和次数、最近的变化。

(4)对家庭的看法:对父母、对兄弟姐妹、对其他主要成员的看法,对自己在家庭中的状态的描述。

(5)早年回忆:对能记清的最早发生的事情以及周围情节的回忆。

(6)出生和成长:包括会走路和会说话的时间。与其他多数儿童相比较曾出现过什么问题,对早期经验的态度。

(7)健康及身体状况:包括儿童时期和以后发生疾病和伤残、近期服用的咨询师指定的药、近期服用的不是咨询师指定的药、吸烟与饮酒的情况、与他人比较身体状况、饮食与锻炼的习惯。

(8)教育及培训:特别感兴趣的科目及所获得的成绩、校外学习情况、感到困难的科目、值得自己骄傲的科目、其他文化上的问题。

(9) 工作记录:对工作的态度,是否改变过职业,理由如何。

(10) 娱乐(包括来访者感兴趣和使其愉快的事):如工作、阅读等,自我描述是否准确。

(11) 性欲的发展:第一次意识到性问题、各种性活动、对自己近期性生活的看法。

(12) 婚姻及家庭资料:家庭中发生的重要事件与原因、家庭的现状与过去的比较、道德和文化因素。

(13) 社会基础:交际网络和社交兴趣所在,与自己交谈次数最多的人,能给予各种帮助的人,互相影响的程度、对他们的责任及参加集体活动的兴趣。

(14) 自我描述:包括长处或优短处或弱点,想象力、创造性、价值观、理想。

(15) 生活的转折点和选择:生活中曾有过什么变化和你做出的最重要的决定是什么,对它们的回忆(以一件事为例)和评价。

(16) 对未来的看法:愿意看到明年发生什么事情,在五年至十年内希望发生什么事情,这些事情发生的必要条件是什么,对时间的现实感,抓重点的能力。

(17) 求助者附加的任何资料。

(二) 做出评估与诊断

在收集资料的同时,分析、诊断就已相伴出现。分析、诊断是在收集资料的基础上,进一步明确心理问题的实质、程度及原因,并对其作出正确的评估。分析、诊断包括下列内容。

1. 确定心理问题的性质,判断咨询的适用性

首先,咨询师要确定来访者心理问题的性质,是冲突型还是缺陷型;是发展性问题、适应性问题还是障碍性问题;是学习问题、人际关系问题还是其他方面的问题。

考虑心理咨询的适用性,这对于心理咨询的实施而言是首要的问题。因为来访者的某些问题或许不属于一般心理咨询的适用范围,如,器质性疾病,应及时介绍到医院就诊;属于精神疾病的,应及时转送精神病院接受治疗;还有一些严重的障碍性心理问题,如人格障碍,也应介绍到专业的心理治疗机构接受长期的高密度的心理治疗。

转介,即诚实地承认在其他团体中有一些人或资源可能对来访者更有帮助,并且愿意帮助来访者与对方取得联系。初学者尤其要牢记自己的工作范畴,即自己的能力所及,哪些是心理咨询可以做的,而哪些是不能做或是做不了的。尽管我们都有自己的专业信念,坚信心理咨询是一种有力且有效的干预措施,它可以为来访者带来建设性的转变。但同时,也要时刻思考"什么是对来访者及其问题更好的选择",诸如教育辅导、医院检查等。咨询师务必要保持高度的敏感性,仅有善意和热情并不能有效地解决来访者的问题。

其次,分析来访者心理问题的程度,区别对待。来访的学生有的是适应性问题,

有的则属于发展性问题，其心理问题有程度上的差异。前者在学习，生活等方面出现了心理上的不适应，可以通过个别咨询等方式予以必要的指导；而后者可能并未对自身的心理困扰产生自觉的意识，因此，可以通过心理工作坊、讲座活动、课程教学等方式，予以指导与训练，优化其心理品质。

2. 分析综合会谈资料，做出基本的心理诊断

将来访者的主诉、临床直接或间接所获资料（含心理测评结果）进行分析比较后，评估心理问题的性质、严重程度，确定其在诊断分类中的位置。有关心理诊断方面的论述简要的可以从思维、情感、行为三个方面思考：来访者是如何看待他的问题及周遭的世界；来访者所体验到的情绪感受是怎样的；来访者有无相关的真实行为。

3. 评估来访者的整体状态，建构对来访者的基本理解

来访者为何现在前来求助？来访者目前的困境是什么？遭遇应激的性质是什么？是哪些可能的原因让他遭受这些？这就涉及对来访者整体状态的评估。

Blocher 提出，可以从生命阶段、生活风格和生活空间三个方面去理解当事人。McWilliams 主张精神动力学从不可改变的因素、心理发育的程度、关系模式、认同及自尊这五个方面对来访者进行评估。江光荣则提出五个方面的评估架构：生命阶段、生活风格、需要—价值结构、自我结构和生活空间。

许多研究者认为整体的评估应采取多方考察，综合运用的模式。需要强调的是，评估要关注来访者所处的生命发展阶段及其心理发育程度。来访者的心理问题常常与心理成熟过程有关，发育过程中某些任务没有完成或完成不好就会导致心理困扰的出现，因此，需要将外在影响和心理发育阶段结合起来考察，关注来访者在此生命阶段中的主要发展任务的完成程度。以埃里克森的心理社会发展阶段理论而言，比如 12～20 岁的来访者，处于青年期，主要任务是发展同一性，面临的挑战是角色混乱，如果发展任务顺利完成，则对内在一致性和连续性有信心，生活充满憧憬；反之，角色混乱，没有固定的标准，感到空虚。

对来访者的理解还包括 McWilliams 提出的“不可改变因素”的评估，诸如气质、身体条件、生活处境、成长经历等。心理咨询强调变化，但不能忽略对不可改变特征的适应与补偿。从否认丧失到面对现实，从幻想到哀悼，以现实认知替代病态信念，对于不可改变特征的适应本身就是意义深远的改变。

（三）建立咨询关系

经常需要强化的一个重要概念就是，咨询师与来访者建立一种真诚信任的关系，本身就具有极大的治疗意义。所以经常会出现这样的现象，似乎没有会谈几次，没具体做什么，来访者自己就好了，这些都是一种彼此需求的情感关系在起关键作用。咨询关系贯穿整个咨询关系，而这个关系的建立从来访者踏入咨询室的时候就开始了。

理想的咨询关系被诸如“真诚”、“温暖”、“信任”等许多美好的词汇所描述，当然这是一个理想状态。很多心理问题都是直接反应在关系上，而且咨询关系是流动

的，作为咨询师首先要有这样的基本意识，在开始阶段就努力建立关系，细致感受关系，敏锐捕捉变化，利用咨询关系来修通症结或激发来访者自愈。

三、开始阶段的两个问题

(一) 初始会谈的结构化

首先要区别两个概念：一个是人本的态度，一个是操作的流程。操作化不代表着教条，人本也并不是散漫。初始会谈开始要有一个相对规范的结构会谈，让来访者能比较平稳进入咨询状态，使来访者意识到自己是来咨询的，是来寻求心理学专业帮助的，而不是和老师谈话或汇报。要使来访者迅速进入自己是来访者的这样一个角色里，从而有条不紊地开展心理咨询工作。

进入咨询角色对于很多来访者来说顾虑重重，一个给人感觉专业的初始会谈结构就尤为重要，这样的操作结构会很大程度缓解来访者的焦虑，并且有一个清晰的界限。

【视野扩展】

半结构化初始会谈注意事项

(1) 注意头几分钟的信息：来访者如何敲门，进来后如何落座、和咨询师的目光接触如何，第一句话讲什么等。

(2) 特别注意第一眼看到来访者时的内心情绪，这时候的情绪往往是咨询师的移情反应，需要及时得到分析。

(3) 5 min 后来访者就会开始滔滔不绝地讲述自己的求助原因，持续 15～20 min，咨询师要全神贯注地听。

(4) 无条件地相信自己的共情能力：但凡来做这一行的，都是有共情能力的。

(5) 只要认真地"听"，共情态度自然就会带出来。

(6) 这 15～20 min 的倾听过去后，我们自然会根据获得的信息作出一个初步的判断——来访者有病还是没病。

(7) 形成大致的判断，就会告诉来访者这个判断会是什么样的，要确定这个诊断还需要做哪些事情(比如说心理测验)，要确定继续咨询的疗程等。

(8) 讨论咨询目标和咨询的时间设置。

(9) 为了达到你的咨询目标，你愿意做些什么？

(10) 初始会谈的脱落很常见，一般来说没必要和这些来访者联系，除非认为自杀的可能性很高。

(二) 咨询师需要抱持的态度

不同的职业会赋予人们不同的形象，在大多数人眼中，咨询师的形象可能是亲切善良，从容沉静，温厚有力，谦和睿智……这是职业所赋予咨询师的一种形象和能力。很多来访者会把一个理想化的神圣全能的客体形象投射在咨询师身上，因此，很多咨询师的初学者便很焦虑，常常会说："我哪有那么好啊，我何德何能……"觉得真实的自己和来访者理想化客体相差太大。对于这样的理想化投射咨询师应该保持中立的态度，因为咨询师本来就是因来访者的期望而存在，让来访者有这样一个理想化客体也是有意义的。就像庙里的菩萨本来就是一堆泥土，却可以让很多人心灵得到安慰。因为他们心中需要这样一个物体去承载这样的理想。如果他们愿意多看到这个世界的美好，又有何妨呢？

同时，咨询师要注意心理咨询师的多重角色。咨询师是示范者、倾听者、支持者、研究者、督促者，还有可能是教师角色、信息提供者角色、教练角色等。

第三节　中期阶段：深度探索与行动

开始阶段的工作，无论是收集信息还是评估诊断抑或建立关系，都为来访者的深度探索——拓展来访者了解自己和他人的能力提供了背景。当来访者在咨询关系中觉得安全、信任、被关爱时，揭示自我中更为个人和隐私的方面就会越来越容易，如果咨询师能够以共情的方式反应，那么咨询关系的质量便有了保证，来访者更可能会感到被充分理解与接纳，鼓起勇气，并运用力量进入中期阶段的深度探索与行动。在这个阶段，来访者开始分享更多的私密信息及个人感受，并且建立对个人问题的理解，在协商目标的基础上制订计划并采取行动尝试改变。

一、建立对个人问题的理解

有的来访者在咨询过程中可能由于宣泄和被理解而真的产生了变化，但还未彻底理解他们困境的根源，治标却未治本，这种变化是难以持久的。

随着咨询关系越来越安全，咨询师可以开始分享一些观察，特别是来访者表达的不一致的信息，即进行建设性质对，以促成启发。还可逐渐加强暴露成分，分享一些我们自己的经验，这样的自我暴露有助于在来访者和咨询师之间建立一种人性化的联结，暗示来访者"你不孤单，我和你在一起"。其他技术譬如解释，能为来访者无以名状和难以驾驭的体验提供了一个说法，一旦命名之后，得到了理解和确认，也就加强了来访者的安全感和控制力，提高了他改变的希望和能量。恰如其分、恰如其时的解释是一种高级共情。

在这一阶段中，来访者的问题可能波动或出现反复，这可能是由于咨询的阻力没有克服所致。因此，必须与来访者反复讨论原因，在动力学派的治疗中，特别要注意来访者的移情问题。

二、协商设定并调整咨询目标

由于各个流派关于人格结构、人格的发展、心理障碍的起因、改变机制及健全人格的标准等方面都有不同的见解，因此，在咨询目标与目标含义上也有不同。精神分析学派、行为主义学派、来访者中心学派是心理咨询的三种主要咨询流派，它们的咨询目标各有侧重,具体见表 5-1 所示。

表 5-1　三种主要咨询流派的咨询目标

咨询流派	咨询目标
精神分析学派	将潜意识内容意识化,重组基本的人格,帮助来访者重新体验早年经验,并处理压抑的冲突,作理智的觉察
行为主义学派	消除来访者适应不良的行为组型,帮助他们学习建设性的行为组型以改变行为;帮助来访者选择特殊的目标,将广泛的目标化作确切的、具体的、可操作的目标
来访者中心学派	提供一种安全的气氛,引导来访者作自我探索,以便来访者能认识成长的障碍,能体验到从前被否定与扭曲的自我。使他们能更开放地体验,更相信自我,有进入咨询过程中的意愿,并且增加自发性与活力

咨询目标的设定除了考虑各自流派的理论取向外,关键要符合来访者的需要。对某些来访者而言,他们需要的是澄清自己的行为是如何影响了周围的人,以致引起大家那样的反应;而对另一些来访者而言,他们迷茫无助,需要的是理解造成冲突的那些观念;也有的需要与自己的情绪表达方式谈判。

（一）咨询目标的要点

1. 具体化

目标越具体,就越容易见效。有时候,来访者的目标可能比较模糊或抽象,比如,希望自己能力更强一些,成为以一名优秀的学生。在这种情况下,咨询师就应该和他共同讨论,了解对方的真实想法,比如,可以询问其最希望自己哪方面的能力突出？所认为的优秀的标准是什么？自己现在有哪些资源？距离优秀还差多少？经过分析,使模糊的目标逐渐清晰起来,以便通过一个个具体的步骤来实现目标。

2. 可行性

目标没有可行性,超出了来访者能力的水平或超出咨询师所能提供的条件等,无异于纸上谈兵。对于不可行的目标,咨询师要帮助来访者重新修订以符合实际,比如,调整目标或把目标分解成一个一个可行的小目标。而对于因咨询师自身条件而难以达到的目标,言明后或重新确定目标,或中止咨询,或转介给其他合适的咨询师。

3. 双方均可接受

无论是咨询师还是来访者提出的目标,都要经双方讨论认可。因为双方可能有不同的价值观,如果目标有悖于其中一方,则咨询效果就会受影响。为此咨询师要鼓励并引导来访者全面、深入地倾诉和反映,同时将自己的认识、看法、结论反馈给来访学生。其重点在于咨询师要引导和鼓励来访者思考和提出自己的要求,坦诚提出对咨询目标的看法。

4. 可评估

可评估意味着目标的量化和可测度。目标无法评估，则不称其为目标。及时评估，有助于看到进步，鼓励双方信心，发现不足，及时调整目标或措施。咨询目标的达成，多种评估维度，有些可直接表现来访者的行动，如强迫洗手的次数减少；有的可能是观念的转变，如消除一些"必须"、"应该"的非合理性信念；还包括情绪情感的调节，如情绪变得积极、乐观；有些亦可以用心理测验等来评定。

5. 多层次统一

咨询目标是多层次的，有当前目标，也有长远目标，还有一般目标和特殊目标、局部目标和整体目标，有效的目标应是多层次目标的协调统一。

（二）过程目标与结果目标

将咨询理解为一个过程就必须区分过程目标与结果目标。所谓过程目标就是每一个阶段所要达到的目标，具体而言就是一些事件，对来访者达到结果目标有所助益的事件，要符合"跳一跳，够得着"的原则，各过程目标之间呈递进的趋势；所谓结果目标就是咨询所想要达到的结果，涉及一系列的转变，如果不止一个结果目标要确定先后顺序，最起码要知道哪个是最优先的目标。

咨询不仅要解决来访学生当前所面临的具体问题，更应该从提高心理健康水平、充分发掘潜能、促进人格发展着眼，把结果目标融入过程目标，通过过程目标的实现，最终达成结果目标的完成。

三、制订计划，尝试改变与行动

有些来访者随着咨询的推进，实现了对个人问题的理解，也洞察了他们困境的本质，但他们往往止步于此、怨天尤人或自暴自弃，即使有了完美的目标却丝毫未采取任何行动，只是领悟却未修通。咨询师要督促勉励来访者开始制订行动计划，尝试改变并付诸行动，迁移应用到实际生活，巩固咨询效果。

选择咨询计划，首先要根据协商的目标，选取相应的咨询方法，比如，同样是抑郁症的来访者，目标是当出现消极情绪的时候避免伤害性的行为，并逐渐平复心境。那么是采用森田疗法还是内观认知，要考虑适应性及来访者的意愿。然后按其实施过程的要求制订具体操作计划。应明确诸如要做什么，如何去做，以及不做什么等。人们大多并不缺少制订计划的能力，缺少的是执行力。所以需要咨询师适当的督促与指导，告诉来访者必须对心理咨询的过程抱有足够的耐心与信心，没有奇迹，有的是持之以恒的努力及循序渐进的变化。

这种帮助主要表现为反馈。所谓反馈，就是给来访者提供关于他们的表现及咨询师是如何看待他们的一些明确的信息。比如，对来访者的积极方面给予真诚的表扬和支持，增强来访者的自信，促进其积极行为的增长；还可以通过示范直接指导来访者做某件事、说某些话，或以某种方式行动；还可以通过解释，使来访者从一个全新、全面的角度面对自己的问题，重新认识自己及周围的环境，从而提高认识能力。

在促进来访者尝试改变的同时，无疑要准备面对的是来访者的挫折，改变意味着要调整或放弃旧有的模式，那些模式根深蒂固，而有些成就了来访者——让我们之所以成为我们而不是其他人，并且新的行为方式可能一时还难以产生直接的效果，所以来访者肩负巨大的压力，对他们而言，改变是“折腾”，甚至是“革命”。压力首先反映在来访者对改变的畏难，其次是缺乏明显进步时的失望，这时我们要允许来访者释放自己的负性情绪，允许他们选择任何方式来具体地表达这些不满，有时甚至是直接对咨询师的愤怒与指责。对于这一切我们必须平稳的承接，情绪波动不能大于来访者，只有比他们更坚定更稳定，才能传递给他们无畏前行的力量，来自咨询师的这种对新行为的强化过程也通常能使来访者更好的管理情绪。

【视野扩展】

改变的悖论——格式塔治疗的一个核心概念

来访者通常知道咨询已经对自己有所帮助，但就是不能明确地说清楚改变的由来。

这个原理主张改变往往发生在个体成为某人的时候，而非个体想成为某人的时候。改变的悖论主张，来访者与其努力改变自己，不如尽可能充分地觉察和领会自身各方面的体验，一旦这样做了，并且相信自身的自然调节功能，那么，改变就会水到渠成。这个原理也可以这样理解，当我们发现一个来访者能够深刻地领会自我接纳的含义时，事实上，那一刻他对自己一贯的态度也正在发生翻天覆地（或根本性）的变化。为了改变，来访者必须放弃试图做出改变的愿望，放弃徒劳。治疗师要乐于接受任何“存在或变化”的现象。

第四节　结尾阶段：最终结束与评估

“长亭外，古道边，芳草碧连天”。离情别绪总是让人伤感，然而天下无不散之筵席，即使是最幸福的婚姻和最完美的友谊都有结束的时候，而且我们最终都必须向生命本身告别。咨询关系也终究会结束，甚至可以说咨询关系发展起来就是为了结束关系。实际上，当这段关系到了该结束时还没有结束，就会变得不正常。

咨询关系的结束，是指咨询的一方或双方决定停止咨询。这是咨询中容易被忽视的内容或环节，常常不了了之。理论上，结束会在来访者和咨询师获得满意的效果时自然而然地发生。然而，在实践中，咨询关系的结束要比想象的复杂得多、困难得多。问题不在于结束本身，而在于如何以一种不仅对来访者，而且对双方都有意义的方式来结束咨询。

一、结束的意义和作用

（一）结束的象征意义

结束有很显著的象征意义，如果将整个咨询关系的过程看作一个人的一生，那么开始阶段咨询关系的诞生就像婴儿新生，接着是五彩斑斓的童年和靓丽绚烂的青春期，之后是拼搏进取、硕果累累的成年阶段，结束阶段便是如秋叶般宁静安详的老年阶段。咨询关系的每个阶段都有它的意义和作用，都需要咨访双方共同的培育呵护。

结束还有另外一层重要的象征意义，它提醒我们每个人，我们总有一天都会死亡。不论我们多么不愿承认这个事实，但是隐藏在生命所有其他丧失背后的，是不变的真理——我们的生命有限。所以，面对咨询的结束时，我们必然承受许多悲伤，包括丧失的痛苦和这种提醒了我们每个人的生命有限的哀伤。

对咨询关系结束的忽视或许有多方面的因素，主要的原因概括起来无外乎两个：一是结束意味着停止或失去，这与咨询所一贯强调的旨在促进来访者的成长与发展的咨询目的似乎大相径庭；二是想当然地认为结束是一件非常简单的事，似乎与那些在咨询中直接运用的、给予高度重视的咨询技术毫无关系。所幸随着人们对心理咨询关系的认识不断深入，对结束的作用与意义正在逐渐重视起来。

（二）结束的主要作用

咨询关系的结束的主要作用具体表现在以下几点。

其一是激励咨询双方努力地实现咨询的目标。无论是来访者还是咨询师，都知道咨询是一件在一定的时间内实现某种目标的事情，这种认识本身就是一种动力，督促咨访双方在有限的时间内努力工作，不断逼近目标。大多数心理咨询师会有意地给一段咨询关系的持续时间设定一个期限，并预先和来访者分享这个期限。他们相信在一个固定期限内，工作会取得重要进展，他们还认为真正重要的信息通常出现在快结束的时候，就像荣格说的，下半生才是我们思考人生重大问题的时候，因此许多咨询师都持有一种假设——当人们发现自己快没时间时，才会最认真地对待他们的咨询。咨询师也正是利用这一点，对咨询的次数加以必要的限制，使来访者和咨询师意识到时间的价值，以提高咨询的效率，达到预想的效果。

其二是使来访者已经改变的态度、行为、认知方式等能够得以有效地保持，并迁移到日常工作、学习、生活中去。“授之以鱼不如授之以渔”，结束为来访者提供了这样一个机会。尽管来访者可以根据自己的需要再次寻求帮助，但结束是来访者开始独立实践的标志，结束为来访者创造了把领悟付诸行动的机会。

二、结束的有效处理

（一）结束的计划

咨询师应该对结束有明确的预期和顺利的处理，无论有没有计划都要有对咨询过程整体的把握性和掌控感。有的咨询师在咨询的开始阶段就和来访者协商大概的咨询时程，以及将在指定的某次咨询后结束，比如，规定咨询时程为六次咨询。咨询师需要考虑在咨询中的什么时候讨论咨询过程比较自然，其他所考虑的因素包括咨询关系的质量、如何提出问题、来访者的承受力、可能的反应和应对方式等，尽量避免生硬和突兀。有一些技巧，比如在快临近结束时，减少会谈的频率，比如，前几个月是每周一次，现在减少为两周一次，还可以在倒数的几次咨询中，对结束逐渐做一些提及，并且要确保来访者完全能够意识到、承受得了结束的到来。

（二）结束的时机

何时结束咨询的关系，没有准确的定论，由咨询师根据自己的经验和对咨询过程的把握来决定。选择好结束的时机非常重要，太早的话，咨询过于仓促，来访者可能会失去他们在咨询过程中所获得的知识与经验；而太迟又可能让来访者越来越依赖，并且浪费时间。此外，咨询的结束还涉及咨询关系、咨询目标等因素。Hackney 和 Cormier 认为，在判断是否应该结束咨询关系时，需要对以下因素给予必要的考虑：咨询关系是否已经用一种行为目标建立起来；咨询双方对这一行为目标以及目标的实现，是否有着清楚的理解和认识；来访者是否认为达到了他想要实现的目标，是否忽视了某些特殊的目标；来访者和咨询师是否认为他们的关系是一种积极的关系；最初所设计的咨询目标是否需要改变。总之，咨询结束的时间必须根据当时的具体情况做出决定。同时，咨询师还有必要从专业的、职业道德的方面考虑咨询关系的结束。

【视野扩展】

有效对待“结束”的5种表现(5D)

(1) 决定(determine)能够使自己逐渐适应结束的方法，而不是毫无准备的突然面对结束。

(2) 发现(discover)自己所经历过的种种事件的积极意义。

(3) 向他人描述(describe)这些事件的积极意义。

(4) 为自己所获得的东西和自己的前途而欢喜(delight)。

(5) 确定(define)自己生活中继续发展的目标。

无效对待“结束”的5种表现(5D)

(1) 否认(deny)咨询关系的“结束”或咨询关系的“丧失”。

(2) 以过分赞誉的、夸大的方式，歪曲(distort)自己所获得的咨询经验。

(3) 贬低(denigrate)自己的行为和咨询的关系。

(4) 分散(distract)自己对“结束”的注意力。

(5) 突然把自己与咨询关系和咨询活动分断(detach)。

（三）结束的方式

结束通常有三种情形：第一种是正常情况，即咨访双方都觉得所有咨询目标都已达到，因而结束关系；第二种是，当咨询目标尚未达成时，由咨询师方面主动提出终止咨询关系，可能的原因包括咨询师的局限、两者关系的不匹配等；第三种是，当事人提前终止咨询关系，可能不告而别——脱落，也可能因为诸如毕业离校、搬家等各种原因提前终止咨询。

对于正常的结束，Ward概括出四项基本工作，具体包括如下内容。

评估目标收获：采用逐项检查法或回顾对照的方式，对整个咨询过程进行总结性评价，既能增强来访者自我依赖的信心，也有利于咨询师的专业能力的提高。

处理关系结束的问题：以逐步结束的方式对分离反应进行讨论，帮助来访者树立独立处理自己的问题的信心，并保证咨询师的开放。

为学习的迁移和自我依赖做准备：演练新的可能遇到的情况及应对方式，让来访者发展和维持某种支持性关系，一些技术比如"在脑子里与咨询师交谈"。

最后一次会谈：主要是告别和安排日后的随访。

总体而言，给来访者提供一些时间谈论咨询的整个过程，让他回顾在实现目标的过程中所取得的进步。这是帮他积极地看待咨询过程，即使是困难也能以积极的眼光去看待(重构)的好时机。

(四) 有关分离焦虑

关于咨询的结束，最主要的问题是它以什么样的方式重复着来访者生命中所有的其他的结束(即丧失)，诸如好友的分别、亲朋的去世，我们在生活中不断地经历着丧失，更确切和更多的是种丧失的体验。

有时候来访者开始咨询的起因就是因为丧失，而帮助他们处理所有这些因素也就使得结束在某种意义上也具有同样重要的咨询功能，比丧失更可怕的感受是被拒绝或被抛弃，而这些往往在处理不当的时候容易混淆。这些情绪非常错综复杂，我们之所以要精心准备咨询关系的结束，一个主要的原因就是这样可以给来访者提供机会清楚地表达并妥善处理。接纳分离是必然的，是一种成长，咨询师处理分离的方式为来访者提供了一个行为榜样，所以结束也是一个学习和成长的机会。

三、结束的抗拒反应

对结束的抗拒是咨询中可能遇到的问题，包括来自来访者和咨询师两个方面。

(一) 来访者方面

来访者对咨询和咨询师的依赖，导致咨询关系结束时来访者产生抗拒反应。

即使最初商定的咨询目标似乎已经完成，来访者可能也会对咨询的结束产生抗拒。在关系中感到非常舒服——可能过于舒服，不愿离开而否认咨询的工作已经完成。随之而来的可能会是一些焦虑的行为或者症状的复发，传达的信息是"我还没准备好独自面对一切""我不想离开你"。

此时，我们不仅要处理来访者的行为，还要尊重并理解导致这些行为的焦虑。尽力让来访者谈论这种焦虑，尽量使他们的恐惧逐步清晰和直接。假如来访者的焦虑表现得过于强烈，则需要重新评估来访者对结束咨询是否准备充分。最后几次咨询拉开时间间隔不失为处理这类问题的一个好办法。

(二) 咨询师方面

咨询的最终目标就是让咨询师对于来访者而言变得多余和不必要，这应该是整个咨询的基本理念，但助人为乐的感觉太好了，以致咨询师容易忘记这个理念，所以可能产生对结束的抗拒。咨询师在面对咨询的结束时同样会体验到一系列情绪，诸如愤怒、失落、悲伤、内疚等。其特性和广度取决于来访者的特点，还有咨询关系的强烈程度及质量。其中有些情绪与我们有直接关系，有些更多地与移情及被这段关系所引发的咨询师过去个人未了结事件有关。所有这些被引发的情绪都应该被正视和关注，然而，此时不是咨询师去处理自身未了结的事件及对来访者的反移情的时候，最好向督导或其他的同事寻求帮助。咨询师在最后（严格说是在整个咨询过程中）和来访者分享的感受应该只是出于来访者的利益，而不是为了满足自身的需要，诸如被赞赏的需要、成就感等。咨询师要认识到自己在关系中的角色，并处理一些相应的问题，把来访者的利益放在最优先的地位。

【视野扩展】

咨询师对结束咨询感到困难的几种时刻

(1) 当结束意味着一种积极、友好的人际关系必须终止时。

(2) 当结束唤起咨询师对来访者独立发挥功能的能力感到焦虑时。

(3) 当结束使咨询师产生对来访者所施加的有效的影响感到内疚时。

(4) 当咨询师的“专业自我”因来访者的断然离去而感受到威胁时。

(5) 当结束意味着咨询师的一种学习经验被迫终止时（即咨询师可以通过来访者了解更多的心理异常的内驱力或相关的特殊的亚文化知识）。

(6) 当结束意味着由于来访者的进步，咨询师那种令人激动的、特殊的生活代理人的体验必须终止时。

(7) 当结束成为咨询师生活中其他事件终结（尤其是未解决事件）的象征标志时。

(8) 当结束唤起咨询师自己内部精神世界的冲突时。

四、相关评估

(一) 咨询的效果评价

咨询效果评估，大致可以从以下五个维度考察：①求助者对咨询效果的自我评估；②根据求助者在社会生活中适应状况的改变程度进行评估；③对照前后的心理测量的结果进行评估；④根据求助者家人、朋友、同事的报告进行评估；⑤根据咨询师各方面的观察进行评估。

从与来访者问题相关的行为、情感或认知等方面具体的变化中，可以更好地理解他在咨询中获得的进展。还可以思考咨询关系怎么样、咨询目标完成得如何等。上述评估应该相对具体，并且都要尽可能地具有操作性。

(二) 咨询师的个人成长

如果说魔术师的手是其安身立命之本，那么对应于心理咨询，就是咨询师自身。

咨询师处理不同类型的个案的经验越多，就越老道，成长越快，所以老师会强调要尽可能多地尝试不同类型的来访者。然而在难以有足够多类型的来访者这一现实的客观条件下，不断地反省，发掘未知的自我层次，不失为增加自身丰富性的一种方式。

咨询师是如何感受这个个案的？其中可以学到什么？

正如许多学派都提出，咨询师最多只能带领来访者到咨询师自己能到达的那么远，咨询师带领来访者对生活的探索不会深过对自己的探索，来访者的咨询效果部分受限于咨询师的个人成长。所以咨询师需要尽量敏锐、坦诚地觉察自己对来访者的反应和咨询中的重要事件，率先体验自我坦诚激发的焦虑，觉知和处理自己内心存在的冲突与困境。那么，咨询师会更容易理解自己的反应模式，尤其当以后咨询过程中遇到困难的时候。

牢牢记住一点：咨询师是来访者的工具，能否成为一个足够好的咨询师取决于咨询师作为工具的素养。

【视野扩展】

本章将咨询过程视为一个开放的、流动的、创造性的模式，这其中注重的是咨询师如何能帮助他们的来访者，因此它向任何其他助人方式或理论学派都是开放的。艾利斯曾经说过：最有效的咨询要保持灵活性、探索性、经验导向性，以及对不良理论及其结果的批判态度，致力于有成效的改革，有效果的咨询不是片面的或教条主义的，它随时准备放弃一度最受推崇的而被实践所否定的方法，它在不断地成长着、发展着。

关于这种开放的态度，作为咨询师应该做到两点。一则是“见贤思齐，见不贤而内省”，无论是理论流派的取舍，还是技术策略的应用，既没有预设，也不存在标准，而在于此时此地的来访者。另一则是“陌上花开，缓缓归矣”。无论咨询过程是千回百转、九曲回肠，还是异彩纷呈、叹为观止，都要遵循时光的法则，功夫永远在诗外，不急不缓，让我们静候那一朵花开的声音。

【思考练习】

1. 对于本章提供的几种过程模型，你倾向于哪一个？它有哪些可取之处，又有哪些局限性？

2. 你认为初始会谈有哪些需要注意的要点？

3. 来访者不愿意接受心理咨询可能的原因有哪些？其中哪些是最常见的？对你而言哪些是最棘手的？

4. 开始阶段，你打算以何种反应方式诱导来访者进行交流并鼓励其自我暴露？

5. 面对被校方转介而来的个案，你要如何开始会谈？

6. 你将如何收集关于来访者优势与资源的信息？你认为在此过程中将会给来访者带来什么？

7. 诊断的医学模式在实践中占有主导地位，试讨论一下，如何才能做到既结合学校的实际又符合自己的标准。

8. 咨询师有权直接提供建议与指导吗？当来访者要求时，你觉得他正处于什么样的心理状态？

9. 如果来访者的支持系统（亲朋家人）对其真正想要的改变有抵触情绪，你将如何帮助他？

10. 如果来访者提前终止咨询，咨询师是否应该想办法与其探讨终止咨询的原因？你会怎么做？

11. 思考你生命中的丧失，它们对你而言有怎样的意义？

12. 你个人的咨询理论取向是什么？你觉得在学校心理咨询中应用这些理论时要注意什么？

13. 身为一名专业的心理咨询师，你觉得生活中有哪些方式可以提高自身的专业能力并促进个人成长？

【课外延伸】

请利用教育实习或实践的机会，对一名有心理问题的中学生个案进行咨询，严格按照咨询过程的三个阶段进行并一一记录，事后对自己的整个咨询过程进行分析，总结自己的得与失。

第六章 咨询会谈技术

学习目标……

- 掌握咨询会谈初期的主要会谈技术
- 掌握咨询会谈中期的主要会谈技术
- 掌握咨询会谈后期的主要会谈技术
- 了解咨询会谈中常见的非言语信息的类型及其功能

美国电影《心灵捕手》叙述了这样一个故事。美国麻省理工学院著名教授蓝勃在楼道的黑板上写了一道世界上仅有几人能解出的数学难题，希望他的学生能有人解答出来。结果他那些杰出的学生没人会做，却被20岁的清洁工威尔解答出来了。威尔是个桀骜不驯、聪明绝顶的年轻人。他从未上过大学，但在数学、化学等方面有极高的天赋。他从小是孤儿，在养父家长大，养父酗酒，经常殴打他，使他形成了反叛、猜疑和过强的自我保护心理。在过去的几年中，他打架斗殴、偷车、下酒吧，屡次被警方拘留。解答出教授的难题后，教授发现了他，可他却因打架再次被捕。蓝勃出面保释，条件是威尔每周接受一次心理辅导。蓝勃希望威尔能重新找回自己的人生目标，在数学方面有所成就。蓝勃先后找了五位心理咨询师，分别用不同的流派、不同的技术给威尔做心理辅导，却一一被威尔“顶”了回去。教授最后只好求助于他的大学同学、心理学教授肖恩。肖恩开始也遇到威尔强有力的攻击，但肖恩没有像其他咨询师那样放弃，而是一步步走进了威尔的心灵深处，穿过他自我保护的坚硬外壳，解开了他的心结。

心理咨询离不开会谈，在一个安静放松封闭的环境中，来访者在心理咨询师的参与下共同探讨自己的内心世界。在美国电影《心灵捕手》中，心理学教授肖恩重复说的一句话“这不是你的错”，彻底敲开了叛逆的威尔内心紧闭的大门。

如果把来访者的内心世界比作一片海洋，那么咨询中的会谈就好比行驶在海上的一条船，咨询师要帮助来访者顺利安全地靠岸。这一过程需要双方的共同努力。咨询中的会谈并不是日常生活中单纯意义上的交谈，而是一种深层次的探讨和剖析。每个咨询师都有自己独特的风格，但掌握一些基本的原则和技巧，特别是对年轻的咨询师来说尤为重要。

那么，什么是心理咨询中的会谈呢？面对来访者，心理咨询师应该怎样做才能让会谈达到最佳效果呢？本章将介绍有关会谈的一些基本问题和相关技术。

第一节　会谈关键技术

咨询中的会谈是一种交流，这种交流带有目的性和针对性，即一方帮助另一方解决某些问题，有效的交流需要使用各种咨询技术。我们先来看一个故事，以便对有效的交流方式有一个直观印象。

> 很久以前，一个旅行者来到一个原始村落。村里的人每天都过着胆战心惊的生活，因为村子附近住着一个魔鬼。这个旅行者听说后，将信将疑地要求见见这个魔鬼。人们把他带到村口，颤抖地朝一个方向指去，“看，它就在那儿！”。旅行者顺着人们指的方向远远望去，除了一个西瓜之外什么也没看见，当他意识到村里人所说的魔鬼就是那个西瓜时，他对村里的人说：“那不是魔鬼！”然后，他大踏步走过去，把西瓜敲开就吃了起来。当他转过身回头看村里人的时候，发现他们的脸都吓白了，他们喊道：“快看哪！他把魔鬼都吃了，他比魔鬼更可怕啊，我们要快点儿抓住他！”村里人拿着农具把他赶走了。
>
> 一年后，西瓜的种子又开始发芽，长出了一个更大的西瓜。另一名旅行者来到了这个村落。村里的人仍旧生活在对西瓜的恐惧之中。不过，这位旅行者比前一位旅行者聪明得多，当他看到这个“魔鬼”的时候，他意识到村里人的想法很荒谬。与前一位旅行者不同的是，见到西瓜后，他装出很害怕的样子，朝后退了几步，然后，和村民们一起慢慢地朝“魔鬼”靠近。走到西瓜附近的时候，他表现得更加紧张，每走一步就要退两步。最后，他鼓足勇气摸了摸这个“魔鬼”，惊奇地发现“魔鬼”没有吃他。于是，他鼓励村民们也来摸这个西瓜。最后，他成功地帮助人们战胜了对西瓜的恐惧。

上文介绍的是《旅行者和西瓜》的故事，这个故事生动地说明了交流方式的重要性。有效的交流方式应站在与当事人相同的立场上，与其平等对话，尊重对方的自主性。一般情况下，人们往往喜欢根据自己的经验来帮助别人，很容易表现出一种命令的态度，让对方难以接纳。因此，在咨询会谈中，要进行有效的交流沟通，需要掌握各种重要的会谈技术。

在相关书籍中，经常按照言语技术和非言语技术、参与性技术和影响性技术来介绍会谈技术，本章则按照心理咨询的流程，介绍咨询初期、中期和结束阶段常用的基本技术，以便建立一种类似于咨询的过程，使读者对各项技术有更深切的体会。需要说明的是，这种划分并没有绝对的界限，各项技术在咨询的每个阶段也许都会发挥重要作用，本章将对咨询会谈技术做进一步详细的梳理。

一、咨询初始阶段的一些重要技术

(一) 关注与注意性倾听

关注是心理咨询中一项非常基础的技术。很多人选择咨询这个职业,是因为想要帮助别人。帮助别人的第一步就是要显示出对对方有兴趣。关注的内容包括:来访者说了什么,讲述的方式;来访者的举动,坐的方式;眼神的交流与回避;来访者与他人的身体接触方式,比如打招呼的方式;是否很容易接近他人;等等。

关注包含两个基本要素:在场和聚焦。首先解释一下在场的含义。大家应该都有过上课开小差的经历,开小差的人沉浸在自己的世界中,对老师讲的内容不知所云。在咨询中也会遭遇同样的情景,当咨询师由于紧张或其他原因而"身在曹营心在汉"时,完全没听清来访者讲的内容,那么这次咨询就已被宣告失败。其次,聚焦可通过注意性倾听来实现。咨询师的注意性倾听可使来访者感到咨询师对他的谈话确实很感兴趣。注意性倾听包括适时的点头、语言的衔接(即停留在来访者的话题上)、准确的总结及让来访者感到自己在被聆听。目前国内众多的教科书都将注意性倾听扩充为广义上的一项技术,包括提问、释义、情感反映、总结等。本书则着重指一种积极的态度,这种态度有助于信息的收集,也能让来访者感到自己被重视,从而建立良好的互动,使咨询顺利地进行下去。

关注可为咨询提供进一步释义的基础,例如,当咨询师注意到来访者的肢体举动和言语不协调时,就能对来访者所要表达的内容进行更准确的分析和解释。

(二) 建立关系

在首次会谈中,大部分来访者都会把与咨询师的关系定位为担保关系,希望咨询师对咨询效果做出保证。来访者走进咨询室时,对咨询效果会有高期待和高要求,同时也迫切希望自己能够被理解。因此,在咨询开始阶段,如果咨询师的谈话方式稍有不妥,就可能引起来访者的不信任,影响来访者倾诉的意愿。请看下面的一段对话。

来访者:我觉得我丈夫对我非常不尊重。

咨询师:你可以尝试跟他多交流,告诉他你的想法和感受。

来访者:我试过了,可是没什么用。

咨询师:是不是你的方式有问题?

来访者:(身体朝后靠在沙发上,叹了口气)我也不知道。

(之后是沉默)

很显然,在上面的对话中,来访者表现出对咨询师反馈的不满,因为咨询师没能很好地理解来访者,而似乎是站在来访者的对立面来指责她。就像《旅行者和西瓜》故事中的前一个旅行者一样,把自己的知识强加给对方,结果反而被对方驱逐。所以这里需要通过共情技术让来访者体会到来自咨询师的理解,让来访者建立起对咨询师的信任和融洽的咨访关系,才能进行下一步的咨询。

Conte 提出的顺势理论可以形象地说明建立融洽的咨访关系对咨询所起的积极作用。

一个在高速公路上行驶的司机错过了出口,此时他有两个选择:停下来或顺着车流继续向前。如果停下来,就只能看着一辆辆车从眼前经过,因为逆向行驶是违反交通规则的,而且也十分危险;而顺着车流就意味着过去的出口已经不能再回来,只能继续向前。但只要司机驾驶的汽车成功地与车流融合,成为车流的一部分,就有机会找到下一个出口。

顺势理论告诉我们,在咨询中,咨询师需要顺从来访者习惯的流向,并融合在其中,首先接纳他们当前的选择,这样才有机会在以后的咨询中帮助他们找到合适的出口。刚开始,咨询师与来访者并排同向行驶,一段时间以后,由于大家朝着一个方向去,对方可能会邀请你到他的车里,再过一段时间,他足够信任你以后,可能会让你来驾驶,这个时候,咨询师就能帮助他看到从来不曾考虑过的出口,这就是一个被理解和接纳的过程。当来访者感觉到自己被理解的时候,就容易敞开心扉,也就容易接纳咨询师帮助他们找到的合适的解决方式。下面我们通过一段对话来体会顺势理论的应用。

(来访者在学校挨了同学打,老师只看到他试图反击的场景,因此对他记过处分。)

来访者:我一定要狠狠地揍他一顿!

咨询师:我也无法相信他打了你,你反而被处分。

来访者:是的,所以我一定要报复他!

咨询师:嗯,但如果你在学校里揍他,学校还是会惩罚你的。

来访者:是的,所以我决定等他放学……

咨询师:(打断他)在校外?

来访者:对。

咨询师:那你的确不会被学校处分了。

来访者:是的,我今天放学后必须揍他一顿。

咨询师:嗯,你可以做任何你想做的事。

来访者:嗯。

(来访者看起来平静许多,因为咨询师没跟他争论该不该打架。沉默片刻后,咨询师用诚恳且没有讽刺意味的口气接着与他进行了下面的谈话。)

咨询师:糟糕的是,你在校外报复可能会被警察带走,不过,我的意思是说,这又怎么样呢?(停下来看着来访者)如果你报复他能挽回自尊心的话,即使被带到派出所又怎么样呢?

来访者:(看起来更理智些)我从来没想到这一点。

咨询师:你没想到是因为你刚才很生气,我能理解你为什么没想到这一点。但是当我们做出某种行为后，需要承担随之而来的后果。

通过上面的对话，我们可以看到应用顺势理论的效果。这个咨询师成功地创造了一种氛围，让来访者感到咨询师是与自己站在同一立场的。一旦来访者感到咨询师完全是从自己的角度出发，为自己考虑，就能接纳咨询师的观点了。

（三）收集信息

准确地收集信息是需要掌握的一种技巧，因为在咨询过程中，很多咨询师收集到的是一些不准确的信息。我们在日常生活中和朋友交谈时，如果对方说到一个很通俗、自己也知道的话题时，常常会有想打断他、抢着说出下一半内容的念头。在咨询中，虽然咨询师会克制自己抢过话茬的念头，但很难抑制内心作出的某种假设并认定这就是事实的想法。

为了收集到相对准确的信息，除了关注、倾听之外，咨询师还需与来访者进行互动，鼓励对方讲述更多的相关内容，并进行确定证实（后文中将介绍鼓励和确定证实技术）。下面是一些有效的交谈用语，如："你有这样的感觉多久了"；"我还不确定你说的是什么意思"；"再解释一下吧"；"能告诉我这件事对你意味着什么吗"；"这对你来说有多重要呢"等。

下面，我们来看一段对话，进一步体会如何才能收集到有效的信息。

一对情侣来到咨询室，因为双方家庭都不同意两个人结婚。

咨询师：为什么家里人反对你们在一起呢？

来访者（男女双方）：他们就是觉得我们在一起不合适。

（双方家庭反对两个人结婚的现象很普遍，一般的咨询师往往就会停在这里，接受这样的回答。不过，我们来看看这个咨询师是如何继续与来访者谈话的。）

咨询师：能不能告诉我，为什么对你们两个人来说，家里人的态度这么重要呢？

男来访者：怎么说呢，我们是亲戚。

咨询师：你说的亲戚，是指？

女来访者：我们是……表兄妹。

咨询师：血缘关系有多近呢？

男来访者：（很犹豫）亲表兄妹。

从上面的对话里，我们可以看到，来访者向咨询师提供信息的时候，往往是有所保留的，他们在选择说什么、不说什么。作为咨询师，如果被动接受来访者提供的信息，就很有可能产生错误的理解，或者根本无法知道事实的真相。因此，准确收集信息的一个关键技巧就是主动提问，而不是内心猜测。当你对来访者某个方面并不清楚的时候，应当主动提问。

Winslade 和 Monk 提出了收集信息的三个维度，即长度、广度和深度。这里的长度是指时间长度，即来访者当前问题的时间长短，有效的提问方式如："这个问题是什么时候出现的"；"你被这个问题困扰多长时间了"等。广度是指当前问题影响的范围，有效的提问方式如："这个问题影响了你平时生活的哪些方面"；"这对你生活的其他方面有没有影响"等。深度则指当前问题影响的程度，有效的提问方式如："这对你的影响有多大"；"这个问题影响你正常生活吗"等。

也有学者认为，咨询师应尽可能保持中立和沉默，使来访者的焦虑最大化，从而获得引发其困扰的主题，如果采用一种社交性或者更友善的态度，则会遗失一些关键的信息。需要强调的是，这种持续保持中立和沉默的做法会有一定的风险，很可能使来访者的某些症状再次出现，如惊恐发作等。

（四）目标设定

马斯洛的需要层次理论将人的需要划分为五个层次，从低到高的需要层次依次为：生理的需要，安全的需要，归属和爱的需要，尊重的需要，自我实现的需要。当来访者带着不同层次的需要来到咨询室时，如果咨询师能对他的需要进行正确的评估，就能理解来访者为什么会有当前的问题。如一个来访者生活在衣食无忧的环境，拥有亲人和朋友的爱，那么，他来咨询的目的也许是探讨希望被人尊重的需要。咨询师对来访者的需要层次如果能做到心中有数，不仅有助于咨询目标的建立，也能使咨询师更好地理解来访者。

咨询的目标包括近期目标和远期目标。以减肥为例，如果从 100 kg 减到 70 kg 是远期目标的话，那么近期目标就是从 100 kg 减到 97.5 kg。近期目标和远期目标的结合使得咨询更加结构化。

总的来说，目标的设定基于对来访者需求的了解，要根据具体情况制定合适可行的方案。

（五）明确改变的阶段

一个成功的咨询应该能够使来访者在某种程度上发生改变，引导来访者完成阶段性的改变也是非常重要而有效的咨询技术。Conte 把改变分为思考前阶段、思考阶段、准备阶段和行动阶段。

1. 思考前阶段

在这个阶段，来访者还没有开始思考关于改变的问题。如果咨询师给来访者过多做出改变的压力，就很可能引发来访者的抵抗或逃避的行为。在这种情况下，一个有效的技术就是——提问，通过提问为来访者提供考虑问题的不同视角，希望对方从不同的角度看待问题，并且也让对方感到咨询并没有说教的意味，而是一种共同探讨的过程。思考前阶段可以采用的提问如下举例。

"你是否曾经考虑过……？"

"我不知道如果你……会怎样？"

2. 思考阶段

在这个阶段，来访者开始思考改变，但还没有做好准备，来访者通常表现出很强的防御性，常会使用一些心理防御机制如合理化、投射等。也就是说，如果能够合理解释为什么不需要改变，那么就可以保持原样了；如果允许自己把对改变的恐惧投射出去，那么也不需要做出改变了。

虽然有的来访者说自己有改变的愿望，但他们并不打算改变。对此，咨询师应遵从保持来访者自主性的原则，接受他们当前的态度。但很多咨询师即使意识到来访者不想改变，还是迫切地希望推动来访者尽早进入行动阶段，这无疑会引发来访者的阻抗或回避反应。思考阶段可以采用的提问如下举例。

"你认为你准备好这么做了？"

"你觉得自己已经准备好进一步去行动了吗？"

"你认为什么可以帮助你进一步开始改变呢？"

"我能为你做些什么，来帮助你开始改变呢？"

3. 准备阶段

在这个阶段，来访者并没有达到改变的程度，但至少会开始尝试一些小的变化，为改变作准备。准备阶段可以采用的提问如下举例 。

"现在你已经开始努力改变，你认为什么能够使你真正有所变化呢？"

"我怎样做才能够帮助你真正有所改变呢？"

"你认为什么能够使你保持已有的变化呢？"

"看来，你似乎对已经出现的改变很满意。那么，怎样能够让这种变化持续下去呢？"

4. 行动阶段

在这个阶段，来访者发生了改变，因此本阶段常被视为咨询的成功阶段。处于生活低谷的人们走进咨询室，咨询师帮助他们从没有改变的念头发展到真正做出积极的改变，改变一些不想要的行为或者状态，也就是达到了咨询目标。行动阶段可以采用的提问如下举例。

"对于你过去一直希望的变化，你现在感觉怎么样？"

"是什么使你现在如此有效地保持改变？"

"什么能够使你不退回原来的状态呢？"

为了更好地理解改变的四个阶段，我们可以设想一下日常生活中的情景。当你希望寝室的室友帮你打开水，而室友根本不知道你的希望时(思考前阶段)，你就立刻质问对方为什么没有帮你打开水(行动阶段)，很显然，室友会做出对抗或回避反应。

因此，咨询师明确改变的四个阶段是非常必要的。首先，咨询师如果没有认识到改变是个逐步的过程，很可能会对来访者迟迟没有发生改变而灰心丧气，或者会怀疑自己是否能够真正帮助来访者。其次，咨询师只有认识了改变的过程，才能够明确来访者当前所在的阶段，并以此来确定咨询目标，使咨询目标结构化。像上文提到的情景，如果希望室友帮自己打开水，首先要明确对方现在处于哪个阶段，如果处于思考阶段，那么就要考虑怎样消除对方防御性的想法，从而让对方以开放的态度去倾听，才有可能进入下一个阶段，提出帮自己打开水的要求。

下面我们来看一段对话，通过这段对话可以清晰地看到改变的各个阶段。

(1) 思考前阶段。

咨询师：我不明白为什么你家里人反对你来咨询呢？

来访者：他们说我只是想得太多，或者想法太偏激，但是他们知道什么？我是说，我确实在某些方面有问题，但不是说全部都是我的错。

咨询师：对，这是肯定的。任何问题都不可能是某一个人造成的。

来访者：我就是这么想的。但是他们认为都是我的责任。

咨询师：这确实很伤人……我是说，当家里的问题都被认为是你造成的时候。

来访者：哼，我不在乎。

咨询师：我也坚信，如果你家里人此时也在这里的话，当他们意识到这一点，肯定会有所改变的。

来访者：我也这么想。可事实是他们都疯了。

咨询师：嗯，即使他们没有疯，我想，每个人，包括我在内，都有需要改进的地方。就像我同样相信，如果你认真回想自己的一些行为，就很可能发现自己身上也有需要改进的地方。

来访者：嗯，确实，可我不知道是些什么。

咨询师：那么，现在让我们来设想一下，如果你家里人现在在这里，比如你的母亲，她会说你需要在什么地方改进呢？

来访者：她很可能会说我想法太偏激。

咨询师：嗯，很可能，但是我们每个人都会有一些偏激的想法。我想知道，她会特别强调什么。

来访者：我不知道。

咨询师：让我们一起来想一下。(停顿、思考)你做什么事情的时候可能会被认为打扰到家里人呢？

(2) 思考阶段。

来访者：我想想。比如有的时候欺负我弟弟。但是他也经常欺负我。

咨询师：这个我当然相信。我也肯定有的时候是他的错，有的时候是你的错。如果他现在在这里的话，我可能会问他能否做一些不同的事——但事实是你现在在这里，所以你能不能告诉我，你可能会怎么欺负他呢？

来访者：比如我悄悄走过去，猛地打他一下。(笑)

咨询师：(笑)呵呵，这是兄弟之间经常做的。我知道了。那还有其他的吗？

来访者：(思考)没有其他什么了。说实话，就是这些，可是妈妈每次都会指责我。

咨询师：那好，现在让我们从1～10计分，1是你从来不欺负他，10是你一直欺负他。你给自己打多少分呢？

来访者：应该是5、6分吧，我并不是经常欺负他的。

咨询师：嗯，那你现在很清楚5、6分是个什么状态了？

来访者：是的。

咨询师：好，现在能不能试想这一周如果降低两分会怎样呢？如果这样，你觉得是否会有改善呢？

来访者：嗯，我想妈妈会很高兴。这样她是不会指责我的。

(3) 准备阶段。

咨询师：嗯，很好。那么，不要认为这样做是为了你弟弟，或者你的母亲，当然也不是为了我。但是听起来似乎你能够很容易地从5、6分降到3、4分。

来访者：是的，我是能够做到。

从上面的对话中，我们可以清楚地看到这位来访者开始改变的过程，他的准备阶段持续了几周，后来他发现一些改变确实很有效，于是，他认识到了改变的必要性，有所行动，并积极地将改变保持下去。

二、咨询中期的一些基本技术

(一) 共情

在欣赏影视剧的时候，观众会为其中的角色感到高兴或悲伤，在情感上两者达到共鸣。我们说，一方设身处地去理解另一方的状况、体验另一方内心世界的过程就是共情。共情又称共感、同感、同理心等，在第四章心理咨询关系中，我们对同感予以了一些介绍。

咨询师使用共情时常会陷入一些误区。

(1) 不能用心去感受来访者，仅把它当成一种方法使用。当共情仅停留在技术方法层面时，就不能真正协助来访者达到自我改变。如一个女大学生哭着跟咨询师说："我考试不及格，男友最近和我分手。"咨询师若无其事，冷冷地说："你考试不及格，男友又离开你，让你很难过。"这就是一个浅层的技术性表达，因为咨询师没有用心去体会她的语言和眼泪中所表达的对自我的失望、对外界的愤怒和内心的孤独，这样的共情就无法让来访者感受到你的关心和理解。

(2) 带着理论框架去共情。由于咨询师接受了不同的心理咨询和治疗的理论，在共情时往往会刻板地带有自己熟悉的理论流派的假设，而不能真正设身处地与来访者共情。如精神分析取向的咨询师可能会假设来访者童年有过创伤，而家庭取向的咨询师可能假设来访者的家庭关系有问题。如果咨询师这样的观念太强，就不会客观地倾听来访者诉说并准确地表达共情。

(3) 带着个人的咨询和治疗经验去共情。咨询师如果带着固定的经验去共情，就有可能误读了来访者的内心，影响咨询关系。

(4) 带着个人的生活经验去共情。个人的生活经验对共情有时有积极的帮助，但有时不但不能帮助来访者，还可能对来访者造成伤害。如一位来访者笑着对咨询师说："我们离婚了！"如果咨询师说："我看到你终于解脱了，很开心。"也许这位来访者是用笑来掩饰内心的痛苦，那么你此时的共情会给他带来更大的伤害。

(5) 将共情等同于同情。共情所表达的是咨询师在与来访者平等关系基础之上的理解与同感，同情则常是一种强者对弱者的怜悯、彼此关系不平等。当来访者前来寻求心理咨询和治疗时，他们所呈现出的困惑、所表达出的负面情绪的背后，往往是不能正确认识自我和接纳自我，自我形象偏低。如果咨询师流露出对他的同情，反而会加重他的自卑，会强化他弱小的自我形象，无法帮助他认识自我和接纳自我，达到自我改变与成长。

我们可以设想一些场景来了解咨询师的共情能力。当咨询师产生共情时，不仅仅是穿上了对方的鞋在走路，还住进了对方的身体里，经历着和对方同样的认知过程和情感变化，或者说体验到了对方的内心世界，有可能做出和对方同样的决定。咨询师面对来访者时，如果不"穿上对方的鞋走路"，就常常倾向于把自己的经验掺入其中，像"我也一样有过这样的烦恼，但我不会像你那样做"的倾向会阻碍咨询师的共情，也容易使来访者产生阻抗。

不同的咨询师与他人共情的能力究竟有多大差异呢？这主要取决于咨询师能以多大的程度设身处地从对方的角度考虑问题。不过，共情能力是可以通过练习提高的。常用的练习方法有两种。第一种练习方法就是，假设对方是在完全不经意的情况下做出某种行动，换句话说，可以设想来访者是在无意中犯了一个错误而不是有意那样做。就像我们在书店买一本书，如果拿回家看到一半时发现有缺页，那我们就应该认为这是一个装订失误，而不能把责任全部推给书店。第二种练习方法就是，认为每件事的发生都是有原因的。人们似乎无力控制自己的行为。因此，对事件中的每个角色进行性格分析和理解，分析事件中人物的特点，理解每个角色行为背后的原因，也是提高共情能力的有效方法。

(二) 内容反映

内容反映又称释义，是指咨询师把来访者的主要言谈、思想加以综合整理后，再反馈给来访者。下面来看一段对话。

来访者：我的同事们总是让我帮他们带早餐，从来不说一声"谢谢"，时间久了，似乎就成了不成文的规定了，有一天没带的话反倒是我没有尽到职责了。

咨询师：你的同事总是让你带早餐，而你觉得他们没有感激你，相反却已经把这当成你的职责了。

咨询师通过内容反映可以达到以下目的：①让来访者有机会再回顾自己的叙述；②可以对来访者所叙述的内容进行归类、整理，找出重要内容；③咨询师可以了解自己对来访者的理解是否准确；④咨询师可以向来访者传递这样一种信息：我在认真听你的叙述并理解了你的意思；⑤把话题引向重要的方向。

内容反映这一技术可以使用在心理咨询的任何阶段，咨询师正确进行内容反映需要经历五个步骤。①咨询师要在心中重复或回忆来访者的信息——“他告诉我了一些什么？”②咨询师问自己“在他的信息中存在什么样的情境、人物、物体或思想”，这样来辨别信息中的内容部分。③咨询师最好是选用来访者言语中最具有代表性、最敏感、最重要的词语。④运用所选择的语句将来访者信息的主要内容或概念用自己的语言表达出来，注意要尽量使自己的语调听起来像陈述句而不是疑问句。⑤通过倾听和观察来访者的反应来评价自己释义的效果。如果咨询师的释义是准确的，来访者会以某种方式（言语或非言语的方式）来肯定它的正确与有效性。

（三）情感反映

情感反映技术是指咨询师辨认来访者言语表达和非言语行为中明显或隐含的情感，并且反映给来访者。情感反映不是一个独立的技术，而是蕴含于各种技术之中，它是联结咨访双方、推动咨询向前发展的纽带。情感反映需要咨询师有很好的共情能力。有时来访者自己也不清楚到底是怎样的感受，只是简单地叙述了某个情境，而咨询师则体验到了其内心的强烈感受，此时，就要求咨询师能够准确地反映来访者的情感，达到共情。咨询师常用感受性的动词和情绪性的词汇，如“你觉得……”、“你心里感到……”、“你感到……是因为……”等来进行情感反映。

情感反映与内容反映的不同之处在于，情感反映需要对信息加入情绪成分。下面的两段对话可以说明它们之间的差异。

对话1

来访者：所有事情都很枯燥，乏味，没有让人兴奋的事情。我所有亲人都不在身边。我希望我有钱去做一些不同的事情。

咨询师1（内容反映）：由于亲人不在身边，又没有钱，你现在没事可做。

咨询师2（情感反映）：你现在感到非常乏味。

对话2

来访者：“我和女朋友已经相爱半年了，可我父母不赞同，反对我大学谈恋爱。我很苦恼，不知怎么办才好？”

咨询师1（内容反映）：“你认为你和女朋友彼此相爱，可父母认为大学谈恋爱不好，反对你们，是这样吗？”

咨询师2（情感反映）：“你父母不同意你大学谈恋爱，你很痛苦，也很茫然，是这样吗？”

情感反映具有以下功能：①协助来访者觉察和接纳自己的感觉；②促使来访者重新拥有自己的感觉；③使咨询师进一步正确地了解来访者，或使来访者更了解自己；④有助于建立良好的咨访关系。

钱铭怡在《心理咨询与治疗》中提到，人的记忆是有选择的，而这种选择又与人的情绪有关。对于过去的经历，我们可能会忘记一些具体的细节、场景，但当时的那种情绪体验却能够很容易地回想起来。如来访者在咨询室里说："我不记得当时自己都说了些什么，只记得自己特别生气。"即来访者重新回忆这段经历时，他仍然能体验到气愤的情绪。对咨询师来说，把握好这些情绪体验十分重要，因为这也是咨询的一个突破口，不仅能够帮助咨询师了解来访者问题的焦点（如在什么情况下气愤或者是什么让他如此气愤），同时也有助于良好咨访关系的建立和维持。

情感反映是一项较难掌握的技巧，因为情绪常常被忽略或误解。正确进行情感反映包括六个步骤。首先，要注意倾听来访者信息中使用的情感词汇；其次，要注意观察来访者传递言语信息时的非言语行为；第三，咨询师要使用自己的语言，把由言语表达和非言语行为获得的情感再反映给来访者；第四，用一个恰当的语句开始进行情感反映；第五，在语句中加进情感发生时的情境，这很像简洁的内容反映；最后，评估你的情感反映是否有效。

（四）对阻抗的处理

咨询中阻抗出现的方式是多种多样的，出现的原因也比较容易理解。人们总是很矛盾，希望改变，又不愿意改变。每个人都在生活中得到一些经验，这些经验又塑造了每个人本身，这种惯性是强而有力且不易改变的。当然，在咨询中，咨询师并不是要改变来访者的一切，但是必须认识到，咨询的目标往往是与来访者当前的状态对立的。一位来访者曾在咨询中这样说："你所说的确实很有道理，但是却和我过去的经验完全相反。就好像告诉一个习惯用右手的人改用左手一样，不是不能做到，而是确实非常困难。"

阻抗还可分为积极阻抗和防御阻抗。积极阻抗是指来访者把咨询师带回到希望讨论的话题上去。如来访者花了几分钟时间告诉咨询师，自己以前只是猜测某同事可能对自己有成见，这个周末单位组织郊游时，她和那个同事在路上碰巧坐在一起，那个同事刻意和别人换了位置，来访者才意识到她原来的猜测是真的。咨询师说："你们去哪儿郊游了？"来访者忽略了咨询师的提问，继续说："我想说的是，我发现那个同事确实对我是不满的、有成见的。"这种阻抗对咨询来说，往往是积极有效的。防御阻抗是指咨询师对来访者进行提问或质疑时，来访者试图转换话题或回避问题。防御阻抗的出现通常是因为来访者还没有准备好谈论当前的话题，表现的方式有闭口沉默、迟到或缺席、敌对的态度、过于顺从或拒绝咨询等。

（五）确定和证实

在心理咨询中，咨询师常出现的一个问题是对来访者进行评价，而不是评估。评价意味着咨询师选择性地接受来访者好的方面。但是，为了建立良好的咨访关系并使咨询顺利进行，咨询师应当无条件地接受来访者，因此要避免对来访者进行评价。

避免评价的一个重要技术就是确定和证实。咨询师通过确定、证实,表明他们听到并理解了来访者所表述的内容,请看下面一段对话。

来访者:他们说我只是想得太多,或者想法太偏激,但是他们知道什么?我是说,我确实在某些方面有问题,但不是说全部都是我的错。

咨询师:对,这是肯定的。任何问题都不可能是某一个人造成的。(证实)

在上面的对话中,咨询师先对来访者陈述的内容进行肯定("对,这是肯定的"),然后进一步做概括性的肯定("任何问题都不可能是某一个人造成的"),这样就避免了对来访者的陈述进行评价,而是一种确定和理解。

通常情况下,咨询师非常希望能够帮助来访者,这往往会导致咨询师很快就提出他们能够想到的许多解决问题的办法,但越快为来访者提出建议,就会越少考虑到他们的自主性。而确定和证实比直接给来访者提出建议要更有效,只不过确定和证实的效果更多的是让来访者感觉到自己被关注和理解,而不是直接帮助来访者改变。

(六)提问

会谈中的提问分开放式提问和封闭式提问两种。

1. 开放式提问

开放式提问通常以"什么"、"如何"、"为什么"、"能不能"、"行不行"等开始,它能促使来访者主动地、自由地敞开心扉,自然而然地讲出更多的有关情况、想法和情绪等,而无须搜肠刮肚地回忆、思考;来访者面对这类提问不能仅仅以"是"或"不是"等几个简单的词就结束回答。

例如:"那么以后又发生了什么事情";"对这件事你是怎样看的";"为什么你觉得这样做不公平";"能不能告诉我,这事为什么使你感到那么生气";"可不可以告诉我,你是怎样想的吗"等为开放式提问。

虽然开放式提问给来访者的回答以较大的自由度,可能会得到各种各样的答复,但开放式提问的目标始终趋向于来访者问题的特殊性。通过这类提问,咨询师可以掌握与来访者问题有关的具体事实、来访者的情绪反应、来访者对此事的看法及推理过程等。

开放式提问要建立在良好的咨访关系的基础上,否则,来访者就可能产生被审问、被窥探、被剖析的感觉,从而产生怀疑和抵触情绪。有些提问,尤其是要逐一提问时,语气、语调、词语的选择既不能过于随便,也不能有咄咄逼人或指责的成分,尤其是涉及一些隐私时更是如此。辩论式、进攻式、语气强硬的发问与共情式、疑问式、语气温和的发问可能会在来访者心里产生两种完全不同的印象,前者会被认为是咨询师对自己有敌意,后者会被认为咨询师是真心实意地想知道事情的真相从而帮助自己。此外,咨询师要记住,提问是咨询本身的需要,绝不是为了满足自己的好奇心或窥探隐私的欲望。

2. 封闭式提问

当会谈内容较为深入，需要进一步澄清事实、缩小讨论范围或集中探讨某些特定问题的时候，可以适当采用封闭式提问。封闭式提问通常以“是不是”、“要不要”、“有没有”、“对不对”等开头。

例如：“你喜不喜欢学校”；“你来这儿是否因为婚姻问题”；“你确实这样想过吗”等为封闭式提问。来访者多以“是”、“否”或其他简短的语句作答。

封闭式提问可用来收集特别的资料，以澄清事实。由于这种提问限制了来访者的回答，所以还可以制止来访者喋喋不休、漫无边际的叙述。封闭式问题还可以帮助咨询师把来访者偏离某一主要内容的话题重新牵引回来，如“我们能否继续接着讨论刚才的问题”等。另外，封闭式提问还有利于咨询师主动结束某个话题，如“下次我们再继续讨论这个问题，可以吗？”当来访者给出肯定或否定的回答后，就可以进入本次咨询的结束环节。

需要注意的是，封闭式提问不宜过多使用。否则会使来访者产生被审问的感觉，压制来访者自我表达的愿望和积极性，甚至对咨访关系产生破坏。由于来访者前来咨询的目的之一是向咨询师表达自己的感受，若总是处于被动回答的地位，也会降低他的求助动机。此外，一次不要提多个问题，否则会使来访者产生混乱，结果可能只回答了最不重要的那个问题。

（七）面质

在日常生活中，我们常以友好礼貌的口吻与人交谈，而不是对对方的话进行过多的质疑。然而在咨询中，咨询师需要像一面镜子一样，呈现问题的本质和矛盾，以引起对方的思考。要做到这一点，需要使用的技巧之一就是面质。

面质是咨询师指出来访者自身情感、观念和行为等方面的矛盾，但它并不是一种指责或批评，而是让来访者看到矛盾的存在。一般认为在以下情形中可进行面质：①来访者的自我观念与其理想自我不一致；②来访者的自我观念与其实际行为表现不一致；③来访者的自我体验与咨询师对他的体验和印象不一致；④来访者所谈到的体验、思想或看法前后不一致。对于咨询中出现的这些矛盾，有时来访者自己可以意识到，只是有意掩盖不想暴露的某些方面；有时来访者自己也没有察觉，正反映了他本身的心理矛盾。我们通过下面的例子来理解面质的过程和作用。

来访者：我妻子花钱太大手大脚了，完全就像小孩子一样。

咨询师：这确实是个问题，对你来说，当父亲承担一个家庭已经很不容易了，现在还要照顾你的妻子。我很奇怪，在生活中你的角色究竟是什么（开始面质）。

来访者：我的角色？我的角色就是挣钱供她花。

咨询师：我也感到这一点了。我想我的意思是，你这样供养她似乎也让她处于一种“没有用”的位置。

来访者：您的意思是？

咨询师：嗯，我是指，似乎你觉得她没有办法承担家庭的重任，或者说好像她觉得自己就应该像孩子一样被对待，或许她就只想表现得像个孩子。

来访者：是吗，那我必须要开始像对一个成人一样对她吗？

咨询师：不好意思，等等，你刚刚是说"我要像对一个成人一样对我的妻子吗？"（笑了）

来访者：（也笑了）我发现这真是太糟糕了。

咨询师：确实是的。我在想，如果你把她真正当做一个成人，然后告诉她非常希望她能够理解你的经济状况……我想这样是否会有所改变。

来访者：是的，我确实没有意识到自己的态度。我想这个问题我确实有一部分责任。

在这个案例中，咨询师运用面质技术帮助来访者看到他自己的责任。可以看出，咨询师在面质时，非常柔和、委婉，没有激发出来访者抵抗或逃避的反应，而是很自然地接受了这种面质。

需要注意的是，面质必须建立在良好的咨访关系的基础上，还要注意面质的时机，在来访者能承受和接受时才能使用。面质最好是尝试性的，不要咄咄逼人，宜采取逐步接近要害的方式。面质不可用得过多，那样会损害咨访关系。面质也不是争吵，这就需要咨询师掌握好方式方法。对一些来访者来说，他们能接受直接、明了的面质，而对另一些主导性较强的来访者来说，采用缓和、委婉的方式能达到更好的效果。

Conte 认为，单纯的面质是没有治疗效果的，面质的内容是否正确其实并不重要，重要的是来访者的态度，即是否能够真的接受这种面质。咨询师不能把面质当成教导或训斥，但年轻的咨询师往往容易出现这样的问题，因为这样做会让自己很有成就感，显得自己很有说服力。殊不知，在来访者看来，这种单向的教导实际上没有任何说服力，有时反而会引发强烈的阻抗，很容易造成脱诊。因此，对初学者来说，使用面质的好的方法就是一分为二地提出自己的观点。如在会谈中可采用这样的说法："我有两个想法，一个想法是这样的，另一个想法是那样的"，用这样的方式为来访者呈现矛盾的两个方面，从而避免因为不恰当的语气或方式激发来访者出现对抗或逃避的反应。

（八）解释

解释就是咨询师对来访者的谈话内容或当前问题进行解读、释义，一方面可根据心理咨询和治疗的各种理论来进行，另一方面还可根据咨询师自身的观察和经验来进行。

每个咨询师都会有自己的咨询风格，咨询师需要掌握一种或几种不同的理论模型，如精神分析学派、人本主义学派等。要对问题做出恰当的解释，仅仅掌握理论知识还不够，更重要的是要具有一定的实践经验。咨询师要针对不同的来访者和不同的问题，采用不同的理论进行解释，而不是一味地重复、生搬硬套。

咨询师需要采用不同的理论对来访者的问题做出解释，但在实际的咨询过程中，不需要给来访者详细地列举每种理论的框架和概念，不需要解释各种理论。另外，咨询不是教导，而是帮助来访者解决当前的问题。

解释能够使来访者从另一角度重新了解和认识当前的问题，一些观点可能是他从未想过的。并且，解释仅仅是心理咨询的一个过程，更重要的是，解释能够让来访者接受并进一步思考，找到本质原因，并且解决问题，有所改变。

运用解释时还需注意以下几点。第一，应因人而异。如对受教育程度较高的来访者，解释可以系统些、全面些；对受教育程度较低的来访者，解释应尽量通俗、易懂。第二，解释不宜多用。一次会谈中，运用得当的解释不应超过三个，因为解释过多往往会使来访者感到难以接受。第三，解释不应强加给来访者，即使解释合理，如果对方一时不能接受，咨询师应分析其中的原因，不能强迫来访者接受。

（九）具体化技术

具体化技术是指咨询师协助来访者清楚、准确地表达他们的观点、所用的概念、所体验到的情绪以及所经历过的事件，使谈话内容指向具体的事实和细节，使双方讨论的问题更加清晰、准确。咨询师在倾听过程中，一旦发现来访者陈述的内容有含糊不清之处，或者只是叙述了某件事情、却没有说出他的主观情绪体验时，就要以“何时、何地、何人、何事、何因、何果、何种感受、何种想法”等问题，来协助来访者更具体地说明自己的问题。

具体化技术具有十分重要的作用，主要表现在以下几个方面。

(1) 澄清来访者表达的模糊不清的观念、情绪和问题等，明确来访者的真实感受和事件，使来访者表达的信息更清楚、更准确。如来访者说：“他们都恨我”，咨询师就应该把来访者说的“他们”这一模糊的概念予以澄清，“他们”是指哪些人，数量有多少，等等。以使来访者表达的信息更清楚、更准确。

(2) 促进来访者将情景和对情景的反映表达得更清楚，鼓励来访者将问题引向深入，常常借助开放式提问来完成这一点。如“你说你觉得……能更具体些吗”，“你所说的……是指……”等。

(3) 让来访者弄清自己的所思所感，明白自己的真实处境。如一位乙肝患者前来咨询，他说：“我不知道为什么我不想与同学们一起出去吃饭”，咨询师可以说：“你主要是因为担心自己的病会传染给别人，而把这一情况告诉同学，又怕同学远离自己，因此你内心很不愉快，是这样的吗？”这样，就能让来访者弄清自己的所思所感，明白自己的真实处境。

(4) 能提供具体的榜样，帮助来访者明确自己所说的具体内容。例如，当来访者讲述自己的经历和体会时，若一时找不到恰当的词或实例来表达自己的想法时，咨询师就应当提供具体实例中的人物作为榜样，帮助来访者明确自己所说的具体内容。

下面通过一段对话来体会具体化技术。

求助者：我真是没用。

咨询师：你说你没用，能告诉我最近发生了什么不如意的事吗？你觉得你哪些方面没用呢？

求助者：我在学习、交友很多方面都很失败，特别是作为学习委员，我没有把事情办好……

咨询师：你能具体说一说吗？

求助者：我是我们班的学习委员，我为同学们办考研复习的事情，没有办好。

咨询师：你认为这件事全是你的责任吗？能否详细讲讲事情的经过？

求助者：我是我们班的学习委员……（哭泣）

（十）重复技术

重复技术是指咨询师直接简明地重复来访者的话（某些词或最后一句话），来强化叙述的内容，并鼓励来访者继续讲下去，如“好”、“嗯”、“还有吗”、“讲下去”、“以后呢”等。这是一种积极的态度，表明咨询师对来访者的关注和他们正在认真地倾听。

通过鼓励、重复，可以促使咨询师进一步了解来访者，来访者进一步了解自己；还可促使会谈沿着重复的方向继续作深入阐述；咨询师选择来访者叙述的不同主题来予以关注，可促使来访者进一步展开和说明。

需要注意的是，咨询师重复的部分必须是关键性、值得探讨的部分；要用来访者说的话而不是咨询师说的话来重复；重复的是来访者此时此刻的感受和想法而不是过去的经验；重复来访者本人的感受和想法而不是别人的感受和想法。一般情况下，来访者叙述的最后一个主题往往是最重要的，因此可选择它加以重复。我们来看下面一段对话。

来访者：“我和女朋友已经相爱半年了，可我父母不赞同，反对我大学谈恋爱。我很苦恼，不知怎么办才好。

咨询师：哦，你不知怎么办才好。

（十一）自我暴露

自我暴露也称自我开放，是指咨询师将自己的思想、情感和经验等有关信息告诉来访者。咨询师的自我暴露与来访者的自我暴露同样重要，它有助于咨询师与来访者建立相互信任和开诚布公的良好关系。咨询师的自我暴露可使来访者的自我暴露增多，如果咨询师自我暴露的是与他们自己有关的负性信息的话，还可使来访者感到更多的共情、温暖和信任。另外，咨询师的自我暴露还可增加其对来访者的吸引力，提高来访者积极参与会谈的兴趣。

咨询师的自我暴露有两种形式：一是咨询师把自己对来访者言行问题的体验与感受告诉来访者；二是咨询师暴露与来访者所谈内容有关的个人经历和情绪体验。

目前普遍认为，咨询师的自我暴露应该有一定限度，低于或高于这个限度的自我暴露不但不能对咨询起到好的作用，反而具有破坏性作用。如果咨询师几乎不做任何的自我暴露，就可能得不到来访者的自我暴露反应；如果咨询师自我暴露过多，则使来访者在会谈中可以利用的时间减少，而且可能会使来访者感到咨询师心理也不健康。我们来看下面两段对话。

对话 1

来访者：我感到自己必须接受妈妈酗酒这个事实。

咨询师：是的，我妈妈也酗酒。记得一次家庭聚会，还没过多久她就变得很吵闹，我当时感觉非常尴尬。那时候我表哥告诉我她在酗酒，可当时我就是没办法接受。直到差不多两年后，她在一个婚礼酒席上喝得酩酊大醉，我才真正意识到不对劲了。

对话 2

来访者：我感到自己必须接受妈妈酗酒这个事实。

咨询师：哦，这个真的确实很难接受。我也有和你所说的类似的经历，我想我可以说，虽然我们的经历不完全一样，但我的确能体会你内心的挣扎。

在上面的两段对话里，对话 1 中的咨询师非常具体地描述了自己的经历，他叙述得过多，咨询师似乎变成了来访者。而对话 2 中的咨询师则笼统地提及自己有类似的经历，他叙述的目的只是为了让来访者相信自己确实是被理解了，因此，对话 2 的咨询效果更好。通过这个例子，我们可以看到，咨询师没有必要和来访者分享自己具体的经历，重要的是分享类似的感受。而且，如果分享得越多，越有可能适得其反，令咨询过于生活化而不够专业，影响咨询师的权威性。

（十二）沉默

沉默指的是会谈过程中来访者停顿数十秒或数分钟不讲话的情况。谈到沉默，我们首先可以设想一下在日常生活中和另一个人保持沉默的场景，总是会有一种打破沉默的倾向。人们聚在一起时，总是希望相互交流，希望知道对方在想什么，这也是初学咨询的学员很难忍受咨询中出现沉默的原因。

Cavanagh 把会谈中出现的沉默分为三种形式：创造性沉默、自发性沉默和冲突性沉默。下面对这三种沉默及其处理方式进行详细介绍。

创造性沉默是指来访者对自己的言行和情感进行反思、体验时表现出的沉默。这种沉默往往能孕育出新的思想观念和情绪体验。如一名少妇将夫妻不和的原因归咎于自己的女儿，对女儿充满敌意，认为是女儿夺走了丈夫对她的爱。

咨询师：你是否考虑过，你所面临问题的因果关系不像你理解的那样。事实上有可能是由于你们夫妻关系不融洽，才导致你丈夫把爱更多地给了女儿，结果又进一步恶化了你们的关系。

来访者：我从来没这么想过……我一直对女儿充满敌意，觉得是她把我丈夫从我身边夺走，自从她出生以后，我丈夫总是把注意力放到她身上，而对我非常忽视……

说完，来访者出现一段时间的沉默，双眼凝视着天花板上的某一点。很显然，她在思索刚才咨询师提出的问题及自己刚刚领悟到的问题的实质，这是一种典型的创造性沉默，其身体语言的标志往往是目光凝视空中某一点。沉默的时间可能是几分钟。此时，咨询师若问“你正在想什么”来打破这种沉默，可能就有些莽撞。咨询师此时要做的就是耐心观察和等待，让来访者有充分的时间来思索和领悟，直到其言语或非言语的行为表示可以继续会谈为止。

自发性沉默多发生在“不知从何说起”的情境中，这种沉默的身体语言标志为，来访者的眼睛往往是紧张不停地从一个地方移到另一个地方，可能向咨询师投以征询和疑问的目光，或者不时地停下来询问咨询师“我现在该做什么？”面对这种沉默，咨询师正确的做法是，确定来访者的沉默不是创造性沉默以后，应立即有所反应，如向来访者发问“可以告诉我你现在正在想什么吗”或以幽默的口吻询问“你是否觉得不知从何说起”等。如果咨询师让来访者长时间处于沉默状态，来访者就会越来越紧张，不能集中注意力思考其他问题。

冲突性沉默是指来访者由于愤怒、恐惧及内疚等引起的沉默，可能是刚才所谈内容触及到来访者内心的痛处，也可能是来访者预感将要谈到的话题对他来说具有一定的危险，还有可能是用沉默表达对咨询师的不满和愤怒。如果咨询师确定来访者的沉默与恐惧有关，可以提一般性的不涉及事情要害的问题，口气尽可能轻柔，并适当给来访者以安慰或保证，这样可以缓解来访者的恐惧情绪。在适当的时候，可以鼓励来访者正面谈一谈产生恐惧的原因及程度如何，但如果来访者不愿意谈此话题，也不要勉强。当判定来访者的沉默是由于对咨询师的厌烦和愤怒引起的，咨询师既不要冲动、感情用事，也不必一味地回避，而要以真诚和宽容的态度对待来访者，如可以询问对方“你似乎想以沉默的方式提示我什么，你能不能直接说说你现在的想法”，这可能会马上打破僵局，双方可以进行开诚布公的对话。即使没能得到对方的回应，咨询师这种做法也是有用的，可以为后面会谈中双方进行充分的意见交流打下基础。如果对方继续沉默，那么咨询师要稍微等一下，直到对方愿意打破沉默。这段时间并未白白浪费，因为随着沉默的持续，来访者内心紧张程度在不断加剧，直至对方感到无法再沉默了，这种情形也有助于以后的咨询工作。

在咨询中出现沉默往往是有意义的，作为咨询师，需要不断地锻炼忍受沉默、处理沉默的能力，咨询师越是自然地接受自己的沉默，也就越能够接纳来访者的沉默。

（十三）榜样作用

咨询中同样也涉及榜样作用，即通过咨访关系中咨询师的表现，引导来访者建立正确的认知或行为模式。可以设想，一个说一套做一套的咨询师又怎能让来访者信服并达到咨询目标呢？

我们来看这样一个案例。女性来访者A从小生活在一个家教严厉的家庭里，父母经常动不动就为一些小事责骂她，以至于她成年后在工作和生活中总是小心翼翼、缩手缩脚，也常常没有主见，还总是被上司责骂。为此，她来到咨询室。可以看到，A与人交往的一种模式就是，她认为自己总是会犯错，不能尊重自己的意见。在咨询中，当她再次出现这种不自信的时候，咨询师提出这一点，并设法让她感受到被尊重和被信任，和她建立一种相互平等、相互尊重的关系，让她体验到在日常生活中未曾有过的感受。

如果咨询师只是告诉A应该自信、不要总是拒绝自己的想法，而没有让其切身体验到这种被信任和被尊重的感受的话，那么咨询的效果可以说是微乎其微的。与口头建议相比，人们总是能够从亲身经历过的事情中学到更多。

言行一致的咨询师在咨询中有着更加积极有效的榜样作用，而来访者在认识到这一点后也会更加开放、有效地学会这一榜样模式。

（十四）指导

指导就是咨询师直接告诉来访者该做什么和说什么，或者该如何做和如何说。在心理咨询中，原则上咨询师应该更多地充当一个支持者或推动者的角色，但来访者前来咨询的目的是为了寻求帮助，如果咨询师不给他们任何指导和建议，势必会让来访者感到失望。因此，在什么时候以何种方式给出指导和建议也是咨询师必备的一项技术。给出指导和建议时应注意以下几个方面。

第一，咨询师要熟练掌握各个学派的心理咨询理论，对不同的来访者给出正确的指导。精神分析取向的咨询师指导来访者进行自由联想，以寻找问题的根源；行为主义取向的咨询师则要求来访者做各种训练（如系统脱敏训练等）。这是一个经验积累的过程，需要把握好自己的态度，不能显得过于强势，既要注意维持来访者的自主性，又要让来访者真正地能够接受并执行。

第二，咨询师要懂得给予指导的时机和技巧。在咨询的初始阶段，很多来访者会不断地问咨询师“自己该怎么办”。对此，咨询师可能感到很矛盾。如果给出建议，那么，咨询师可能对来访者并不十分了解，给出的建议很可能是不合适的，没有与来访者充分共情，与一般性的建议大同小异，无法体现出咨询的专业性，给出的建议还可能引起来访者的阻抗，从而导致脱诊。如果不给出建议，来访者可能会觉得咨询对他没有帮助，产生失望。为了解决这样的矛盾，咨询师在咨询初始适当给予一些建议也是可以的，但要尽量避免使用一些过于生硬的、指导性过强的措辞，而改用“或许”、“可能”、“如果我是你的话，我可能会……”等，或者提供多种解决的可能性。另外，指导需要在与来访者建立良好关系的基础上进行。

第三，掌握指导和建议的类型。行为指导主要是指给予来访者具体的行动计划方案，比如对有睡眠障碍的来访者，要求其写睡眠日记等。忠告和提供信息主要用在职业规划等方面的咨询中，比如针对高校大学生的专业调换、课程学习计划等。欧美很多高校对职业规划等都设有专门的咨询中心，指导学生合理有效地渡过大学生活。需要注意的是，这些忠告和信息也可能会产生一些负面影响，比如来访者对咨询师的忠告不以为然，或者持怀疑甚至否定态度，那么咨询师不能一味地认为自己的忠告是正确的，应当重新审视来访者的问题和想法，把握其性格特征，重新制定解决方案。

最后，咨询师还要把握指导的频率。使用这种技术应当慎重，除行为治疗之外，一般不主动使用指导和建议。因为有学者认为，指导和建议会把咨询师的意志强加给来访者，无助于来访者的真正成长，也容易引起来访者产生阻抗，在这种情况下，可以通过主动提问，如“你觉得我的建议哪些方面不适合你呢”，把思考的主动权再交给来访者。

三、咨询结束阶段的一些基本技术

在咨询过程中，人们常常对咨询初期和中期的会谈技术给予较多的重视，但对结束咨询关系时所运用的技术缺乏必要的了解。下面简要介绍咨询结束阶段的一些基本技术。

（一）总结

1. 不同时期的总结

每次咨询快要结束时，咨询师可以对本次咨询进行一些总结。例如，理清本次会谈谈论了哪几个话题，呈现或聚焦的主要问题是什么等。这样不仅令整个咨询的思路显得更加清晰，也暗示来访者本次会谈即将结束。

除了可对单次咨询进行总结之外，咨询中的总结还包括定期阶段性的总结和在终止期的综合总结。

另外，咨询师还希望对来访者的进步或有待改进的地方加以总结。当来访者转换话题的时候，咨询师也常常会对上一个话题进行总结，但这并不是一个必须遵守的原则。

对咨询师来说，他们希望得到来访者的反馈和确定，即他们是否真正理解了来访者已经讲述的内容。另一方面，对来访者来说，很多情况下并没有清楚地意识到自己大多数时间在谈论什么，来访者的肢体语言和面部表情可能与他们所表达的内容是不一致的。那么，咨询师的总结也能够让来访者及时弄清自己的表现。可以说，咨询师通过总结的方式反映出来访者所要表达的内容。

2. 总结性提问

咨询师还可通过提问的方式进行总结，询问来访者在会谈中的收获，以便为来访者提供一个开放性思考的空间，思考他们在会谈中获得了什么。下面看看咨询师的总结性提问。

> 咨询师：今天的会谈我们主要谈到了关于同事对你的态度，讨论了采取怎样的方式向同事表达你的态度才比较合适。通过角色扮演，你似乎对哪种方式更合适也有了一定的看法。通过今天的会谈，你觉得自己得到了什么呢？

询问来访者在会谈中的收获，可以让咨询师有效地了解来访者认为对自己意义最大的是什么，咨询师也应当真诚地接受这一反馈。如果来访者的收获是来自于其他人而不是咨询师，那么这也有非常积极的意义，也就是说，咨询的意义同样体现在咨询师的中介作用上，咨询此时的作用是为来访者的内省加工创造一个推动促进的环境，而不是单纯的指导。即使来访者说基本上没有什么收获的时候，咨询师也应当给予充分的认可。

总结性提问给咨询师和来访者一个机会去评估咨询中双方交互作用的有效性。评估这种交互作用的一个基本原则是：如果来访者说他们的收获是最后讨论的话题或者想法，通常提示咨询的交互作用并不十分有效，这种反馈往往更倾向于一种社交性的礼貌的回答；如果来访者反映他们在咨询中获得的启发来自于之前的会谈，有些甚至是连咨询师本人都没有意识到的，那么可以算是咨询中成功的一点了。但是，需要指出的是，这个原则并不是绝对的，在某些情况下，最后谈论的话题也很重要。Conte 认为，总结性提问同样也促进了咨询效果，因为来访者如果发现，每次咨询的尾声都会被问到有何收获或者启发，那么来访者就会在会谈中更加投入和专注。

总结性提问不仅在个体咨询中有效，它也同样适用于团体咨询和督导等。在团体咨询中，如果小组成员对总结性提问的回答基本一致，则通常表明咨询效果并不十分理想。相反，如果小组成员对总结性提问的感受各有不同，则表示咨询确实触及一些实质性的问题。

另外，总结性提问能够有效地评估来访者的改变意愿。来访者在前期往往会反映没有受到什么启发，但当他们开始主动思考时，也正是咨询开始有效的时刻，他们会从这种提问中获得改变的动力。当他们真正有所改变的时候，会很好地回答这类提问，有时还会加进一些讨论之外的观点。

（二）终止

什么时候可以终止咨询也是需要逐渐体会的技巧。对初学者来说，常常需要得到督导师的指导。终止咨询重要的一点就是需要明确咨访关系的界限和原则。尽管咨询师理解他人的内心世界需要很长时间，但咨访关系只是一个短期的关系，咨询也只是一个有限的过程。

终止咨询与中断咨询和脱诊不同，它是指咨询达到最初制订的目标而结束。咨询师有各种各样的理由来终止咨询，最常见的理由是避免来访者对咨询师产生依赖。在咨询的初始阶段，来访者同样需要明确咨访关系不是永久的。而咨询师在对来访者提供专业引导和支持的同时，更需要注意保持对方的自主性，以便在咨询结束后来访者也能独立健康地生活。

掌握终止的技巧并非易事，很多咨询师在终止阶段都很艰难。说到终止，这里可以引入罗马神话中的一个人物形象，即门神 Janus。门神 Janus 拥有前后两副面孔，因此能同时看到过去和未来，并掌管着事物的开始和结束。咨询中的终止也是一样，回顾过去，我们能够看到已经获得了什么；展望未来，我们也能够知道应该怎样从过去的经验中继续成长。有的时候，在会谈中告诉来访者 Janus 这样一个人物形象，能够形象有效地解释终止的意义。

有效的心理咨询可引起来访者在观念和行为上产生积极的、有意义的改变，这些改变都需要在真实的环境中加以实践，结束正是为来访者提供了这样一个机会。理解并接受咨访关系的有限性，才能够拥有一个更加开放的新起点。因此，在咨询中，咨询师应当毫不避讳地谈论关于咨询的终止，并适时果断地执行终止。

一个有效地达到终止的方式是让来访者提前知道还剩下多少次会谈，如可以说“我们已经进行了六次咨询，还剩下四次”，或者用提醒来访者时间的方式，告诉来访者还有多少次会谈，如“我们关于这个话题还有三次会谈”。咨询的时限也是和来访者共同商定的。在咨询过程中，提醒来访者还有多少时间能够起到一个推动的作用，可鼓励来访者带入一些新的话题，推动来访者做出积极的改变等。对于在会谈快要结束时来访者才提起的一些新话题，咨询师通常需要更加留意，因为这可以被视为一种潜意识的阻抗——“看，这是一个新话题，但是我们没有时间去讨论它了”。对于这种阻抗，有经验的咨询师会根据情况决定何时提醒来访者，以便留下时间来讨论迟迟未提到的问题。

对咨询师来说，结束一段良好的咨访关系也是一个艰难的过程。咨询师需要做的是在自我督导中处理这些情感，不能将其带入对来访者的咨询中。应当认识到，回避终止的必然性对来访者来说是有害的，这本身就是对现实的一种理想化。

第二节　心理咨询中的非言语交流

在心理咨询过程中，言语交流是咨询双方交流信息、沟通感情、建立关系的基本条件之一。然而，在咨询过程中还会出现大量的非言语行为，这些非言语行为可对言语交流作补充、修正，也可代表独立的意义。非言语行为能提供许多言语交流不能直接提供的信息，甚至是想要回避、隐藏、作假的内容。如在行为心理学家看来，一个人不经意的耸肩、皱眉或扬起下巴都代表着一定的意义。当来访者在咨询室中对咨询产生失望时，很可能会低下头或露出相应的表情，但出于礼貌并不会说出来，或者对此加以否认。因此，在咨询会谈中，如果咨询师能掌握一些非言语交流的知识，对理解来访者的内心世界是很有帮助的。同时，咨询师也可以借助非言语行为更好地表达自己对求助者的支持和理解。

一、非言语交流与言语交流的关系

在多数情况下，人际沟通中传递的非言语信息与言语信息是一致的，只不过在一致程度上存在着差异，有时非言语信息夸大了言语信息，有时非言语信息弱化了言语信息，使言语信息打了折扣。在少数情况下，非言语信息与言语信息之间发生矛盾，非言语信息否定言语信息。另外，还存在非言语信息与言语信息毫不相干的情况。许多研究表明，当我们得到的言语信息与非言语信息相矛盾时，我们会更相信非言语信息。

Knapp 和 Hall 指出，非言语行为和言语的关联方式主要有六种。

(1) 重复：非言语信息重复言语信息。如一边说“请进，请坐下”，一边用手指着房间和椅子。

(2) 矛盾：非言语信息与言语信息矛盾。如说的话是“我喜欢你”，却伴随着皱眉头和生气的语调。

(3) 替代：用非言语信息替代言语信息。如你问别人“你好吗”，对方微笑，这微笑就代替了“哦，很好”的言语回答。

(4) 补充：非言语信息能够补充或更改言语信息。如一个人说他觉得不舒服，语速很快并发出呻吟声，这些非言语信息就强调了不舒服这一言语信息。

(5) 强调：非言语信息能强调语言并有加强言语信息的功能。如某人嘴里说着关心、同情之类的话，同时辅以皱眉头和眼泪等面部表情和身体前倾等非言语行为，能使其言语信息得到加强。

(6) 调整：非言语信息有助于调整交谈。如一个人说话的时候，交谈对象不停地朝他点头，他会受到强化继续说下去；若交谈对象东张西望且不停地变换身体姿势或低头看手表，他可能会停下来。一般来说，交谈的一方会根据对方某些确定的非言语信息来调整自己的谈话。

二、常见的非言语信息的类型及其功能

常见的非言语信息的类型主要包括体距语、时间语、目视语、身势语、物体语和声态语。下面对这些类型的非言语信息及其功能进行简要介绍。

1. 体距语

体距语是指交谈双方在交谈中保持的空间距离所传递的特定的信息。研究表明，交谈双方保持的空间距离的远近直接反映着关系、气氛的状态。

精神分析师 Hermann Schulz 提到，他的老师在治疗室里摆放的是两把可旋转的椅子，坐在上面可以随意旋转。通过录像可以清楚地看到，在会谈中，当来访者出现阻抗时，会当即转向远离咨询师的方向，咨询师也会有同样的表现。

2. 时间语

时间语指的是交谈双方在交谈中对话语停顿的长短（如前文所述的沉默）、到达某一场合的时间及交谈时间的不同选择而传递的特定信息。

3. 目视语

目视语指的是交谈双方在交谈中通过采取直视对方等眼部动作所传递的特定信息。如在交谈中，一方若想控制交谈行为，他可以直视对方的眼睛。当来访者与咨询师对视时，通常是希望获得帮助、得到支持；而当伤心或失望的时候，则会避免目光的直接接触。一般情况下不宜长时间直视对方，否则会造成交谈双方的局促，给交谈行为带来一定的障碍。

4. 身势语

身势语指的是交谈双方在交谈中使用不同的面部表情、手势、姿势等向对方传递的特定信息。这里的面部表情主要指除眼睛之外的面部表情特征，比如皱眉可能表示厌恶、焦虑；撇嘴可能表示不满、生气；双手抱拳握紧时，可能表示紧张、激动；两人相视而坐，一方双臂抱怀，跷起二郎腿，无疑会使另一方认为他有高傲无理、拒人于千里之外之意。

5. 物体语

物体语指的是交谈双方在交谈中使用、选择不同的物体或穿戴不同的服饰向对方传递的特定信息。可以设想，两人交谈时，一方不时地摆弄着手机等物体，另一方难免会以为他无意长谈下去。

6. 声态语

声态语是指交谈双方在交谈中使用不同的语速、音色等向对方传递的特定信息。如我们希望强调某些重点、关键内容时，往往会放慢语速、提高音调；当很焦虑或很紧张的时候，语速通常很快。

【他山之石】

心理咨询的协议(参考)

一、咨询双方均为完全行为能力人，限制行为能力人(主要针对未成年人)应委托监护人履行协议认同手续。本协议不针对无行为能力人。

二、咨询双方的权利和义务

(1) 心理咨询人员在工作中，会不同程度地涉及与来访者心理困惑相关的部分隐私内容，咨询人员应根据行业规范和职业道德的要求履行保密义务。如果咨询人员违规泄密，来访者有权通过法律手段追究其责任。

(2) 来访者在咨询过程中，应该承担如实告知咨询人员相关信息的义务，如因来访者故意隐瞒或提供虚假信息导致咨询受到影响，咨询人员将不承担任何道义和良心上的责任。

(3) 来访者有权根据自己的需要决定或修改求助内容，咨询师可以在征得来访者同意的前提下，根据来访者的实际情况，提出自己的咨询方案和治疗方案，供来访者参考。最终咨询方案和治疗方案以双方议定为准。任何一方希望修改协议时，均应得到另一方的同意。咨询方案(或修改后方案)确定后，咨询双方应按约定履行各自的配合协作义务。

(4) 心理咨询和治疗属于有偿服务，咨询师有权根据自己的业务能力确定收费标准和咨询范围。来访者也应根据自己的经济承受能力和咨询需要选择咨询师，并主动承担按时支付咨询费用的义务。如需中途调整收费标准，咨询双方应本着协商一致的原则妥善处理，以降低对咨询本身的影响。

(5) 咨询双方均应按照咨询方案约定的咨询节律来实施咨询工作。每次咨询前必须预约，以便保证咨询工作正常有序地开展。如遇特殊情况不能按时履约的，应提前一天通知对方。无特殊情况时，如果一方拒不履行约定的话，另一方有权解除咨询关系。已履行部分按本协议及原有咨询方案执行。

(6) 协议双方均为完全行为能力人，均应对自己在咨询关系中的一切行为承担法律和道德上的责任。咨询师的职业规范作为本协议附件。咨询人员在咨询中和咨询后均不对来访者的任何个人行为承担法律和道义上的责任。

(7) 在咨询过程中，如果发现咨询关系变化或者不匹配时，咨询师应主动提出转介或终止咨询关系。来访者在咨询过程中，如果发现咨询关系或者咨询师的个人能力及素质不能满足自身需要也应及时提出调整要求或主动中断咨询关系。

三、咨询关系的形式

(1) 免费咨询：主要服务于一般心理问题的简单处置和咨询双方的相互了解。工作范围仅限于对来访者相关资料的收集、整理、初步分析、诊断(对于暂无咨询意向的朋友，针对当前问题给予简单的阶段性处置建议)。咨询双方如不具有后续咨询意愿，咨询关系随即中止。咨询师将继续对来访者的隐私履行保密责任。

(2) 有偿咨询：①根据咨询双方咨询关系建立的质量，协商建立正式的咨询服务关系；②在咨询关系确立后，根据双方的协商意见制订正式咨询方案；③每次咨询收费额度按照咨询双方的约定进行，如没有特殊约定则以咨询师发布的咨询服务收费标准为准；④每次咨询时间一般控制在 50 min，根据所涉及的方案内容工作，咨询双方均不得因为时间超过或者未达到此设定而提出咨询费用的调整；⑤对协议、方案所涉及的任何有关咨询关系的内容调整，均应在双方认可的情况下，通过电子邮件或者其他文字方式确认，方产生效力。

四、咨询关系的确立与变更

所有来访者和咨询师请详细阅读此协议。并根据自身真实意愿选择同意或者不同意相应协议内容。涉及咨询关系的一切内容的确立和变更，均应通过电子邮件或其他文字方式确认。

【思考练习】

1. 什么是顺势理论？试举例说明。
2. 心理咨询中的改变分哪几个阶段？每阶段可采用哪些对话方式？
3. 什么是共情？咨询师使用共情时会陷入哪些误区？
4. 什么叫内容反映？什么叫情感反映？两者的区别何在？
5. 咨询中出现何种情形时需要进行面质？
6. 咨询师的自我暴露为什么要有一定限度？
7. 如何处理咨询中出现的阻抗？试举例说明。
8. 据 Cavanagh 的观点，会谈中的沉默可分哪几种？面对来访者的冲突性沉默，你该怎么办？
9. 咨询结束阶段有哪些基本会谈技术？如何使用？
10. 在心理咨询中，常见的非言语信息的类型有哪些？

第七章 心理测验的技术

学习目标 ……

- 了解心理测验的相关概念及心理测验在中国和西方发展的历史
- 理解衡量心理测验科学性的信度、效度、常模等技术指标
- 掌握学校咨询中常用的几种成就和智力测验、人格测验与临床心理健康测验
- 识记学校测验使用者的责任、道德准则和应用规范

心理测验活动在中国历史悠久。周文王时代“姜太公钓鱼”的典故脍炙人口，秦朝“指鹿为马”的赵高被千古唾骂，隋炀帝创行的“开科取士”制度成为人才选拔的典范……现代西方学者高尔顿、卡特尔和比纳对科学心理测量的发展更是功不可没，特别是进入20世纪以来，各种科学的心理测验就已经发展到5 000多种，在了解个体差异、临床诊断和预测、人才的甄选和安置等方面影响着社会公众的各个领域。

第一节　心理测验的历史及其分类

一、心理测验在我国的悠久历史

翻开西方权威的心理测量学专著，无一例外地都表达着这样一种共识：测验起源于中国。今天，最初开始于中国的测验、考试已经被广泛应用在各国的人事管理和教育领域中。

(一) 心理测量的界定

心理测量是心理学领域常用的一个比较笼统的概念。“心理测量”的笼统主要表现为两个方面。第一，心理测量究竟“测什么”这个问题比较笼统。我们一般认为心理测量所测的对象是人的心理属性，但人的心理属性包含了人类的感知觉、记忆、思维、言语、想象、情绪、兴趣、态度、价值观、能力、气质、性格等在内的几乎所有心理活动的内容，那就意味着所有的精神现象都是心理测量的对象。第二，心理测量究竟“怎样测”的问题也有人产生怀疑。因为人的心理活动具有内隐性的特点，心理属性无法直接观察和度量，因此直接实现客观的测量确实比较困难。但人的心理属性也有其规律和特点，那就是稳定的心理属性必定会表现为稳定的行为，而人的行为是可以观察和度量的。这样就决定了心理测量的间接性，心理测量是通过对人的行为测量来间接地推断人的心理属性。

根据以上分析，关于心理测量的基本概念，作者认为心理测量就是根据一定的法则用数字去标定人的行为。换句话说也就是根据心理学的理论，按照操作程序，给人的行为和心理属性确定数量化的价值。现代心理测量活动综合了心理学、行为学、测量学、统计学、管理学、社会学及计算机技术等多种学科和技术，通过严密的测评过程和客观的评分标准，对人的知识水平、能力结构、个性特点、职业倾向、兴趣爱好、发展潜能、道德品质、价值取向等素质进行综合测评。

(二) 我国古代朴素的心理测量思想及其在实践中的应用

1.《周易》中的心理测量思想

中国种种学术思想都可以追溯到《周易》，而古代朴素的心理测量思想在《周易》中更是体现得尤为突出。《周易》所蕴涵的阴阳观念，对中国古代心理测量，乃至心理学思想的产生、形成和发展起了很大的作用，历代不少的古代朴素思想家就直接采用阴阳之道来解释人的心理活动，并依此标准对人的气质进行分门别类。例如，我国最早的一部医学巨著《黄帝内经》，就采用《周易》中的阴阳观点，把人的气质分为五种不同的类型，即太阳之人、少阳之人、阴阳平和之人、少阴之人和太阴之人。

2. 孔子、孟子等的心理测量思想

早在 2 500 多年前，我国古代教育家孔子就曾根据自己的观察来评定学生的个体差异，把人分为中人、中人以上和中人以下。孔子曾对学生心理的个别差异做出了比较系统和全面的考察和论述。从他的典籍中可以看出，他所考察过的心理差异包括智力、能力、性格、志向、学习态度及学习专长等各个方面。孟子也说："权，然后知轻重；度，然后知长短。物皆然，心为甚。"就是说，连普通物体都要经过测量才能了解它的性质，至于复杂的心理活动就更需要测量了。这反映了在很久以前，我国古代朴素的思想家已经认识到了心理测量的重要性。

3. 春秋战国时代心理测量思想的应用

在春秋战国时期，《吕氏春秋》通过大量的篇幅提出了考察和品鉴人才的系统技术和方法。《吕氏春秋》中提出了对内要采用"六戚四隐"，对外采用"八观六验"的方法。其主旨是把人放在各种复杂情境，包括顺境、逆境，普通场合、特殊场合，以贫富、贵贱、喜怒等人生际遇来全面测定评价一个人的品德、才学、志趣、意志，从人的体貌、言语、行为等诸多方面对人进行观察，从而将人判定为不同类别。

4. 刘劭的心理测量思想

刘劭所著的《人物志》是一部系统论述用人和品鉴人才的工具书。他根据人物的体别和行动来论断人物的内心活动，是一部研究魏晋思想史、心理学史的重要资料。《人物志》的影响十分深远，20 世纪 30 年代曾有美国人将其翻译成英文在美国出版发行，并称之为"人类能力研究"的著作，是我国唯一一部介绍于西方的心理学著作。我国古代更多地将心理测量思想转化为实践指导，使之更具体、更具有操作

性，成为品鉴人才的标准系统。

5. 兴盛于隋唐的科举制度

隋唐时期，隋炀帝大业元年，首次开科取仕，标志着中国正式开始通过测验选拔人才。当时的考试方法主要有贴经（填补词句中的缺字）、口义（口试）、墨义（笔试）、策问（时势政治问题的回答）和杂文（即诗赋）等，经过唐、宋、元、明、清，科举制度已经相当成熟。这种测验制度在我国通行了 1 300 多年。而西方国家是在 18 世纪末、19 世纪初才开始通过考试选拔官吏。根据北京大学王汉昌先生考证，从 1570 年至 1870 年，用英文出版的介绍中国人事制度的书刊有 70 多种。现代西方公务员考试录用制度的发展，在很大程度上受到中国科举制度的影响。

可以说中国的心理测量历史源远流长，中国古代先人不仅在关于个别差异和心理测量内容上有大量的理论论述，更在实践上做出了大量的贡献。这些宝贵的历史财富不容忽视，值得后人重视和借鉴。但到了唐宋以后，中国心理测验的发展逐渐趋于缓慢，甚至停滞。

（三）我国近代心理测量理论和实践的发展

直到清朝末年，西方发达国家所建构的现代科学心理学才由西方传入我国。我国老一代的心理学家陆志韦、廖世承、陈鹤琴、萧孝嵘、吴天敏、林传鼎、龚耀先、宋维真、陈仲庚等就已经开始通过向西方测验理论学习，引进、改进和编制了一批较科学的心理测验。1920 年，廖世承和陈鹤琴在南京高师开设测验课，并用心理测验测试投考该校的学生，这便是我国正式开始的科学心理测试。1921 年，正式出版了《智力测验法》一书。1922 年，比纳量表由费培杰译成中文，并在江苏、浙江两省的一些小学生中进行过测试。1924 年，陆志韦先生发表了《订正比纳-西蒙智力测验说明书》，1936 年又与吴天敏再次修订。1931 年中国测验学会成立。1932 年《测验》杂志创刊。根据不完全的资料统计，到抗日战争前夕，我国心理学工作者制订或改编了各种的智力测验和人格测验约 20 种，教育测验 50 多种，出版心理与教育测验方面的书籍 20 多种。

新中国成立之后的三十多年里，由于 20 世纪 50 年代的“反右”运动，20 世纪六七十年代的“文化大革命”等多方面原因，心理测验一直作为一门唯心的学科成为学术禁区。直到 1979 年，林传鼎、张厚粲等参考国外材料编制了少年儿童学习能力测验。1980 年 5 月，中国心理学会实验心理学专业委员会在武汉召开了全国心理测验研究协作会议，决定由林传鼎、张厚粲主持修订韦氏儿童智力量表，吴天敏主持修订比纳量表，龚耀先主持修订韦氏成人智力量表，陈仲庚主持修订艾森克人格问卷，与此同时，北京师范大学心理学系和其他许多单位也先后独立编制了镶嵌图形测验、注意测验、记忆测验、气质测验和创新思维能力测验等。1984 年末，在北京召开的第五届全国心理学年会上，成立了测验工作委员会，从此，掀开了我国现代心理测量的新篇章。

近二十几年来，我国在测验、考试科学化方面取得了明显的进展，先后开发出一些科学化程度较高的测验。这些进展主要表现在如下几点。首先，引进、修订了一批国外的权威测验。从1978年以来，国外最著名的一批测验多数已被修订为中文版，如《明尼苏达多项人格问卷》、《艾森克人格问卷》、《卡特尔16种人格因素测验》、《韦克斯勒智力测验》、《斯坦福-比纳智力量表》、《瑞文标准智力测验》等。其次，已开发出有中国特色的、适应各方面需要的各类心理测验。如，智力测验、认知和学习能力倾向测验、职业能力测验、操作测验、个性测验、态度测验、价值观测验、兴趣测验等。第三，在高考、自学考试等大规模考试的科学化方面取得了许多进展，主要表现在大量引入了客观性试题，采用了计算机判卷，对试题进行考后的题目分析，某些科目建立了题库，在试点省实行了分数标准化。第四，将计算机、光电阅读机等科学技术手段引入测验实践。将先进的心理测量的理论（如心理测量的概化、项目反应理论等）引入各种测验活动中，开发出几个不同系列的硬件和软件，有些已经接近国际先进水平，为我国的心理测量工作进入世界先进行列做出了重大的贡献。

二、科学心理测量的产生

大多数学者将科学心理测验的开端上溯到19世纪末在德国和英国繁盛起来的关于个体差异的实验研究。毫无疑问像威廉·冯特、弗朗西斯·高尔顿及詹姆斯·麦基恩·卡特尔这样的早期实验者奠定了现代心理测量的基础。

（一）科学心理测量的起源

著名的美国心理学史家波林说："在心理测量领域，19世纪80年代是高尔顿的十年，90年代是卡特尔的十年，20世纪头十年则是比纳的智力测验的十年。"

1. 高尔顿对科学心理测量的贡献

首先倡导测验运动的是优生学创始人、英国生物学家和心理学家弗朗西斯·高尔顿爵士。高尔顿是个天才，比起心理学本身，他对人类进化的问题更感兴趣。他有两项最具影响的工作，一个是"遗传天赋"，证明了遗传因素比优越的环境更具有重要的作用；另一项工作是"探究人类能力及其发展"，这是完全不同的一系列杂文，它强调各种心理才能的个体差异。1869年他出版了《遗传的天才》一书，提出人的能力是由遗传而来，这种遗传是有差异的，而这种差异，则是可以测量的。为了测量人与人之间的差异，1884年，高尔顿在国际博览会上设立了一个人类测量实验室，参观者只要付三个便士就可以测量到自己的某些身体素质状况。比如说，如果谁想了解自己视觉或听觉的敏锐性如何，肌肉力量是不是有力，反应速度够不够敏捷，只需要到高尔顿爵士开设的人类测量实验室去测一测就知道了。

2. 卡特尔对心理测量工作的贡献

另一个对促进心理测验发展做出巨大贡献的是美国心理学家卡特尔。卡特尔在美国宾夕法尼亚大学任教期间，创立了一个心理测量实验室，并完成了他最重要的专著《微小差异的知觉》。1892年，卡特尔从宾夕法尼亚大学转到哥伦比亚大学，在哥伦比亚大学又创立一个实验室，此后主持这个实验室长达26年。在19世纪90

年代开始致力于心理测验的发展，以各种心理测验来研究个别差异测验，分别用来测量肌肉力量、运动速度、痛感受性、视听敏度、反应时、记忆力等，这些研究都为美国心理测量学的发展开了先河。卡特尔在他一篇名为“智力测验和测量”的著名论文中发明了“智力测验”这一专业术语。

3. 比纳对心理测量工作的贡献

任何一个写心理测量史的人都不能不提到一个重量级人物——比纳。比纳认为当时的心理测验偏重于简单的感觉测量，他认为智力是一个复杂的概念，不仅仅限于感觉的能力，就像谈论一个人聪明不聪明，绝不是看他跑得是不是够快、手臂肌肉是不是有力量这么简单。根据比纳对智力的理解，比纳与他的助手西蒙一起编制了世界上第一个智力量表——比纳-西蒙量表。这套量表有30个由易到难排列的题目，可用来测量各种能力，特别是判断能力、理解能力、推理能力。

比纳-西蒙量表问世之后，立刻传到世界各地，心理测量领域的专家们也不断对它进行修订，其中最有名的是美国斯坦福大学推孟教授1916年修订的斯比量表，其最大的改变是采用了智商的概念。它是用儿童的心理年龄除以实足年龄所得到的“心理商数”来表示聪明程度，推孟在修订比纳-西蒙量表时将“心理商数”改称为“智商”，从此智商这个词就在全世界普及开来。

(二) 现代科学心理测量的发展

1. 个体测验向团体测验的发展

在第一次世界大战期间，由于战争需要，美国不得不从适龄青年中选拔大量的士兵和军官，并把他们安置到合适的岗位上。美国军方将此项任务交给了美国的心理学家们，委托他们来做士兵的选拔和安置工作。这些心理学家们在以前只能进行个体施测的心理测验基础上，编制出了适合团体大规模施测的军用的甲、乙两种心理测验，并对200多万名官兵进行了智力检查，取得了巨大的成功。战后，这种测验经过改造就开始广泛应用于民间，被教育和工商界普遍采用。

2. 智力测验向能力倾向测验的发展

因为人们越来越认识到智力是一个复杂的概念，智力具有多重性，人的能力有着不同的侧面，不能简单地说某个人聪明，或者不聪明，而是应该说他哪些方面比较强，哪些方面比较弱。就像有的同学数学能轻轻松松学得很好，但语文学起来就很费劲一样。因此编制出可以测量多重能力倾向的测验就成为必要，如，可以测量言语能力、数学能力、操作能力、人际交往能力等很多能力。

3. 非智力因素心理测验的发展

心理测验的另一个重要领域，包括人际关系、情感适应、动机、兴趣、态度、性格等人格测验方面也有了长足的进步。比如心理学家克瑞普林就最早采用自由联想测验来诊断精神病人。后来心理学家们又编制出了很多测量人格的测验，如，罗夏克墨迹测验、明尼苏达多项人格问卷等，我们将在后面的章节里对这些测验加以介绍。

(三) 心理测验的分类

心理测验种类较多,据统计,仅以英文发表的测验就有 5 000 多种,2010 年出版的《心理测验年鉴》(第 18 版)涉及的各种常用心理测验就超过了 2 000 多种。心理测验依据不同的标准可以划分为不同的类别。

1. 按照心理测验的功能分类

首先是能力测验,这类测验的功能是测量人的一般能力或特殊能力。这些测验包括成就测验,如国内的高考、中考、公务员考试等;还有智力测验,如比纳智力测验、韦克斯勒智力测验、瑞文智力测验等,它们用于评估人的智力水平。

其次是人格测验,这类测验主要用于测量性格、气质、兴趣、态度等方面的个性心理特征。目前在学校咨询中经常涉及的人格测验包括卡特尔 16 种人格测验、艾森克人格问卷、中国人格测验、罗夏墨迹测验和主题统觉测验等。

第三是临床心理健康测验,这类测验主要用于评估心理卫生的综合状况、与应激有关的问题、精神障碍方面的评定等。目前学校咨询中常涉及的临床心理健康测验有 SCL-90 测验、焦虑和抑郁评定量表、明尼苏达多项人格问卷等。

2. 按照测验材料的性质分类

首先是文字测验,它是以言语来提出刺激,被试采用言语做出反应。如卡特尔 16 种人格测验和比纳-西蒙智力测验等。这类测验的缺点是容易受被试文化程度的影响,因而对不同的教育背景的使用,其有效性难以保证。

其次是操作测验,它也称为非文字测验,测验题目多属于对图形、实物、工具、模型的辨认和操作,无需使用言语作答,所以不受语言文化因素的限制,如罗夏墨迹测验、瑞文智力测验等,但这种测验因为时间上不经济,大多不适合团体实施。

3. 按照测验的方式分类

首先是个别测验,指每次测验过程中是以一对一的形式来进行。这是临床上最常用的心理测验形式,如韦氏智力测验,它的优点在于主试对被试的言语和情绪状态有仔细的观察,并且有充分的机会与被试合作,所以其结果更可靠。

其次是团体测验,指每次测验过程中由一个或几个主试对较多的被试同时实施测验。这类测验的优点在于时间经济,主试的专业水平可以不高,如美国陆军甲种和乙种测验。

4. 按照测验结构的严密程度分类

首先是客观测验,这类测验所呈现的刺激词句、图形等意义明确,只需被试直接理解,无需发挥想象力来猜测和遐想,故称为客观测验。

其次是主观测验,这类测验的刺激没有明确的意义,问题模糊,被试的反应也没有明确规定,被试可以凭借直接的想象力加以填补,使图形变得有意义。在这个过程中,恰好投射出被试的思想、情感和经验,具有代表性的这类测验有罗夏墨迹测验、主题统觉测验、自由联想测验等。

5. 按照测验的要求分类

首先是最高作为测验,这类测验的题目答案有对错之分,要求被试尽可能作出最好的回答，主要考察被试的认知过程，常见的这类测验有成就测验、智力测验和能力倾向测验等。

其次是典型行为测验，这类测验的题目答案没有对错之分，要求被试尽可能按通常的习惯方式作出回答，一般来说，人格测验和临床心理健康测验都属于典型行为测验。

第二节　合格心理测量的特征

一、中国民间的前科学形态的心理测量活动

1. 手相

所谓看“手相”，又称万相之首，指一些中国民间术士通过手掌上常见的一般线与纹，根据一定的规则，赋予它们相应的意义。换句话说，就是根据你手上的纹路来判断你的命运、前途、事业、婚姻、健康状况等人生重大事情和预测吉凶祸福。看手相的人就是根据这五条主要线纹的连续或断开、长或短、多或少、有没有分叉这些情况，来预知你会活到多少年纪，有几次婚姻，事业是否顺利等。

2. 面相

所谓的“面相”，就是通过观看一个人“面部特征”的方式来论命。有一句话说“相由心生”，这句话主要就是说一个人的个性、心思和为人善恶，可以由他的面相看出来。面相学与手相学有异曲同工之妙。手相学是根据手上纹路的状况来推断某人的健康、事业和婚姻。面相学是根据脸部的宽窄肥瘦，眼、耳、口、鼻，乃至痣的位置、比例等情况来推断一个人的性格和命运。

3. 占卜

所谓的“占卜”，就是指用各种超尘世的方法来获得尘世间事物的信息或预卜凶吉祸福的活动。“占”意为观察，“卜”是以火灼龟壳，认为就其出现的裂纹形状，可以预测吉凶福祸。它通过研究观察各种征兆所得到的不完全的依据来判断未知事物或预测将来。

二、衡量测量工具科学性的标准

我们在选择一个心理测验量表来度量人的心理水平时，经常会考虑这样一些问题：用这种工具测得的结果准确吗？每次所测得的结果都一致吗？测验结果的一致性和准确性，即测验的可靠性和有效性，是任何一个良好的测量工具都必须保证的前提，这在测量学上称为信度和效度。心理测量中通常用于衡量测量工具是否具有科学性的技术指标有信度、效度、难度、区分度和常模。

（一）信度与效度

1. 信度

信度即测验的可靠性，是指同一组被试在不同的时间内用相同或等值的测验多

次测量结果的一致性程度。一个好的测量工具，对同一事物反复多次测量，或由不同的人使用，其测量结果应该保持不变。一个测验究竟信度多高才合适、才让人满意呢？最理想的情况是信度系数 $R=1.00$，但实际上是无法实现的。根据多年的研究结果，一般的能力测验和成就测验的信度系数都在0.90以上，有的可以达0.95；而人格测验、兴趣、态度、价值观等测验的信度一般在0.80～0.85或更高一些。一般原则是：当 $R<0.70$ 时，测验不能用于对个人作出评价或预测，而且不能作团体比较；当 $0.70\leqslant R<0.85$ 时，可用于团体比较；当 $R\geqslant 0.85$ 时，才能用来鉴别或预测个人成绩或作为。另一原则是新编的测验信度应高于原有的同类测验或相似测验。

2. 效度

效度是指测量的有效性，即一个测验对它所要测量的特性准确测量的程度。一个测验总是为一定的测量目的而设计编制的，并具有一定的操作规则和使用范围，判断它的效度高低，首先要看它达到测验目的的程度，如果能正确地测量出所要测的东西，那么它就是高效度的测量。考察效度的方法很多，每种方法侧重点不同，名称也随之而异。效度可分为三大类：内容效度、构想效度和效标关联效度。

3. 信度与效度的关系

信度是效度的必要而非充分条件，效度高必然信度高，而信度高并不一定保证效度高，说明信度高只是效度高的必要条件，并不是效度高的充分条件。

效度是受信度制约的，信度系数与效度系数之间还有这样的关系：信度系数的平方根是效度系数的最高限度。一个测验与外在效标的相关，不会超过与它自身相关的平方根，也就是一个测验的效度不会超过它的信度的平方根。这说明，一个测验的效度总是受它的信度所制约。

（二）难度和区分度

1. 项目难度

项目难度是对被试完成项目作答任务时所表现出来的困难程度，关于测验项目困难程度的计算方法可以分为两种不同的情况，当项目是客观题（即二级记分）时，难度系数就等于通过率；当项目是主观题（即多级记分）时，难度系数就等于所有受测者在项目上的平均分除以总分的商。进行难度分析的主要目的是为了筛选项目，项目的难度多高合适，取决于测验的目的、性质及项目的形式。大多数的标准测验，都希望能准确测量个体的差异。如果在某题上，被试全答对或全答错，则该题无法提供个别差异的信息，也不会影响测验分数的分布，因此对测验的信度和效度没有多大的作用。P 值越接近于0或接近于1，越无法区分被试者之间能力的差异。相反，P 值越接近于0.50，区别力越高。

由于人的心理特性基本上是呈常态分布的，而我们目前所采用的统计方法又大都以正态分布为前提，因此大多数测验在设计时希望分数呈现常态分布的模型。如果被试样本具有代表性，对于中等难度的测验，其测验总分应该接近常态分配。

2. 项目区分度

项目区分度又称为项目鉴别力。它是指项目（题目）对不同水平的被试反应的区分程度和鉴别能力。若项目鉴别力高，则能力强、水平高的被试得分高，能力弱、水平低的被试得分低，否则就没有鉴别力。

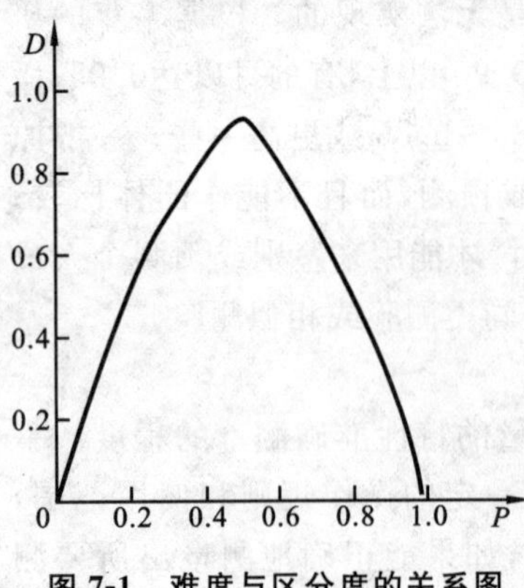

图 7-1 难度与区分度的关系图

项目鉴别指数是计算鉴别力时最常用，也是最简单的方法。被试按总分高低排列，然后取得分最高的27%的被试作为高分组，得分最低的27%的被试作为低分组。计算高分组该题答对的人数比率与低分组该题答对的人数比率，采用公式：$D=P_H-P_L$。D值越大，项目的鉴别力越强，表示项目的质量越好。

如果以项目的难度作为横坐标，以项目的区分度作为纵坐标，则难度与区分度呈倒U形关系，如图7-1所示。

我们知道，难度和区分度都是相对的，是针对一定团体而言的，绝对的难度和区分度是不存在的。一般来说，较难的题目对高水平的被试区分度高，较容易的题目对低水平的被试区分度高。由于人的心理特性的分布呈现常态，所以项目难度的分布也以常态分布为好。

（三）常模

常模就是解释测验结果的一套参照指标，由样本总体测量结果的统计平均值表示。参加测验的每一个人所得原始分都要与常模团体相比较才能做出解释。所谓统计平均值，是指为了表示一组数据的规律性，需要计算出一些能够反映这组数据的统计特征的数字，把它们称为统计平均值。最常用的统计平均值是平均数和标准差。

1. 常模团体与常模分数

常模团体是由具有某种共同特征的人所组成的一个群体，或者是该群体的一个有代表性的样本。它用一个标准的、规范的分数表示出来，为个体在心理测验中所获得的原始分数提供了一个比较的基础或参照的标准。

常模分数就是对常模团体进行测验以后，将被试的原始分数按照一定的规则转换出来的导出分数。常模分数所构成的分布，就是通常所说的常模，它是解释心理测验分数的基础。最常见的常模主要有三种：发展常模、标准分数常模和百分位常模。

2. 发展常模

人的许多心理特质如智力、技能等，是随着时间以有规律的方式发展的，所以可以将个人的成绩与各种发展水平的人的平均表现相比较。根据这种平均表现所制成的量表就是发展常模，也叫做年龄常模。最直观的一个发展常模就是葛塞尔的发展程序表。它可以告诉人们多大的儿童具备什么能力或行为就表明他发育正常，相应行为或能力如果早于某年龄出现，说明发育超前，否则即为发育滞后。在这种量表中，个人的分数指出他的行为在按照正常途径发展方面处于什么样的发展水平。

3. 百分等级常模

百分等级粗略地说，某一原始分数的百分等级可以解释为常模团体中得分低于这个分数的人数的百分比。换句话说，百分等级指出的是个体在常模团体中所处的位置，百分等级越低，个体所处的位置就越低。

4. 标准分数常模

标准分数确定的依据是根据测验分数正态分布的性质，它是在原始分数的基础上按照一定的规则转化过来的，它反映了原始分数在分数总体中的相对位置。标准分数 Z 是原始分数与平均数的距离以标准差为单位的分数，用公式表示，则为：

$$Z=(X-M)/S$$

其中，X 为原始分数；M 为总体平均分数；S 为总体标准差。常见的转化以后的标准分数有：Z 分数、T 分数、标准九分分数、离差智商等。

第三节　学校心理咨询中常用心理测验简介

一、智力测验

对智力测验的发展产生重大影响的是有关个别差异的研究和智力落后儿童的研究。但它的基础还是实验心理学，特别是心理学测定法的发展。这些方法间接地成为智力测验的基础。英国心理学家高尔顿研究了人的心理能力的测定方法。美国心理学家卡特尔对个别差异的研究抱有极大的兴趣，为智力测定方法的发展奠定了基础，学校心理咨询中最常用的个体智力测验的工具是韦氏智力测验，而最常用的团体智力测验的工具则是瑞文智力测验。

1. 韦氏智力测验

韦氏智力量表是美国心理学家韦克斯勒编制的一组智力量表，分言语和操作测量两个部分。韦氏智力量表有三种：①韦氏成人智力量表(WAIS)，适用于 16 岁以上的人群；②韦氏儿童智力量表(WISC)，适用于 6.5～16 岁的人群；③韦氏学龄前及幼儿智力量表(WPPSI)，适用于 3 岁 10 个月～6 岁 10 个月的人群。

我国对上述三个量表均进行了修订。1979—1980 年由龚耀先主持、全国 56 个单位协作修订的 WAIS，称 WAIS-RC；1980—1986 年由林传鼎和张厚粲主持修订的 WISC，称 WISC-CR；此外，龚耀先和戴晓阳主持、全国 63 个单位协作修订的 WPPSI，称中国韦氏幼儿智力量表(C-WYCSI)。

(1) 韦氏智力量表具体的内容。

韦氏智力量表主要指 WAIS-RC、WISC-CR 和 WPPSI 这三个量表，三者包含了大致相同的分测验。因年龄关系，有一些形式上的变更，还有少数量表中的分测验有增删，如表 7-1 所示。

表 7-1　韦氏智力量表的分测验名称

量表名称	WAIS-RC	WISC-CR	WPPSI
言语量表	知识 领悟 算术 相似性 数字广度 词汇	常识 类同 算术 词汇 理解 [背数]	常识 词汇 算术 类同 理解 [填句]
操作量表	数字符号 填图 木块图 图表排列 图形拼凑	填图 排列 积木 拼图 译码 [迷津]	物体拼凑 图画补缺 迷津 几何图形 积木图案 [动物房子]

注:"[　]"内项目为在 WISC-CR、WPPSI 中的备用分测验

(2) 韦氏成人智力量表中国修订本(WAIS-CR)。

我国的修订本分城市和农村两式,各包括 11 个分测验,其中言语部分包括知识、领悟、算术、相似性、数字广度、词汇 6 个分测验,操作部分包括数字符号、图画填充、木块图、图片排列、物体拼凑 5 个分测验。每个分测验的项目均从易到难进行排列,完成全部测验的时间大约为 75 min,如表 7-2 所示。

表 7-2　中国修订的韦氏成人智力量表内容

1. 知识(包括 29 个一般性知识的题目)	要求被试用几句话或几个数字回答,问题按由易到难排列。一般从第 5 题开始施测,若被试连续 5 题失败,则不再继续下去。被试反应以"0"或"1"分计算。主要测量人的知识广度、一般的学习及接受能力、对材料的记忆及对日常事物的认识能力
2. 领悟(包括 14 个按难易程度排列的问题)	要求被试回答在某一情景下最佳的生活方式和对日常成语的解释,或对某一事件说明为什么。一般从第 3 题开始,若连续 4 题失败,则不再继续下去。根据回答质量分别记"0"、"1"或"2"分。主要测量判断能力、运用实际知识解决新问题的能力,以及一般知识
3. 算术(包括 14 个算术题,依难度排列)	被试只能用心算来解答,一般小学文化的人就可以完成。一般从第 3 题开始,若连续 4 道题失败,则停止该测验。记分为"0"或"1"分,速度快者可加分。算术测验主要测量数学计算的推理能力及主动注意的能力

续表

4. 相似性(包括13对名词)	每对词表示的事物都有共同性,要求被试概括出两者在什么地方相似。题目按难度排列,被试连续4题失败时,停止该项测验。依照概括的程度和质量分别计以“0”、“1”或“2”分。此测验设计用来测量逻辑思维能力、抽象思维能力与概括能力
5. 数字广度(包括顺背和倒背两个部分)	顺背最多由12位数字组成,倒背最多由10位数字组成,每一部分由易到难排列。总分为顺背和倒背分数的总和。此测验主要测量人的注意力和短时记忆能力
6. 词汇(包括40个词汇,按难度排列)	要求被试解释词意。言语能力较差被试从第1题开始做,一般被试从第4题开始。被试若连续5个词解释不出则不再继续进行。根据被试回答的正确程度分别记“0”、“1”或“2”分。本测验主要测量人的言语理解能力,同时了解其知识范围和文化背景
7. 数字符号	1~9诸数各有一规定符号,要求被试按照这种对应方式,迅速在每个数字下空格内填上相应的符号,被试从练习项目开始,正式测验限时90秒。填对时记“1”分,总分为90分。该测验主要测量一般的学习能力、知觉辨别能力及灵活性,以及动机强度等
8. 图画填充(由21张卡片组成)	每张卡片上的图画有一处缺笔,要求被试能指出这个部位及名称。主要测量人的视觉辨认能力,以及视觉记忆与视觉理解能力
9. 木块图(主试呈现10张几何图案卡片)	令被试用4块或9块红白两色的立方体积木照样摆出来,主要测量辨认空间关系的能力、视觉结构的分析和综合能力,以及视觉-运动协调能力等
10. 图片排列(测验材料为8组随机排列的图片)	每组图片的内容有内在联系,要求被试在规定的时间内排列成一个有意义的故事,主要测量被试的分析综合能力、观察因果关系的能力、社会计划性、预期力和幽默感等
11. 图形拼凑(共有4套切割成若干块的图形板)	主试将零乱的拼板呈现给被试,要求他们拼出一个完整的图形。主要测量处理局部与整体关系的能力、概括思维能力、知觉组织能力和辨别能力

以上11个分测验都有各自的记分方法,每个被试的各项分测验成绩(粗分)最后可换算成以10为平均数、3为标准差的量表分,再根据各分测验的量表分计算出言语量表分、操作量表分和总量表分,据此按被试的年龄在相应智商表中查出等值的智商,即言语智商、操作智商和总智商。

2. 瑞文渐进方阵智力测验

1938年,瑞文渐进方阵第一次出现在人们的眼前。它是一个非言语测验,通过图形刺激启发人们的推理。该测验在基础研究领域得到了广泛应用,并且也被一些公共的智力评测机构所使用。

瑞文测验实际上是由三个不同的测验组成。第一套是彩色的渐进方阵测验,彩色的渐进方阵测验是一个包含 36 道题的测验,适用于 5～11 岁的儿童。瑞文把颜色加进测验中是想让年幼的儿童能集中注意力。第二套是标准的瑞文渐进方阵测验(SPM),标准的瑞文渐进方阵测验中大部分的题目非常难,因此它最适用的人群其实是成人。高级瑞文渐进方阵(APM)与标准瑞文渐进方阵(SPM)大致相同,但在最难的部分要更难。高级版第一部分有 12 题,第二部分有 36 题。这个版本更适合于智力超常的人。

(1) 瑞文智力测验的理论基础。

瑞文智力测验的编制者 Raven 曾经和 Spearman 一同工作,并深深受到 Spearman 所提出的智力的二因素理论的影响,认为任何智力活动都包含了一般和特殊两种智力因素,即智力的一般因素(G 因素)和智力的特殊因素(S 因素),通过个体的智力可以用它的一般因素进行解释。

同时,Raven 也意识到,笼统地用智力一词还不足以描绘人的多种认识能力,指出存在着两种既对立又具有内在联系的行为,即再生性能力和推理性能力。所谓再生性能力是指个体当前所具备的回忆已获得信息并进行言语交流的能力,表明个体通过教育所达到的水平,同学校的教育内容有着密切的联系;所谓推断性能力是指个体作出理性判断的能力,是智能活动的能量,较少受到本人知识水平或受教育程度的影响,对于个体适应社会具有重要意义。

(2) 标准的瑞文渐进方阵测验。

标准瑞文渐进测验一共由 60 张图案组成,按逐步增加难度的顺序分成 A、B、C、D、E 五组,每组图案都有一定的主题,例如:A 组主要测验知觉辨别力、图形比较和图形想象力(如图 7-2 所示);B 组主要测验类同和图形组合能力(如图 7-3 所示);C 主要测验比较、推理和图形组合能力(如图 7-4 所示);D 组主要测验系列关系、图形组合和比拟能力等(如图 7-5 所示);E 主要测验互换、交错等抽象推理能力(如图 7-6 所示)。

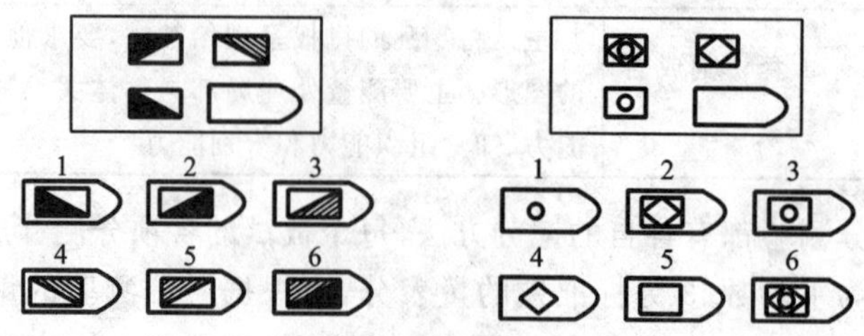

图 7-2　A 组图形示例

(3) 瑞文智力测验的应用。

中国学者李丹和王栋(1989)根据原瑞文智力测验的标准型与彩色型联合开发

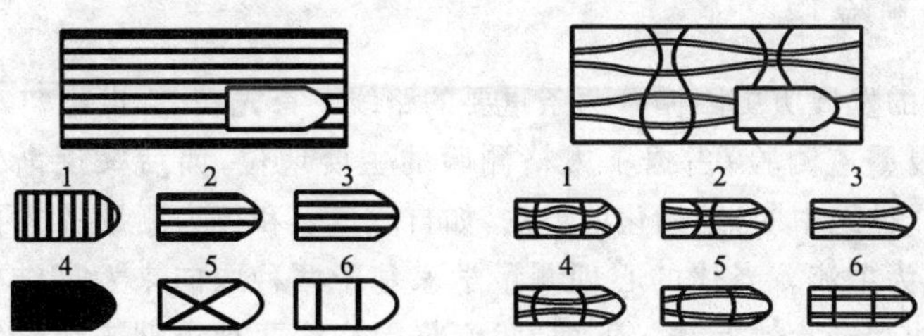

图 7-3　B 组图形示例

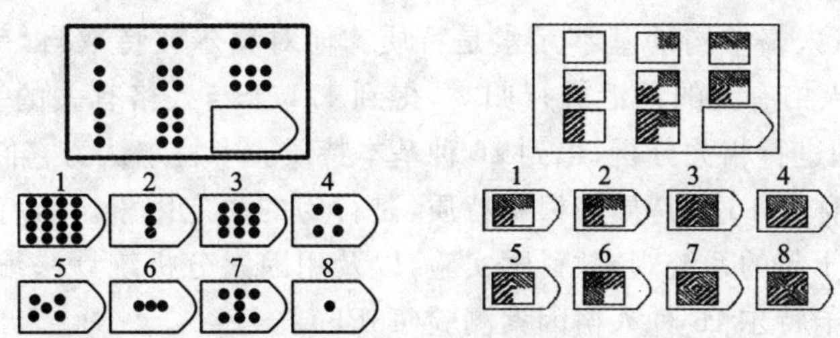

图 7-4　C 组图形示例

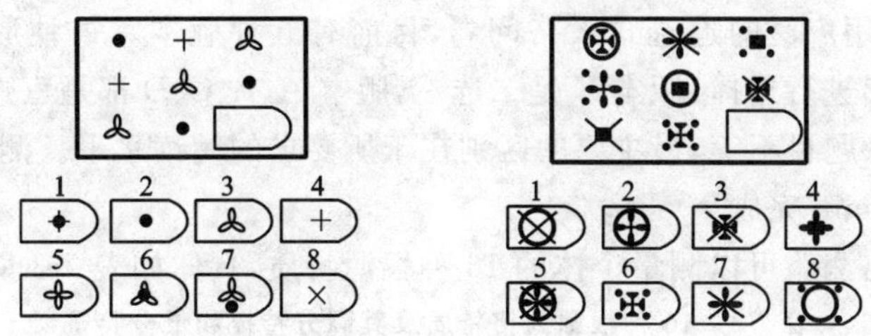

图 7-5　D 组图形示例

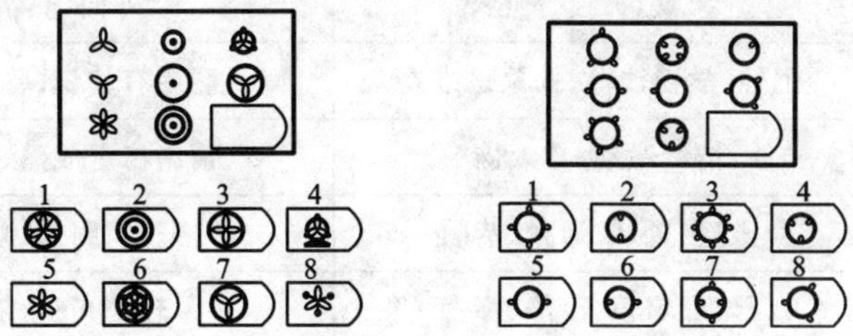

图 7-6　E 组图形示例

了适合中国人使用的瑞文联合型智力测验(CRT),测验材料是 72 道试题的图册,内分六个单元(A、AB、B、C、D、E),每个单元 12 题,前三个单元是彩色图案,后三个单元是黑白图案。5～75 岁的中国幼年、儿童、成年、老年都可以借此测验进行智力的等级评定。此测验可以用于有言语障碍的智力测量,也可以作为不同民族、不同语种间的跨文化研究工具。

二、人格测验

人格测验的发展历史因循着两条重要的路线。首先在20世纪初，非结构化的投射技术(如罗夏墨迹测验)占据了人格测验的主要地位，而后又逐渐失去其主流地位。其次在20世纪中期，结构化的方法，如自陈量表和行为测量占据了主要的地位，随后迅速地成为主流。当代的心理测量学家基于两种取向来发展结构化的人格测量：理论演绎法和经验效标法。下面，我们将围绕这两种类型来讨论结构化的人格测验。

1. 卡特尔16种人格因素测验(16PF)

卡特尔主张人格结构的基本元素是特质。他对奥尔波特取自《韦氏大辞典》中的18 000个与人格有关的词汇进行归类，得到171个与人格有关的基本词，之后对这171个基本词进行相关分析，得到16种基本特质。卡特尔认为它们是构成人格的最基本的要素，称这16种特质为根源特质，是行为的决定因素。卡特尔依据他的人格理论，经过几十年的系统观察、科学实验，以及用因素分析统计法编制了一种精确可靠的测验，即卡特尔16种人格因素测验(16PF)。

与其他同类的测验相比较，它能以同等的时间(约40 min)测量更多方面主要的人格特质，并可作为了解心理障碍和心身疾病诊断的手段，也可用于人才选拔。16PF是一种应用广泛的迫选式人格问卷，目前有五种版本。每种形式都要求受测者对特定的情形进行选择，版本E是二选一，版本A、B、C、D都是三选一。各版本包含105到187个题目不等，最主要的区别在于所要求的阅读水平。测验不限时间，但通常在30～60 min完成。

卡特尔人格测验可以测量个体的16种根源特质，具体如表7-3所示。

表7-3　16种根源人格特质及其高分特征和低分特征

因素	名称	低分特征	高分特征
A	乐群性	缄默、孤独、冷淡	外向、热情、乐群
B	聪慧性	迟钝、学识浅薄、抽象思维差	聪明有才识、善于抽象思维
C	稳定性	情绪激动、易烦恼	情绪稳定成熟、能面对现实
E	恃强性	谦逊、顺从、通融、恭顺	好强、固执、独立、积极
F	兴奋性	严肃、审慎、冷静、寡言	轻松兴奋、随遇而安
G	有恒性	苟且敷衍、缺乏奉公守法的精神	有恒负责、有始有终
H	敢为性	畏怯退缩、缺乏自信心	冒险敢为、少有顾虑
I	敏感性	理智的、着重现实	敏感、感情用事
L	怀疑性	依赖随和、易与人相处	怀疑、刚愎、固执己见

续表

因素	名称	低分特征	高分特征
M	幻想性	现实、合乎成规、力求完善合理	幻想的、狂妄、放任
N	世故性	坦白、直率、天真	精明强干、世故
O	忧虑性	安详、沉着、通常有自信心	忧虑抑郁、烦恼自扰
Q1	实验性	保守、尊重传统观念和行为标准	自由，激进，不拘泥于成规
Q2	独立性	依赖、随群附和	自立自强、当机立断
Q3	自律性	矛盾冲突、不顾大体	知己知彼、自律严谨
Q4	紧张性	心平气和、闲散宁静	紧张困扰、激动挣扎

16PF应用最大的动力来自于职业指导，职业探测和职业测验。此测验的使用仅次于MPPI和MPPI-2，其原因之一是答题纸能够迅速通过机器计分并邮寄。更多的实践者使用电脑陈述报告。这种报告吸引人的特征之一是它提供了有价值的信息。报告包含人格描述，分数侧面图，临床征兆的总结，认知因素和需要模型。

2. 艾森克人格问卷(EPQ)

艾森克对人格问题进行了大量的实验研究，提出了自己独到的理论见解。他认为，个性特质是个体主要的、稳定的和持久的个性特点和倾向，个性特质可以用问卷的方式予以测量。经过对问卷调查和实验室实验结果的因素分析，艾森克得到决定人格的三个最基本因素有内外倾性、情感稳定性和精神性。这三个因素构成了人格的相互垂直的三个维度。人们在这三方面的不同倾向和不同表现程度，构成了他们不同的人格特征。

艾森克认为，各种人格类型不是相互排斥，非此即彼的；相反，人格类型包含基本的人格维度，即外倾-内倾、神经质-稳定性和精神质-超我机能。每个人在这些维度上都有不同程度的表现，而极少有单纯类型的人。艾森克人格问卷的结果分析和解释如表7-4所示。

表7-4　艾森克人格问卷的结果分析和解释

类型	表现特征
典型外倾性（高分）	善于交际，有许多朋友，健谈，不喜欢独处，好与人讨论；寻求刺激，善于捕捉机会，好出风头；做事急于求成，冲动；喜欢开玩笑，回答问题脱口而出，不假思索；喜欢环境变化；无忧无虑，不记仇，乐观；好动，总想找些事来做；他不能时时很好地控制自己的情感
典型内倾性（低分）	表现安静，不喜欢与人交往，善于自我省察，对事物的兴趣更甚于对人，除非很亲密的朋友，他往往对人保持距离；做事之前先订计划，瞻前顾后，不轻举妄动，待人接物严肃，生活有规律；善于控制情感，很少攻击行为，但一旦被激怒很难平复。办事可靠，偏于保守，非常看重道德价值

续表

类型	表现特征
神经过敏（高分）	表现出高焦虑，喜怒无常，易于激动，经常忧心忡忡，睡眠不好，由于他们对事物的判断往往受到感情冲动的干扰，因此，他们的行为有时显得不合常理，有时出现刻板的、偏执的行为。神经过敏者的主要特点是对可能出现的不利情境表现出过分强烈的焦虑
情感稳定（低分）	情绪反应缓慢且轻微，很容易恢复平静，他们常常是稳重、性情温和的，善于自我控制，不易焦虑
高精神质（高分）	性情孤僻，对他人漠不关心，总与旁人处不好关系，常常令人讨厌；他常常表现出攻击性，甚至对自己所爱的人；他往往有些怪癖或不寻常的嗜好；不怕危险，喜欢捉弄别人，使别人难堪。对他人的同情心、负疚、罪恶感等体验，在他们身上很少出现
低精神质（低分）	情绪稳定，对人对己都比较宽容，很少发火，有自信，安心，有把握。不怕陌生环境

艾森克人格问卷由P、E、N、L四个量表组成，主要调查受测者的精神质性、内外向性和情绪的稳定性三个人格维度。掩饰(L)量表反映被试在回答问题是否猜测主试的意图、是否真实地回答问题的情况；内外向(E)量表的分数高者性格较外向；神经质(N)量表的分数高者常常焦虑、担忧、郁郁寡欢，分数低者情绪稳定、性情温和；精神(P)量表并非指精神病，它在所有人身上都存在，只是程度不同；高分者可能是孤独冷漠、不关心他人，难以适应外部环境；低分者能与人相处，能较好地适应环境，态度温和、不粗暴、善解人意。

3. 罗夏墨迹测验

罗夏墨迹测验是罗夏于1921年以“心理诊断学”为标题发表的人格测验。现已被世界各国广泛地使用。它是以墨迹偶然形成的模样为刺激图版，让被试自由观看并说出所联想到的东西，然后将这种反应用符号进行分类，加以分析，捕捉人格的各种特征，而进行诊断的一种方法。

罗夏所制成的瑞士版罗夏墨迹测验是由10张卡片构成。在各张图版中印刷着左右对称的墨迹。5张是黑白墨迹，5张是彩色墨迹。为了使测试判定具有某种程度的客观化，贝克和克罗普佛提出了判定标准：①根据被试所回答的内容，是生命的还是无生命的，是人还是动物，是可爱的还是厌恶的，施测者解释受试者人格上的差异；②对内容的解释可以有象征性意义；③解释时要注意全部回答的情况，以全部反应为基础。罗夏墨迹测验示例如图7-7所示。

罗夏墨迹测验的分析可分为四个阶段：自由反应阶段、提问阶段、类比阶段、极限测验阶段。以自由反应阶段和提问阶段所得到的资料为基础，对各图版中的各个反应用英文字母表示来进行分类，对罗夏墨迹测验的分类可以分为三方面：一是按反应的部位进行，二是按反映的决定要素进行，三是按反应的内容来进行的。由于

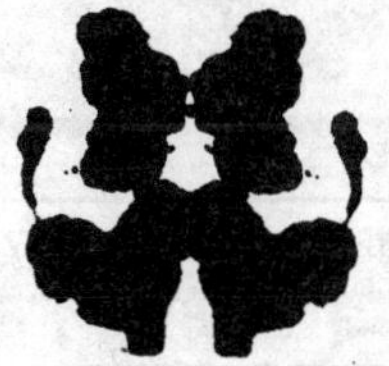
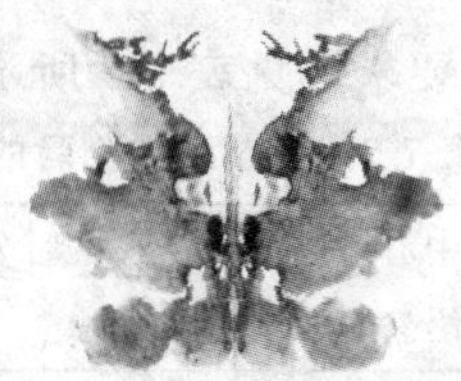
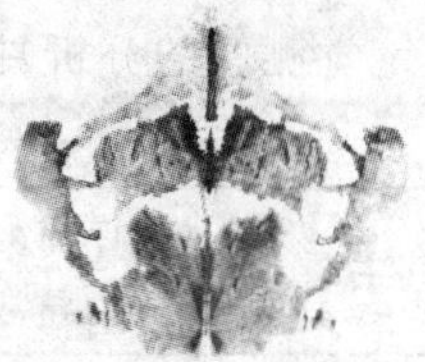

图 7-7　罗夏墨迹测验

很多原因，很难提供一个关于罗夏墨迹测验的可信度、有效性和临床应用性的简明的概括。

4. 主题统觉测验

主题统觉测验是投射测验中与罗夏测验齐名的一种测验工具，由美国哈佛大学默里与摩根等 1935 年编制而成。后来经过多次修订，逐渐被推广应用，故成为一种重要的人格投射技术。全套测验共有 30 张内容隐晦的黑白图片，另有空白卡片一张，图片的内容以人物或景物为主。每张图片都标有字母号，按照年龄、性别把图片组合成四套测验，每套 20 张，分成两个系列，每系列各有 10 张。分别用于男人、女人、男孩和女孩，其中有些照片是共用的。

在实施测验的过程中，主试一般都要求被测者给意义隐晦的图片赋予更为明确的意义，从表面上看，这一赋予意义的活动是自由的，比如在指导语中，主试就鼓励被测者无拘束地想象，自由随意地讲述，故事情节愈生动愈戏剧性愈好。但是实际上，默里认为被测者在这过程中会不自觉地根据自己潜意识中的欲望、情绪、动机或冲突来编织一个逻辑上连贯的故事，这样，研究者就可以对故事内容进行分析，捕捉蛛丝马迹，从而了解被测者特定的内心世界。主题统觉测验图片示例如图 7-8 所示。

图 7-8　主题统觉测验

施测时每次给被试者一张图片，让其编制一个 300 字左右的故事，故事内容不加限制，但必须回答四个问题：第一，图片中发生了什么？第二，发生这些事情的原因是什么？第三，故事的主人翁在想些什么？第四，故事的结局怎么样？

关于主题统觉测验的分析，一般需要从五个方面来详加分析：第一是受测者所描述的故事内容的主题；第二是要求对故事中的主人翁进行分析；第三是要求确定故事中主人翁的欲求；第四是描述故事中主人翁的情感；第五是询问受测者故事最后的结局如何。

主题统觉测验的分析具体要求详见表7-5所示。

表7-5 主题统觉测验的分析

明确其主题	详细记述中心主题和内容，然后分析故事长短，以及故事叙述中是否有言语异常和语句方面的紊乱
分析故事中的主人公	被试把故事中人物视为与自己一样的人物，尤其是被试情感色彩强烈的动机被投射的时候，故事中主人公所表现出的情况就是被试人格的真实面目
确认主人公的欲求	环境对主人公产生了什么样的压力，故事中的主人公有什么欲望和要求
情感方面的资料	是积极的情感体验，还是消极的情感体验，或者只是一般的行为反应
故事的结局	①完全的成功、胜利的结果（如自我实现）；②一般的成功（如战胜困境）；③平凡的结局；④失败、不满足的结果；⑤绝望及灭亡的结果

三、临床心理健康测验

自20世纪60年代以来，国内外的精神病学家和心理学家，进行了大量的研究工作，编制了种种用于不同研究目的的临床心理健康评定量表，广泛应用于精神疾病障碍的诊断和治疗工作，为20世纪精神病学和心理学的发展及精神药物的开发做出了巨大的贡献。现在常用的临床量表很多，具体选择哪种量表，还需要用其他方法对其进行比较和评价。

（一）90项症状自评量表

该量表有90个项目组成，包含比较广泛的精神病症状学内容，如感知、记忆、思维、情感、行为、人际关系、生活习惯等。通常是评定一周以来的情况，也可以评定一个特定的时间。每个项目（题目）分为五级评分：0表示“从无”，1表示“轻度”，2表示“中度”，3表示“相当重”，4表示“严重”。有的也用1～5级评分，这种评定是在计算实得总分时，将所得总分减去90。SCL-90除了作为自评量表以外，也可以作为医生评定病人症状的一种方法。

SCL-90包括9个因子，每一个因子反映出病人的某方面症状痛苦情况，通过因子分可了解症状分布特点。因子分＝组成某一因子的项目总分/组成某一因子的项目数。9个因子含义及所包含的项目具体如下文所述。

(1) 躯体化因子主要反映身体不适感，包括心血管、胃肠道、呼吸和其他系统的不适，头痛、背痛、肌肉酸痛及焦虑的其他躯体表现。

(2) 强迫症状指那些明知没有必要，但又无法摆脱的无意义的思想、冲动和行为，还有一些一般认知障碍的行为特征也在这一因子中有所反映。

(3) 人际关系敏感是指某些个人的不自在与自卑感，特别是与其他人相比较时更加突出。在人际交往中的自卑感、心神不安、明显不自在，以及人际交流中的自我意识、消极的期待是这方面症状的典型表现。

(4) 抑郁因子以苦闷的情感和心境为代表性症状，具体表现为对生活的兴趣减退、动力缺乏、活力丧失等特征，反映出失望、悲观及与抑郁相联系的认知和躯体方面的感受，另外，还包括有关死亡和自杀的观念。

(5) 焦虑因子一般指那些烦躁、坐立不安、神经过敏、紧张及由此产生的躯体征象如震颤等。测定游离不定的焦虑及惊恐发作是本因子的主要内容，还包括一项解体感受的项目。

(6) 敌对主要从三个方面来反映敌对的表现，即思想、情感和行为三方面。其项目包括厌烦的感觉、摔东西、争论、不可控制地发脾气等各方面。

(7) 恐怖因子包括反映出门旅行、空旷场地、人群、公共场所或交通工具的项目。此外，还包括反映社交恐怖的一些项目。

(8) 偏执因子是围绕偏执型思维的基本特征而制订的，主要指投射性思维、敌对、猜疑、牵连观念、妄想、被动体验和夸大等。

(9) 精神病性因子反映各式各样的急性症状和行为，有代表性地视为较隐晦、限定不严的精神病性过程的指征。此外，也可以反映精神病性行为的继发征兆和分裂性生活方式。

得到因子分以后，便可以用图廓分析方法了解各因子的分布趋势和评定结果的特征。

(二) 应对方式问卷

当个体面对应激环境的时候，哪一类或哪一种应对方式是良好的？如何测量或评估个体的应对方式？这些问题的解决是一项比较困难的工作。一般认为应对是一种包含多种策略的复杂的多维度的过程。

我国学者肖计划于1996年编制的应对方式问卷是根据我国文化背景编制而成的。该量表包含了62个条目，共分为6个分量表，分别为解决问题、自责、求助、幻想、退避、合理化。该量表主要适用于初中以上文化程度的求助者，可以解释个体或群体的应对方式类型和应对行为特点，比较不同个体或群体的应对行为差异，并且不同类型的应对方式还可以反映出人的心理发展成熟的程度。研究结果还发现，个体所使用的应对方式都在一种以上，有些人甚至在同一应激事件上所使用的应对方式也是多种多样的。但每个人的应对行为类型仍然具有一定的倾向性，这种倾向性表现为六种应对方式在个体身上的不同组合形式。这些不同形式的组合与解释有以下几种。

(1) “问题解决-求助”(成熟型)：这类受测者在面对应激事件或环境时，常常能够采取“解决问题”和“求助”等成熟的应对方式，而较少使用“退避”“自责”“幻想”等不成熟的应对方式，在生活中表现出一种成熟稳定的人格特征和行为方式。

(2) “退避-自责”(不成熟型)：这种类型的受测者在生活中应对困难和挫折时常常采用“退避”“自责”“幻想”等不成熟的应对方式，较少使用“解决问题”这类积极的应对方式，表现出一种神经症性的人格特点，其情绪和行为都缺乏稳定性。

(3)“合理化”(混合型)：“合理化”应对因子既与“解决问题”“求助”等成熟应对因子呈正相关，也与“退避”“幻想”等不成熟应对因子呈正相关，反映出这类受测者的应对行为集成熟与不成熟的应对方式于一体，在应对行为上表现出一种矛盾的心态和两面性的人格特点。

应对方式量表是目前应用比较广泛的一种临床心理测量量表，它主要应用于以下不同领域：①可以作为不同群体的应对行为研究的标准化工具之一；②由于良好的应对方式有助于缓解精神紧张，帮助个体最终成功地解决问题，从而起到心理平衡和保护精神健康的作用，因此，评估个体或某个群体的应对行为，有助于为心理健康保健工作提供依据；③用于不同群体应对行为类型和特点研究，为不同专业领域选拔人才提供帮助；④用于不同群体应对行为类型和特点研究，为培养人才提供帮助；⑤用于各种心理障碍的行为研究，为心理治疗和康复治疗提供指导；⑥用于各种有心理问题的人的行为研究，为提高和改善人的应对水平提供帮助。

第四节　心理测验在学校咨询和辅导中的应用

一、心理测验在学校咨询中的误区及心理测验的正确使用

自从心理测验问世以来，人们对其就毁誉参半。笔者认为，心理测验毕竟是一个客观的工具，而使用测验工具的主试，他们的专业素养、职业道德、方式方法可能更大地决定着测验的价值和方向。

(一) 心理测验在学校使用中的误区

错误的测验观经常表现在两方面：一是测验万能论，二是测验无用论。

1. 测验万能论

自测验问世以来，就有人认为心理测验可以解决一切问题，甚至对测验顶礼膜拜、奉若神明。做决定时单纯依靠测验结果，而不考虑其他信息，达到对测验分数迷信的程度。

2. 测验无用论

随着心理测验的不断发展应用，人们逐渐认识到心理测验的局限性和不足，于是怀疑测验的价值，甚至反对使用心理测验。加上对测验结果解释的不适当，带来不良的后果，于是有些人开始认为测验是有害的，是应当排斥的。人们认为不应使用测验的另一原因是某些测验(如某些人格测验)侵犯了个人隐私，为此有些国家或地区的政府都出面进行干预。人们对心理测验批评最多的是，测验为宿命论和种族歧视提供心理学依据，如美国在20世纪60年代的智力测验的结果表明，白人的平均智商约比黑人高15分，于是下结论说黑人确实比白人笨。最后研究发现是测验方法导致的结果差异。

3. 文化公平测验

文化背景对测验结果的影响一直有争论。一开始人们希望找到排除了文化影响的测验，后来很快被人们认识到这是不可能的，于是人们开始编制所谓的文化公平测验，但实际上这也只是相对的文化公平，而不是绝对的文化公平。因此有人认为应找出造成各个团体文化差异的原因，再设法消除它。

4. 心理测验即智力测验

过去，有些人认为下列公式的正确性是毫无疑问的：心理测验＝智力测验＝智商＝遗传决定论。其实这是一种错误的观念，心理测验并不等同于智力测验。

（二）正确的测验观

1. 心理测验是科学决策的辅助工具

科学心理学确立以后，心理测验才出现，它部分代替了内省法对行为和内心状态的观察。除实验法以外，心理测验法的出现是心理科学发展史上的一大进步。它是目前心理学研究中不可缺少的研究方法之一。因为它可以在短时间内收集大量的信息，而且可以收集一些无法通过实验室研究得到的数据和资料。目前有许多高级心理过程的相关研究还无法在实验室进行，心理测验因此成为很好的研究方法，可以弥补实验法的不足。

心理学的发展不是为了理论研究而研究，其最终目的是应用到实际生活中去，心理测验在心理学的实践应用领域能显示出它的特殊作用。我们在学校咨询中为学生的升学、专业选择、就业、招聘等方面提供帮助时，传统的依靠主观判断、主观决策的方法往往是不准确、不可靠、科学性较差的。学校咨询中结合相应的心理测验，就可以帮助有关部门作出科学的决策。目前这种方法在西方发达国家已经相当盛行，相信在不久的将来，中国也将广泛利用心理测验来辅助咨询工作，作出更科学的决策。

2. 心理测验工具尚不完善，防止乱编滥用

尽管心理测验是心理学研究的必要手段，而且实际生活中也在广泛应用，但是心理测验从理论到方法都还存在许多问题，因此过分夸大心理测验的科学性和准确性也是不对的。正确的态度应该是既要承认心理测验的不完善，又要科学自信地使用心理测验。

现实生活中有人把心理测验两极化：一是看到测验的缺点，于是因循守旧，把测验拒之门外；二是看到测验的长处，就忽视或无视测验的不足，乱用测验，干什么都拿量表去测一测，或者是不论对象或内容能否量化测量都编制量表，或者是不讲究量表的操作方法、原则和规则……这些乱编滥用心理测验的行为不仅带来严重的社会后果，而且有损心理测验的发展。

（三）正确使用心理测验应该注意的问题

1. 测验使用者必须具备一定的资格

中国心理学会于1992年12月通过的《心理测验管理条例》(试行)规定测验使用

人员必须具备以下条件:①心理专业本科以上毕业生或在心理测量专家的指导下,具有两年以上测验使用经验者,可获得测验使用资格;②凡在心理测量专业委员会备案并获得认可的心理测量培训班,由本专业委员会颁发测验使用人员的资格认定书;③凡经过心理测量培训班的专门培训并获得资格认定者,具有使用测验的资格。测验使用人员的资格认定书分为两种——单项测验使用资格认定书与多项测验使用资格认定书。

2. 慎重选择测验量表

每一种测验都有其特殊功能,因此对被试采用何种测验,应慎重考虑。选择测验时也应了解它的信度和效度,起码应懂得信度和效度的含义。此外,每个测验都有它的测量对象适用范围和年龄范围,超越该范围便不能使用。

3. 规范地实施心理测验程序

按照程序规范地实施测验是保证测验有效的重要环节。首先,主试在测试前要熟悉测验的结构、内容及使用方法;其次,主试在测验前要把测验材料准备好;第三,测验前,主试应该告诉被试统一规范的指导语,帮助被试了解测验的施行要求、方法和步骤,以便圆满地完成测验。

4. 与被试建立良好的协调关系

在测验过程中,主试对被试的态度应该是关心的、热情的、真诚的和有耐心的,要与被试建立良好的协调关系,应设法引起被试对测验的兴趣,鼓动被试的合作,使其在测试中表现出真实水平或实际情况。

5. 正确解释测验结果

心理测验可为临床工作提供一些有用的信息,但不能机械地依赖这些信息,不能机械地使用测验结果,要懂得如何解释测验分数。一般来讲,合格的主试会结合那些影响测验分数的因素对同一个测验的分数作出不同的解释。

6. 注意测验的保密

对测验的保密主要有两个方面:一是对测验内容的保密;二是对测验结果及个人隐私的保密。对于大多数心理测验来说,泄露测验内容,会使该测验失效。例如某学校为了分班而进行智力测验,结果发现有个学生智商测验分数高达180分,但他在学业成就及其他智力测验中的分数却很普通。因此,对测验的结果出版发行必须严加限制。对测验结果及个人隐私的保密,即在整个测验过程中所得到的资料,应由具备相应规定资格的专业人员妥善保管,只供心理评估参考,不得泄露给其他人或其他机构。

二、心理测验在学校咨询中的应用

心理测验的实施主要在于借助心理测验去了解学生,让学生更加客观地认识自我,探索个人生涯的发展方向和途径,同时帮助心理辅导老师对受测学生人格特质或心理能力的了解,并对众多测验数据作明智的选择,避免滥用测验,也可节省学校财力。随着心理测验在学校中使用频率的加剧,心理测验在学校中被接受的程度也日益增高。

（一）现今各校施行心理测验的状况

时至今日，心理测验在各级学校的应用已经有一段时间，各级学校的心理测验实施情形仍有不少问题，主要表现如下文所述。

首先，欠缺测验计划的概念，目前我国大多数学校实施心理测验纯粹是例行公事，不明确心理测验的实质目的，心理测验实施前既无准备工作，实施后也没有进行反思和记录，缺乏妥善运用测验结果的计划；其次，缺乏选择适当心理测验的能力，没有针对实际需要状况来选择适当的心理测验，草率沿用固定版本实施心理测验；第三，心理测验成为学校收集资料的工具，没有考虑学生是否真正需要实施心理测验；第四，学校有时因施测人员的不足，忽略心理测验情境标准化的要求；第五，心理测验实施后，计分及转换分数的过程常常发生错误；第六，心理测验结果未能确实加以运用，只将心理测验中所得到的资料整理归档以备上级抽查；第七，过分依赖心理测验结果，如各级学校经常以智力测验的结果作为分班、分组的依据；第八，对心理测验了解不够深入，对测验结果的解释常引起不必要的误会。

（二）心理测验在学校咨询中的用途

科学心理测验最早起源于法国教育部对弱智儿童的筛选，时至今日，心理测验在学校咨询中常用于了解学生的个体差异；对学生的心理问题进行诊断和预测；为学生的升学、专业选择和职业生涯规划提供客观科学的依据。

1. 了解学生的个别差异

心理测验的最基本功能是了解学生的个别差异。所谓个别差异，指的是一个人在成长过程中，因受遗传、环境和教育的相互影响，在生理和心理特征上显示出的各自的特点。关注学生的个体差异，尊重学生的独特体验，必须深入了解学生之间存在的差异，学生的个体差异主要表现在认知方面、情感体验方面、个性倾向和个性心理特征等方面的差异。通过心理测验，人的个别差异可以归纳为不同的方面，如成就、能力、智力、兴趣、价值观、性格、气质等方面量化的指标。

2. 诊断和预测

对于智力落后者的鉴别和诊断是促使心理测验产生的最初始的原因。目前，在临床上对各种智能缺陷、心理问题、精神疾病和脑功能障碍的诊断仍是心理测验的主要用途。在心理辅导和心理咨询实践中，心理测验已成为一项重要的工具。心理测验既有利于使心理辅导和心理咨询工作者的指导和帮助更有针对性，同时也使当事人的自我决策和行为矫正有较为科学的依据作为参考。

3. 为学生的升学、专业选择和职业生涯规划提供客观科学的依据

“因材施教”和“人尽其才”是人才培养和使用的两个最主要原则。所谓“才”是指人的一切生理和心理的特质，特别指人的心理特质，如智力、能力和性格等。通过心理测验进行人才的分类往往比凭借个人经验进行专业选择更有效果。通过心理测验将人才分门别类，筛选出针对各个专业最具有学习潜能的人员，是心理测验的

价值之一。同时，我们利用标准化的测验所获得的量化资料，可以有助于当事人发现自己未知的潜能、情绪困扰和人格问题，从而为其升学、职业选定和身心健康等提供有价值的参考信息。

（三）学校开展心理测验应注意的事项

在实施心理测验的过程中，有些细节需要多加注意，以达到心理测验能够顺利地实施，结果能得到的应用。心理测验的实施过程中要多加注意的细节，具体可分为实施前、实施时和实施后三个阶段来做讨论。

1. 心理测验实施前

在测验实施前，就教师本身而言，培养心理测验的相关素养和正确观念是非常必要的（如测验的功能、种类、测验结果的解释等），或是妥善拟订心理测验计划，具体说明测验目的、对象、方式和结果应用等，以作为日后改进的参考资料。心理测验的三个要素，信度、效度和常模是教师在选择心理测验时尤其要考虑的。

教师在具备测验的相关知识和素养后，应开始准备实际测验时所需的材料。在实施测验时，应该坚持客观和标准化的原则。例如，就测验工具来说，指导用语、计分纸等应该以简明方便为原则；就施测人员而言，辅导人员事先应该预演、备妥相关材料，并召集主试人员在施测前开座谈会，使大家了解测验任务。

2. 心理测验实施过程中

测验施行的最佳时机，视心理咨询的目的而定，可在新生入学时，也可在学年告一段落后。至于是施行个别心理测验还是团体心理测验，则是看心理测验的目的是要解决个别困扰，还是对学生作一般性的了解。心理测验实施时应该严格控制测验时的时间及外在环境。心理测验计分方式原本应由专业的老师处理，但如果计分方式较容易，辅导老师可以在学生答题时，在黑板上清楚写出学生计分时的参考数据。

3. 心理测验实施后

测验最后要经过计分、常模分数转换、画剖面图和结果解释等阶段。如果测验所需时间较久，计分过程又复杂，则可请被试另约时间来听测验结果的解释。教师对测验结果进行解释时应注意一般性说明、专业说明及特殊说明。在解释的过程中，首先再次提醒受试者该测验的目的并请他（她）回想答题状况，然后再针对他（她）的测验结果加以分析说明，并解释各项分数所代表的意义。教师应鼓励学生参与讨论，给予学生积极正面的协助。如果测验结果涉及个人隐私，需对结果加以保密，需告知学生不要互相比较、给自己贴标签，让学生为自己保留适度的弹性。若学生对心理测验有其他疑问或需要，可以另约时间进行进一步的谈话。受测后，教师可将结果记入综合生活纪录卡或其他表卡，作为个人永久资料，并与其他数据结合使用（如家庭社会经济地位、会谈纪录、教师评语、自然情境中的观察及学生本身健康状况等），避免以单一测验结果作为决定或解释的依据。

三、学校测验使用者的责任和道德准则

对学生进行人格、兴趣、脑功能、能力或智力的心理学评估是一种敏感的专业行

为，它必须最大限度地关注被试的利益。几十年来，心理测验专业工作者研究、建议、阐明并提炼出一系列透彻而全面的标准，为心理测验从业人员提供指导。

(一) 学校测验使用者的责任

一些测试机构，包括教学团体、心理学会、教育测验服务机构等都出版发行了测验实施指导，以界定测验使用的责任范畴和测验有关的指导原则。这些指导主要希望能够达到一个目的——最大可能地发挥心理测验对学生或受测者的积极效用。适当地遵守这些指导原则，可以避免大多数对测验的误用乱用。

1. 保密性和警告责任

从业人员的主要职责之一是维护信息的保密性，这包括在咨询过程中，从来访者那获得的测验结果。只有受测者及其法定监护人或法定代理人明确地达成一致意见后，这些信息才能透露给他人。保密性的唯一例外涉及一些不同寻常的特殊环境，例如，学生在生理上或性方面受到虐待，测验专家有责任将此付诸法律程序。

2. 测验使用者的技能要求

测验的使用者必须拥有评估心理测验所必需的技能，包括测验结果解释的准确性，以及其他心理测量学特征。这些指导原则对诸如专业选择、特殊教育、淘汰测验或其他潜在影响较大的领域产生了特殊意义。

3. 知情同意

知情同意指的是，受测者可以理解测验的原因、测验的类型、测验使用的目的。从司法的角度来看，知情同意的三个要素包括公开、能力和自愿。“公开”的实质是，给予受测者足够的信息(例如测验的风险、收益等)，使之对是否继续参与测验做出正确判断。“能力”指的是，被试拥有做出承诺的智力能力，一般都会假设被试具有这种能力，除非他们是小孩、老人或智力障碍者。在这些情况下，需要有一个监护人对此做出法律承诺。最后，“自愿”的标准意味着，受测者对是否进行一系列评估有自由选择的权利，且不受到外界压力影响。

4. 心理测验使用的实效性

心理测验的从业人员必须提防过时的测验，个体的特征和特质会随着时间的推移而不断变化。一个在小学时学习有障碍的学生，也许中学阶段会在学业上取得较大的进步，而在小学阶段进行的学习障碍方面的诊断在中学甚至以后就可能不再准确了。为心理测验结果的“保存期限”提供全面的界定不是件容易的事情，如 GRE 考试(美国研究生入学考试)的得分历经数年，仍然能够有效地预测研究生阶段的表现；但一天前测得的贝克抑郁量表的结果，却会误导临床心理咨询师对当前抑郁水平的判断，所以从业人员必须估计对个人进行再次施测的必要性。

5. 负责的心理测验报告书写

有效的心理测验结果的书面报告书写是一项重要技能，因为书面文件具有潜在的持久的影响力。负责的心理测验报告主要运用简单直接的书写方式，并能够熟练地运用明确的专业术语和技术术语。心理测验报告的目的是为来访者提供有启发性和有建设性的观点，而不是为了给他（她）留下测验者是个学识渊博者的印象。

6. 测验结果的交流

那些参与了心理测验的个体，总是希望将心理测验的结果告知他们。心理测验的专业人员为受测者的测验结果提供有效的、富有建设性的反馈，是一项需要学习且充满挑战的技能。心理测验的主试有责任保证受测者充分、准确地理解主试试图表达的信息。

当心理测验专业人员为受测者提供测验反馈时，心理测验专业人员应该对那些受心理问题困扰的个人产生立竿见影的作用。换句话说，心理评估是一种短期的干预方式，而不仅仅是作为收集治疗信息的工具。一项心理测量研究结果曾表明：给予积极心理测验反馈的实验组，显示出在反馈进行之后，立即出现了消极情绪的转好，而且变得更加自尊、更有信心克服他们的问题，这种趋势持续时间有两周之久，效果优于对照组。因此，为受测者提供周全的、富有建设性的测验反馈，对一次系统性的心理测验来讲，是非常重要的。

（二）心理测验人员的道德准则

心理测验工作是一项非常严肃的科学活动，它要求从事这项工作的人员必须具备较高的素质，并遵守职业道德准则，只有这样，测验工作才有可能达到其应有的目的。心理测验工作者应该遵循以下道德准则。

1. 能力

心理测验人员应该清楚地认识到自己的能力和专业知识的局限性，认识到他们的工作只是在运用通过教育、训练及练习等途径获得的专业知识为学生提供的一种服务。心理测验人员应该根据不同学生的特点对他们进行服务、教育及研究，并保护服务对象的利益。他们应该具备这项服务所必需的相关科学知识和专业技能，并有必要进行进一步的学习。

2. 正直

心理测验人员在心理测验活动中应做到诚实、公正和尊重他人，不应该弄虚作假、欺骗他人。心理测验人员应该有成熟的信念体系、价值观和需要，应该意识到心理测验人员的局限性及这些局限性对工作的影响。

3. 专业及科学的责任

心理测验人员的行为应符合专业标准，他们应了解专业职能与责任，为自己的行为负责，他们的工作方法应符合不同学生的需要。心理测验人员应与其他同行或专业组织积极合作、相互学习，以便能够更好地服务于学生。

4. 尊重人的权力和尊严

心理测验人员应当尊重受测者的基本权力、尊严及价值。他们必须尊重个人的隐私、信任感、自立及思想自由等权力。心理测验人员必须意识到文化差异、个体差异及角色差异，如年龄、性别、种族、民族、宗教信仰、身体健康状况及社会经济地位等差异，并尽可能地在工作中消除这些因素所带来的偏见，更不应该明知故犯。

5. 关心他人的福利

心理测验人员是通过专业活动来帮助他人，在他们的专业活动中，应当重视学生、研究的参与者(被试)及其他相关的人，甚至动物被试等的权力和福利，尽可能减少对他们的伤害，在专业活动之中或之后不应该滥用权力，以免误导他人。

6. 社会责任

心理测验人员应对所服务的学校和组织机构负起科学上或职业上的责任，他们运用自己的心理测量知识为学生和社会大众服务，关心社会大众的痛苦；在研究工作中，他们则是在为人类福利及心理科学作出自己的贡献，同时应花费一些时间为社会弱势群体服务。

【思考练习】

1. 心理测验的基本概念是什么?
2. 我国古代心理测验的思想及其在实践中的应用有哪些?
3. 心理测验可划分为哪些种类?
4. 衡量心理测验科学性的指标有哪些?
5. 什么是效度? 什么是信度? 两者的关系如何?
6. 什么是难度? 什么是区分度? 两者的关系如何?
7. 什么是常模、常模分数和常模团体? 常模有哪些种类?
8. 韦氏智力测验的种类和功能分别有哪些?
9. 学校常依据人格特质理论编制的人格测验量表有哪些? 它们的功能分别是什么?
10. 投射性人格测验编制的依据和功能分别是什么?
11. 简述 90 项症状清单(SCL-90)的用途。
12. 简述人们在使用心理测验时的误区及正确的心理测验观。
13. 简述学校心理咨询使用者的责任及道德准则。

【课外延伸】

请利用学校心理辅导课程或业余时间，结合自己实际，了解有关心理测验量表并学习亲自对自己进行施测和分析。

第八章 学习心理辅导

学习目标……

- 了解学习心理的相关概念及影响学习效果的因素
- 了解学习动机的激发与培养的方法
- 掌握学习策略的类型与原理
- 掌握学习心理问题的辅导方法

在中国历史上曾有这样的一些记载：王羲之集合众家之长，从而尽变古体，被世人尊为书圣；孔子周游列国，学到的知识尽为其所用，成为世代传诵的圣人。这些人都是某一个领域的集大成者。我们生活中的许多成功人士，也不乏类似的学习经验。由此可见，学习策略和方法十分重要。只有掌握科学的学习方法，才能博采众长，真正在专业领域有所建树。

第一节　学习心理辅导概述

一、学习与学习心理辅导的含义

（一）学习的含义

所谓学习，是指学习者因社会实践经验而引起的行为、能力和心理倾向上比较持久的变化。广义的学习泛指人类和动物的学习，即在生活中获得个体经验并引起行为变化的过程，其中，经验对个体行为起到调节作用。狭义的学习则是指人类的学习，即人类在社会生活实践中，以语言为中介，经过独立的思维活动而自觉积极主动掌握和积累个体经验的过程。学生的学习则是指由经验或练习引起的，按照教育目标要求，学生在能力或倾向方面较为持久改变的历程或结果。

（二）学习心理辅导的含义

学习心理辅导，是指针对学习中存在的困难进行疏导及开发学生学习潜能的过程。狭义的学习心理辅导是指针对学生经历了学习挫折和困难时产生的心理困扰和行为障碍进行的辅导；广义的学习心理辅导是指对学习者学习过程中发生的各种心理问题（如认知技能、知识障碍、动机、情绪等）所进行的辅导。

需要说明的是，我们这里的学习心理辅导与目前社会上家长请“家教”帮助孩子

“补缺”或“加压”是完全不同的两个概念，也和教师课后对学生进行的学习辅导大有区别，学习心理辅导主要是运用心理学的有关原理和方法，对学生的学习技能、学习动机、学习情绪与学习习惯等进行系列训练与辅导的过程。

（三）中学生学习心理的主要特点

1. 在学习求知欲上有两面性

首先，表现出强烈的学习好奇心和求知欲。中学生已不仅满足于对事物外部的探究，而偏重于对事物内部奥秘的探究，他们的学习积极性比较高，对新开的学习科目，特别是对新鲜事物反应敏锐，并富有想象力，勇于创新。中学生总体从本质上是求知心切，乐于学习的。

其次，表现出学习心理发展水平参差不齐。中学生要形成一个科学的、合理的、系统的知识结构是一个艰难的过程。一部分学生对这个过程的艰难缺乏必要的心理准备，存在知识不够丰富、思维的独立性和批判性尚未成熟、缺乏辨别能力和自我调节能力等现象。另外，一些教师或家长在学习指导上采用的方式过于简单生硬，安排的学习负担过重，导致学生求知欲逐渐减退，少数学生还会厌学。

2. 在学习上进心上有两面性

首先，表现出强烈的自我意识。中学生随着年龄的增长，独立性开始增强，要求社会与成人对其予以承认和尊重，要求展示自己的才能与力量，表现出强烈的上进心。

其次，表现出脆弱的承受能力。由于中学生身心尚处在快速发展阶段，他们的自我意识也未成熟，因此在学习上，中学生反映出心理承受能力差，对学习困难准备不足的问题，加上目前升学竞争日趋激烈，学生的学习任务和负担偏重，而学习指导又没有及时跟上，致使一部分学生产生消极的情绪体验，有的自卑、退缩甚至自暴自弃。

【校园镜头】

两个案例

（1）某中学高一学生王某，在初中时成绩一直比较优秀，但上了高中以后，她一直希望自己能保持学习领先的地位。但是在一次数学考试中，她却是班上排名倒数第五名，于是她感到空前的羞愧和失望，并产生了自杀的念头。

（2）张某，某中学初一学生，从小体弱多病。特别是上了初中以后，由于不能尽快适应初中的学习生活，整天忧心忡忡，成绩很快下降，期末考试数学不及格，这更加使她愁眉不展，于是旧病复发，身体状况进一步恶化，最后只能休学在家。

二、学习心理辅导的目标

（一）帮助学生正确认识自我

在专门培训的老师指导下，通过科学的心理测试，帮助学生获得心理调控和发展。让学生了解自己的注意力、记忆力、观察力和思维的敏捷性等特征。

（二）帮助学生提高学业成就

心理学家认为，恰当的期望值应与学生的抱负水平相当。因此，教师应了解学生的理想、抱负和实际的智力、能力状况，在此基础上提出略高于学生水平的期望和教学目标，选择教学内容的难易程度适当，使学生通过努力就能达到。教师把握好教学内容的难易程度的同时，还应合理安排教学密度，使学生动机水平处于最佳状态，从而提高学业成绩。

（三）帮助学生培养学习兴趣

当一个学生对某种学习产生兴趣时，他总是积极主动而且心情愉快地去进行学习，有兴趣的学习不仅能使学生全神贯注、积极思考，而且人在满怀兴趣的状态下所学习的一切，常常掌握得迅速而牢固。因而对中学教师来说，要提高教学效率，首先应培养并激发学生学习的兴趣和求知欲。

（四）帮助学生树立积极心态

在课堂教学中，部分学生的厌学情绪应引起教师的关注。学生厌学的原因是多样的，有学生自身的原因，也有教师教学方面的原因。因此，我们要培养学生良好的学习动机，稳定情绪，端正学习态度，消除厌学情绪，要认真研究学生的心理特点，激发学生的学习动机，全面关心学生的成长，帮助学生学会自我调节。

（五）帮助学生激发学习潜能

中学阶段是学生发展自我、完善自我的关键阶段，也是培养学生良好的自我意识，发掘自我潜能的关键阶段。自我意识对青少年创新意识的培养具有促进作用。中学生的自信心与他们对自己的认识和评价密切相关，自我意识能够增强自信心，有了正确的自我意识，才能充满信心地进行创造，发挥巨大的创造潜力。

（六）帮助学生解决学习问题

学生情绪表现得不稳定会影响学生学习。当其情绪烦躁忧郁时，学习积极性低落，与他人难以友好相处，甚至出现逃学、打架、斗殴等现象；当其情感冲动时，不能正确对待自己和控制自己；当外界诱因强烈时，容易动摇；当学习中碰到困难，生活中遇到不顺心的事时，就表现为悲观、失望，甚至退缩、意志崩溃、破罐子破摔等。教师可以通过学习心理辅导帮助学生解决上述问题。

第二节 学习动机的激发与培养

一、什么是学习动机

动机是推动个体从事某种活动的内在原因，具体而言，动机是引起和维持个体活动并使活动朝向某一目标进行的内在动力。对于学习活动而言，学习动机是学习活动的推动力，具体是指引起、维持学生学习活动，并促使该学习活动趋向教师所设定目标的内在心理过程。

显然，这一定义是将学习动机置于达到学校教学目标的原则之下提出的，是将学生的学习与教师的教学联系在一起的。只有在教师教学生学的师生互动中，学生遵循教师的引导，努力学习，从而达到教师预先设定的教学目标时，才能将学生的学习成就归因于他们的学习动机，也只有在教学目标的背景下谈论学习动机，才有可能实现教师既教授学生知识、又培养其学习动机的理想目标。

二、与动机相关的概念及其关系

（一）动机与需要、诱因的关系

需要是有机体感到某种缺乏而力求获得满足的心理倾向，是有机体自身和外部生活条件的要求在头脑中的反映。动机是在需要的基础上产生的，需要是激发人们进行各种活动的内部动力。诱因是指能够激发有机体的定向行为，并能够满足某种需要的外部条件或刺激物。诱因按其性质可分为两类：有机体因趋向它或获得它而得到满足时，这种诱因称为正诱因；有机体因逃离它或回避它而得到满足时，这种诱因称为负诱因。

动机是在需要的基础上产生的。需要本身是主体意识到的缺乏状态，但这种缺乏状态在没有诱因出现时，只是一种静止的、潜在的动机，表现为一种愿望或意向。只有当诱因出现时，需要才能被激活，成为内驱力驱使个体趋向或接近目标，这时需要才能转化为动机。因此，动机的强度或力量既取决于需要的性质，也取决于诱因力量的大小。心理学实验表明，诱因引起的动机的力量依赖于个体达到目标的距离。

（二）学习动机与学习效果的关系

学习动机对学习效果的影响是毋庸置疑的，但是，这种影响到底是积极的还是消极的呢？研究表明这种影响取决于以下因素：一个因素是取决于动机本身的性质和强弱；另一个因素是取决于学习的质量。

1. 学习动机的性质、强弱与学习效果的关系

学习动机根据其产生的来源，分为内部动机和外部动机。内部动机是人们对学习本身的兴趣所引起的动机，它不需要外界的诱因、惩罚来使行动指向目标。外部动机是由外部诱因所引起的动机，是对学习活动所带来的结果感兴趣。具有内部动机的学生能在学习活动中得到满足，他们具有好奇心，喜欢挑战，在解决问题时具有独立性。具有外部动机的学生一旦达到了目的，学习动机便会下降；另外，他们为了达到目标，往往会采取避免失败的做法，或是选择没有挑战性的任务，或是一旦失败，便一蹶不振。由此可见，学生如果以内部动机为主，就能使学习更自觉、更深入，更能抗干扰，但是，也要充分发挥外部动机的作用，使外部动机逐渐转化为内

部动机。

学习动机的强弱会影响学习效果。一般来说，学习动机过强或过弱，都不利于提高学习的效率。学习动机过强，个体处于高度的紧张和焦虑状态，其注意和知觉的范围变得狭窄，会限制思维活动，降低学习效率；学习动机过弱，个体对学习活动持漠然态度，学习效率必然很低。只有学习动机是中等程度的激发或唤起，学习效果才会最佳。需要注意的是，动机的最佳水平随学习内容的性质不同而不同：在比较容易的学习内容中，工作效率随动机的提高而上升；随着学习内容难度的增加，动机的最佳水平有逐渐下降的趋势。

2. 学习动机对学习的影响还与个体的学习质量有关

动机作为一种非认知因素，对学习效果的影响必须以学习行为作为中介。学习行为质量不仅与学习动机有关，还受其他许多变量的影响，如学习基础、学习方法、学习习惯、智力水平等因素的制约。学习动机是影响学习行为、提高学习效率的重要因素，但绝不是决定学习活动的唯一因素。因此，在学习中激发学习动机固然十分重要，但改善各种主客观条件以提高学习质量才是最关键的。

三、学习动机的激发与培养

（一）外部动机的激发

1. 运用适当奖励和惩罚措施

奖励要注意以精神奖励为主，物质奖励为辅，对于学业不良学生而言，最大的奖励莫过于得到别人的称赞和肯定，同时要与学业不良学生实际付出的努力相一致，使他们感到无愧于接受这种奖赏。适当惩罚，但若惩罚不当，非但不能改正学生的错误行为，反而会引起学生的对立情绪。

2. 创设合作的课堂学习环境

目前中学教学中的弊端之一是过于强调竞争而忽视合作，由于课堂竞争中优胜者只是一小部分，因而更容易诱发学业不良的学生产生自卑、自暴自弃的心理。因此，教师应通过创设合作的课堂学习环境，来激发学业不良学生的学习动机。强调互助与协作，有效地调动学业不良学生学习的积极性、主动性和参与性。

（二）内部动机的激发

1. 激发兴趣

教师应该让学生坚信所学内容的重要性和趣味性，如果有条件，要向学生证明所学内容的用处。例如，教师可以通过下面的教学导入方式增强学生学习百分数的内部动机：“今天我们学习百分数，百分数在我们日常生活中非常有用。比如我们经常听到‘去年的价格上升了百分之七’这样类似的消息。几年之后，你们中的许多人可能在暑假里做些勤工俭学的工作，如果这些工作需要计算钱，那么你们有可能时时用到百分数”。

2. 保持好奇心

有经验的教师在教学过程中会用许多方式不断激发、保持学生的好奇心。如科学课的教师经常运用演示来使学生保持好奇心，以此吸引学生进一步探索其中的奥秘。一枚漂浮的硬币使得学生对液体的张力感到好奇，而点燃一张用酒精浸泡过的钞票（而燃烧又不损害钞票）也肯定会激起学生学习燃烧这部分内容的兴趣。格思里和科克斯发现，通过科学活动，让学生有实际的体验，这有助于学生对书本上相关主题的学习，使之具有更强的学习动机。

向学生提出他们用现有知识无法解答的问题，能够激发学生的好奇心，由此产生学习的内部动机。先让学生进入一个熟悉的情境，然后再打破这种模式，使所有学生兴奋起来，积极地投入。让学生先对自己的困惑进行思考，比一开始就单纯地教相关知识更为有效。挑战学生现有的理解，能够使他们对以前没有考虑过的问题产生强烈的好奇心。

3. 使用大量有趣的呈现方式

除了使用有趣的材料外，材料呈现方式的不同也能提高学生学习的内部动机。例如，教师可以通过使用录像、电影、邀请专家或相关人士做讲解、进行演示等方式，来维持学生的学习兴趣。但是每种方式的使用必须经过深思熟虑，以确保不偏离教学目标，并使各种方式相互补充。若要想提高所用材料的有趣性，则可以考虑使用更具有情感特色的材料（如涉及危险、金钱、伤心、灾难等主题的录像），使用具体的事例，注意材料的因果联系、材料组织的清晰性等。

【校园镜头】

聚焦学习的障碍

甲同学说："我的学习障碍是常常在考试中失败，这很影响我学习的积极性，我认为我就是很努力还是学不好。"

乙同学说："我的学习障碍是我不知道为什么学习，学习这么累人，不如上网玩游戏有意思。"

丙同学说："进入初中一下增多了几门功课，每天都有写不完的作业，在学习中找不到学习的好方法，感到学习压力很大。"

丁同学说："我的学习我还能掌握，还比较满意自己的学习成绩，但是我的身体不太好，学习时常常感到很疲劳。"

我们可以总结一下以上同学的学习障碍：

(1) 甲同学过去的负面经历，导致缺乏学习的信心；

(2) 乙同学缺乏学习动机，学习目标不明确；

(3) 丙同学没有很好的学习方法，学习压力大；

(4) 丁同学不佳的身心健康状况，影响学习效率。

第三节 学习策略辅导

一、什么是学习策略

(一) 学习策略的含义

所谓学习策略,就是学习者为了提高学习的效果和效率,有目的、有意识地制定有关学习过程的复杂方案。

(二) 学习策略的特征

1. 主动性

学习策略是学习者为了完成学习目标而积极主动地使用的一种有意识的心理过程。一般学习者采用学习策略都是有意识的心理过程。对于较新的学习任务,学习者总是有意识、有目的地思考着学习过程的计划。

2. 有效性

所谓有效性,实际上是相对效果和效率而言的。比如,记忆英语单词,如果一遍又一遍地朗读,最终也会记住。但是,保持时间不会长,记得也不牢,如果采用分散复习或尝试背诵的方法,记忆的效果和效率就会提高很多。

3. 过程性

学习策略是有关学习过程的策略。它规定学习时做什么不做什么、先做什么后做什么、用什么方式做、做到什么程度等诸多方面的问题。

4. 程序性

学习策略是学习者制订的学习计划,由规则和技能构成。学习策略是一种由规则系统或技能构成的程序性知识,是学习技巧或学习技能的组合。每一次学习都有相应的计划,每一次学习的学习策略也不同。但是,相对同一种类型的学习,存在着基本相同的学习计划,这些基本相同的学习计划就是常见的一些学习策略,如 PQ4R 阅读法等。

二、学习策略的类型与原理

(一) 认知策略

1. 复述策略

复述策略即学习者主动地以语言的方式、出声或不出声地重复先前学过的材料,以帮助记忆。复述策略是在工作记忆中为了保持信息,运用内部语言在大脑中重现学习材料或刺激,以便将注意力维持在学习材料上的方法。

(1) 识记过程中的复述策略。

在识记过程中,可利用无意识记、有意识记、排除相互干扰、多种感官参与、集体识记、分段识记、尝试背诵、过度学习等多种方法提高识记效率。

(2) 保持过程中的复述策略。

在信息保持过程中,可采用及时复习、分散复习、集中复习、复习形式多样化与反复实践等多种方法促进记忆效果。

2. 精细加工策略

精细加工策略即利用表象、意义联系或人为联想等方法对学习材料精细加工,以增加理解和记忆。精细加工策略是一种将新学材料与头脑中已有知识联系起来从而增加新信息的意义的深层加工策略。

3. 组织策略

组织策略即对学习材料进行一定的归类、组合,以便于学习和理解。组织策略是整合所学新知识之间、新旧知识之间的内在联系,形成新的知识结构。组织是学习和记忆新信息的重要手段,在教学中,教师要教会学生对信息进行分类,使学生清楚这个组织的框架以提高他们的记忆能力。

4. 模式再认策略

模式再认策略是通过概括和分化的过程来学习的。比如,学生已学习了"凡生命体必须完成八大生命过程:获取食物、呼吸、排泄、分泌、生长、反应、繁殖、运动"。教师可以用鱼、哺乳动物、植物等生命体作不同的例子,促进概括;还可以列举反例,如水晶石虽然存在促进分化、进行生长的过程,但不实现运动、呼吸等生命过程。

5. 动作系列策略

动作系列被认为是构成某一过程的一系列步骤,学习者须有意识地依次执行每一步,直到过程完成。在学习过程中,有两个主要障碍:第一,工作记忆存储量的限制,任何一个过程如果超过短时记忆的容量(7±2 组块),那么就很难被保持在工作记忆中,为克服这一局限,可以利用一些记忆辅助手段;第二,就是学生缺少必备的知识,在学习过程中,要确保学生已经具备所必需的知识和技能,在教学时,教师不妨先进行一下任务分析,即分析为达到教学目标,学生须学会的次一级的知识和技能,通过任务分析,教师能了解学生在次级技能上的能力,如果有必要,可进行补习。

(二) 元认知策略

元认知策略是指学习者要学会使用一些策略去评估自己的理解、预计学习的时间、选择有效的学习计划来解决问题。

1. 元认知策略的类型

概括起来,元认知策略大致可分以下三种。

(1) 计划策略。

计划策略包括设置学习目标、浏览阅读材料、设置待回答的问题及分析如何完成学习任务。给学习作计划就好比是足球教练在比赛前针对对方球队的特点与出场情况提出对策。学业较好的学生并不只是听课、做笔记和等待教师布置测查的作业。他们会在做作业前获取相关信息,在考试前复习笔记,在必要时组织学习小组及使用其他各种方法。换句话说,学业较好的学生是一个积极的而不是被动的学习者。

(2) 监控策略。

监控策略包括阅读时对注意加以跟踪、对材料进行自我提问、考试时监视自己的速度和时间。下面介绍两种具体的监控策略:领会监控和集中注意。

① 领会监控。熟练的读者在头脑里有一个领会的目标,针对目标浏览课文,如果抓住了课文的要点,熟练的读者会因达到目标而体验到一种满意感。反之,则会产生一种挫折感。如果最终领会监控显示目标没有达到,则会采取补救措施,比如重新浏览材料,或者更仔细地阅读课文。研究表明,许多人都缺乏这种领会监控技能,好多学生总是把重复(如再读、抄笔记等)作为他们的主要策略,为了帮助这样的学生,德文建议他们使用以下策略来监视并提高自己的领会效能。

A. 变化阅读的速度,以适应对不同课文领会能力的差异。对于比较容易的章节读快点,抓住作者的整体观点;对于较难的章节,则要放慢速度。

B. 中止判断。如果某些内容不太明白,仍然继续读下去,作者可能在后文中会有说明。

C. 猜测。当所读的某些内容不明白时,猜测不清楚段落的含义,并且读下去,看看自己的猜测是否正确。

D. 重读较难的段落。当信息仿佛自相矛盾或模棱两可时,重新阅读较难的段落。最简单的策略往往是最有效的。

② 集中注意。注意和金钱、能源一样,是一种有限的资源。人在一段时间里只能注意到有限的事物。例如,当人们全心注意一个有趣的谈话者时,他们就意识不到细微的身体感觉(如饥饿),甚至充耳不闻、视而不见其他刺激。

(3) 调节策略。

调节策略与监控策略有关。例如,当学习者意识到课程的某一内容他不理解时,就会重读那一段落;测验时跳过某个难题,先做简单的题目等。调节策略能帮助学生矫正他们的学习行为,使他们补救理解上的不足。

元认知策略总是和认知策略共同作用。认知策略(如画线、口头复述等)是学习内容必不可少的工具,它帮助我们将新信息与已知信息整合在一起,并且存储在长时记忆中,元认知策略则监控和指导认知策略的运用,也就是说,可以教学生使用许多不同的策略,元认知过程对于帮助我们估计学习的程度和决定如何学习非常重要。

2. 元认知策略的训练

(1) 制订学习计划的自我监控。

① 学习计划有长计划和短安排。长计划包括三年、一年、一学期的学习目标,短安排是指具体的学习过程的实施,像一个月、一周、一天的学习内容、学习进度、学习方法等。

② 评价学习的合理性、可行性和科学性,合理性是指做到学习和发展相统一、全面和重点相兼顾;可行性是指符合自己的主客观条件,经过努力目标可以达到;科学性是指符合学习规律等。

③ 监控自己执行计划的情况。

④ 调整计划中不合理、不可行、不科学、不符合自己实际情况的部分。

(2) 课前预习的自我监控。

① 坚持课前预习。

② 预习中有侧重点,注意到学科的特点,并做预习笔记。

③ 达到预习的目的,重温有关旧知识,扫清听课障碍。

(3) 专心听讲的自我监控。

①上课前以愉悦的心情准备听课。

② 听课时做到“五到”。

③ 评价听课效果,做到当堂弄懂,记下不懂的地方。

④ 采用有效的办法监控自己,发现上课有走神、打瞌睡的现象时,让自己同桌提醒自己,或者用橡皮筋弹几下,提醒自己专心听讲,或者是在铅笔盒贴上“专心致志”的座右铭,来督促自己。

⑤ 在课堂提问和课堂讨论时开动脑筋,积极思考,主动发言回答问题,当堂完成课堂练习。

(4) 及时复习的自我监控。

① 检查复习做到及时有效。

② 评价复习的效果:消除薄弱环节、完善知识结构;使知识条理化系统化,融会贯通;激发创造性思维。

③ 如果复习方法不适合自己,要及时调整和改进。

(5) 独立作业的自我监控。

① 独立、按时完成作业。

② 做作业的程序合理:先复习后做作业;做作业时先应认真审题,分析解题思路,正确答题;仔细检查,发现错误及时纠正。

③ 做作业应达到加深对知识的理解和记忆,做到一题多解、一解多思,为复习准备资料,培养能力,开发智力的效果。

④ 以上几点如没有做到,应该及时调整和改进。

(6) 系统总结的自我监控。

每学完一个单元要进行全面的单元复习,把整个单元的知识按照内在结构列出点、理成线、结成网,提纲挈领地用自己的语言写出系统的总结,在系统总结过程中提出新问题、发现新方法或有创新的见解。

(7) 课外学习的自我监控。

① 有课外学习的计划、目标等。

② 有观察的兴趣。对自己经历的,哪怕是很小的事物都会仔细观察,都有兴趣地去分析。

③ 积极地参加学校组织的学科小组、讨论会、社会调查等各项活动。

④ 在课外学习的活动中增长了知识,增强观察问题的敏锐性,开阔思路,提高了

动手能力。

【他山之石】

提高听课效率，必须做到“五到”

(1) 心到。一上课就要排除一切干扰，对老师讲的知识和书上的内容进行积极思考。

(2) 眼到。看老师的板书、表情、手势，看优秀同学的反应，看教材，看必要的参考资料。

(3) 耳到。注意听老师的讲授，听同学的提问，听大家的讨论，听老师答疑。

(4) 口到。复述老师讲的重点，背诵一下重要的概念、定理，大胆提问，勇敢地回答老师的提问。

(5) 手到。记下老师讲授的重点。听课时，边听边在书上圈一圈重点，画一画难点。

第四节　学习心理问题辅导

一、学习压力问题及辅导

学生学习的心理压力大，会造成精神不振，导致食欲不佳、失眠、神经衰弱、记忆力下降、思维迟缓等不良结果。可采取如下措施缓解心理压力。

1. 摆正竞争心理

既对自己有较高的要求，又不对分数、名次患得患失；既为自己设定更高的目标，又对自己进行实事求是的评价。

2. 寻求最佳对策

例如：提倡和自己攀比，和昨天赛跑；改变不良性格，积极地进行情绪自控；正确认识心理压力，调适心态；等等。

3. 培养学习能力

教育家已逐渐认识到，人类智慧的延伸及学习的能力，将成为这个时代及未来生活工作的主流。因此，进一步发展学生终身学习能力，对于学生适应中学及大学学习，全面发展自己至关重要。

4. 调试不良情绪

当学生出现学习压力过大、学习或考试焦虑等心理问题时，学校心理辅导教师可以介绍以下方法帮助学生减压。

(1) 踢皮球法。美国一位泳坛明星在解答如何面对观众给她的压力时，她曾这样说道：“没问题，如果观众对我们的要求过高，我们对他们的要求则更高，所以我不在乎外界的压力。”考生也可学习这种思维方式，如要求父母有接受失败的豁达胸怀。

（2）幽默法。有一位奥运会游泳冠军在一次比赛中失利了，对此他说了一句话："决赛前有人在看台上冲我大喊大叫，称我为'飞机'先生。然而很不幸，今晚飞机失事啦。"通过幽默化，你可以淡化考试失利的后果严重性，减轻自己的压力。

（3）倾诉法。告诉学生，压力大时，不要闷在心里，可以找你信任的人倾诉，这样可以缓释紧张情绪。

5. 消除焦虑训练

消除焦虑训练即进行自我教导训练。该训练是梅钦鲍姆受艾里斯理性—情绪辅导原理影响而设计的一种具有明显认知重建模式特征的训练方案。自我教导训练实质是通过处理内在对话，改变人的思考方式、认知结构和行为方式的一种方法。所谓内在对话是一种自己说、自己听的自我沟通过程。人们对自己所说的话决定他们所做出的行为。高焦虑者通常使用的内在对话带有自我批判或自毁的性质。例如，对于数学考试，一个高焦虑学生的自我对话可能是："数学考试使我害怕"或"我不是学数学的料子"。

自我教导训练包括以下三个步骤。

（1）自我观察。观察自己学习与生活，找出不舒服的情境，说出或写出与情境有关的负向内在对话。

（2）寻找积极的内在对话。引导学生寻找与原有非理性观念不相容的思考方式，并用新的内在对话来表达。例如，在达到目标方面，对自己说"一步一步去做"；在处理焦虑方面，对自己说"保持平静，慢慢地深呼吸，没什么好紧张的"；"考试成绩高低并不重要，考前尽力学习就行了"。

（3）学习新的技巧。让学生在现实情境中练习新的内在对话，帮助学生掌握一些有效的应对技巧，以便更好地适应考试情境。

自我教导训练可以用于多方面的辅导：改善学习行为，降低考试焦虑，降低说话焦虑，矫正青少年冲动性行为。

二、学习兴趣问题及辅导

目前中学生学习活动中，因学习兴趣下降导致厌学的问题比较突出，不仅是学习成绩差的同学厌学，一些成绩较好的同学亦出现不同程度的厌学情绪。

学习兴趣是提高学习效率、增强记忆的先决条件。著名心理学家弗洛伊德曾说过：人只记感兴趣的东西。生活中有很多这样的例子，如中小学生上学时，沿途会经过玩具店、游戏厅，他们能把店名记得一清二楚，但是，一个赶公共汽车上下班的人，对于窗外的街景没有丝毫的印象。对于背英文单词也是如此，把记忆当作一大乐趣，记单词更容易，记忆力也会随之提高。对记忆抱有兴趣和自信，就能从记忆中找到乐趣。

三、学习方法问题及辅导

有些学生听课或记笔记抓不住要领，学习时死记硬背，不消化理解，有问题不及时请教教师和同学,不复习就做作业,等等。这些学习方法的问题,具体可从以下几个方面改善。

1. 指导学生掌握记忆方法,降低遗忘速度

(1) 有意识记比无意识记效率高。加强记忆的计划性,养成记东西就一定要记住的习惯。

(2) 理解了的东西较容易记住。学习时要力求领会内容的意义和实质,建立与已有知识经验的联系,把新知识纳入到自己已掌握的知识系统中。

(3) 把阅读与回忆结合起来。用40%的时间阅读,用60%的时间背诵,效率最高。

(4) 灵活运用“全习法”和“分习法”。把从头到尾、一气呵成的学习方法(即“全习法”)与逐段学习的学习方法(即“分习法”)两者结合起来。学习初期宜用“分习法”,学习后期宜用“全习法”;内容分段多的和分量多的用“分习法”,内容连贯和分量小的用“全习法”;时间分散时用“分习法”,时间集中时用“全习法”。

(5) 有兴趣、符合需要的知识记得快且牢,因此,教师要培养学生学习的兴趣,对认知活动态度要积极。

(6) 有组织的材料易记住并且记忆较为牢固。因此,让学生理解材料,通过自己分析和综合的材料,是最易记住的。

(7) 联想造成的印象越强烈,则记忆的效果越深刻难忘。

(8) 有意义的材料比无意义的材料易记住。将有些硬性要识记的内容,诸如年份、号码、某些公式数据等材料,采用人为的联想,赋予其一定意义更容易识记。

2. 指导学生了解遗忘规律,与遗忘作斗争

(1) 要及时复习。正确分配复习时间,集中复习的持续时间不要过长。

(2) 复习方法要多样化。重点复习难记、易忘的材料,每次要有新的记忆深度和新的联系,及时反馈。

(3) 把听觉、视觉等各种感官调动起来。

(4) 最佳的复习是学会应用。

培根说过:一切知识,只不过是记忆。记忆在学习中的重要地位是显而易见的。其实记忆力不是生来就有的,主要是在生活和学习中逐渐培养和发展起来的。只要有意识地加以培养,每个人的记忆力都可以得到发展和提高。教师可以帮助学生掌握以下记忆方法。

① 使用记忆法。这是一种通过“使用”来增强记忆的方法。“使用”既是一种学习过程,又是一种重复过程。如记英语单词,如果你经常使用英语与人对话或给国外朋友写信,你的英语单词一定记得很牢。

② 分类记忆法。把记忆对象按照其性质、特征、内容联系起来,归并分类,使它们系统化、条理化,就便于记忆。如记忆外语单词时把职业(教师、学生、工人、农民、科学家、艺术家),学校(小学、中学、大学),亲属(祖父、祖母、父、母、兄弟、姐妹),方向(东西南北),季节(春、夏、秋、冬)等分门别类进行识记,这样就容易记住。学习每

一门功课时，在一个单元结束后，对该单元的知识点进行系统整理，使内容融会贯通，也可以提高记忆效果。

③ 列表记忆法。列表便于把杂乱的记忆对象条理化，这样提取时方便，尤其是对复杂的数字和词语等识记内容列表记忆效果更佳。

④ 合成记忆法。把零散的材料组合起来记忆。如单独理解记忆“弼”这个字，就不如与孙悟空被封为“弼马温”联合起来理解记忆更便捷。

⑤ 歌诀记忆法。把记忆的对象，编成歌诀，读起来抑扬顿挫，唱起来合辙押韵，比较好记，如二十四节气歌：春雨惊春清谷天，夏满芒夏暑相连，秋处露秋寒霜降，冬雪雪冬小大寒。

⑥ 推导记忆法。有的事物之间有内在的逻辑联系，如若记住一个，可以以此类推，帮助记忆。如十月革命爆发在1917年，十月革命影响了中国革命，两年之后的1919年爆发了“五四”运动，而“五四”运动为中国共产党的建立做了思想上和组织上的准备，又是两年之后，即1921年中国共产党成立。

⑦ 自我测验法。在学习和记忆的过程中，学生根据自己的学习进度和需要，自己检验记忆情况。

⑧ 概括记忆法。如“四大发明”、“五讲四美三热爱”、“四有新人”等。

⑨ 形象记忆法。作家秦牧总结记忆马克思诞辰，可以采用编故事的方法——“马克思是资产阶级的掘墓人，他一巴掌，一巴掌打得资产阶级呜呜地哭”，于是1818年5月5日就再也不会忘记了。

⑩ 分解记忆法。把复杂的东西分解开，有时会得到很好的效果。如“嬴”字，笔画比较复杂，但如果分解为很顺口的“亡口月贝凡”就很好记住了。

3. 指导学生进行思维训练，提高创造性

(1) 质疑法。鼓励学生勇于和善于提出问题。让学生对每一件事都提出一个问题。

(2) 求异法。鼓励学生勇于和善于提出不同的看法。让学生尝试每天提出一个不同的看法，或者对一个问题作几种不同回答。

(3) 迁移法。鼓励学生对已学习掌握的结论、概念、定义等知识，提出新的思想和观念，在学习新的知识时，归纳已经掌握的结论和概念。

(4) 讨论法。针对一个问题，鼓励每一个人都发表自己的意见，不评价他人的意见，只谈自己的观点。

(5) 发现法。鼓励学生观察，提出新现象、新问题。让学生尝试每天能发现班里、或学校里、或社会上、或自然界中的一个新现象、新问题。

四、学习动机问题及辅导

(一) 学习动机问题

1. 动机单一

学习动机单一就是指学生学习目的只是为了升入一流高中。大部分初中生学习目的就是为了升入好的高中、升入好的大学打下基础，这个学习动机是学习成绩中等以上水平学生的动机，随着成绩的提高，动机更加强烈。

2. 水平较低

一些学习成绩中等的学生对自己的要求不高，尤其初二之后，其学习动机比较低，认为只要能考上普通高中就心满意足了。

3. 方向不明

有一部分学生学习方向不明，这部分学生大多是成绩稍差的，对自己的升学没有信心，学习没有动力，在父母和教师的督促下学习也带着厌学情绪。这类群体主要集中在初中或高中二年级下学期。

4. 被动学习

被动学习就是指学生学习目的是为了满足家长的愿望。这类学生并不多见，要么是学习出类拔萃的，要么是学习极差的。前者是为了家长开心，而后者在学习上只是装模作样，混日子。

以上问题主要是受学校教育结构、指导思想、教育方法的影响而形成的。在现行的中等教育体制中，我国的教育结构存在着不合理现象，学生在中学所学的知识基本上是为考大学而准备的，而实际上升入大学的只是很少一部分学生，学生面临着升学难、就业难、出路窄的现状，特别是成绩差的后进生更感到升学无望，一种毕业后无出路的恐慌感控制着他们，这一现象反映在学习上，就是感到学习沉重、厌学、考试焦虑。教育结构的不合理性还表现在教学内容过难，这种情况导致了一些学生由厌学发展到逃学，脱离学校去寻求不正当刺激，从而形成一系列品行障碍。

（二）培养学生坚强毅力，提升学习动力

1. 指导学生了解意志行为特征，引导意志锻炼方向

意志品质是人类特有的心理现象，是人的意识能动性的表现。意志有两个明显的特征。

（1）意志具有明确的目的性。人能自觉地确定目标，并且能够根据这一目标来支配和调节自己的行为。学习的目标越明确坚定，学习行为就越能鲜明反映为意志行为。

（2）意志总是与克服困难相联系。行动目的的确定和实现总会遇到各种困难，只有不断克服困难，才能实现预定的目的。意志既体现在克服困难的过程中，也在克服困难的过程中得到锻炼。在困难面前要有坚强的意志，这也正是锻炼意志的机会。

2. 指导学生掌握意志训练方法，落实意志锻炼过程

学习的全过程就是一个意志行为的心理过程及学习结果。意志行为的心理过程一般分为采取决定和执行决定两个阶段。

（1）采取决定是意志行为的开始阶段，它决定着行为的方向。

（2）执行决定是意志行为的完成阶段，是意志行为的中心环节。学生在实现学

习目标、执行学习计划过程中，需要具有强大的自制能力和坚持能力。在学习过程中，克服困难是增强毅力、增强承受能力和自控能力的基本过程。

(3) 达到目标的评价。在学习成绩面前，需要的是坚韧性。由于多种原因，学习的结果往往不能如愿，有的还会是一种暂时的失败。这些挫折会使人失望、消沉，但同时也可以砥砺意志，增强耐挫折能力。

3. 指导学生针对自己的学习弱项，提高意志锻炼效果

中学生的意志品质与其他心理因素一样是有差异的，但都存在着弱点，有的是缺乏自觉性，这就要提高对行为动机的认识；有的是缺乏果断性，这就要提高思维的敏捷程度，要提高判断能力；有的是缺乏自制性，这就要进行抗诱惑训练；有的是缺乏坚韧性，除了提高责任感外，还应注重习惯的养成训练。意志还和个人的身体健康相关，坚持体育锻炼不仅能增强体质，也锻炼了意志，强壮的体魄是坚强的意志力的物质基础。

4. 帮助学生掌握学习的基本规律，提高学习活动效率

要提高学习效率，必须在理解当堂所学的知识和弄清教师讲课的思路这两点上下工夫。

(1) 学习的关键是理解。理解就是通过思考掌握事物的本质和规律的过程。对概念的理解是课堂中最基本的任务之一。上课时遇到新的概念，首先要弄清它的内涵和外延，思考它是怎样提出来的；其次，要了解这一概念的表述方法；第三，弄清怎样使用这一概念进行计算和解决实际问题；最后，搞清这一概念的应用范围和限制条件。

理解知识还必须抓住各学科的学习特点。例如，语文的这一学科的学习特点主要是学习字、词、句、篇章结构等基础知识，并通过听、说、读、写来更好地理解和掌握语言文字。若不重视上述基础知识，就很难完成学习任务。

思路就是思考问题的具体过程。听讲时搞清楚教师上课时的思维程序、思维形式、思维方法和思维规律，向教师学习如何科学地思考问题，进而发现自己的不足，提高学习效率。

学习的关键是理解，只要做到每一堂课真正掌握教师讲的内容，就能学好功课。高效率地听和思考，往往当堂就能理解并掌握所学的内容，回家后再做几道练习题，那么对该知识点的理解就会更深刻了。

听课很重要，数、理、化这三门课的系统性都很强，前面的知识不掌握，后面会听不懂，特别是数学，它是一门循序渐进、累积性很强的学科。

总之，抓紧每节课的时间是学习的中心环节，只要与教师密切配合，认真上好课，在学业上就一定会有较好的收获。

(2) 带着学习问题来听课。这种方法适用于讲授新的知识内容的课。

前面已经讲过，上课前要认真预习，阅读教材，把不懂的问题记下来。这样，上课时教师讲些什么，哪些是自己已知了，哪些需要弄个明白，就能做到心中有数。

如果预习了，听讲就有了针对性，遇到不明白的问题，就听得格外仔细、认真。

如果教师对这处难点讲得不细、不透彻，还可以在课堂上及时提问。如果提的问题，不具有普遍性，那也不要紧，课后还可以再个别向教师请教。

(3) 抓住要点做好笔记。抓住教师讲的重要例证、解题思路，记在笔记本上，量虽不大，但收获很多。这样听课，有张有弛，突出重点和难点。

教师的课堂教学进度一般以中等学生的理解能力为主，同时顾及差生的理解能力，因此，基础比较好的学生会有"吃不饱"的感觉。基础好的学生可以把规律性的知识点及教师教的学习方法、解题思路等作为听课的核心内容，而对于那些"炒剩饭"的部分，则可以看看教材，与教师讲的内容进行对比，加深理解，当然，这需要对自己实力有正确的估计，切不可眼高手低，顾此失彼，绝不能在没有听懂教师讲的内容时，借故不听讲。

平时听课，难免遇到不能立刻理解的内容，若不能立即提问，应及时记下这个疑难问题，在适当的时候思考，或下课后请教教师。必须注意的是，对暂时放下的问题要立即记在笔记本上或做记号，课后要及时设法解决，决不可放过。

【经典实验】

做笔记的好处

美国曾有人对180名学生做过实验：把这些学生分为A、B、C三组，每组学生都收听相同内容的录音带。规定A组学生必须将所听内容逐字逐句用笔记录下来；B组学生只听，不做一点笔记；C组学生只记讲授内容的要点。测试结果是：A组和B组的学生只记住全部内容的37%，C组学生记住58%。做不做笔记以及怎样做笔记，效率之差竟达21%。C组学生之所以优于A、B两组，关键在于他们抓要点，适当地做笔记。这样学生的大脑便有时间用于思考、分析和记忆，当然容易把握教师讲授内容的重点和难点，有助于深化、扩展和掌握教材内容。

(4) 积极参与课堂讨论。课堂讨论，能促使学生积极思考，加深对所学知识的理解；即使意见不对，也能及时发现，及时克服；讨论时听取各种意见，容易受到启发而产生新的创意；讨论还能锻炼口头表达能力，提高辩论能力。

课堂讨论好处很多。同学们应该珍惜讨论的机会，不做"局外人"，不"闭关自守"，应积极主动地自觉参与到小组讨论或全班讨论之中。

(5) 举一反三、学会创造。

① 对自己发问。假如不问许多个"为什么"，便不会产生创造性的见解。成功者总是透过表象去探索本质，他们不把事情看做是理所当然的结果，也不认为是水到渠成的过程。那些不明确的、看来似乎是一时冲动之中提出来的问题，往往包含着许多的创造性思维的火花。

② 随时记录。在创造领域里，从来就不存在"坏主意"这个词汇。思考过程中，常出现许多想法，其中的大部分都会因为不合时宜而被人们放弃直至彻底忘却。昨天你的某个想法也许不合时宜，而今天却可能成为一个好主意。

③ 把想法说出来。一个人一生中的大多数想法，都被无意识的自我审查所否决。这种无意识的自我审查机制将一切离奇的想法都当作“杂草”，想要有创造力，就必须照料好一株株“杂草”，把它们当作一株株有潜在经济价值的新作物。把不寻常的离奇想法说出来，把它们从头脑中解放出来，让它们进入到交流领域之中，这样做，有机会更仔细更充分地去审视、探索和品味，去发现它们真正的实用价值。

④ 转换思路。面临抉择，坐下来将正反两方面的理由写在纸上进行分析比较，也可以用形象思维法，把没法解决的问题画成图或列成简表进行分析。

【他山之石】

优秀生学习成功的五个基本环节

第一个环节，预习将要学习的知识。上课前，把课文内容自学一遍，明确哪些懂了，哪些似懂非懂，哪些完全不明白。针对问题写些简单的笔记，上课时特别注意这些问题，重点理解。

第二个环节，上好课。上课时专心致志，带着问题听清老师是怎样一步步分析这些问题的。如果还不明白，课间或课后及时问清楚，不要使它成为“隐患”。课堂上要敢于提问、善于提问。

第三个环节，科学地复习所学过的知识。心理学研究表明，对学过的知识，最初几天遗忘的速度最快，所以当天学习的知识一定要当天复习。复习时一定要先弄懂，再记忆，不要死记硬背。

第四个环节，做好作业和改正错题。做作业不要只用一种方法，要寻求别的解题方法。做完作业要自己检查是否正确，自我检查有助于培养创造性思维，自我检查的重要性不亚于做作业，养成这个习惯将会受益多多。

第五个环节，及时总结。学完一个单元知识之后，简单总结一下学了哪些基本内容、基本定理和定律，本单元知识有哪些主要特点，知识之间有什么联系等。这样的总结，能使一个单元分散的知识联成一个整体，能加深对知识的理解。

五、自卑心理及其调试

调查表明，学业不良的学生普遍存在自卑感，自卑感往往与学生的不合理认知密切相关，因此，教师可以帮助学生学习和运用理性情绪理论即心理学家艾利斯的ABC理论。

艾利斯ABC理论认为：个体的情绪和行为问题(C)，并不是某一诱发事件本身(A)引起的，而是由经历这一事件的个体对这一事件的认识和评价(B)所引起的。引导学生运用这个理论对自己的情绪、行为问题进行分析，建立起这样一个观念：事情的本身并不是关键点，个体如何认识和对待事件才是真正的关键点，因此，将问题的解决主导权掌握在自己手中。教师可以指导自卑学生对一些错误认识逐一进行质辩，并用全新的思维观念代替它们，这也就是助人自悟，重建理性认知。

【背景知识】

自卑的学生常见的错误学习认知的表现

(1) 自贬型认知。认为学习成绩好、能说会道的同学是聪明人,而自己这些方面都弱,自认最笨。然而,聪明人是善于聪明地生存、适应的人。每个人都能够并应该学会生存,因此不断学习和积累,每个人都能够使自己聪明起来。

(2) 求全型认识。认为自己应该是非常完美的人,一旦达不到自己所设想的状态就很痛苦。然而,人无完人,不应该追求十全十美,只能要求自己竭尽所能去努力。

(3) 他贬型认知。认为自己决不能让别人笑话、看不起,过分计较别人怎么看自己。一旦别人对自己的评价不理想,便十分伤心。然而,别人怎么看是别人的选择和自由,不必把别人看得比自己还重要,自己对自己的认定更重要。

(4) 以偏概全型认识。认为只要一件事办糟了,一次考试考糟了,就认为自己什么事都办不好,以后的考试都会考不好,自认无能。然而,一次事情办糟了,只说明没有办好这件事,不能因此一概否定自己的全部价值。自己的能耐、价值不是由一件事、一次考试决定的。

(5) 非白即黑绝对型认识。认为自己只有一个形象:不是可爱,便是可恨,而自我评价又选择的是一个可恨的形象。然而,一个人有许多自我形象,应该客观评价自我形象。

(6) 消极自我暗示型认识。认为自己有过失败,就预言下一次也要失败。然而,失败是多种原因导致的,某一次失败可能是因为自己没有努力,或者是运气不佳,也可能是任务过重,或者是考题过难。面对失败要记得:失败乃成功之母。

【思考练习】

1. 什么是学习辅导?中学生的学习心理有哪些特点?
2. 什么是学习动机?学习动机与学习的关系如何?
3. 什么是学习策略?掌握学习策略有何意义?
4. 学习能力是如何形成的?学生学习能力相当,为何会有成就水平的差异?
5. 教学情境中如何培养和激发学生的学习动机?
6. 如何提高学习兴趣、激发学生学习的内部动机?
7. 结合自身情况谈谈如何转变不良学习习惯。

【课外延伸】

请利用教育实习或实践的机会,跟踪调查、了解分析一名学业不良的中学生,分析其不良学业形成的原因,提出学习心理辅导的策略与方法。

第九章 青春期性心理辅导

学习目标 ……

- 了解性和青春期性心理的相关概念
- 了解性心理的发展过程及其特征
- 学习掌握正确的性态度和性道德
- 了解青春期性心理卫生教育的内容和意义
- 掌握保持青春期性心理卫生的方法

一个上高一的女孩子对妈妈说:“不知为什么,我越来越害怕与人交往,尤其怕接近男生,见了男生就心慌意乱,呼吸急促,浑身不自在,想远远躲开。我常常在心里问自己,为什么会变成这样,想来想去,大约与一件事有关。记得上初二的时候,班上来了个插班女生,她长得很漂亮,班上的男同学和女同学都喜欢与她交往,尤其是班上的男生,大多成了她的好朋友,从那时起,我开始羡慕她,并受她的影响,悄悄打扮自己。可惜我长得不漂亮,小眼睛大鼻子,任我怎么打扮,男生也不注意我,我又不愿主动接近他们,怕受冷落,怕被人耻笑为‘自作多情’,就这样,我从怕接近班里的男生,渐渐发展成害怕接近所有的男性……”

看完上面的案例,我们会产生什么感觉?这是青春期男女容易出现的问题和困惑。进入青春期,学生的生理和心理会发生巨大的变化,特别是对自己身体的发育以及与异性交往的问题充满了好奇渴望又无知困惑的矛盾心理,这些矛盾心理如果不能很好地化解,可能会在一定程度上严重影响青少年学生的身心发育和人格发展。下面,我们就一起来探讨有关青春期的性和性心理的话题。

第一节　性的含义

一、什么叫性

就像本章开篇所举的例文中害怕接近异性的女孩一样,一谈起“性”,许多人会很自然地联想到一个男人和一个女人性器官的交合行为(性交)。其实,这是对“性”最大的误解。从科学意义上来说,“性”的含义很丰富,它既包括生理层面的含义,如性器官及其活动;又包括社会与精神层面的含义,即性意识,如性别角色、性价值观、性态度、性思维、性体验、性想象力、性行为及性关系等，其中，身体的接触、生殖器官的活动，只是人类性的行为表现中的很小一部分。可以说，性的含义包含一整套的“性”文化。

不同的学科，对“性”有着不同的界定。生物学强调性是男女两性在生物学上的差异；心理学则强调性是男女两性在生理差别基础上的心理差异；而社会学上的性，则倾向于性别角色，指的是社会按照性别赋予人们不同的社会行为模式。总之，性有着丰富的内涵，是集生理特征、心理特征、社会特征于一体的概念。

所以，人类的“性”的科学含义应概括为：以生物物种的繁衍机能为基础，受特定的社会关系和伦理价值观念的影响及人的心理因素支配的性行为。

每个人从出生的那一刻开始，就都是有性别特征的个体。个体的性别、性格特质等，都可以纳入到性的内容和范畴。

通过对性的生理、心理与社会这三个相互关联的层面的科学分析，我们可以发现，人类的两性关系，即使在最自然的性交活动中，也伴随着那些由社会文化因素决定的道德感、正当感、承诺感、内疚感或负罪感等情感体验。这些感受显然与动物世界里的两性本能活动中的性欲满足感有着根本的不同。

摆脱性的无知，不仅仅是指关注自己的性别、性器官的发育，也不仅仅是指学习各种性行为和性技巧，而是指增加更多关于如何做人的知识：我们需要了解在现代社会中自己所扮演的性别角色特征，需要了解并学习如何尊重异性，学习如何与异性相处，培养自己的社交能力。此外，还需要了解两性生殖方面的知识，比如生命是如何发生、发育、诞生的，有关避孕的知识等。与“性”有关的正常与异常的表现、与性有关的社会制度及相应的道德观、价值观等知识，也是青少年需要了解的。在这些知识的学习过程中，个体会逐渐形成自己的性价值观和性道德观，并为自己的行为承担责任。

二、性的作用

性作为最原始的生命延续的手段，可以帮助人类完成种族繁衍的任务；除此之外，作为两性结合的方式，性维系着每个家庭的夫妻关系及家庭成员关系；作为人类欢愉的一种形式，性还能使千千万万的男女获得生理上和心理上的满足；作为青少年异性交往的引力，可以塑造青少年健全的人格和性别角色；作为两性联系的纽带，性使许许多多的男女徜徉在爱河之中；作为衡量文明的标准，性还体现着社会的文明程度。总之，性，从其自然的功能和作用来看，是很自然的、美好的、健康的和高尚的。

【知识链接】

狭义的性和广义的性

只要有点脑子的人，都知道“性”，但是假若要你对“性”做个完整而确切的定义，却有点困难。因为“性”包含很多含义，很难对其做一个简要具体又完整的说明或定义。最狭义的“性”指的是一对成熟男女异性间的交合行为，其目的是生育子女，并获得性的满足。广义的“性”并非只是生理现象，而是与心理有密切关系的“性心理”行为，要从生物学、心理学、社会学的不同层次上去研讨。

三、性的相关概念

（一）性别差异

性别差异包括生理和心理两方面。“性”的生理差异指男女在生物学上的差异，主要表现在以下四个方面：①遗传基因不同，即男性的染色体是XY，女性的染色体是XX；②男女内生殖器的结构不同；③男女外生殖器各异；④男女第二性征不同。

性别的心理差异是指男女在心理上的差异，包括性格、气质、感觉、感情及智力发育与特征方面的差异。

（二）性别角色

性别角色是指在某种文化价值观指导下的社会对男性和女性的行为模式、家庭职责、社会职责等方面的不同期待。如人们常常认为应该“男主外、女主内”，这就反映了社会对不同性别有不同的角色期待或要求。

（三）性欲

性欲，又称性需求或性动机，是指异性间互相接触的欲望及在某种刺激下所产生的性交欲望。人类为了满足这种欲望而进行的有意识或无意识的性活动，能获得身心快感。从本能意义上说，性欲是生理上的本能欲求，但人满足性欲的条件与方式是与人的社会文化现实相关联的，因而与动物的性欲有本质的区别。人类的性和爱紧密相关，是文明社会里人类性活动的一项特征。

（四）性行为

人的性行为一般是指男女之间在性成熟后的带有性满足意义的活动，包括广义和狭义两种含义。广义的性行为是指一切实现性欲望、满足性生理需求和性心理需求的行为活动。如拥抱、接吻、手淫，以及通过性幻想或辅助工具获得快感。狭义的性行为主要是指成熟男女之间具有生物学意义的性交活动，只有与异性的性交才能导致精子与卵子的结合，从而创造生命。

（五）性爱

人类的性爱指的是伴随着对爱恋对象的情感、真心对待爱恋对象的亲密行为，是一种有爱的美好性行为。性爱是性与爱的完美的统一体，不是那种庸俗、卑鄙、泄欲式的肉体占有的性交行为，其真正目的是为了表达和追求内心之爱的幸福境界。

爱是性满足的基础，性是表达爱的一种动力。缺乏情爱的性行为只能带来生理上的满足，无法给予心理与精神上的享受。爱是人类特有的感情和体验。爱把性升华为一种美好的人性。爱是生命的支柱，人类性欲伴随着爱才使人的性爱富有文化意义。“爱”是人类最重要最崇高的情感，爱包含着尊重、平等、体谅、责任和奉献。

性是与生俱来的，但性不等于爱，爱也不一定用性来表达。性爱不是一触即发，不是片刻欢愉，而是恒久的关系。青少年要科学地认识和把握性，对性采取负责任的态度，把握性和懂得爱都是一个学习过程，而不是人的天赋。

（六）性意识和性心理

性意识是指人类性行为中自觉的、有目的的与性有关的思维活动。性意识也是人类特有的禀赋。

性心理是指人类性活动的心理过程。研究这一过程的应用科学就是性心理学。这门学科通过对人的性生理、性爱、交媾、生育、性疾病等现象中的心理活动规律和心理特质的研究，向人们提供与性行为相关的心理学知识，帮助人们维护性心理的健康、增强社会的性文明程度。

（七）性变态

性变态也称性偏离。性变态是生物学名词，指人的性欲反应或性欲指向异常，包括性爱指向的异常，如同性恋、恋物癖、恋童癖等，此外还包括性欲满足方式的异常，如异装癖、露阴癖、窥阴癖、施虐狂等。

【资料补充】

性偏离的分类

(1) 性身份异常：易性癖、双性恋。

(2) 性对象异常：同性恋、恋童癖、乱伦、恋兽癖、恋物癖。

(3) 性目的异常：强奸、施虐淫癖、受虐淫癖。

(4) 性爱手段及方法异常：窥阴癖、露阴癖、口淫癖、手淫癖、鸡奸癖。

(5) 性欲程度异常：禁欲、色情狂、性欲抑制。

（八）性道德

性道德是社会用以指导和制约人们性行为的规范，是性观念习俗化的产物。性道德规范集中反映在某个特定的社会和文化的婚姻制度上，一夫一妻制既是一种性道德规范，又是一种受法律保护的制度，还是一种心理控制和自我约束的依据。我国社会主张两性平等，保障适龄人恋爱、结婚自由；认为离婚和丧偶者再婚是符合性道德的；而任何形式的通奸、卖淫和一切非婚的性关系都是不符合性道德的。

（九）性犯罪与性罪错

性犯罪是指基于个人的性欲冲动，为了满足个人的性需求而不择手段地侵犯他人人身权利，危害社会秩序，破坏人与人之间的关系的种种犯罪行为。性犯罪有侵犯型与淫乱型。侵犯型犯罪，如强奸罪、奸淫幼童、强迫卖淫、性骚扰等；淫乱型犯罪，如嫖娼卖淫、淫乱性流氓集团、乱伦等。

性罪错是指犯了性方面的错误而违背了社会道德规范习俗和某些法律规章。性罪错也会对受害者造成伤害或威胁，如成年人的性行为中涉及未成年人(无论是异性恋或同性恋)，制作、贩卖淫秽物品干扰社会秩序、破坏社会风尚等。有关资料显示，在制作、传播和贩卖淫秽物品的人群中，青少年占45%，在卖淫及其他淫乱活动中，青少年占80%。据某少管所的数据统计，性罪错的年龄在13～15岁者占60%～70%。青少年性罪错的发生率如此之高，大多是由于犯罪者缺乏性知识，法律意识淡薄，即性盲和法盲所致，因此，对青少年进行性教育是十分必要的。在对青少年提供与性相关的科学知识的同时，要特别重视性道德和性价值观教育，并辅之以法制教育。

第二节　青春期性心理

性心理，从狭义上讲，是指在性情景刺激下的男女交媾过程中的各种心理反应；从广义上讲是指涉及性的观念或意识。青少年随着性机能的逐渐成熟，性心理也渐渐趋于稳定。由于当前青少年性生理成熟与社会性成熟的异时性，青少年性心理的发展也表现出时代的特征。因此，把握青少年性心理的发展规律，有针对性地对青少年开展性心理健康指导，对于青少年学生人格的完善、正常情感的培养以及性态度的选择，具有非常重要的作用。

一、青少年性信息来源

(一) 生理的变化与性意识的萌芽

进入青春期的少男少女，随着性生理的迅速发育和性功能的日益成熟，由于自然本能的作用，他们对自身性器官的变化、性机能的产生，对两性身体外表变化的差异，不仅十分敏感和关注，而且还充满好奇与不安。他们有着对性知识的渴求，很想知道"性"的奥秘。女孩第二性征出现时，尤其是乳房发育、前胸隆起，会出现局促不安和羞怯心理，害怕别人注视自己。月经来潮时可能会加剧心理的烦恼，甚至产生恐惧、羞耻的心理；也有的会出现兴奋、躁动的情绪，感到"我突然长大了"。男孩第二性征的出现，当阴毛生长、声音变粗后，"男子汉"的意识油然而生。因性欲冲动，男孩子对性怀有好奇心，渴望获得性知识。第一次出现遗精时，也会伴随恐惧害羞的心理。这一切，有力地促进了青春期性心理的觉醒和发展。

(二) 社会环境与性心理

中学时代，不论男女都会因同学、朋友的言行而产生对"性"的好奇。同时，同学之间传阅的一些有关"性"的书刊、图片及一些少年不宜的影视作品等，也是青少年获得有关性信息的一个来源。

另外，社会上各种性信息，包括文艺作品描写的性行为，电影、电视、网络中展示的性镜头，以及成人的两性性交活动的暴露等，均会影响青少年的性心理发育。可以说，青春期男女之间的吸引和眷恋，既源于自然本能的驱动，又受社会生活环境的影响。社会生活方式和环境的影响对青少年性心理活动的内容有着决定性的作用。

二、青少年的性心理的发展阶段

青少年性心理的发展是指个体在青少年时期顺应自己性别的生物学特点和社会性特点所产生的种种心理过程。青少年时期性心理的发展具有一定的顺序，首先个体会对自身性发育产生好奇，进而想了解一切与性有关的知识，他们除了关心自己身体的变化，更关心异性的变化。青春期性心理大致要经过异性疏远期、异性吸引期、异性爱恋期、择偶尝试期这四个阶段。

（一）异性疏远期

青少年在自身第二性征出现后的1～2年内，朦胧地意识到两性差别，就开始有不安和羞涩心理。这是由于青春期性生理发育的突变对心理的冲击而形成的。他们对自己的性变化感到茫然、不安，甚至怨恨自己的性别角色。对性的问题感到害羞、腼腆、困惑，甚至产生抵触发育的心理。此时男女学生表现为彼此疏远，课间活动也保持距离，在心理和行为上出现不愿接近异性，有的孩子在家庭中也不由自主地疏远异性长辈，这种异性疏远的背后潜藏着对异性的好奇心理。

此阶段男女界限分明，见面谁也不打招呼。这一普遍的现象有两种变异形式：一种是厌恶同龄的异性，在学校里男女同学互相指责攻击；另一种是喜欢接近年龄很大的异性，似乎是一种代偿。异性疏远阶段的青少年处于对两性关系由无知到半懂不懂的状态，性意识还是朦胧时期，他们开始对性产生兴趣，但这种兴趣与性爱无关，只是一种好奇心和求知欲的表现。不过，青春期异性间相互疏远的这种现象如果长久持续下去，就会影响男女之间的正常交往与友谊，甚至出现异性交往恐惧症。要引导这个时期的学生正确对待异性，减少他们之间的隔阂，促进团结，以利于性心理的健康发展。

（二）异性吸引期

对异性产生好感与爱慕，一般发生在女孩12～13岁、男孩13～14岁以后。这时他们开始喜欢表现自己，希望吸引异性的注意。男孩乐于在女孩面前显示自己的能力和才华，以博得女孩的好感和赞许；女孩开始注意修饰打扮，以引起男孩的注意和喜欢。男女相互接近的渴望使他们乐于参加与异性在一起的集体活动，喜欢结伴外出郊游、唱歌、跳舞或参加体育锻炼等，并对异性表示关心、体贴，乐于帮助异性同学以博得异性好感。但此时的青少年毕竟还不懂得怎样与异性相处，有些人会有较幼稚的举动，使异性同学感到难堪、反感，或是在同学中引起议论，或被嘲笑，等等，招至较大的心理压力。此时，要提醒中学生，对异性产生好感是一种本能和自然现象，不必为此感到紧张和自责，但是要鼓励他们把注意力转向学习知识，树立远大的人生目标，不要过早地陷入到与异性的特殊亲密关系中。如果能把此阶段对异性的好感和爱慕发展为纯真的友谊，有助于男女同学之间的团结互助，相互鼓励，是对青少年人格发展十分有益的。

（三）异性爱恋期

15～16岁的青少年，进入青春期后期，向成人期过渡。此时男女学生在对异性有好感的基础上，各自形成一个或几个“理想模型”，并在与众多男女同学交往的过程中，将模型投射到某个特定的对象上，一旦有了具体的目标，对异性群体的好感便转向为对该异性个体的依恋上，形成一对一交往的“专情”行动，即恋情萌生。由此青少年会对集体活动的兴趣明显减弱。此时的中学生内心蕴藏着强烈的眷恋之情，但又不敢公开表露，大多数还不倾向于直接用肢体接触来表达恋情，而是采取精神心理交往的方式来显示自己情感的纯洁性。如果说青春中期的青少年性冲动胜过理智，行为特征多表现为“一见钟情式”的幼稚或鲁莽的话，那么，进入青春后期的高中生却表现出较冷静的情绪和理智层面，较能控制自己的性冲动。

（四）择偶尝试期

进入大学的青年（18～20岁），青春期已到尾声，此时的青年更为成熟，对异性的爱慕和追求更趋于专一化，萌发爱情，自然地进入恋爱择偶的季节。这时的恋爱带有选择性、专一性和排他性。

三、现阶段青春期性心理发展的特点

现阶段，社会文化对青少年性心理导向十分明显。与过去封闭环境相比，现代社会的开放环境下青少年性心理发展呈现新的变化特点。

（一）性意识发展迅猛

1985年的上海市中学生性知识调查表明，每一个被调查者都会提出包括性生理、性心理及婚姻、恋爱和生育的问题。1987年在上海、沈阳等五省市对初中生的调查，发现41%和32%的男女同学心目中有了特别喜欢的异性。1998—1999年在上海、北京和广东三市的相关调查发现，男女高中生能采取性保健方法的分别为56.6%和66.3%；并且，70.5%和71.1%的男女高中生认为，与异性交往并不意味着谈恋爱。“九五”期间（即1996—2000年期间）对上海寄宿制高中生的调查表明，83%的男生和88%的女生都已具有一般意义上的异性朋友，而且有50%和40%的男女同学仍希望自己能够与更多的异性交往。这些调查充分说明，现阶段青少年性意识发展十分迅猛。

（二）疏远异性期缩短

受开放的社会文化的影响，过去在小学高年级和初中低年级中那种男女同学的“性别群体”已经不存在，如20世纪八九十年代男女同学的“三八”线现在已经被淡化了，同学之间也以异性吸引替代了异性排斥。1987年调查发现41%和32%的男女同学心目中有了特别喜欢的异性；1988年的相关调查为47.1%和47.4%的男女同学心目中有了特别喜欢的异性；而1989—1990年全国15省市的调查为64.4%和

52.6%的男女同学心目中有了特别喜欢的异性，其中，13～16岁是向往与异性交往的高峰年龄段。1998年对上海中学生异性交往行为的调查表明，青少年向往与异性交往的比例为76.8%，仍呈上升趋势。

（三）接近异性期心理混乱

由于青少年自身生理的发育，使得他们性爱需求强烈，对异性的好奇心极强。但是，他们既不知道性的本质，也不知道怎样对待与性有关的问题以及该遵循什么样的性道德规范；既对性意识恐惧，又被性关系迷惑；既有性冲动引起的本能需求，又有对性关系后果的担忧。他们对正常的性生理现象缺乏正确认识，导致对性心理和性生理的困扰交织在一起，使青少年男女陷入困境。调查显示，对性产生疑惑或困扰时，只有不到10%的学生去问父母，找教师咨询的不到5%，多半的人则“闷在心里”。

与此同时，与开放的大环境相比，不少学校、家庭的小环境仍处于封闭状态，有些教师或家长对孩子与异性的交往过分“关心”，有时采用过激行为，这样势必造成青少年在与异性交往时不知所措，给他们性心理的发展带来诸多困惑和迷茫，使他们在与异性交往时心理表现十分混乱。

（四）初恋期提前到来

由于学校、家庭对青少年与异性交往的行为的过分干预，极易造成青少年的逆反心理，加之大众传媒充斥大量的性爱内容，外界的影响使他们过早地进入了“恋爱”角色。我国在1988年和1989年对中学生的调查表明，7.9%的男生和5.7%的女生自我报告已有恋人。调查结果还表明，中学生有恋人的高峰年龄段为13～16岁。90年代后相关调查表明，青少年早恋的年龄一般在13～15岁，有的在11～12岁就有恋爱行为，最早的9岁就开始谈情说爱，这些调查结果均说明早恋的年龄有提前的趋势。到20世纪末青少年有恋爱体验的比例已上升到20%左右，并有7.1%和8.8%的男女高中生与恋人发生了性行为。

四、青少年性心理的表现特征

（一）本能性和朦胧性

青少年性心理往往缺乏深刻的社会内容，基本上还是生理急剧变化带来的本能作用，表现为一种本能性和朦胧性。他们对异性的认识还披着一层朦胧的面纱，对异性的兴趣、好感和爱慕主要源自于异性间的本能吸引。不少青春期的学生不了解性的知识，认为性很神秘。

（二）内在强烈性和外在文饰性

青少年的性心理表现常常是内热外冷，内心有着强烈渴望，外表却尽可能掩饰其真实需求。一方面他们十分重视自己在异性心目中的印象和评价，另一方面他们在异性面前会表现出冷漠、羞涩和拘谨的神情。他们心里明明对某一异性很感兴趣，但又表现得无动于衷、不屑一顾，或做出回避的样子。他们表面表现为讨厌那种亲昵的动作，实际上很渴望能体验一下。

（三）动荡性和压抑性

青少年期是人一生中性能量最旺盛的时期，但由于他们的心理还不成熟，他们的性心理易受外界不良影响而动荡不安。同时，有的青少年由于性的能量得不到合理的疏导、升华而导致过分的压抑，少数人的性能量还可能以扭曲的方式、甚至变态的行为表现出来。

（四）男女性心理的差异性

女性性意识比男性成熟得早，而男性获得某些性体验在年龄上要比女性早。在对异性感情的流露上，男生较外显、热烈，女生则含蓄深沉；在内心体验上，男生多为新奇感、喜悦感和神秘感，而女生则常常是感到惊慌、羞涩和不知所措；在表达方式上，男生一般较主动，女生往往采取暗示的方式。此外，男生的性冲动易被视觉刺激唤起，而女生则易在听觉、触觉刺激下引起兴奋。

五、青春期的性欲望

性是人的生理本能之一，人发育到一定的时候就会自然生出性的需求，即性的欲望。所谓性的欲望就是对与性直接相关的行为的期盼与要求。当这一要求较为强烈时就会形成性冲动。性欲的产生依赖于一定的生理因素与心理因素。性激素是产生性欲的生理基础，与性有关的感觉、情感、记忆、想象是引起性欲的心理基础。青少年学生只要生理心理正常，大多都会产生一定的性的欲求，只是强弱程度不同罢了。青春期的性欲望的表达形式主要有性幻想、性梦、性自慰。

【资料补充】

现代科学研究发现，人类性欲与性激素有很大关系，对性欲起作用的激素是甾类激素，这是一类结构相似的小分子激素，主要由性腺（睾丸和卵巢）分泌，雄激素的代表是睾丸酮，雌激素中作用最大的是雌三醇。雄激素和雌激素在两性体内都存在。

（一）性幻想

性幻想又称性想象，是指人在清醒的状态下，对不能实现的与性有关的事件，通过虚构和想象，自编的带有性色彩的“连续故事”，以满足自己对性的心理欲求，因此也称为白日梦。

这是一种介于意识和潜意识之间的、带有性色彩的精神自慰行为。它是在没有异性参与的情况下，在大脑中进行的自我满足的性欲活动。处于青春期的少男少女，对异性的爱慕和渴望很强烈，但又不能与所爱慕的异性发生性行为以满足自己的欲望，于是就可能在脑海里把曾经在电影、电视、杂志或文艺书籍中看到的情爱镜头或片断经过重新组合，虚构成自己与爱慕的异性在一起；也有可能是通过把想象中的情景用文字写出来，并告诉他人，以达到自我安慰的效果。有的同学或许会因没有异性同学邀他一起游玩，他会假设一位异性同学给自己写信邀他一起游玩。这种幻想可以随心所欲地编，编得不满意再重新编。青少年在性幻想的过程中，在进入角色之后，还伴有相应的情绪反应，可能激动万分，也可能伤心落泪。这种性幻想在青春期的少男少女成长过程中是大量存在的，这种性幻想的出现也是正常的、自然的。

性幻想是少男少女在性成熟过程中的一种正常的生理和心理现象，是对青少年学生的性自控能力的一种考验。青春期性幻想是一种隐私，也是一种自慰的方式，它可以为性冲动提供一条宣泄的渠道。

性幻想可为排解性压力打开一道安全闸门，对己有利，对他人无害。但是，如果过于沉溺于性幻想，也会影响学业和生活，甚至会形成病态心理和行为。

【校园镜头】

性幻想的案例

进入高中后，菲儿喜欢上了班上同学僮，对方也对她有好感。但菲儿害怕对方不能接受自己，也害怕与对方交往会影响学习，就强抑着心中的那份渴望，表面上佯装极为平静的样子，也从不和他说话。但是他们的细微动作却将彼此的心意很清楚地传递给了对方。每每回味这些细微的默契的神交，菲儿既兴奋激动，又感到些许的遗憾，这与她向往的那种浪漫缠绵、激情飞扬的爱情相去甚远，可她更害怕这种感情方式会给她带来麻烦。

为了宣泄对僮的思念和渴望，又很好地保护自己不受伤害，菲儿只好整天生活在遐想中。每天晚上，熄灯后，她躺在床上任思绪飞扬，想象着与僮单独在一起的那种被爱、被关心、被呵护、被拥抱、被爱抚、被亲吻的甜蜜时刻……醒来后弄得头昏脑涨，有时头还会像锥子一样地疼痛。等白天再见到他时，她又拼命地克制自己，不去理他，甚至他主动与她说话，菲儿也装作没听见。僮写的信，她看都不看就烧掉。她的身体和心理上遭受着双重折磨，经常失眠。

（二）性梦

性梦即睡眠时所做的与性有关的梦。性梦是性成熟的个体在睡眠状态下，由以往的性刺激所留下的痕迹引起的一种自然的、弥散性的、盲目性的性生理和性心理现象。可以说，性梦是在潜意识中被压抑的性欲望、性冲动的自发暴露。

性梦的内容和表现形式多种多样。性梦可以是一个极为复杂、零乱无序、虚构无实的梦境，也可以是一个非常连贯完整的性行为过程。一般来说，男子的性梦比较直露，如性交、乱伦、同性恋等，并伴有梦遗现象，甚至醒后余兴未尽，希望再度入梦；而女子的性梦大多停留在温情脉脉的接吻与爱抚上，但也有一些女子会梦见与男性发生性交等性行为，同时也会伴有一些生理反应。

心理学家认为，性梦是一种自发调节过高的性张力的自慰现象。异性间的性吸引所带来的爱慕、倾心、崇拜的情感有时会引起个体产生性冲动，在意识清醒状态下，个体的理智和道德感可抑制这种冲动；然而进入梦乡后，这种被压抑到潜意识中去的性冲动就不受理智与道德感的约束了，在清醒状态下不敢想、不敢做的性心理和性行为都可能会出现，使大脑皮层中出现活跃的兴奋灶。性梦是正常的生理心理现象。性梦的自然宣泄类似安全阀的作用，可以缓释性能量。

心理学家通过大量案例研究发现一个普遍现象：大多数人的性梦，其梦境中的对象总是一些不相干的陌生人，而难得是平时爱恋的对象，即使在入睡之前，在思虑中竭力地揣摩平日爱恋对象，梦境中的对象仍是陌生人。这个研究结果告诉我们：性梦作为意识控制解除下的一种潜意识行为，既无法控制，也无法预防。因此，无论平时是多么庄重严肃的人，在性梦中都可能出现荒诞不经的性事，此时绝对没有必要以清醒状态下人们普遍遵循的伦理道德去鞭挞这些荒唐事。性梦决不意味自己对爱恋对象的不忠和背叛，也不是邪恶丑陋的现象，因此不必为此感到内疚和焦虑。

尽管性梦是人类正常的心理生理现象，但若性梦出现得非常频繁则要寻找原因。例如：是否是因为劳累过度，或者是因为性自慰过频过强烈，或者是因为内裤穿得过紧，摩擦刺激到阴部，或者是因为外生殖器不正常充血刺痒或泌尿系统炎症、膀胱胀满等。此外，心理上的兴奋、情绪上的激发（如睡前饮酒）也是常见原因。出现性梦时，不必忧心忡忡，但如果经常出现性梦就会对个体有不良的影响，因此，需要找找原因，或寻求心理咨询帮助。

【资料补充】

弗洛伊德认为，梦是愿望的满足。所有梦的最终目的是满足我们的本能愿望、消除烦恼，在睡梦中得到现实中得不到的愉快。现实生活中，个体受到种种社会道德的约束，不可能随便放纵自己；即便在梦中，人们的自由也是有限的，所以梦必须通过伪装把自己的真实意图做一些掩饰，反映的是一种内心冲突，这就是梦的内容很古怪的原因。

（三）性自慰

【问题宝盒】

“我经常手淫，我知道这是不对的，可是我控制不住自己。每个人都会这么做吗？还是只有我一个人是这样堕落的？”

性自慰俗称手淫，是指用手或其他器具刺激性器官获得快感，宣泄性冲动的一种行为方式。这是生物本能的重要组成部分，通常也是人们体验性快感的第一种方式。许多青少年由于受传统观念的影响，误以为自慰是淫秽、肮脏、罪恶的行为，进而产生恐惧、自责、可耻等不正确的想法，从而给自己造成巨大的精神和心理压力，这种精神和心理状态又进一步引起身理上的症状，如使个体产生精神恍惚、神经衰弱、浑身乏力、腰酸背痛、学习退步等一系列问题，并且生理症状反过来又会使心理负担加重——以为这些变化都是性自慰造成的……如此形成恶性循环。

现代性学家和心理学家认为，性自慰是性心理发育、性意识发展的一种表现，是解除性紧张、宣泄性能量的方式之一，并将其作为性心理发育的一项指标。关于性自慰，目前国际上广泛被认可的新观念是：手的性自慰既不是不正常的，也不是对身体有害的行为。

有的同学认为性自慰是罪恶的、可耻的，因而恐惧、自责。其实这是一种对性自慰的误解。“罪”与“羞耻”分别是法学和伦理学的概念，前者是指对现存社会的一种反抗，后者是指做了有碍于他人的事而感到不体面。所以“罪”与“羞耻”这两个概念只有当行为人的行为在刑法或道德上与社会或他人发生联系时才有实在意义。性自慰是无碍于社会与他人的纯粹的单个人的行为，不具备刑法或道德上的意义，因而完全没有必要感到羞耻或罪过。当然，任何事物都有两面性，性自慰过度频繁会引起性欲增强，性冲动加重，反而达不到缓释性能量的目的，还会使人常常处于兴奋状态，身体得不到充分的休息，会感到疲劳，引起食欲下降和身体的免疫力下降，严重者还会出现神经衰弱现象，同时，毫无节制的性自慰可能会造成泌尿生殖系统的持续充血和其他生理上的病变。在这个意义上的性自慰过度是有害的，有碍于身心健康的。

过去认为“手淫有害”，20 世纪以来，科学界提出“手淫无害论”，即适度的性自慰是对人体无害的。什么样的性自慰是适度的？事后感到身体舒服、心情愉快、精力充沛、学习有效率等就是适度。

六、青春期性心理成熟的标志

性心理成熟标志较难确定，因为它受生理发育制约，更受社会文化制约。青春期性心理发展遵循着一定的规律：性意识由朦胧到清晰；性情感由波动到稳定；性适应由不适应到适应良好。从这个意义上说，性心理从幼稚到成熟的标志可以定为性意识健康、性情绪稳定和性适应良好。

（一）性意识健康

性意识是人对性的认识和态度。青少年的成长伴随性成熟过程，性心理突出表现是性意识觉醒。性意识觉醒是指青少年开始意识到性别的内涵、两性间的差异、两性关系以及对待两性的态度和行为规范。

性意识健康的一般标准：①能够正确理解两性关系，领悟到两性的意义；②在心理上产生一定的性需要，即乐于与异性接触，积极建立正常的爱情观；③形成正常的性意志，能自觉地控制性冲动，理智感较强；④进入正常的婚姻状态。

（二）性情感稳定

性情感是人们对性所持的态度的体验。性意识觉醒必然带来性情感的萌动。个体的性生理机能的发育成熟是产生性情感的内在因素；现实生活中的性刺激是产生性情感的外在因素；在内因启动和外因刺激下，青少年开始体验到从未有过的复杂情感，进入一个新的精神世界，性情感的发展从波动到稳定。

（三）性适应良好

性适应是指青少年在成长中能愉快地接纳自身性征的变化，并且自觉地按照社会文化规范的要求，约束和调整自己的性欲望和性行为。青少年的性适应包括三个方面，一是自身性征变化的适应；二是与异性相处的适应；三是与社会规范要求相协调统一的适应。性适应的发展过程是从不适应到适应良好。

青春期性心理成熟的三个标志，在实际生活中，三个标志是一个不可分割的整体，其中，性意识是关键核心，性情感是外部表现，性适应是行为选择，三者相互作用、相互影响。衡量青少年性心理是否成熟，要从这三个标志着手，不能丢弃任何一个。

七、青春期性态度与性道德

（一）性态度

青少年阶段是一个人生命发展的重要时期，除了需要面对不断的成长与改变，每个人还要面对一生中最强烈的性冲动，要学会如何与它安然相处，并不是一件容易的事。要知道，真正引发个体在性方面适应困难的原因，往往并不是他（她）在性方面实际做了什么，而是个体对性所持有的看法，也就是学者们常说的“性态度”。

性态度是指一个人对性的看法。有些性态度是指向自己的，比如，你认为自己是男人还是女人（性别认同）？你是喜欢从异性那里得到满足还是喜欢从同性那里得到满足（性指向）？你自己是否愿意有婚前性行为或你是如何看待婚外性行为的（性道德观念）？

性态度还包括你对社会上存在的一些性现象的看法，比如，你对同性恋者、婚外情者、还有婚前发生性行为的人具体都有些什么样的看法？你对社会上存在的娼妓、色情电影等“性”商业是什么看法？

人出生后就开始了社会化的过程，性态度的形成是“社会化”过程中一个很重要的组成部分。父母对性的态度、学校的教育及同伴群体和大众媒介都深深地影响着我们每个人性态度的形成。中国人民大学性社会学研究所潘绥铭教授认为，一个人的性态度取决于他（她）在青春期前后各三年中所处的生活环境。从这个意义上说，在青少年时代，学习与人交往、对性有更广更深的了解和理解是有助于个体不断修正自己的性态度。

（二）性道德

学校、家庭和社会对青少年的性设置了种种“禁忌”，大多数青少年从父母、老师及媒介那里听到最多的话是“不要做什么”。其实，仅仅了解我们不应做什么是非常不够的，我们还需要了解“为什么不能做这些事情”及“自己可以做什么”。能够明白什么样的性活动是被社会允许的，只有这样，青少年才会建立起自己的性道德边界。道德的性行为应该是自愿、无伤、承担责任、有爱的性行为。

1. 自愿

违背自己或对方的意愿发生的性关系(性行为),是一种不道德的行为,因为,它可能侵犯了一个人的人权。有的男孩子在冲动的状态下与某个女孩发生了性行为,尽管对方没有明确拒绝,但这并不意味着同意。因为在我们这个社会中,大多数青春期少女在自己的成长过程中,并没有学会如何根据自己的意愿拒绝或接受别人的性要求。在突如其来的情境中,她们常常不知所措。当事情发生后,她们才发现自己并没有对所发生的性行为做好承担责任的准备,以致性经验带来的不是情感上的升华,而是痛苦和羞耻的体验。因此,青春期的学生在面临性行为即将发生的时候,请切记自己或对方没有明确答应就不应进行性行为。

2. 无伤

道德的性行为(性关系)既不伤害自己,不伤害对方,也不伤害第三方。这里所说的伤害不仅是指身体上的伤害,也包括心理上的伤害。在性关系中,大多数伤害属于心理伤害。道德的性关系是为了改善双方的生命质量。如果性行为的发生是出于如下动机,就会对对方造成伤害,如:只是为了满足自己的欲望,不顾及对方的感受;或者作为一种摆脱父母、表达自立的行为;或者是为了表达对某人的愤怒,为了发泄怒气;或者是作为"套住抓住"对方的手段;或者是作为留住恋人的手段;或者是为了赶时髦;或者只是为了缓解自己的焦虑;等等,这样的性关系既会给对方带来不良影响或伤害,也会对自己造成一定程度的心理伤害。

3. 承担责任

在建立性关系之前,双方都必须有心理准备对可能产生的一切后果承担责任。因为一个不能回避的重要现实是,性行为可能会使女方怀孕。因此,在性行为发生之前,双方都需要清楚地知道,你们能否为可能产生的后代承担爱护和照顾的责任。每个人都有生存和被爱的权利,这种权利是与生俱来的,任何人都无法剥夺。一个不被爱护、不被需要的孩子,在他(她)一生下来就已经失去了人性的尊严,另外,一个人如果抛弃了爱护和照顾后代的责任,就严重违反了人类行为的基本道德原则——一个人必须对可能影响到自己或他人的行为负责。

4. 有爱

像所有的动物一样,即使没有爱,人有时也能感受到性的美妙。但是道德的性行为不仅应是全身心投入的生理行为,更应是全身心投入的生命交流。因此,在性行为之前,两个人的生命中必须有某些共同的目标和方向,必须有爱。因为,并不是所有的人都能像动物那样容易从性行为中得到满足,当性行为不含爱的成分时,我们无法从中感受到人性的光辉,也无法从中获得深远而持久的满足。

八、早恋的心理分析与对策

(一) 早恋及其类型

有一类恋情之所以称为"早恋",是因为它发生在生理和心理都未发育完善的青少年之间，时间上早于一般水平的恋爱。“早恋”是一个笼统的词语，它涵盖了可能发生在恋爱双方之间的各种行为，如牵手、拥抱、接吻、性器官接触甚至性行为。

“早恋”是青春期性成熟过程中，两性之间出现的一种亲密接近，是性心理开始转化为性行为的一种早期实践。

早恋是青少年性心理的外化，是性心理转化为性行为的一种实践。根据我国目前的情况，把早恋解说为“不到恋爱年龄而进行的恋爱”，认为早恋属于一种不适时的失控行为。尽管国家没有规定具体的恋爱年龄，但人们习惯上以以下两个标准作为参照：一是生活自立程度，二是与法定最低婚龄相差的程度。如参照以上两个标准进行甄别，则中学生进行的恋爱，都可以称为“早恋”。

中学生的早恋可划分为三种类型。

第一种类型：这些人大多是初一年级学生中年龄较小者。他们情窦未开，即男生尚未有梦遗，女生尚未有初潮，由于接受了不健康的性信息，便开始向异性同学求爱（写信、约会等）。这些孩子的行为并非受成熟的性欲望所推动，其“恋爱”是纯模仿性的，且带有游戏性的特点。这种“早恋”在小学高年级就可能会出现。由于受好奇心的驱使和带有很强的游戏目的，这些早恋者在和异性的接触中，往往不考虑时间和地点，随心所欲，此种类型可称为“模仿性的游戏型早恋”。

第二种类型：这些人大多是初一年级中年龄大的学生，初二、初三年级中年龄较小且社会成熟度又相对较差的学生。他们性发育已经开始成熟，由于受性欲望的驱动和渴望探寻性的奥秘的心理，而向异性眉目传情、暗送秋波、递纸条，或与异性约会或互相许诺一些天真的山盟海誓。这些早恋者虽然互相传递着信息，但其行为的主要内部动机是一种捉摸不定的亲近欲和难以自控的好奇心。尽管他们口口声声说着“我爱你”，但并不理解爱的意蕴，多数人是把对异性的好感误作爱情，尤其未能认真考虑为什么要恋爱，以及恋爱会给自己带来什么后果等问题。他们选择对象亦无明确的标准，几乎遇到谁都可以“恋爱”。这些早恋者的“恋爱”并不具有婚姻目的，也做不到情有独钟，因此带有盲目性和非专一性，此种类型的早恋可称为“天真的具孩子气的钟情”。

第三种类型：这一类型大多是初中三年级中年龄较大的学生及高中学生。这些人的性意识已超越了朦胧阶段，开始对爱情有了自觉的追求。他们之所以恋爱，大多是出于对对方的学业优异、身体强健、容貌秀美等的爱慕，并且，他们会把求爱的目标集中到一个人身上，希望和对方单独相处，会礼貌而慎重地去幽会。他们虽然还不能全面理解恋爱和婚姻的全部内涵，也不了解自己对对方应尽的责任和义务，但双方在内心深处都憧憬着未来夫妻生活的幸福，其恋爱是以婚姻为目的，此种类型的早恋可称为“少男少女的认真初恋”。

在上述三种类型中，第一种类型的人数较少，这类早恋虽然缺乏性欲的动因，但也应该引起教育者的重视，因为这些学生年龄小，不懂事，行为往往不计后果，在不良诱因的驱动下，很容易做出令人震惊的过失行为。相关调查表明，许多少女的性罪错，就是在初潮前一年发生的。由于年龄小，这些学生还未超越“他律”发展阶段，其教育工作还是比较好做的。第三种类型的人由于年龄较大,心理发展渐趋成熟,其行为有更多的理智成分,因此,这部分学生的早恋就较少会导致性罪错,他们也较容易接受教诲。比较容易出现问题的是第二种类型的早恋者。这一类型的早恋者正处在青春萌动期,由于生理上的性特征开始发育成熟,性激素分泌增多,他们内心深处出现了一种狂风暴雨般的性骚动,不仅对性的问题有着强烈的好奇心,且常常产生一种进行性尝试的冲动,但是,由于个性心理发展的不成熟,他们虽然在恋爱,却并不懂得恋爱的意义。相关调查发现,他们当中的一些人甚至认为,只有性行为才能表达爱情,性行为完全是个人或相爱者双方的事,丝毫无碍于他人和社会。这类早恋者被动地受着性冲动的驱使,盲目地探求性的奥秘,加之理智程度不够,常常难以控制自己的情感,因此,他们不仅容易做出荒唐和失礼的行为,且潜隐着性失足的危险。综上所述,三种类型的早恋者当中,第二种类型的早恋者应成为重点教育的对象。

（二）早恋的原因

(1) 心理成熟滞后,生理的成熟没有带来相应的心理成熟。

(2) 由于年龄增大,与父母之间不再是无话不谈,沟通和交流减少,心理距离越拉越大。青少年认为在父母那里得不到理解,于是就在同龄人当中寻找知音。加上异性之间有性格互补的特点,因此他们容易把感情转移到异性上来。

(3) 受影视媒体、不健康书籍及社会上一些不良习气的影响,随意模仿,或看到身边的同伴有了意中人,在从众心理的驱动下,与人攀比,追求异性以显示自己有能耐。

(4) 对学习不感兴趣,学习成绩不好,能力比不上别人,为了弥补受伤的自尊心,或者为了满足自己的虚荣心,便用找到异性朋友来借以自夸,解除心中的烦恼,得到精神上的寄托与安慰。

(5) 中学生交往范围不广,看事物不全面,觉得身边某个人不错或某一方面较出众,从而对他整个人都产生好感,企图拥有对方,难以发现对方的缺点。

(6) 在好奇心、神秘感和逆反心理的驱使下,家长、老师越是不让干的事便越想试试看。

（三）早恋的不良影响

(1) 影响青少年正常的学习和生活。

(2) 精神上易受损害,影响心理健康,易导致心理困扰的产生。

(3) 影响身体健康,易导致早孕。

(4) 影响中学生人生观、价值观的形成,易引发恶性事件。

(5) 从恋爱结果来看,中学生恋爱几乎没有成功的。

（四）青少年早恋应对策略

在实际工作中,对青少年进行旨在防范早恋问题发生的性心理卫生教育时,要注意以下几个方面的问题。

1. 加强教育，提高认识

培根说过："知识就是力量"。确实，只有当学生对早恋的危害有了清晰的认知后，才能自觉地与早恋告别。要使学生认识到，中学生之所以不宜恋爱，主要原因有以下几点。

(1) 思想尚未定型。中学生由于世界观尚未形成，对世界、对社会、对人生的看法还较幼稚、片面，其思想、道德品质、价值观念等在今后的人生道路上还会有很大的变化。因此，中学的时候两个人的思想可能比较一致，成年后可能会有分歧，数年后也可能分道扬镳了。在现实生活中我们也不难发现，中学时代的恋爱结果以失败告终的居绝大多数，后来能结合成为伴侣的为数甚少。据王友平等学者对西安市大、中学生的抽样调查发现，所有有过恋爱史的学生中，42.9%目前已中断恋爱关系；表面上仍保持恋爱关系，但内心明白恋爱已破裂，分手只是迟早事情的占30.2%；不同年龄阶段开始恋爱，直到离开校园后仍保持恋爱关系的总数占26.9%，其中，大学开始确定恋爱关系的有40.4%，高中开始确定恋爱关系的有17.6%，初中开始确定恋爱关系的有19%，其他不明情况有23%。这组资料揭示中学生早恋极难成功。

(2) 心理尚未成熟。中学生的心理尚处在发展阶段。在自我意识方面，他们存在着一种"盲目的成熟感"，好自以为是；在情感发展方面，他们好冲动、易转移；在意志发展方面，他们自制力较差。

(3) 经济尚未独立。中学生的经济主要依赖父母或他人，自己尚不能自力更生。然而从恋爱到结婚、生育，这一切都需要有一定的经济基础，这也就是一般人都在工作几年后才恋爱结婚的原因之一。生活中常常有报道一些中学生由于无力支付恋爱期间的物质需要，不惜铤而走险、误入歧途。

(4) 事业尚未定向。中学时期是打基础的时期，将来从事何种职业尚未定向。青少年时代又是读书学习的黄金时代，在这一时期，人的精力最充沛，求知欲最旺盛，观察、记忆、思维、想象等能力也最强。因此，中学时代是积累知识、增长才干、奠定人生基础，为自己将来从事的事业逐步定向的关键时刻。但是，有的中学生却错误地认为，只要两个人志同道合，谈恋爱不会影响学习，甚至总结出"男性力＋女性力＝两个人的合力"的公式，这是极其不客观的。事实上，大量事实证明，中学生谈恋爱后，感情往往为对方所牵制，学习没有不分心的，成绩没有不下降的。

总之，当代中学生尽管生理成熟提前，但心理成熟却远远落后于生理成熟，不具备恋爱的成熟条件。

2. 鼓励交往，加强指导

要有意识地对学生进行男女交往必要性的教育，鼓励男女青少年加强交往，这样可以淡化彼此对异性的好奇心，使他们能更稳妥地把握自己的情感，同时，对男女的交往要加强指导。

3. 开展活动，转移情感

要重视学生各种社会性的需要，丰富学生的精神生活，开展科技、文艺体育等活动，并尽量使活动丰富多彩、生动活泼，以吸引学生参加。通过活动培养学生对科技、文艺体育等方面的浓厚兴趣和高尚情趣，并在活动中创造一个健康宽松的男女交往环境，引导学生在集体活动中进行正常的情感交流，以增加对异性的了解，培养对待异性的正确态度，建立纯真的友谊，做到共同遵守社会生活规范，把握与异性交往的分寸，锻炼理智分析和冷静控制的能力。在多种多样的课余活动中，使他们旺盛的精力能有地方得到发挥，性的能量能得到置换、转移和排遣。

4. 抓住苗头，防微杜渐

一般而言，中学生早恋的先兆可能有：突然过分地喜欢装饰打扮；上课走神，甚至精神恍惚，学习成绩突然下降；平素活泼好动，喜欢与别人交往的学生，一下子变得沉默寡言，不愿与他人接触；经常瞒着父母与同龄异性一起去看电影；突然有人寄信、打电话到家里来，但寄信人、打电话人不留地址、姓名；旷课，夜不归宿；突然大手大脚花钱；等等。

对于上述种种表现，必须根据学生个性发展的历史和现实的心理状态进行认真地研究和分析，才能得出正确的结论。发现了学生早恋的端倪后，就要适时适度地予以暗示、点拨和教育，力求把问题消除在萌芽状态之中。

【校园镜头】

有一高中男生长得英俊潇洒，品德和学习成绩都很好，而且又是学生体育部长，一直为师生所称赞，此外，他还是一位素质良好的篮球裁判。

临近毕业，他突然对一女同学产生爱慕之心，并且自认为该女同学也喜欢他。经过激烈的思想斗争，最后决定写张条子“投石问路”。条子上写道：“我非常希望发展我们之间的友谊，你同意就告诉我。”没想到该女同学把条子交给了班主任。从此，该生忧心忡忡，消沉苦闷，总是回避班主任。一次，班主任知道他当裁判，就在球场附近等他。球赛完了，班主任问他：“今天比得怎么样？”等他说了比赛的情况，经过一番迂回，班主任和善地说：“你这个人哪，有些地方哨子吹得好，可有些地方‘吹不响’！”该生立即明白了班主任暗示的意思，说：“我明白了。”班主任说：“什么时候吹，向谁吹，这里很有学问啊！‘这事’就完了，没有事了，你去休息吧！”学生如释重负，立即放下了压在心里较长时间的精神包袱。当时可能会发生的一场风波，就这样被老师机智地消泯在萌芽状态。毕业后他参加工作了，突然有一天给这位老师来信，说：“我又想‘吹哨子’了，很想听听老师的意见……”

5. 提高素质，正面疏导

这里所谓的素质，指的是教育者的性文化素质。国内一些成功的经验表明，教育者必须摆脱落后的性文化的羁绊，理解青春期男女的生理、心理发展特点，耐心细致地做好思想工作。将着眼点放在教育培养上，要坚持“理疏、情导”，而不是“围、追、堵、截”。要通过摆利弊、讲道理，指点为人之道，引导和帮助学生解除烦恼，摆脱困境，自觉地把男女交往约束在中学生活所允许的范围之内，而不应该将男女之间的交往和友谊发展成为早恋。

为了坚持正面疏导，有必要汲取广大教育工作者在这方面的成功经验。这些经验主要包括以下几点。

(1) 理解。要懂得学生身心发展的规律，理解学生所产生的需要。要设身处地地从学生的角度，去看待他们所产生的各种言行和情感。歌德说："天下哪个倜傥少男不善钟情？天下哪个妙龄少女不善怀春？"因此，不要轻易地把一切涉及性的问题都看成是道德问题，更不要将其看做是比任何其他道德问题都严重的问题。教师和家长应该懂得，并且也应该使学生理解：他们之所以要对早恋学生进行教育，并不是视早恋为罪恶，而是出于对学生的关心。要向学生指出什么情感和需要是可以理解和允许的；什么行为是可以或应该提倡的；什么行为是错误和必须反对的。要针对学生的思想困惑或难言之隐进行针对性的教育，使教师和家长的期望和心愿能被他们所理解和认可。

(2) 尊重。要尊重学生的人格、情感和隐私。对于学生中出现的情爱方面的种种问题，切忌不问情由一味指责；也不能动辄训斥谩骂，吓唬威胁；对这类问题一般不宜当众点名批评。由于心理活动是一个人心灵最深沉、最神秘的一角，遇上思想矛盾往往会产生激烈的思想斗争，有时一瞬间所产生的观念或想法会影响终生。在这种情况下，自尊心是一个人重要的心理平衡力量。因此，教师和家长要尊重学生，保护学生的自尊心，启发学生自爱、自重，不搞"扩大化"和"屈打成招"，不随意挑明朦胧的感情。这是尊重学生人格的需要，也是取得学生信赖，有利于引导和教育的重要条件。

(3) 指导。指导工作的出发点不应是出于自己所处的教育者的地位，而应该是以经历过类似的问题、体验过类似困难的长者的身份，帮助学生解除困扰和恢复正常状态。指导者的态度必须真诚，因为只有真诚，才能使自己的心理世界与学生的心理世界进行双向交流。在具体的指导策略上，要注意以下三点。一是"跳"出来。如上所述，既然早恋无异于饮鸩止渴，那么，就应该使学生学会用理智战胜情感，主动"跳"出恋爱的漩涡。二是"冻"起来。这是指要求双方在理智的情况下谈明态度，把早恋的情感冷冻，把精力集中在学习上。这种快刀斩"情丝"的方法，可称为"急速冷冻"；还有一种是"慢速冷冻"，即通过逐步降温的方法进行"冷冻"。三是"隔"开来。为了达到"隔"开来的目的，要使学生尽量避免两人单独接触，注意多和其他同学交往。为此，可引导他们多参加一些集体活动和自己喜爱的文体、科技活动，用多层次、多角度的同学友谊来冲淡恋爱关系中的强烈情感。

(4) 宽容。发现有性失误或性偏差的学生，应采取宽容的态度。尽管他们由于一时没能控制自己的生理和心理的冲动而犯了错误，但其动机往往具有"孩子气"，且其错误行为往往与道德观念、法制观念淡薄以及自控能力缺乏有关。青少年的性失误或性偏差与成年人的性失误或性偏差有着根本不同的原因，因此，处理他们的错误，应采取宽容的态度。当然，宽容不是说可以原谅学生的一切错误，当他的行为侵犯了他人的利益，违反了社会道德准则时，则不能姑息养奸，应严加管教。

(5) 适度。在对学生的早恋问题进行疏导时，还需注意适度。所谓适度，即把握好教育分寸，适可而止。比如在追究学生错误事实时，要留有余地。只要能把握住问题的实质即可，不要过于追究具体细节，以免造成对学生隐私的侵害和自尊的挫伤。基于同样的考虑，对学生的早恋问题，要尽可能为其保密。

(6) 采取措施，主动预防。教师和家长应主动教育学生应该如何正确对待异性，要自尊、自重、自爱；要给学生作生活底蕴的启蒙和人生责任的启示，使之懂得两性关系上应有的道德标准，在心灵深处用道德力量驾驭自己的感情。这样，不仅可防止和减少早恋问题的产生，即使出现早恋也不至于发展为越轨行为。

在具体的预防措施方面，可以通过组织主题班会、主题团队日活动、出黑板报、组织主题讨论、演讲比赛、伦理性谈话以及集体或个别咨询等形式，教育学生懂得：中学生为什么不宜谈恋爱；如何明辨和对待来自社会的不良风气影响；什么是男女同学之间的纯真友谊；如何培养抗拒诱惑和自我控制能力；怎样消除性烦恼走出早恋这块“沼泽地”；等等。总之，正如古人云：“凡事预则立，不预则废”，采取措施主动预防，把工作做在前面，就可以避免被动局面，收到事半功倍的效果。

第三节 青春期性心理卫生教育

一、青春期性心理卫生教育的意义

青春期性心理卫生教育是旨在保持和增进性心理健康的教育，也是学校心理教育的一个重要组成部分。世界卫生组织认为，性健康即指通过丰富和提高人格、人际交往和爱情的方式，达到性行为(广义)在肉体、感情、理智和社会诸方面的圆满和协调。性心理卫生工作的目的就是为了达到性健康，从而达到人的全面发展和社会的进步。青春期性心理卫生教育有利于青少年满足对性知识的需求和对异性的了解，提高青少年性道德水平，促进青少年身心健康发展。性心理卫生教育既是青少年性心理发展的需要，也是学校目标实现的需要。具体来说，性心理卫生教育满足了青少年对性知识、异性兴趣的需求，同时，也满足了对青少年的性道德教育的需要，有利于青少年身心健康发展。

(一) 满足青少年对性知识了解的需求

由于物质生活水平的提高，饮食营养条件的改善及社会文化发展的影响，世界各国普遍出现了青春发育提前的现象。由于遗传、环境和社会文化背景的差异，我国少年儿童性发育年龄稍晚，但据调查，也有提前的趋势。

由于性成熟的来临，便引起了少年心理上的变化，他们逐渐意识到两性差别和两性关系，并随之产生了一些特殊的心理体验，这便是所谓的性意识。性意识的产生，使他们出现了对性知识的兴趣和渴求。他们很想知道，为什么到了这个年龄后，在他们身上会出现一系列使他们既感到突然又感到惊奇的变化；以后还会出现什么变化；男女间究竟是怎么回事；等等。据姚佩宽对上海市中学生所要了解的性知识问题的调查,发现每一个被调查者都提出了若干希望了解的问题,归纳起来有以下几点。①男女生殖系统结构和功能情况怎样?②月经是什么?为什么女孩子有月经?③来月经时为什么肚子会痛?怎样才能不痛?④月经来潮会影响智力吗?⑤遗精是怎么回事,为什么会遗精?⑥遗精次数多会影响健康吗?隔多少时间遗精才算正常?怎样才能使自己保持正常遗精?⑦阴茎包皮过长怎么办?⑧性欲是怎么回事?有了性欲怎么办?⑨过早性交有害处吗?怎样才是正当的两性关系?⑩怀孕是怎么回事?⑪过早怀孕有什么害处?⑫怎样防止怀孕?⑬怀孕了,有什么简便方法解决?⑭什么是自慰?自慰是如何产生的?自慰有什么坏处?怎么克服自慰?⑮人类社会中除了男性、女性,有没有第三性?⑯中学生应该不应该谈恋爱?什么年龄谈恋爱最适宜?⑰已经恋爱了该怎么办?等等。从以上的介绍中我们不难看出,中学生渴望了解的性知识内容是极其广泛的:既有生理方面的问题,也有心理方面的问题;既有关于同性的问题,也有关于异性的问题;既有关于婚姻恋爱的问题,也有关于生育的问题,等等。

中学生对性知识的掌握情况怎样呢?姚佩宽的调查研究结果显示,中学生的性知识是相当贫乏的。如男生知道月经的只有18.6%,女生知道遗精的只有9.3%,对手淫、性交等都知道得很少。学生知道得较多的是接吻、拥抱、计划生育。中学生的性知识是从哪里获得的呢?邓明星调查结果表明,绝大多数不是通过学校的正规教育,而是通过非正规教育途径获得大量的性知识。这也是目前学生性认识混乱的最重要原因。

总之,正是由于中学生一方面十分渴望了解性知识,另一方面他们的性知识又多数来自"自我启蒙",而非来自学校和家庭的正确性教育。所以,对学生进行性心理卫生教育,已是一个十分迫切和重要的问题。

(二)满足青少年对异性倾慕的需求

如上所述,由于性意识的产生,青少年对"性"很敏感,觉得神秘莫测,于是公开或隐蔽地对人身上出现的性生理现象进行自我认识和探求,诸如男女生殖器官的构造,月经、遗精、手淫、性交等,都迫切需要性知识的指导。对于描写性与爱的文艺作品非常感兴趣,往往带着好奇、陌生和追求的心理去寻找性爱小说、爱情影视。有些人甚至抄下文学作品中描写情爱的篇章段落,以此来填补自己贫乏稚嫩的心灵空白和进行自身的某种发泄。也有的人迷恋于看淫秽录像、黄色手抄本、黄色书刊等,即使社会千方百计加以限制和禁止,也仍然无济于事,很容易接受环境中各种性的信息。还有的青少年对性过分敏感,逐渐发展为性心理变态,导致一些性欲怪癖,如露阴癖、异装癖、摩擦癖、窥阴癖、淫语癖等。

处于青春期的青少年,性情感进一步发展,对异性产生兴趣,认为异性对自己有吸引力,自己对异性有好感,因而渴望了解异性,希望能引起异性的注意,更向往与异性交往。他们了解异性、结交异性的动机在青少年中是普遍存在的,只是表现形式、程度不同而已。这种情况的出现,不仅是青少年生理因素制约的必然,也是心理正常发展结果。从这个意义上来说，也应该及时给他们以性心理卫生教育指导。

(三) 满足青少年性道德教育的需求

作为社会的人，其性心理和行为必然要受到社会的物质和精神文明状况、历史文化传统的制约。青少年学生能否顺利地承受性冲动带来的内部动因(生理的和心理的)作用，向适应社会要求的方向健康发展，常取决于他们的伦理道德观念能在多大程度上制约生理的本能因素，取决于他们自我控制的道德意志有多强的抗力。在我国，绝大多数青少年的性发展是顺利和健康的，但与此同时也不能不承认，当前社会变革中的一些新情况，部分青少年道德判断水平较低、道德情感比较混乱，加之家庭子女人数减少、物质生活条件变好后，学生受到过分关照，他们较高的生活需求容易得到满足，道德意志较少得到锻炼。因此随着性成熟的提前，青春期所特有的巨大生理冲击力，与年龄较小的少年儿童相当薄弱的道德伦理观念和道德意志之间的矛盾，就显得越来越突出。这主要表现在以下几个方面。

1. 早恋现象相当普遍

随着性意识的增强，青少年逐步产生了对异性爱的需要和行为，当前，青少年中早恋现象日益增多。

2. 性偏离行为方式多样

据相关调查，当前中小学生中性偏离行为方式，主要有以下几种类型。①冲动型。青春期的学生，情感特别易于冲动，常会因想入非非而做出一些荒唐举动来。②梦幻型。某些中学生由于对异性爱慕而想入非非，做起了种种“白日梦”——性幻想。③自慰型。青春期中学生以手淫来满足性冲动而取得快感是常见的事。④互慰型。男女学生耳鬓厮磨，不免有拥抱、接吻、抚摸等互慰行为。⑤放纵型。随着现代社会的日益开放，外来文化猛烈地冲击着传统的伦理道德，青少年的性观念随之也发生了很大的变化。许多人对性持放纵态度，认为只要真心相爱，发生性关系也未尝不可，“人生在世，迟早要有这一天”，于是在过分亲昵而引起的强烈性冲动支配下，发生了性交关系。

3. 性违法犯罪现象较为严重

近年来，在各种不良风气和思想意识的腐蚀、侵袭下，部分青少年的需求结构呈现恶性膨胀，性心理发生了扭曲，致使性犯罪日益增多。据有关资料，早在 1987 年，青少年性犯罪已由过去刑事犯罪中第 9 位上升到第 5 位，在青少年犯罪诸形态中，性犯罪达到第 2 位，仅次于盗窃。更尖锐的是，少女犯罪剧增；在女性犯罪中，少女占 70%左右；在一些工读学校和少管所，其比例达 80%～100%。上述这些触目惊心的数字告诉我们，在学校中进行性心理卫生教育，对于预防少年犯两性犯罪有十分重要的意义。

(四) 有利于青少年的身心健康成长

处于发育期的青少年学生，突出的特点是性发育和性成熟，这必然会给学生的心理和行为带来极大影响。当青少年学生发现自己的生理突变时，一方面产生了性意识，开始对性发生兴趣和好奇；另一方面，由于性知识的匮乏，也易使他们不能正确对待自己的身体变化和反应，产生了害羞、忧虑、抑郁、恐惧等消极情绪，严重影响了身心健康。在极端情况下，还可能导致自残、自杀等意外事故的发生。

综上所述，及时进行性心理卫生教育，对青少年了解性知识，满足他们对性的好奇心和求知欲，保持和增进其身心健康，预防性偏离行为和性违法犯罪，都有十分重要的意义。

二、青春期性心理卫生教育的原则

为了保证青春期性心理卫生教育的顺利进行，并取得有效结果，在性心理卫生教育中应该贯彻下列原则。

（一）正面启发教育的原则

性生理、性心理、性伦理、性道德知识是人类对自身的研究结果，应该正面向青少年传授。在这种传授中，既要考虑青少年的年龄特点，又要考虑他们的性别特点。例如，由于男女青少年生理、心理发展过程中存在着差异，因而宜采取有分有合的方法，即：既面向全体青少年讲授两性身心差异，又根据不同性别进行性心理卫生教育，既要向全体青少年讲授伦理道德规范，又重点对女性青少年进行自尊、自爱、自重、自强的教育，对男性青少年进行遵纪守法、体贴、理解、关心女性的教育。

（二）循序渐进的原则

由于青少年的生理、心理发展参差不齐，思想认识具有层次性，因此，性心理卫生教育要注意循循善诱。在安排课程时，各单元的知识、重点、难点及教育要求和预期目标，都应该有一个符合青少年实际的循序渐进的体系。

（三）适时适度原则

所谓适时，即针对青少年身心发展的具体情况，既不要过早进行这一教育，以免使他们不易理解，且在某种程度上会变成一种诱因；又不要过晚进行，以免起不了应有的作用。所谓适度，是指教育的内容要有选择、有分寸，对不同的对象要区别对待。一般说来，当一个班级中有60％～70％的学生进入青春期时，进行此种教育是适时的，对他们进行传授基础人体解剖生理学知识、性心理健康标准和性行为规范等教育也是适度、适量的。

（四）课堂教育与个别指导相结合的原则

课堂教学一般只能解决共性的问题。由于青少年个人的生理、心理存在着个别差异，接受教育程度不尽相同。同时，青春期的许多性心理卫生问题，不可能也不允许在课堂上予以全部讲授和解答，且青少年的自我调节，控制能力也不是在课堂上所能养成的。所以，进行性心理卫生教育，必须加强个别指导，运用个别谈话、心理咨询等多种形式，帮助青少年养成个人性卫生保健习惯；学会心理调节方法，逐步地形成理智地约束、控制情感冲动的能力；逐步地形成稳重大方、活泼开朗、沉着果断、勇敢顽强、举止文雅等良好的个性品质。

（五）互相渗透原则

性心理卫生教育有其相对独立的教育内容，但也不能指望通过一门学科便能解决青少年存在的诸多矛盾。性心理卫生教育一定要与日常道德、伦理、法制、理想、纪律等教育有机地结合起来，渗透到教学、团队活动、文化娱乐等各个方面，才能使其在性生理、性心理等方面都能健康、和谐地发展。

（六）学校、家庭密切配合原则

青少年的性健康受到各方面因素的制约。青少年的性心理卫生教育不但需要学校内部统一认识、配合一致，更需要得到家长的密切配合，这是十分重要的。因此，学校在承担性心理卫生教育任务的同时，要通过“家长委员会”“家长学校”等形式调动家长的积极性，请他们与教师共同研究，探讨性心理卫生教育的有效方法和途径，并共同指导青少年身上出现的性问题，从而保证学校和家庭教育的连续性和一致性。

三、青春期性心理卫生教育的内容

依据青春期性心理卫生教育目标，学校性心理卫生教育的内容主要包括以下几点。

1. 人类的身体构造

了解身体外形及男女间的区别；了解人体主要系统、器官及其功能；了解人生的几个时期（出生前、婴儿、童年、少年、青年、成年、老年）的基本特点；懂得从婴儿、幼儿到目前的身体发育过程，懂得自己还将进一步长大，发育成熟；男女生殖器官的简单构造；人体发育有个性差异，这是正常现象。

2. 青春期的生理发育

什么是青春期；青春期的心理发育特点；性发育的一般情况和程序；性成熟的大致期限及其进行的个体差异；性成熟的基本表现；性发育中的生理和心理体验；男女生殖器官的构造；青春期的身心保健。

3. 第二性征

什么是第一性征和第二性征；第二性征的出现是人类发育的自然现象，是成人的先兆；第二性征出现的同时会出现心理变化，要正确认识和对待这些变化；要养成良好的卫生习惯，勤换内衣内裤，保持身体清洁；第二性征的出现，可因地区、遗传、环境、营养等的不同而有个体差异。

4. 月经

月经初潮的出现是正常的生理现象而不是病态，应以愉快的心情，迎接月经初潮的到来。月经初潮的行经特点、月经周期及月经与妊娠的关系。经期生理、心理卫生知识和各种月经用具的使用方法介绍。月经初潮各人出现的时间不同，可能有较大的个体差异。男女同学之间要互相理解、互相关心。月经与女人的一生有着密不可分的关系。了解排卵和月经的关系。月经的三要素:月经周期、出血天数和经血量。月经伴随的生理和心理症状及体验。经期身心保健。月经作为女性机体活动的一般表现。

5. 遗精

遗精是男子内生殖器官发育成熟的表现。遗精的身心保健问题。

6. 青春期心理发展

青春期的一般心理特征(确立自我、依附和反抗、自卑感和优越感、身体发育与心理发展的矛盾等)。正确认识和理解自己的心理发展特点。青春期性心理的一般表现。性心理变化阶段的自我控制、调节和升华。

7. 青春期异性交往行为规范

正确对待异性朋友,分清友谊和爱情的界限,互相尊重,保持应有的礼仪;同时男女同学应平等对待、互相尊重、团结互助,不开过头玩笑,不讲低级下流话,不互相打闹挑逗。

8. 人类的性

人类的性与动物不同。动物的性不受理智控制,仅是本能的活动。人类的性爱受社会文化和道德的制约。人类的性具有反社会的一面。

9. 性欲

性是生理和心理的综合反映。性激素是性欲产生的生理动因。初中生生理、心理发育尚不成熟。要用自己的意志,正确对待性的欲求。

10. 性道德

道德的一般概念和性道德。人类性行为的社会性和道德评价。性道德是社会精神文明建设的重要内容。

11. 早恋

了解早恋的概念和危害。了解如何防止早恋的发生。

12. 性的越轨行为和性犯罪

性越轨行为和性犯罪的表现、原因、对自己和他人身心健康成长的消极影响。怎样防止性的越轨行为和性犯罪。

13. 家庭

家庭是社会的细胞,其稳定有利于社会的安定团结。了解家庭心理学和家政学的一般知识。

14. 生命的诞生

了解生物的一般繁衍知识。动物界的繁衍方式,两性繁殖。新生命是父母的精子和卵子在母亲体内结合成受精卵发育而成的。受精卵依靠母体胎盘提供的营养不断长大,约经过40周时间才发育成人。受精卵开始时仅0.2 mm,到出生时胎儿身长已达500 mm,相差2 500倍,体会生命的奥秘与伟大。

15. 计划生育

计划生育是我国现阶段的基本国策。人口问题关系到国家发展和个人家庭幸福。要提倡晚婚和计划生育。掌握避孕的一般知识。

16. 避孕和人工流产

了解避孕对个人和社会的意义。了解避孕知识。了解怀孕过程中的生理、心理学问题。了解人工流产可能带来的不良生理心理影响。

17. 青春期常见性疾病

青春期常见性疾病有甲状腺肿大、遗精过多、痤疮、乳房病、月经病、神经衰弱、青春期精神病、病态人格等。

四、青春期性心理卫生教育的方法

(一) 直观教学法

直观教学是青春期性心理卫生教育的常用方法。直观教具在青春期教育中的应用是多种多样的，如挂图、幻灯、模型、标本、投影片、电影、录像等。直观教具图文声并茂，能使学生通过生动逼真的画面把抽象的概念、道理形象化、具体化。尤其是能充分调动学生的感觉器官，使视与听结合，有助于提高学习效率。直观教具相比教师口干舌燥地讲解具有很大的优势。周恩来总理生前曾再三嘱咐，要向青少年普及性卫生知识，而且在讲解时应有大幅彩色男、女性器官的挂图，便于形象地说明。这个意见是颇有见地的，不仅有利于教学，更重要的是能起到破除封建思想的作用。如通过科教电影或网络，让学生形象地了解精子和卵子结合过程，受精以后胎儿的生长变化，一直到分娩的全部过程，以解开新生命诞生之谜，让学生感受生命诞生是一个既严肃又伟大的过程。

(二) 性心理卫生讲座

实际是“讲堂搬家”，一般是聘请知名学者或专家为青少年讲课或演讲，这对于提高性科学知识教育水平具有非常积极的意义。

(三) 通过主题班会进行青春期性心理卫生教育

主题班会是围绕一定教育主题而举行的全班同学参加的活动。这一活动的最大特点在于它的集体性，即通过集体来教育每一个人。指导好主题班会活动是班主任必须掌握的一项基本功。主题班会也是中小学进行理想教育人生观教育和道德教育经常采用的教学形式。

(四) 通过心理咨询进行个别和团体辅导

随着社会的发展，人们的观念也发生了很大变化，越来越多的人愿意接受心理健康的指导，尤其是产生性心理困扰时渴望得到有效的帮助。

(五) 其他常用的方法

(1) 课堂讲授法。它包括讲述、讲解、讲读、讲演等具体方式。

(2) 问答法。这是一种通过师生相互交谈来传递学习内容的方法。

(3) 读书指导法。教师指导学生阅读有关知识的课外读物和性教育课程的教科书。课堂上的教学内容及教材的容量毕竟是有限的，而学生实际存在的问题是大量的，作为对以上两者不足的补充，教师可向学生推荐有关课外阅读的书单，定期组织学生交流或要求学生写心得体会、出黑板报、墙报，进行阅读指导。在当前各种淫秽书刊充斥街头之时，及时向青少年剖析黄色读物的毒害，提高他们的鉴赏能力和审美情趣非常重要。

(4) 模拟法。此法是让学生在接受一定知识量的课程教育后，亲身体验一下授课内容。如可以模拟“如果有人追求你，怎样说不”之类的内容。

【视野扩展】

看看各国的性教育

瑞典

对7岁以上的孩子进行性教育，教师采用启发式、参与式和游戏式，把重点放在恋爱、结婚与人际关系的处理上。通过与孩子们交流，让他们知道“性”究竟是怎么回事。

荷兰

从孩子6岁进小学时就开始性知识教育，与学其他课程一样，没有什么特别，孩子们还可以自己做研究报告。青少年第一次发生性行为的实际平均年龄是17岁。

英国

所有公立中小学根据“国家必修课程”的具体规定来进行性教育，按不同年龄层划分为四个阶段：5～7岁，主要初步了解人体各器官的名称，知道人类可以孕育下一代，并能区分他们身体上的异同等；8～10岁，主要掌握人类生命各周期的主要阶段，包括生殖、生长发育等；11～13岁，懂得青春期所带来的各种生理和心理变化，以及什么是月经和受精等；14～16岁，学习生殖激素对人体的作用，医学上使用生殖激素来控制和提高生育力的情况和决定男女性别的因素等复杂问题。除了这些必修内容以外，各学校还根据学生的特点适当地增加有针对性的内容，如性健康、人与人之间的关系、情感释放、肢体语言等。

美国

有95%的公立学校在性教育的课程中讨论艾滋病及其他性传播疾病的防治，有接近一半的学校教学生避孕知识和提供避孕器具。最近10年里，有1/3的学校增加了禁欲的教育，提倡将性行为推迟到婚后。

芬兰

20世纪70年代开始，性教育就进入了芬兰中小学的教学大纲，连幼儿园也有正面的性教育图书。设立了性教育咨询电话、儿童保护机构等，随时为青少年提供帮助。芬兰有本性教育书——《我们的身体》，家长可以像讲《一千零一夜》那样每天讲一节，性教育就自然而然地开始了。

【课外阅读】

青春期异性交往的策略

1. 不必过分拘谨

在与异性的交往中,要注意消除异性间交往的不自然感。应该从心理上像对待同性那样去对待与异性的交往,该说的说,该做的做,需要握手就握手,需要并肩就并肩。须知,友谊本来就是感情的自然发展,不应有任何矫揉造作和忸怩作态,那样反而会贻笑大方,使人生厌。异性间自然交往的步履常能描绘出纯洁友谊的轨迹,这已为无数的生活实践所证明。

2. 不应过分随便

男女间交往过分拘谨固然令人生厌,但也不可过分随便,诸如嬉笑打闹、你推我拉之类的举止应力求避免。须知,男女毕竟有别:有些话题只能在同性之间交谈,有些玩笑不宜在异性面前乱开,这些都是需要注意的。

3. 不宜过分冷淡

男女交往时,理智从事、善于把握自己的感情固然是必要的,但不应过分冷淡,虚与委蛇。因为这样会伤害对方的自尊心,也会使人觉得你高傲无礼、孤芳自赏、不可接近。

4. 不该过分亲昵

男女交往时要注意自尊自爱,言谈举止要做到文雅庄重,切不可勾肩搭背,接吻拥抱;也不可搔首弄姿,卖弄风情。须知,诸如此类的过分亲昵,不仅会使你显得轻佻,引起对方反感,而且会造成不必要的误会。

5. 不可过分卖弄

在与异性交往中,如果想卖弄自己见多识广而哇啦哇啦讲个不停,丝毫不给别人以置喙之机;或者在争辩中有理不让人,无理也要辩三分,则都会使人反感。当然,也不要总是缄口不语,或只是“嗯”“啊”不已。如果这样,尽管你面带笑容,也会使人觉得你城府太深。

6. 不应过分严肃

太严肃会使人对你望而生畏,敬而远之。但也不可太轻薄。还要注意的是,幽默感固然是讨异性喜欢的,但倘若为幽默而幽默,就可能会引起“画虎不成反类犬”的结果。

7. 不能违反习俗

男女交往的方式也要适合当前的社会心理。比如,当前绝大多数人认为,男女间经常单纯幽会是友谊的例外形式。尽管我们并不赞同异性交往都必须集体地进行,但过多的单独幽会容易诱发性爱心理,却也是事实。所以,男女间进行交往时,也要注意“入乡随俗”。

【思考练习】

1. 什么是性？性的本质作用有哪些？
2. 青春期性心理的发展分几个阶段？有什么特点？
3. 青春期性心理成熟的标志是什么？
4. 什么是性态度？道德的性行为应遵从哪几个原则？
5. 什么是早恋？早恋的形成原因及危害是什么？
6. 为什么要进行青春期性心理卫生教育？
7. 进行青春期性心理卫生教育的目标有哪些？
8. 青春期性心理卫生教育必须坚持哪些原则？
9. 青春期性心理卫生教育的内容是什么？

【课外延伸】

请利用假期或与父母独处的机会，与你的父母谈谈他们的恋爱与婚姻历程。

第十章 生活与休闲辅导

学习目标 ……

- 了解休闲的功用，掌握休闲辅导的要点
- 掌握学生消费特点，熟悉消费辅导的方法
- 理解有关生涯理论，掌握生涯辅导的内容及策略
- 掌握时间管理辅导的方法

下午4点半放学后，豆豆先是去同学家玩，然后去跳迪斯科，回家时已快6点了。豆豆希望在父母回家前做完作业。她记得有生物作业，花了十多分钟找生物教科书，到处都没找到。只好去做历史作业，可看看练习本，不知道做什么题目，打电话问同学，同学电话打不通，眼看吃晚饭的时间到了，她只好吃完饭再打电话。晚饭后，电视里播放着豆豆最喜欢的体育节目，她看完节目后才给同学打电话，讨论历史作业，她们谈了十几分钟，直到同学说要去洗头发才停下来，她也决定去洗头发。洗完头发，拿起历史书，但却难以集中注意力。到了晚上9点一刻的时候，她的历史作业才做了一半，可生物还没做，这时，妈妈喊豆豆做事情，于是她什么作业也没做完。当她做完事回到卧室时，觉得太累了，她非常生气，感觉好像什么都与她作对。最后她去睡觉了。

豆豆为什么没能按时完成作业？这完全是她的错吗？她的错误是否可以避免？或许，我们很快就能得出一个结论——豆豆在时间管理方面出现了问题。或许，我们会认为豆豆没有处理好学习与娱乐的关系，没有分清事情的主次。或许，这个事例反映人生中更深层次的问题，即折射出人的生活态度与生活方式对人的成功和成就的重大影响。

人作为社会成员，不仅要工作，也要生活。在生活中扮演什么样的角色，选择什么样的生活方式，这是人们绕不开的一个话题。在人的成长中，总是伴随着各种变化，良好的成长就是要选择适合自己的目标，在合适的领域锻炼自己、训练自己，巩固自己的收获，同时，用其他方法和途径来应对成长中的损失。人生成功的要诀就在于学会巩固收获，减少损失。

第一节　学生的休闲辅导

休闲是人的一种生活方式，休闲对人的工作和生活具有重要意义。1995 年，我国开始实行五天工作制，人们有了双休日。1999 年国家又开始实行三个“黄金周”，这样中国公民每年有了 114 天法定假日，也就是说接近 1/3 的时间是用来休闲的。休闲不同于我们为了获得生存必需品而从事的劳作活动，那是为了达到某一目的而利用时间从事某些活动；休闲是为了度过空余时间而从事的活动，活动目标是放松身心，此时时间是人活动的条件和工具。

对于学生而言，一方面国家劳动时间制度的改变，使学生的自由时间和空余时间增多了；另一方面，新的教育改革旨在让学生充分发展个性、学习特长，促进学生健康成长和全面发展，也将以往的课堂教学时间进行压缩，就作息时间看，学生也有了更多的空余时间。也就是说，学生有了更多的休闲时间。如何加强学生休闲时间的管理，提高休闲生活的质量，让学生的休闲时间更精彩更有意义，或者说使学生养成良好的生活方式，学会休闲，就提到了学校辅导的议事日程。

一、休闲的含义

休闲已经成为人类社会的一种普遍存在的现象，它既可以指工作以外的自由时间，又可以指一种满足和愉悦的心理状态。人类进行休闲活动的历史由来已久，将其作为一门学问来研究也已经近一个世纪，但关于休闲的界定仍是多种多样的。

亚里士多德曾在《政治学》一书中指出，休闲是一切事物环绕的中心，它是对要履行的必然性的一种摆脱。美国制度经济学鼻祖凡勃伦于 1899 年在其《有闲阶级论》中提出，休闲已经成为一种社会建制，一种人的生活方式和行为方式。瑞典哲学家皮普尔在其《休闲：文化的基础》一书中指出，休闲是人的一种思想和精神态度。并认为休闲是一种平和、宁静的状态，是一种为了使自己沉浸在创造过程中的机会和能力。休闲使人拥有和平的心态，从而能感受到生命的快乐。

马克思认为休闲一是指“用于娱乐和休息的余暇时间”；二是指“发展智力，在精神上掌握自由的时间”。休闲是“非劳动时间”和“不被生产劳动所吸收的时间”，它包括“个人受教育的时间、发展智力的时间、履行社会职能的时间、进行社交活动的时间、自由运用体力和智力的时间。”

《现代汉语词典》中的“休”包含有停止、休息、吉庆和欢乐的意思，“闲”则是指没有事情（相对于忙）或有空。通俗地说，所谓休闲就是“玩”，是个人在完成工作和满足生活要求后，由他自由支配时间的一种活动状态和生活方式，是一种伴随着愉快体验的休息过程。休闲是与劳动或工作相对应的概念，劳动和工作之外的所有活动都可以纳入到休闲范围。相对于工作或劳动（为了满足生存需要所必须从事的活动）而言，休闲既反映了人的一种生活态度，也是对人生存状态的一种描述。需要注意的是，休闲不同于一般意义上的“闲暇”、“空闲”和“消闲”，更不同于无所事事地闲着，而是一种很高的精神境界，它把人从劳动或工作和负责的状态中分离出来，是人生的一个重要组成部分。

休闲最大的特点是自主性和自由性。所谓自主性，即休闲活动的选择由个体自己做主，可以凭个人的喜好选择活动形式、活动内容及活动手段。所谓自由性，是指个体受外部环境或物质环境干扰较少，可自由支配休闲时间。较之工作时间来说，个人可以有更大的自由度，其选择更有主动性。休闲，就是把个人从环境的压力中解脱出来，过一种相对自由的生活。个人可以依自己喜好或兴趣，或是自己认为有价值来选择活动。休闲既可以是某种活动——某种没有物质性目的的非功利性活动，也可以是某种非活动的存在状态(如睡眠)。

二、休闲辅导的含义及意义

(一) 休闲辅导的含义

休闲辅导是依据学生休闲特点和身心发展需要，运用心理辅导的理论与策略，帮助学生树立正确的休闲观念，掌握休闲知识和技能，学会选择有益的休闲方式的一种心理帮助活动。

休闲辅导的重点是关注学生在学习以外的时间安排和活动选择。休闲辅导具有非功利性、自主性和生活性的特点。休闲辅导的目的不在于追求物质上的有用性，而是为了追求人生的幸福。休闲是个人自由支配自己的时间，进行的是自主选择，这种选择要利己利人。休闲辅导注重的是精神层面的丰富，使个体能更好地享受生活，它没有固定的场所和课程教材，关注的是一种人生体验。所以可以说，休闲辅导是一种体验性的教育。休闲辅导强调学习生活与学习工作同等重要，而不是只重视对劳动和工作有用的知识的学习和能力的发展。

休闲辅导的特性是由休闲的特点所决定的。相对于劳动和工作的强制性，休闲具有自由性。个体所从事的劳动和工作往往带有不同程度的强制性，这不仅是社会分工给定的活动，也是受劳作者内在利益所驱动的活动。而休闲是个体在劳作之余的自由状态，个体可以自由选择活动方式和内容，自由支配时间。休闲不带功利性。与劳动和工作相比，休闲没有直接的物质性目的，现代休闲追求的不仅仅是一种身体的放松状态，更是一种精神状态或心态。一个人只有同时拥有闲暇时间和良好的精神状态，才算是真正拥有休闲时光，才会体验到生活的快乐与生命的价值。

(二) 休闲辅导的意义

曾几何时，我们只是把休闲看成是对工作学习的一种补充，但当下对休闲的认识已悄然变化，休闲已具有更多的含义和价值。休闲成为人的生活不可缺少的部分，理应成为人生的重要组成部分。现代社会中，学生的休闲时间也在不断增加，但如何充分利用这些时间已成为一个亟待解决的问题。青少年的休闲方式和内容，将对其自身的发展、身心健康和幸福指数产生极其深远的影响。休闲辅导一方面可以帮助青少年选择正确、有益的休闲方式和内容，学会和善于利用休闲来缓解压力、放松心情，促进身心健康发展；另一方面，休闲辅导有利于学校教育目标的达成。

1. 休闲辅导有助于青少年的健康成长

休闲是人成长的需要，科学、合理、健康地选择休闲，对人的成长和成才都具有重大的意义。通过休闲辅导，可以帮助学生正确、恰当地利用闲暇时间。

休闲是人的一种基本需要。人并不是一出生就参与劳动，为自己的生活所需而劳作。从人类的文化传统可以看出，劳动只是一定年龄阶段必须从事的活动，而休闲则伴随人的一生，人类的祖先一直是将劳作与休闲并重。

休闲就像一本生活的教科书，它可以扩展青少年学生的视野，使其在活动中学会欣赏和分享，培养好奇心、勇气、审美，体验和谐与愉悦。休闲不仅使人的身心得以放松，恢复体力，还可以帮助青少年获得与课堂教学中不一样的体验。学生可以充分利用休闲的特点，按照自己的意愿，自主地从事在学校学习中不能开展的活动。这不仅可以开发学生的创造性，还能满足学生的个体需要，获得课堂上无法获得的知识和技能，自由地发展个性，从而不断地完善人格。

同时，休闲可以提高学生的人际交往能力。休闲提供了一个与学校课堂教学不一样的人际交往的环境，让青少年的人际交往不受学校环境中的时空限制，拥有更多了解世界和他人的机会。青少年通过积极参与休闲活动来获取知识，加深对自我(身份培养)和对世界的了解，在走向社会的过程中了解社会群体意识、社会规范和人际交往规则，从而提高人际交往能力。

此外，休闲辅导还可以减少青少年的危险行为。青少年犯罪行为的产生，往往与选择错误有害的休闲活动有关。一个人如果没有恰当有益地利用自己的闲暇时间，也就是不具备良好的休闲能力，常常会导致个体的错误选择或出现各种不良的社会行为，甚至导致社会病症。从这个意义上看，休闲辅导具有预防青少年违法犯罪的辅助功能。

2. 休闲辅导有助于学校教育目标的实现

休闲是现代人的一种生活方式，已经成为个体生命的一个重要组成部分。但这并不意味着人人会休闲。积极的休闲活动才有益于身心健康。休闲辅导可以帮助学生形成积极的休闲方式，有利于提升学生的心理品质和生活品位，具有增进学生心理健康的功能。

学校教育不仅是要教会学生做事，更要教会学生做人，也就是使学生成为一个会学习、会工作和会生活的人。从这个意义上说，休闲辅导的目标与学校教育的目标是一致的，休闲辅导有利于学校教育目标的实现。

三、学生休闲的特点

黄书满等曾对青少年休闲娱乐方式进行了调查，结果显示青少年休闲娱乐方式有以下几种特征。①青少年休闲的对象更倾向于阅读一些不需要花费很多脑力的娱乐和休闲类书籍；②从娱乐方式来看，青少年已从“朴素”向“奢侈”过渡，且有愈演愈烈的趋势；③网络游戏给青少年带来了诸多的负面影响；④音乐休闲方面，青少年更喜欢流行歌曲，喜欢追星；⑤在美食休闲方面，青少年出现挑食、偏食、暴饮暴食的现象，影响了学生的身体健康和体型美；⑥运动休闲方面，青少年参加的运动有打篮球、游泳、跆拳道、郊游、健美操、逛街等，也有瑜伽和太极。尽管国内对青少年休闲现状研究报告较少，但我们还可以从大学生的休闲生活现状的研究报告来推测青少年休闲辅导中的不足。尽管这些研究数据获取的时间不同，但结果呈现出了大学生休闲生活的相似性：多数的大学生对休闲的认识存在偏见；休闲活动单调；休闲活动的满意程度低；休闲活动主要侧重上网、聊天和睡觉。

目前，从我国青少年学生的休闲总体发展趋势看，青少年休闲自主选择性增强，休闲的形式呈多样化，休闲娱乐趋向时尚化。但也存在诸多问题，首先表现为青少年在认识上存在误区，把休闲与"玩物丧志"联系起来，或是认为休闲就是"打发时间"，或者认为休闲就是要花父母的钱或是高消费，出现了所谓的"闲暇迷惘"和"闲暇贫困"。其次，青少年的休闲缺乏自主性，休闲活动呈现非主体性。表现为青少年休闲活动的内容与形式多数由成人社会供给，父母或老师规定了其休闲活动的时间及多数的活动内容和形式，休闲的自由选择性不强。出现上述情况，究其原因有以下四方面。①青少年学生的学业负担过重，自由支配时间少。②面向青少年的专门性社会休闲场所少（似乎只有网吧），城市化的住宅楼更加剧了公共休闲场所与设施缺乏的现象，同时，独生子女的玩伴选择受限，人际交互不足。③家长观念的转变缓慢，当下的父母或成年人仍然把满足子女的物质需求和学习要求放在第一位，成年人掌控着青少年的时间分配，以及青少年选择休闲活动的形式、内容和伙伴。④学校休闲辅导的力度和范围有限，表现出与家庭、社会的配合不足。学校领导和教师对学生休闲引导重视不够，升学率仍有不可撼动的地位，学校还很难形成一个系统的休闲辅导模式。此外，升学和就业的压力，也使功利性目标成为青少年选择和设计各种活动的价值导向。所有这一切，都极大地制约着青少年休闲活动的数量和质量。

四、休闲辅导目标

青少年休闲辅导的目的在于帮助学生养成正确的休闲观，理解休闲伦理，掌握一定的休闲技巧，学会选择有益的休闲方式，最终能提高个体休闲活动的满意度，并在休闲活动中获得成长。

1. 帮助学生养成正确的休闲观

所谓休闲观，是指青少年对休闲价值和特点的认识及对休闲的态度。青少年只有正确对待休闲，认识到休闲的功能和休闲应该持有的道德准则，懂得休闲是自己应有的权利，才能逐步学会恰当地选择休闲方式。

休闲对于学生个体和社会都具有重要的作用，休闲辅导要帮助学生认识到休闲的价值与社会意义。对个人而言，休闲是一种健康的精神生活态度，是个体保持与外部世界和谐关系的途径之一。它不仅可以帮助我们消除身体疲劳，也能帮助我们消除焦虑和浮躁，获得平和心态。同时，个体还可以在休闲中发展自己的兴趣和爱好，获得自身的成长。对社会而言，良好的休闲活动有利于社会的稳定。因此，《世界人权宣言》第 24 条规定：人人享有合理的劳动时间限制、定期休息和休闲的权利。《儿童权利宣言》第 7 条：儿童应有充分的游憩机会，并配合教育目的施教，社会及公立机构尤其应该为儿童的游憩权利而努力。

休闲辅导要帮助学生养成正确的休闲观和态度，具体来说，就是要协助学生做到：①能意识到休闲是生活的重要组成部分，明确个人休闲的意义、权利和责任；②正确理解休闲与学习的关系；③认识到自己有权利、有能力和有机会去支配、利用自己的休闲时间。

2. 使学生掌握休闲知识与技能

任何活动的展开，都离不开活动者所拥有的与活动相关的知识和技能。如果没有一定的休闲知识和技巧，就算是拥有再多的闲暇时间，组织各种各样的活动，个体在活动中也不会体验到休闲的乐趣，并从中获得成长。

学生要掌握的休闲知识与技能主要包括以下内容。①熟悉社会中的多种休闲活动的方式、过程和发展趋向等，能欣赏、评判休闲生活的不同模式；②掌握休闲生活所必备的各种基本知识与技能；③根据自己的休闲知识或技能，去设计、计划各类有意义的休闲活动。

3. 学会选择恰当且有益的休闲活动

帮助青少年形成有益的休闲方式，是休闲辅导的目标之一。休闲的特点是自由选择度大，这意味着个人可以自由选择休闲方式。尽管休闲具有重要的作用，但休闲活动有的具有积极意义，有的则可能只有消极的影响。也就是说并非所有的休闲方式都适合于青少年学生，也不是所有的休闲活动都具有教育价值。故学生自由选择的休闲活动并不都是对青少年的身心发展有益的。而且，青少年学生的心理发展还不成熟，在多种选择面前，并不能总是做出正确的选择。休闲辅导要指导学生在社会道德即休闲伦理的框架下，选择恰当的休闲活动。

当然，休闲辅导不一定能立刻表现个体活动改变，也就是说，休闲辅导不一定即刻导致个人的实际休闲活动方式或行为的改变，个人休闲生活方式的形成是有一个过程的。

五、休闲辅导的内容及实施策略

（一）休闲辅导的内容

1. 认识休闲功能

劳动是休闲的基础，休闲是劳动的准备。人的自我价值和精神需求可以通过休闲来满足。只有劳动和工作而没有休闲是一种不健康的生活方式。休闲不是闲着无聊，无所事事。休闲也不是学习中的空档，可以随意打发时间。休闲也不是想做什么就做什么。休闲是一门学问，只有懂得休闲的人，才能享受幸福人生。休闲对青少年学生而言，具有如下功能。

(1) 放松身心。这是休闲最基本的功用。通过休闲,我们可以减缓繁重的学习任务带来的身体和心理上的疲劳,积极的休闲可以帮助我们放松心情,平衡心态,对人生起到滋润的作用。在休闲活动中,青少年通过展示自己的特殊才能,弥补学习中的角色挫折,增强其自信心和自尊感。同时还可使压抑、沉闷、愤恨不满的情绪,甚至破坏性的冲动力量,以升华的方式表达出来,从而在一定程度上预防偏激心理和行为的产生。

(2) 发展个人兴趣和爱好。学校课堂教学往往具有严谨性和强制性,不允许学生自由选择学习或是选择从事与学习无关的活动。但休闲活动却具有更大的自由度,学生往往可以按照自己的意愿来选择活动,这样一来,就为学生兴趣和爱好的发挥提供了表现的平台。休闲活动不仅有助于个体了解自己的兴趣和爱好,也因为休闲的自主选择特性,青少年有机会来满足自己的心理需求,在休闲活动中发展自己的创造性,展示自己的特长。当然,青少年也可以在休闲活动中培养新的兴趣点。总之,休闲可以帮助我们成为快乐、自由、有创造力的人。

(3) 个人获得成长。休闲活动也是增进青少年自我认识、自我发展的重要途径和手段。青少年可以使原来没有得到充分运用的身心组织的功能得以运作,包括身体机能、情绪调适,或者是人际交往等。当下学校教育在促进个性全面和谐发展上显得苍白乏力,休闲可以弥补学校教育中的某些不足。

2. 遵守休闲的伦理

休闲辅导要帮助学生理解并遵守休闲的伦理规范,处理好休闲冲突。由于休闲者自身的原因,可能会出现休闲冲突,即在休闲活动中出现越轨行为。如,在休闲活动中出现违反社会风俗,违背社会道德,或是违反相关社会治安和公共场所秩序规则,甚至违反法律的行为。休闲行为的错位,既有休闲者个人素养的原因,也可能是现代娱乐精神和休闲观念的更新所致,当然也有制约机制的失衡和管理不善的原因。

为了避免出现休闲冲突,休闲遵守以下基本的休闲原则:①按"人的方式"休闲;②休闲要遵守不损害他人利益的原则;③休闲不得损害社会风气。

3. 选择恰当的休闲方式

积极的休闲方式,不仅有利于青少年学生的身心健康,也可以提升其休闲品质。前苏联教育家苏霍姆林斯基认为,积极的休闲习惯应该从童年就开始培养,并将其当成教育方针的重要原则之一。消极的休闲方式则可能不仅妨碍自身的身心健康发展,还可能导致休闲生活的公害性出现,甚至影响社会治安。

不少休闲学研究者对休闲进行了分类。有的将休闲分为纯休闲、颓废休闲、制度型休闲、异化休闲四类;有的将休闲分为娱乐、体育、交往、审美和求知五大类。

从对于人的全面发展的作用来说,休闲可分为积极休闲、消极休闲与中性休闲。积极休闲是指对于人的全面发展有积极价值和促进作用的休闲方式,它有利于完善人的个性,克服发展的片面性,丰富人的生命,有利于人与自然关系的协调,有利于可持续发展。消极休闲则是指对人的发展没有促进作用,甚至导致人性的蜕化和环境危机、生态灾难的休闲方式,如低级趣味的消遣、纯粹的消磨时间、奢靡浪费或炫耀财富与地位、吸毒等不文明休闲。中性休闲是指那些没有明显的社会和个人意义的休闲，如休息与睡眠。

（二）休闲辅导实施策略

休闲辅导实施策略指的是依据休闲辅导目标，预先设计的一系列的实现休闲辅导目标为导向的辅导活动方案。休闲辅导可以通过休闲辅导活动课程、课外休闲小组、社区休闲辅导站和休闲个别辅导等活动进行。

1. 开设休闲辅导课程

将休闲辅导纳入到学校的教育教学计划，作为一个教育的内容，给予休闲辅导固定时间、场所和相应的组织保障，使休闲辅导活动有计划、有系统、有步骤地开展。从这个意义上说，休闲辅导与休闲教育是可互换使用的两个概念。休闲辅导课程的内容包括休闲知识、休闲态度、休闲技能和休闲评估。辅导形式以活动课程为主。

通过休闲辅导课程，不仅为学生提供了休闲知识，还可以让学生了解休闲权、休闲对人生的意义，接受休闲概念，并能设计、制订一个具体的休闲计划。帮助学生熟悉不同的休闲类型，如发展性休闲和娱乐性休闲，物质性休闲与精神性休闲，体能性休闲与心理性休闲等，使学生在不同的休闲活动中获得积极的休闲体验，同时获得一系列的休闲技能，如体能的、技术的，精神的、智力的，情感的、心理的技能，发展其休闲能力。

2. 成立课外休闲小组

课外休闲小组是休闲辅导课程的延伸。按学生的兴趣、爱好特长，以自愿为原则，组建兴趣活动小组，如体育类休闲小组、阅读类休闲小组、音乐类休闲小组、游戏类休闲小组、户外休闲小组等。以阅读休闲为例，可以为学生推荐阅读书，组织学生交流读书心得、介绍好的阅读方法。这样的休闲活动既可以愉悦心情，又可以增长知识，还可以提高生活品位，引导学生追求高雅的精神享受。

3. 开展个别休闲辅导

针对特殊的个案，适当开展个别休闲辅导。

4. 与社区联系，建立社区休闲辅导站

把学生休闲辅导扩展到校外，与社区发展和社区休闲联系起来，组建青少年社区休闲站，使之成为除学校以外的又一学生休闲辅导平台。这既有利于丰富学生的校外休闲活动，又可以帮学生融入社会，了解社会休闲的特点和方式，为学生的休闲发展提供新的资源。

第二节　学生的消费辅导

一、消费、消费者与消费辅导的含义

（一）消费的含义

所谓消费，是为了生产和生活需要而消耗物质财富和劳动。从这个意义上可以

把消费分为生产消费和个人消费。生产消费是指物质资料生产过程中生产资料和劳动的使用与消耗。个人消费则是指人们把生产出来的物质资料和精神产品用于满足自己个人生活需要的行为和过程。通常情况下,人们所说的消费是指后一种情况,即个人消费,这是人们通过消费品满足自身欲望的一种经济行为。这种消费包括消费者的消费需求与消费动机、消费者满足自己的消费需求的方式、影响消费者选择的有关因素等。

(二)消费者的含义

对消费者的界定,不同的领域会有不同解释。生物地理学认为,消费者是指自身不能合成有机物,需要捕食生产者或其他消费者的异养有机体;海洋生物学认为,消费者是不能从无机物质制造有机物质,需要直接或间接依靠生产者所制造的有机物质生存的生物。在土壤学中消费者被解释为生态系统中以食用方式消耗动植物产品的动物及微生物。这些定义中的共同之处是消费者是食物链中的一环节,代表着不能生产,只能通过消耗其他生物来达到自我存活的生物。显然,这些定义不符合我们所要讨论的人类消费者。

在各国法律中,消费者概念不尽相同。确认消费者的标准主要有三个。一是以经济领域为确认标准,认为凡是在消费领域中,为生产或生活目的消耗物质资料的人,不论是自然人还是法人,不论是生活消费还是生产消费,都属于消费者;二是以消费目的为确认标准,认为消费者仅指以因个人生活消费目的而购买、使用商品的人;三是以自然人为确认标准,强调消费者的自然人属性。如美国的《布莱克法律词典》认为,消费者是那些购买或使用、持有、处理产品或服务的个人。国际标准化组织消费者政策委员会将消费者定义为"为了个人目的购买或者使用商品和接受服务的个体社会成员"。

我国《消费者权益保护法》则没有明确地定义消费者。而我国福建省《保护消费者合法权益条例》规定:消费者是有偿获得商品和接受服务用于生活需要的社会成员。江苏省《保护消费者权益条例》把消费者定义为有偿获得商品和服务用于生活需要的单位和个人。

基于人类消费活动的特点,消费者是指为个人目的购买或使用商品和接受服务的社会成员。对消费者来说,他是产品和服务的最终使用者,即购买商品和接受服务的目的主要是用于个人或家庭的生活需要,而不是为了生产或销售。从这个意义上说,我国的消费者具有以下法律特征:①消费的主体是个人和单位;②消费的客体是商品和服务;③消费的性质是生活消费,包括物质消费和精神消费两类;④消费的方式是购买、使用商品和接受服务,即消费和使用的有偿性。简单地说,消费者的消费行为是非盈利性、非专业性的,目的是获得某种使用价值,满足自身的生活需求,但对其产品和服务又缺乏专门的商品知识和市场知识,所以极易受厂家、商家广告宣传、促销方式、商品包装设计,以及服务态度的影响,易导致不理性的消费。

（三）消费辅导的含义

消费辅导是指运用心理辅导的理论和技术，帮助学生形成正确的消费观，掌握有关消费的知识和技能，养成理性消费的习惯，在消费活动中维护个人消费权利的一种人际帮助活动。

有人认为消费辅导就是消费教育或理财教育，但它们之间是有区别的。从学校教育的角度看，消费辅导与消费教育有很多相似之处，但消费辅导与理财教育之间，其相异之处应远甚于相似之处，两者之间不能简单互换。理财教育的范围广泛，理财教育重点在于教人掌握现金流量和风险管理的知识和技能，打理好一生的财物，即治理财物。消费辅导重点在学生消费观和消费行为习惯的养成上，这种辅导不带有强制性，这也是心理辅导的特点之一。新近的消费辅导内容中也增加了理财的内容。

二、消费辅导的目标

（一）确立正确的消费观

消费观是指人们对消费水平、消费方式等问题的总的态度和总的看法。消费观对消费者的消费行为具有导向和推动作用。一个人是否会做出消费决策，采取消费行为，是与其自身的价值取向和价值判断有关。简单地说，消费观为我们提供消费的理由，消费者是否购买，购买什么，什么时候在什么地方购买，为什么会选择此消费行为而不是彼消费行为，这些都受一个人的消费观影响。

消费辅导就是要帮助学生形成正确的消费观。这样才能帮助学生学会避开不利的、消极的消费行为，追求恰当有益的消费行为。

（二）掌握消费知识和技能

消费辅导要帮助学生了解和掌握与消费有关的知识和技能，如消费经济学常识、商品知识，商品标识的鉴别知识，以及常用消费品的选择、评价、鉴赏、使用、保护与维修方法，掌握购物技巧。

（三）养成良好的消费行为习惯

消费辅导要引导学生养成有计划、适度消费的习惯，学会制订和执行消费计划，养成健康合理的消费行为方式，避免形成消极或不健康的消费方式。消费行为一旦形成就是一种习惯化的消费方式，改变起来十分困难，因此，我们要通过消费辅导提升学生的认识，明确良好的消费行为习惯的重要性，尽早协助学生养成良好的消费行为习惯，选择理性的消费方式。

（四）形成维权意识

消费辅导要帮助学生提高消费维权意识，发展维权能力。通过消费辅导让学生了解消费者权益保障的政策法规，学会识别各种损害消费者权利的行为，掌握消费维权的途径和方法，能够保护自身的权益，做一个成熟的消费者。

三、消费辅导的内容及实施策略

（一）消费辅导的内容

消费辅导的内容主要有消费观、消费知识与技能、消费行为及消费维权等方面。

1. 消费观辅导

消费观辅导的重点是帮助学生认识到消费观对消费行为的重要意义，明确消费观内涵，形成正确的消费观。

人们对待消费的看法存在很大的差异，不同的人会有不同的解读。在经济思想史上存在三种消费观：节俭消费观、奢靡消费观和适度消费观。节俭消费观主张人们在消费时应该最大限度地节约物质财富，减少甚至杜绝浪费。奢靡消费观主张为了满足消费者自身的需求和欲望，消费者可以大量地、无节制地占有和消耗物质财富。适度消费观既不主张对物质财富一味节约吝惜，又不赞成对物质财富毫无节制的消耗滥用，而是主张消费时既要考虑自身效用的最大化，又要考虑他人利益乃至社会的利益，还要考虑子孙后代的利益。

节俭消费观是形成最早，影响最深的一种消费观，从资源有限和可持续发展的角度看，节俭消费有其积极的意义，但从生产力的发展角度说，却有不合理的方面，特别是在供大于求的状态下，不利于社会发展。但总体说来，节俭消费的利大于弊。如果我们从消费反作用生产的角度分析，特别是在社会总需求小于社会总供给时，而且矛盾主要在于消费而不是生产的情况下，那就需要刺激消费，此时，从某种程度上说，奢靡消费会对经济的增长有一定的积极作用。但从长远来看，不利于经济的可持续发展，所以，奢靡消费是一种弊大于利的消费观。

节俭消费可能导致消费不足，而奢靡消费易导致过度消费和资源的浪费，这两种消费观都存在不合理性，尤其是后者的危害性更大。适度消费观摒弃了节俭消费和奢靡消费的消极因素，同时吸取了两者合理的因素，既考虑了自身需求与欲望的满足，又兼顾他人和社会的利益。对个人而言，它使消费者不堕落为拜金主义者，变成一个享乐狂人，又不至于为生活清贫而烦恼。对社会而言，既有利于当下社会经济的发展，又兼顾了社会的长远利益。可以说，适度消费是一种可持续发展的消费观或者说是一种绿色消费观。适度消费观体现了人类的理性和道德自律精神，符合现代社会经济的可持续发展的要求。因此，这是我们当下应该提倡的消费观。

在消费观念上，青少年学生中还存在有不少误区。米珍等研究者对城市小学五六年级学生零花钱的消费状况调查显示，城市小学高年级学生存在一些不良的消费心理，如与零花钱较多的学生相比，零花钱少的学生中2%的有自卑感，3%的小学生有嫉妒心理，29%的小学生则表现出强烈的羡慕感，还有1%的小学生曾有从零花钱多的同学那里得到一些零花钱的想法。石绍华、郑钢等研究者研究表明，感受到消费压力的青少年，其压力来源于追求流行，或与同学攀比，购物时多考虑商品是否流行，同学有没有这样的物品，而不是考虑商品质量、价格、品牌等更为实际的问题。

这些研究表明,对青少年开展消费观辅导是非常有必要的。

倡导正确的消费观即适度消费观,具体来说,在消费时要做到以下几点。①量入为出,适度消费,不做超出经济支付能力的消费,不提前消费或是不顾后果的消费。②节制欲望,理性消费。盲目反对人的欲望追求不是一种科学的消费态度,但一味地放纵也是不可取的。人生而有欲,且欲壑难填。适度地控制欲望,恰当地选择真正适合自己真实需要的消费品,不赶时尚,不攀比,减少冲动消费,做到物尽其用,不奢侈浪费,才是一种理性的消费。③保护环境,绿色消费。面对现代社会日益匮乏的自然资源和不断恶化的生态环境,我们每一个地球人都有责任调节消费与生态承载力之间的矛盾,在生态保护框架下消费,养成节约资源、保护环境的文明消费者,不做剥夺其他物种生命的猎奇、怪异消费者。④奉行节约,勤俭消费。勤俭节约,不仅仅是一种传统美德,更应成为现代人的一种消费精神。为了做到勤俭节约,父母、老师应积极配合,学校要鼓励和奖励节俭消费的学生,父母不能宁愿自己节衣缩食,也要自己的子女在校学习期间吃好、穿好、用好、玩好,并以"再苦不能苦孩子"来自我安慰。⑤提升品位,高尚消费。人的消费包括物质性消费和精神性消费,在物质消费上要节俭,在精神消费上要高尚。只有提升精神消费的品位,我们才能克服不良的消费心理,如猎奇、炫耀、攀比、享乐、从众等,走出消费误区,真正成为一个成熟的理性的消费者。

2. 消费知识、技能辅导

要做到理性消费,就必须掌握相关的消费知识。

第一,帮助学生明了消费者在消费活动中不仅享有消费的权利,同时也承担相应的责任。作为消费者的责任主要有以下几条。①应遵守国家的法律、法规和政策。②选择商品时应保护商品,在接受服务时应尊重服务人员。同时,要遵守经营场所的秩序,爱护设施,不得损害经营者的合法权利。③爱护公共消费资料和消费场所,不得污染环境。④不损害其他消费者权益。⑤因其合法权益受到侵害而投诉、起诉时,有如实反映情况,及时提供有关证据资料,协助有关部门查处损害消费者权益的行为的义务。⑥承担因自身过错而造成的损害。

第二,传授一些消费知识,如日用品的选择、鉴别、采购;商品广告的宣传技巧,各种促销方式,商品价格变动等。

第三,介绍一些消费活动中的小技巧,如,购买商品时,讨价还价、货比三家、尝试揣摩经营者心理、日用商品质量鉴别等。同时,揭露伪劣商品的推销伎俩,帮助学生提高对假冒伪劣商品、欺诈性的经营手段的鉴别能力,以防止因缺乏相应知识,上当受骗,使自己遭受不必要的损失。

第四,帮助处理好需求与愿望满足之间的关系。作为家庭成员的学生,要懂得自己的利益和需要应该服从家庭的利益和需要;在需要满足的层次上,首先要满足生活的必需开支。

第五,教学生理财的知识,帮助学生从小就学习打理人生的财物。善于理财,有助于理性消费。

3. 消费行为辅导

养成良好的消费习惯是消费辅导的一个重要目标。消费行为辅导就是要教会学生做理财计划、消费计划,学会记账,形成良好的消费模式。一个习惯于随意大手大脚乱花钱的人,很难做到理智且节俭性消费。

石绍华、郑钢等学者对北京中学生消费行为研究提出,中学生的消费行为主要有谨慎型、流行型、攀比型和实际型四类。攀比型的消费者很在意别人有什么东西,并且注意购买流行的东西,其典型特点是别人有的,自己要有,别人没有的,自己也要有。实际型的消费者既注重质量,又关注价格,兼顾品牌,平时还比较注意存钱,是比较好的消费行为类型。石绍华、郑钢等认为,北京中学生消费谨慎型和实际型者居多,但攀比型消费行为也略有增加。

还有将消费行为分为计划型、随意型、节俭型三类。计划型消费者按收入实际情况和生活目标计划进行消费,比较理智,很少出现盲目和突击等不理智的消费。随意型那是完全按照自己的喜好和临时兴趣消费,对整体消费效益考虑少,突出的特点是钱多多花,钱少少花,容易出现盲目消费和浪费性消费。节俭型的消费者在消费时,精打细算,能省则省,并且善于利用再生性消费。不过节俭有时也可能导致因过量购买便宜货而造成积压性消费,甚是浪费性消费。总的说来,有计划的消费行为是可取的。

并非钱多才需要理财计划,自己要学会规划自己的生活,分配好零花钱的用处,慢慢地就会养成良好的消费观和理财观。

对支出要有消费计划,这有利于控制消费冲动,不随意消费,坚持不该花的不花。好的消费习惯,意味着可以有计划地管理和使用金钱,减少盲目消费、突击消费、冲动消费等不良的消费习惯。

鼓励学生养成记账的好习惯。记账可以帮助我们随时了解自己的消费状况,反省消费的合理性,使自己的钱花得明白而有节制。

此外,还要教青少年善用信用卡。现代社会使用信用卡已经非常普遍,青少年透支信用卡已经是常有的事,有的还因此触犯法律。因此要培养青少年合理运用信用卡,养成正确用卡的观念。

4. 消费维权辅导

在消费过程中,如果缺少对自己权益保护的意识,或保护手段不力,会使自己在经济利益或精神上受到损害。因此,消费辅导要增强青少年维护自身权益的意识和能力。

1993 年 10 月 31 日颁布、1994 年 1 月 1 日实施的《中华人民共和国消费者权益保护法》中,第 7 条到第 15 条明确规定了消费者的九项权利,它们依次是安全保障权、知悉真情权、自主选择权、公平交易权、获取赔偿权、结社权、获得相关知识权、受尊重权、监督批评权。

具体说来,也就是消费者在购买、使用商品和接受服务时,享有人身、财产安全不受损害的权利;有权知悉商品和服务的真实情况;可以自主选择商品和服务,并有权对商品和服务进行比较、鉴别和选择；有权按自己的意愿进行消费活动，并获得质量保证、价格合理、计量正确的公平交易条件；享有依法获得赔偿的权利；有权依法成立维护自身合法利益的社会团体；有权获得有关商品和服务的知识及权益保护方面的知识；消费活动中，消费者的人格和民族风俗习惯必须受到尊重；消费者还有权监督、检举或控告经营者的商品和服务，可以检举、控告国家机关及工作人员在保护权益工作中的违法失职行为，可以对消费者权益工作提出批评和建议。

同时，《中华人民共和国消费者权益保护法》还提出了解决争议的五种途径。

(1) 与经营者协商解决。这是消费者和经营者之间因商品和服务发生争议时的首选解决途径。这种解决矛盾的方法是建立在双方自愿、平等基础上的。

(2) 请求消费者协会调解。消费者协会的职能之一就是接受消费者投诉，并就投诉事项进行调查、调解。消费者协会作为保护消费者权益的社会团体，依照法律、行政法规及公认的商业道德，在双方自愿接受调解的基础上，协助双方解决纠纷。

(3) 向有关行政部门申诉。当消费者权益受损时，可以根据情况向不同的行政管理部门申诉，如向物价部门、工商管理部门、技术质量监督等部门提出申诉，以求得行政救助，从而保护自己的权益。

(4) 提请仲裁。以请求仲裁来解决争端，在国内外的商贸活动也是比较常见的。消费者的权益争端也可通过这种形式得到解决。不过，一般的消费活动中，用仲裁来解决争议的比较少。

(5) 向人民法院提起诉讼。消费者权益受损时，可以向人民法院起诉。对行政处罚不服时也可以向人民法院起诉。消费者为求公正解决争议，可以依法行使诉讼权。当然，依靠司法审判，是解决所有争议的最后手段。

此外，《中华人民共和国消费者权益保护法》第 35 条至 39 条还规定了五项特定规则。即消费者权益受到损害时，消费者可以要求销售者先行赔付；生产者有连带责任时，可以要求生产者赔偿；在接受服务时，可以向服务者要赔偿；企业变更后仍应承担赔偿责任；可以向营业执照持有人要求赔偿；展销会结束或柜台租赁期满时，可以向展销会的举办者、柜台出租者要求赔偿；可以向利用虚假广告提供商品和服务的经营者要求赔偿。

(二) 消费辅导实施策略

实施消费辅导的主要策略有开设消费知识讲堂、举办理财讲座、体验消费活动及家长消费心理知识心理讲座、评估学生的消费习惯、节约教育等。

1. 开设消费知识讲堂

将消费辅导与其他心理辅导一并列入学校课程计划之中，或是在学校心理辅导规划中列入消费辅导的内容，将消费知识讲堂固定化。传授的消费知识包括商品知识、消费者权益及维权知识、消费者在消费活动中的责任、经营者商品和服务的常用促销方式、商业广告的识别、商品真伪的常用鉴别知识、消费观念对消费行为影响等。

2. 举办理财讲座

通过不定期地聘请有关投资、金融专家给学生举办有关理财讲座，介绍一些实用的、先进的经济知识和理财方法，为学生学会理财提供帮助。

3. 体验消费活动

辅导者可以有计划、有组织地引导学生参与消费活动，在消费实践中培养消费技巧。如利用节假日组织学生去商场或展销会了解交易情况，鼓励学生在家长或亲友的帮助下购买自己的生活用品和家庭日用品等，使学生不仅体验消费，也可以帮助学生逐步了解有关的商品知识，增强生活能力。

4. 举办家长消费心理知识讲座

举办家长消费心理讲座的主要目的是，帮助家长认识到家长的消费观及消费行为对子女的消费观和消费行为有着潜移默化的影响，引导家长提升自身的消费素质，以身作则，给子女树立良好的消费榜样，并对子女进行的正确的消费引导。家长要定期向子女介绍家庭收支情况，让孩子参与家庭经济活动，支持孩子储蓄存款，教孩子管理好零花钱，形成有计划地消费行为。同时，指导孩子合理科学地购物，随时了解他们的零花钱的使用情况，防止乱花钱和随便花钱，让孩子懂得钱要花在该花的地方。

5. 评估学生消费的消费习惯

学生消费行为习惯评估，可以帮助学生明了自己消费状况、消费结构、日常的消费习惯，为调整学生不良消费行为提供依据。学生中的乱花钱现象还是比较严重，但不少学生并没有意识到自己消费行为存在问题，认为那都是应该花的钱。米珍等对城市小学五六年级学生零花钱的消费状况调查显示，城市小学高年级学生一个月消费额趋于高水平，最高消费个体的一个月的消费额已经相当于当地从事服务行业者的中、上等月收入水平；从消费结构看，用于购买文具和读书偏少，用于购买零食、小饰品和小玩具占月消费额的61%。学生中的“人情消费”现象也比较普遍。随着社会经济的发展，人们的生活越来越富裕，家庭收入的增加，使不少家长放宽了对子女的金钱控制，不少学生的零花钱或可支配的现金数量在不断增加，使学生消费中的问题越来越突出。让学生及时了解自己的消费特点，有利于学生消费行为的调整。

6. 开展节约教育

勤俭节约是我们的传统美德，通过节约教育，让学生明了节约的意义。尽管社会在进步，人们生活水平不断提高，但提倡生活俭朴，维护生态环境，树立节俭意识，文明消费的理念还是要坚持的。

【视野扩展】

国外青少年的节约教育

新加坡，《中小学公民课程及训练纲要》小学德育目标的八条规定，“阐明我国的环境及经济发展情况，确知勤劳节俭、努力生产，可以促进生活的改善和国家的繁荣”。同时，新加坡各学校校规中都有“食物和饮料必须在餐厅内用完”“严禁浪费水电”等条款。新加坡小学阶段开设的《生活与成长》和《好公民》等课程，都把勤俭节约、爱惜公物、勤奋质朴等作为重要内容，不断在学生心中强化这些品德。新加坡政府把节水列入了小学教科书的公共课程。学校带领学生参观水厂和节水中心，举办节水知识演讲。

日本，强调根据不同年级、不同年龄段学生的特点开展节约教育。《日本中小学德育指导纲要》明确规定：在节约教育方面，对一二年级的学生要注重“爱惜钱与物”“爱护公物”的教育，对三四年级学生要注重“有节制地生活”的教育。对初中和高中学生则要培养他们自觉的节约理念、养成节约的习惯。

美国，通过课本循环使用培养节约意识。美国学校的教科书实行无偿借用制度。教科书属学校所有，学生在学期开始时从学校借课本，学期结束时把课本归还学校，如果课本丢失或损坏，学生要予以赔偿。课本循环使用不仅家庭节约了教育支出，更重要的是能培养学生的节约意识，还为社会节约大量宝贵的自然资源。据有关资料介绍，美国有近 5 000 万学生在校，如果按每个每生每学期课本平均重 1 500克计算，课本连续使用 5 年，就可节约 100 多万吨印刷用纸，生产这些纸要耗费 10 多万公顷森林、1 亿多吨纯净水和 150 万吨燃料。让学生自觉树立起节约意识。

第三节 学生的生涯辅导

一、生涯与生涯辅导含义

（一）生涯的含义

对于生涯的界定，不同的学者有不同的看法。广义的生涯可以说是一个人的全部的生活或全部的生命。

美国国家生涯发展协会提出，生涯是个人通过从事工作所创造出的一个有目的的、延续一定时间的生活模式。

台湾师范大学教育心理与辅导学系的田秀兰提出了主观生涯和客观生涯概念，主观生涯指个人内心世界对生涯的解释，个体对生涯的解释因年龄和时间的变化而改变。客观生涯是指大家所共同认识的职业世界结构。台湾学者金树人认为，生涯有三个特性：一是连续性，生涯是一个连续不断的过程；二是整体性，生涯发展是个体在家庭、学校、职业等活动的全部经验；三是独特性，整体经验造就了个体独特的生活方式。

生涯是一个持续的过程。生涯也可以说是个人建立在清晰的自我意识基础上，在个人愿意与可能性、理想与现实之间权衡利弊后的持续系列的选择过程，其选择对个人而言是有意义和有价值的。生涯不仅仅是与职业角色有关，它也意味着个人在生活中所扮演的各种角色，而且各种角色均可以为自己或他人创造价值。人一生中所参与的活动，所有发生的重要事件，都可以是个人生涯发展过程中的一部分。

【视野扩展】

什么是生涯

沙特尔:生涯是指一个人在工作生活中所经历的职业或职位的总称。

舒伯:生涯是指一个人终生经历的所有职位的整个历程。

格拉塞:生涯是指一个较高的职位或较专门的角色之连续移动。

麦克弗兰德:生涯是指一个人依据心中的长期目标所形成的一系列工作选择,以及相关的教育或训练活动,是有计划的职业发展历程。

霍德和班那兹:生涯包括个人对工作世界、职业的选择与发展,对非职业性或休闲活动的选择与追求,以及在社交活动中参与的满足感。

霍尔:生涯是人终其一生,伴随工作或职业的有关经验与活动。

麦克丹尼尔斯:生涯指一个人终其一生所从事的工作与休闲活动的整体生活形态。

韦伯斯特:生涯指个人一生职业、社会与人际关系的总称,即个人终身发展历程。

祖克:生涯主要是指因职业与工作而带来的活动与职位。

(二) 生涯辅导的含义

生涯辅导(也称为生涯教育或生涯指导),是辅导者依据一定的心理学理论,特别是生涯辅导理论和个体发展特点,提供一套有系统的计划,协助学生进行生涯探索、选择、决策和规划,实现生涯适应与生涯发展的活动。生涯辅导是心理辅导的一个分支。生涯辅导往往以生涯问题开始,但其间交织着其他心理问题的辅导。

生涯辅导的目的在于促进学生的生涯向着健康、成熟方向发展,即促进学生的生涯成熟。生涯成熟包括个体生涯成熟的程度和选择的准备程度。个体生涯成熟度越高,选择就越明智、恰当。生涯辅导既要帮助学生了解自我、完善自我,形成统一协调的自我概念和清晰的自我意识,能依据个人特点、环境条件和可利用的社会资源,进行生涯规划,理解和尝试各种角色,特别是职业角色的探索,对职业和生活的发展做出合理、合适的抉择,促进生涯健康发展;又要对生涯探索、生涯抉择有困难或有困惑的学生提供心理帮助,协助其做出符合需要的生涯规划和抉择。

生涯辅导最早源于20世纪初期美国职业指导运动。1907年,美国密歇根州一所公立学校总监戴维斯首创系统指导项目。他鼓励英语教师把指导课程纳入到作文课堂,以帮助学生发展个性,避免问题行为,并把课程内容与职业兴趣联系起来。同期,美国的其他一些地区也出现了各种项目不断地完善戴维斯的工作,如伊莱·韦弗在纽约所做的组织指导服务,安娜·Y.里德在西雅图学校开展的指导项目等,最终促成了学校咨询职业的萌芽。不过多数历史学家一致认为,帕森斯是美国职业指导的发起人。1908年,帕森斯组建了波士顿职业局,专门为年轻人提供职业指导服务。1920年以后,在威廉森的影响下,职业指导在大学开始盛行。1950年以后,霍兰德将人格和职业两者概括为六种基本类型,提出了类型人,并编制了相应问卷以用于职业指导。与此同时，职业指导在罗杰斯、舒伯等人的影响下开始逐步转向生涯辅导。舒伯使帕森斯、威廉森的静态的一次性完成的职业指导，向发展的、多次完成的职业选择转向。罗杰斯心理治疗理论促使职业指导的指导观念向职业辅导转变，导致教导式职业指导逐步被“非指导”所取代，一些职业辅导者开始坚持“三不原则”（不主动、不判断、不指导）。20 世纪 70 年代以后，职业辅导的内涵从职业生涯逐步扩大到家庭生活。以舒伯的生命全程理论为代表，强调人生的整体发展，用生命全程和生活整体的观点探讨职业生涯辅导。舒伯认为生涯是生活中各种事件的演变方向和历程，人生的整体发展包括了个体生命历程中所扮演的各种不同角色及在角色上的投入程度。由此可见，有关个体的自我发展、角色发展、终身发展都融入职业辅导之中。20 世纪 70 年代以后，职业指导最终演变成了现在的生涯辅导。

二、生涯辅导理论

从职业指导到生涯辅导，不仅是一个名称的变化，期间更是经历了一系列的理论探索、总结和反思的过程。在这种转变过程中，出现了多种理论，各种理论因其理论支点不同而各具特色。纵观各种生涯理论发现，其理论基础主要是人格理论和发展理论。从这一点出发，我们可以把生涯辅导理论分为两大类，即特质因素论和生涯发展论。

1. 特质因素理论

特质因素理论是最早提出的职业指导理论，强调个人的特质与所选职业的匹配关系。帕森斯认为职业选择对人生特别重要，除了选择丈夫或妻子之外，人生再没有第二种选择比职业选择更重要。他在其《职业选择》一书中提出了选择恰当职业的三个关键因素：一是对自身性向、能力、兴趣、资源和局限的明确认知；二是熟悉不同职业要求具备的知识、优势与劣势及补偿；三是对前两大因素之间的关系的理解。职业指导者就是要帮助个体了解自我及自身对职业的兴趣，提供职业信息，通过分析个体与职业两个因素，协助个体对职业选择做出决定。随着心理测量的兴起，职业指导更强调测量学生的能力、兴趣和态度，引导受辅者更好地了解自己，选择最合适自己的职业。

20 世纪 60 年代，达维斯和洛夫奎斯特提出的工作调适理论。这一理论和传统特质因素论一样，强调工作者的能力、价值观、人格和兴趣的评定，以及这些因素和职业的相互关系，同时重视个体不断寻求并维持与职业环境之间的协调。早期的职业辅导，只强调个人性向、能力及能力倾向、兴趣与职业条件的匹配，而忽略个体在职业选择中的变化和发展。工作调适理论不仅仅停留在职业选择上，而是开始关注个人职业发展变化过程，将静态的特征与动态的发展结合起来。这也预示了生涯辅导理论的发展趋势。

2. 生涯发展理论

生涯发展理论基于人格发展的观点，认为生涯也是一个发展的过程。持发展理论观的生涯理论有多种，其中，舒伯的生命全程理论最有代表性。在此主要介绍舒伯的生涯发展理论。

如前所述，舒伯认为生涯是指生活中各种事件的演变方向和历程，即包括人一生中各种职业和生活角色，也是人自青春期到退休之后的一连串有报酬或没报酬职位的总和，甚至包括副业、家庭和公民的角色，由此表现出个人独特的自我发展类型。从舒伯的观点看，实施生涯辅导就是一种对人的发展的终极关怀。舒伯认为，个人生涯中的角色的消长，与年龄、社会期望和个人投入时间及情绪有关。他将生涯发展分为五个阶段。

第一阶段（出生至15岁）成长期，主要任务是发展自我形象，了解工作意义，发展对工作世界的正确态度。个体主要以不同方式来表达自己的需要，对现实世界进行不断的尝试，以逐步发展自我概念，修饰自身角色。

第二阶段（15～24岁）探索期，主要任务是使职业偏好具体化、特定化，且实现职业偏好。个体通过学校、社团、打零工或休闲活动，以此对自我能力、角色、职业进行探索。

第三阶段（24～45岁）建立期，经第二阶段的探索、尝试后，最终确立在整个事业生涯中属于自己的“位子”，并考虑保住这个“位子”，并固定下来。此期的特点是统整、稳定、求上进。

第四阶段（45～65岁）维持期，主要任务是维持既有成就与地位。此期个体仍然希望继续维持属于自己的工作“位子”。

第五阶段（65岁以上）衰退期，主要任务是发展新的角色以满足需求。由于生理和心理机能的衰退，个体要从积极参与的角色上退出来，通过寻找和发展新的角色来应对人生的衰退期。舒伯认为，生涯发展阶段先后相连，循序渐进，具有不可逆性的特点。每个阶段特定的发展任务的完成，总是与前一阶段发展任务的完成状态有关。每个阶段都涉及成长、探索、建立、维持和衰退的问题，这是一个“成长—探索—建立—维持—衰退”的循环。舒伯还提出拱门模型（也称生涯彩虹门），以描述一个人在一生当中所经历到的不同角色的多变性。依此观点，生涯辅导的实施策略与程序主要有：①生涯评估，以确定个体的生涯成熟度；②利用会谈技巧，对受辅者实施有针对性的指导式和非指导式辅导。其具体的方法有生涯自传、抉择日记、画生涯彩虹图等。

三、生涯辅导的目标

青少年学生正处于舒伯的生涯发展（见图10-1）的第一阶段后期和第二阶段前期，即跨越了成长期和探索期，其生涯发展的任务是发展自我形象、了解工作世界，不断探索各种角色，形成职业偏好，并使之具体化。可见这一时期的生涯发展特点是，个体在与世界的不断交互作用的过程中，探索人生的多种角色，逐步确立职业偏好，并使之具体化，为今后继续接受教育和开展工作奠定基础。因此，生涯辅导的具体目标可确定为帮助学生认识并发展自我；引导其做好生涯规划；协助其做出恰当的生涯抉择。

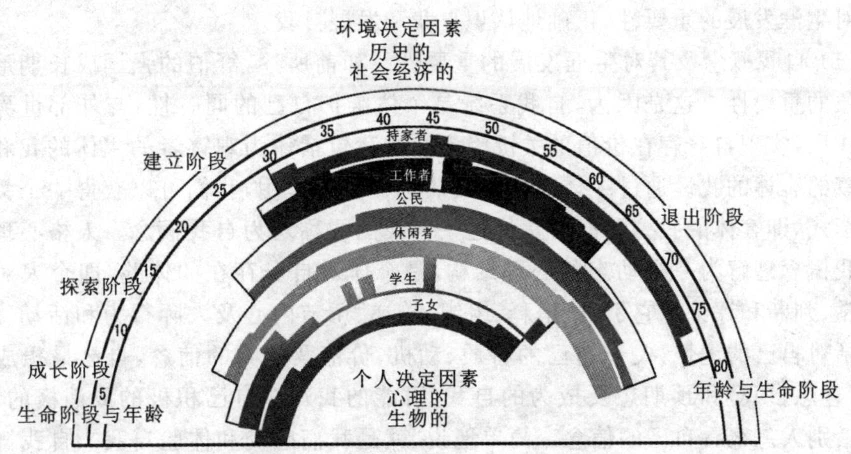

图 10-1　舒伯的生涯彩虹图

（一）帮助学生认识并发展自我

生涯辅导要帮助青少年学生不断地认识自我，发展自我，具体包括帮助学生了解自己的能力倾向、价值观、兴趣、期望、对职业的喜好及其彼此之间的关系；懂得个人的能力、兴趣、价值取向对自己今后的生活和工作的意义；了解工作世界对自己生涯发展的意义；帮助学生养成正确的工作价值观。

（二）引导学生做好生涯规划

生涯辅导要引导学生在正确了解自己的基础上，为自己做生涯规划，设计自己的生涯发展，具体包括帮助学生了解工作世界，获得有关职业的本质特点及其对社会的贡献和价值；了解不同职业对从业者的知识、技能、能力要求；认识自己的工作价值观；引导学生做多种角色实验或角色扮演，以获得有关角色感受；逐步形成自己的职业偏好，并使之具体化；确定自己的生涯发展的中、长期目标。

（三）协助学生做出生涯抉择

生涯辅导要协助学生做生涯抉择。生涯抉择对个人的人生会产生极其重要且长远的影响，生涯抉择的结果具有不可逆性，具体包括引导学生明了抉择的意义；帮助学生分析自己的抉择类型；帮助学生学会分析自己的抉择阻力和助力；帮助学生发展做决定的能力。

四、生涯辅导内容与实施策略

（一）生涯辅导内容

依据生涯辅导的目标，生涯辅导的内容可以确定为自我辅导、生涯抉择、生涯规划等方面的辅导。

1. 自我辅导

为了帮助学生认识并发展自我，应该开展自我辅导。其辅导的内容主要有自我概念对生涯发展的重要性、正确地认识自我和发展自我。

(1) 自我概念及其对生涯发展的重要性。如前所述，舒伯的强调成长期形成自我形象的重要性。这是因为，自我系统是个体维护自己的同一性，与外部世界进行相互作用，实现自身存在价值的关键因素。自我包括作为观察者的主体的我和作为被观察的客体的我。通过主体我的自我认识(观察)作用，我们可以获得一个关于自我的图式，即客体的我。我们常常将这一自我图式称之为自我概念。人格心理学中把自我概念理解为一个动态的心理结构，是个体对自身存在的体验，即个人对自己的知觉、判断和评价。它引发、解释、组织、传递、调节内心及人际行为和活动。它不仅包括对自己的记忆，关于自己的特质、动机、价值及能力的信念，自己最想成为的自我(理想自我)和预期想要成为的自我(可能的我)，对自己积极的或消极的评价；也包括别人怎么看自己的信念。简单地说，就是我们感受和体验自我。自我概念具有动力作用，它不仅是个人用于组织信息和激发行为的标准，还可以指导注意的方向，影响个体的动机。因此，自我概念对个人生涯发展具有重大意义。

(2) 正确地认识自我。所谓正确地认识自我，是指个体对自我的认识要与自我的实际相符合，也就是准确地知觉到自己的特点、长处、发展的可能性、不足及发展的局限性，正确地把握自我与他人、组织、社会的关系，看到个人的存在和成长都离不开他人、组织和社会的支持。不过，人们在认识自我时，常常会与实际有很大的出入，要么描述自我时肯定程度偏低，要么描述自我时肯定程度大大超出实际的自我发展状态，前者为低自尊，后者为高自尊。两者对个体的情绪体验和行为都具有负面的影响。尽管生涯辅导的目标是指引受辅者“去哪里”，但有一个前提就是先要知道“我是谁”。正确地认识自我途径主要有三种。一是通过自我观察认识自己。如观察自己的外表和体质状况，观察自己在公开场合和独处时的言行举止，分析自己的学习成绩和活动成果等。二是与他人比较。自我观察所得的信息，往往只有在与他人比较时才有评价的社会意义。当然，与人比较可以帮助我们认识自己，但通过比较并不必然产生正确的自我认识。如果比较不当，还可能产生消极后果。与人比较时，一定要把握的共同标准、比较的条件，比较既要重本质和质量，还要注意横向比较与纵向比较结合。三是通过他人对自己的态度和评价来认识自己。他人对自己的态度和评价是认识自我的重要依据之一。我们要尊重他人的态度与评价，特别是与自己关系密切的人的评价，重视多数人的相同评价。与此同时，要冷静地分析和对待他人的评价，特别是那些与自己观点不一致的意见。为了让他人更多了解自己，要多与人交往，这样他人的态度和评价对自己会具有更大价值。

(3) 发展自我。自我是一个不断变化的关于“我”的概念系统，一个人从出生到死亡，其自我的内涵不断变化。对于青少年学生而言，正确在认识自我还只是设计个人生涯发展蓝图的第一步。生涯的发展取决于自我的不断发展和完善，个体必须不断地随着社会和环境的变化，调整和建构自我概念。因此，个体必须了解个人兴趣、价值观念、成就及能力对未来生涯选择与发展的影响；明了个人目标及成就的实现,与当下的积极工作及学习态度是有密切关系的;懂得在完成未来的生涯目标之前必须完成一定程度的教育训练;明了自我概念改组的必要性,清楚这种改变是个人成熟及适应社会需求的结果。总之,自我的发展意味着个体不断缩小理想自我与现实自我的距离,即不断将可能的自我变成现实自我的过程。由此也决定了在引导学生发展自我时,要帮助学生养成终身学习的理念。

2. 生涯抉择辅导

生涯抉择是确定生涯目标和后续的行动计划的关键前提,具有不可逆性,对生涯发展有着极其重要且长远的影响。从时间看,生涯抉择有短期、中长期之分。如每学期选课,这是短程目标抉择,而升学、择业就属中、长期的抉择。所有抉择都与个人的抉择能力有关。因此,生涯抉择辅导内容主要有分析自己的抉择特点;明了生涯抉择条件;提升抉择能力。

(1) 分析自己的抉择特点。通常按生涯抉择过程的特点将生涯抉择分为9种类型。

① 计划型。抉择的个体了解自己,按想要的去收集各种资料,冷静且客观地考量各项条件,明白自己应该做什么样的选择,按步骤做适当选择。其特点是理性选择。

② 犹豫型。抉择时考虑的选项较多,不能做确切的判断和评估,反复思考,拿不定主意,直到最后也不能做出决定。其特点是决定慢。

③ 直觉型。不管外在条件如何,只凭个人直觉做决定,往往无法说明做决定的原因。就这样决定了。其特点是决定快。

④ 依赖型,每次决定时,总希望有人可以告诉自己如何做,或者决定时常常受其他人的影响,不能依据自己的判断独立做出抉择。其特点是依赖他人。

⑤ 宿命型,需要做出决定时,常常要求神占卜、算命看相,把决定权交给命运或听天由命,认为船到桥头自然直。如果算命的说自己读工科有前途,那就选择读工科。特点是放弃选择权和听天由命。

⑥ 无力型。消极懈怠,知道明天自己应该做什么,但却不知道如何行动。特点是无奈。

⑦ 冲动型。在没有周密思考之前就急于做决定,大大咧咧,选了再说,如果不好或是行不通再重新选择,而下一次可能还是冲动性地做出决定。其特点是急躁。

⑧ 苦闷型。总认为做选择是很烦人的事,典型特点是烦躁。

⑨ 叛逆型。做决定时,不愿意听他人的意见,甚至是他人建议这样做,偏偏不这样做。或者是要求他人给自己建议,但最终却做出不同甚至相反的决定。特点是看似很喜欢听取他人意见,实际却一意孤行。

分析自己属于哪种抉择类型,明确修正和改进抉择方式,养成计划型抉择风格。

【视野拓展】

一切操纵于你之手

意大利威尼斯的山上，住着一个智者，相传他可以回答任何的问题。有一天，两个顽皮的小孩想要愚弄这位智者，并试试看他是否如传说中这般有智慧。于是，便抓了一只小鸟上山去找这位智者。其中一位小男孩把小鸟握在手心，问这位智者，小鸟是活的还是死的？

只见这位智者缓缓地说："孩子，如果我说这只鸟儿是活的，那你一定会把他捏死；若我说它是死的，你就会放手让小鸟飞走。你的手里掌握着生杀大权啊！"

其实，每个人的手里都掌握着攸关成败的种子，成败与否全在一念之间。

(2) 明了生涯抉择条件。一个人是否能做到理性的选择，取决于诸多因素，好的生涯抉择，不仅取决于对自身和环境变量的认识，还与生涯目标的选择有关。值得提倡的生涯抉择要素有以下几点。

第一，在做出决定之前，要回答下列问题：我是谁？我有什么能力？我要决定的是什么？有没有其他选择？每种选择的可能后果是什么？有多少时间可以用来做决定？环境、时间对决定有什么影响？为什么要做此种选择而非彼种选择？如何才能达到目标？

第二，正确地了解自己，即诚实地面对自己。如明了自己具备什么条件，有什么期待，别人怎么看我。可以通过标准化心理测验来认识自己，也可以通过参与活动来发现自己的价值观、兴趣、能力和好恶，在活动中了解他人对自己的看法。

第三，确定生涯目标要坚持具体可行、循序渐进的原则。所谓具体，如"年收入50万"好过"赚大钱"，可行就是经努力可以达到的目标，所谓循序渐进，就是生涯目标是一个由低到高的分层目标，而不是只有一个笼统的终极目标。

第四，不断地培养做决定的能力。愿意学习他人好的抉择方式，反省自己的抉择风格，敢于做决定，勇于承担责任，逐步提升抉择能力。个体对自我没有清晰的认识，缺乏工作环境的资源信息，犹豫甚至恐惧，以及来自家庭、社会、人际方面的压力，常常造成我们抉择困难。这时要学会寻求社会支持。诚心诚意听取他人意见，表明自己做决定的原因，并接受他人建议，调整最初的选择，以争取他人的理解和支持，也就是为实现生涯抉择争取外部支持。不把应对环境压力看成是自己"必须"，而是认为这都是在做选择。当我们明白"是自己要这样做的"，而不是被勉强的"必须心态"时，我就能体验到是为了自己的选择而抉择，这才能激发自己生命的力量。

3. 生涯规划辅导

生涯规划是一个有意识地计划人的全部生活的过程，包括主要的生活领域、工作、学习、休闲及各种关系，同时积极采取行动步骤，在自己所处的社会环境中实现这些计划。生涯规划将一个人的全部时间、生活与工作领域，以及在这些领域中所扮演的所有角色及其活动经验，构成了一个全方位的、立体的人生全景架构图示。

在这个全景图中，职业生涯规划占有重要的位置。因为职业不仅不断地为个体提供收入，而且决定着个体的社会地位。一个人要描绘自己的人生全景图示要考虑三个关键因素：认识自我，了解工作世界（即生涯探索），以及抉择及计划技巧。关于自我认识与自我辅导相同，而有关抉择则在接下来的部分讨论，在此重点讨论对工作世界的了解，以及设计生涯规划的技术问题。

对工作世界的了解，需要发展学生对环境的认识能力和良好的人际沟通能力。生涯发展取决于个体与他人、个体与环境间的互动，以及对环境资源的利用和适应，这就有赖于个人的人际交往能力和对环境的认识能力。为此，生涯规划辅导要帮助青少年学生学会了解环境的特点，把握时势发展的热点与趋势，掌握适应的技巧，学会应付的压力，创造和谐的生活和工作环境。辅导可以借助于升学或就业准备，引导学生了解生涯计划的过程，学习协调各因素关系，把工作、娱乐休闲和个人潜能发展结合起来，以满足自己的需求。同时了解工作获得的个人条件，掌握就业信息和升学信息，了解目前所学知识与将来就业或升学之间的关系，并知道如何申请一份工作和如何选择填报大学专业志愿，知道未来在升学或就业方面有哪些选择并知道如何做准备。此外，还要熟悉职场的发展趋势，以及影响个人工作表现及成就的因素。

总之，生涯辅导内容要能体现生涯发展的需要，让学生了解生涯发展主题，培养生涯发展能力，掌握生涯规划的基本原则和基本方法，学习在面对各种抉择情境时，做出适当而合理的选择。同时，依环境变化和个人的发展状况，不断地调整和修正生涯规划。

（二）生涯辅导实施策略

生涯辅导可以通过生涯辅导活动课程、个别辅导、团体辅导等途径进行，还可通过学科教学渗透进行，辅导过程中可以使用心理测量工具和计算机辅助系统。就其具体实施策略而言，主要有认识自我的策略、生涯探索与生涯抉择策略、生涯规划策略等。

1. 认识自我的策略

（1）自我评估策略。自我评估主要有标准化心理测验、增进学生自我了解的专门辅导活动，以此帮助学生评估自己的能力倾向、兴趣、价值观，了解真实的自我。

标准化心理测验。《Piers-Harris 儿童自我意识量表》主要用于评价儿童自我意识状态；Marsh 的《自我描述问卷》用来评定多维度的自我概念。《自尊量表》用于评定青少年关于自我价值和自我接纳的总体感受。《缺陷感量表》用于社交自信、学习能力及自尊。《自尊调查表》用于评定对自己的态度，最初是为儿童设计的。《个人评价问卷》用于评定自我评价的自信维度。使用标准化心理测验时，要注意安全性，施测过程要科学，且保证学生处于最佳答题状态，要向学生、家长和其他教师解释测试结果，以使他们正确获取、理解和使用测试结果。

自我了解的专门辅导活动，如让学生完成命题作文，题目可以是“我的兴趣”、

“我的特长”、“我的志向”、“我的父母”，等等，然后组织学生相互交流。或者设计主题辅导活动，如“兴趣博览会”、“评选班级之最”、“增强自信”等，帮助学生认识自己，了解同学眼中的自我，同时也增进对同学的了解，促进同学间的交流和互动。再如，“你喜欢干什么”、“你能够干什么”、“我的习惯”、“未来畅想”、“失败是成功之母”、“我和你”等，也可以作为自我了解的活动主题。

(2) 坦诚策略。鼓励青少年诚实地面对自己的，接受不完美，做到恰当地自我肯定；对于他人的无理要求，学会说“不”；别人评价自己时，要洗耳恭听。这种策略也可以用于自我了解的专门辅导活动之中。

【知识窗】

认识你自己的二十问法

认识自己也是需要方法的，这里有一个认识自己的方法，具体分两步进行。

第一步：问自己 10 次或 20 次“我是谁”，请将你头脑里浮现出来的答案一一写出来。例如，我是某某，我是某某学校的学生，等等。这是自我分析材料，可以不给别人看，所以想到什么就写出来，不要有顾虑。回答每次提问时间为 20 秒，如果写不了来，可以略去，继续往下写。

第二步：对自己的答案进行分析。分析的内容包括以下几点。

(1) 答案的数量和质量，即一共写了几条，哪些方面的内容最多。如果能写出 9～10 个答案，大体上可以认为没有障碍。如果只能写出 7 个或更少的答案，则可以认为是过分压抑自己。回答时，会以感到无聊、感到害羞、时间不够等为借口，不能回答更多的问题。

(2) 回答内容的表现方式。有三种情况：符合客观情况的，如“我是中学生”，“我是男生”等，主观解释的情况，如“我是个诚实的人”，“我胆小”等。中性情况，即谁都不能作出判断的情况。如果主观评价和客观评价都有，可以认为取得平衡；如果倾向于主观或客观，则不能取得平衡。主观评价中，最好是既有好的、令人满意特征评价，也涉及自己的不足之处。若只说到好的，会使人觉得自满；若只有不好的评价，又令人感到自信不足。

(3) 回答的内容是否涉及自己的未来。哪怕只有一条涉及未来，也说明自己有理想和抱负，在现实生活中充满生机。如果答案中没有一条涉及未来，则可视为对未来考虑不多。

2. 生涯探索与生涯抉择的策略

(1) 生涯探索策略。实施生涯探索的策略主要有以下几种方式。一是通过专门的生涯探索辅导活动，如角色扮演、模拟创业、职业大搜索、高校专业大侦察、我的职业、我未来的家、我的休闲生活、我的老师、我父母的工作等活动，引导学生在扮演、模拟、想象中体验多种角色要求，体验工作和生活乐趣，发现工作意义，思考职业选择，明了各种职业对从业人员的要求等问题。二是通过访问、讲座和参观，如组织学生访问已经毕业的校友,询问他们所就读专业的情况或工作环境。邀请毕业生或成功人士到学校举办讲座,以了解大学专业或职业市场的变化状况、未来人力资源供需概况及发展趋势。以参观方式了解某些大学或某些工作场所的情形。三是为学生提供寒暑假工作机会或学期中的相关实习机会,让学生亲临工作世界,获得直接体验。

引导青少年进行生涯探索,还可以借助于学生对学校教育目标、课程安排、与升学及就业的关系、学习成绩与升学的关系、毕业后可能的升学或就业的途径及应做的准备等方面的了解来实施。

【视野拓展】

生涯探索小游戏

完成句子

第一步,请完成下列句子,体会人人都要有职业以及职业的意义。

我将来想干＿＿＿＿＿＿＿＿＿＿。

我以后会是个＿＿＿＿＿＿＿＿＿＿。

我爸爸是个＿＿＿＿＿＿＿＿＿＿。

到了一定的年龄,每个人都应该有自己的＿＿＿＿＿＿＿＿＿＿。

我最大的期望是＿＿＿＿＿＿＿＿＿＿。

我认为成功是＿＿＿＿＿＿＿＿＿＿。

对我来说,职业是＿＿＿＿＿＿＿＿＿＿。

第二步,与同学分享你的体会,看他们是怎样完成句子的,他们有什么看法?

第三步,想一想,并与同学讨论:职业到底是什么?

(2) 生涯抉择策略。教学生收集信息的技巧,学会寻找、评估、并解释所收集到的生涯资料。引导学生阅读人物传记,并分析传记中人物所完成的生涯目标。设计选择情境,引导学生掌握做出决定的基本程序,及其需要注意的问题。

掌握抉择的一般程序:第一,界定问题;第二,制订行动计划;第三,澄清价值;第四,找出各种行动方案;第五,评估可能结果的得失;第六,有目的地排除不适合的方案;第七,开始采取行动。

3. 生涯规划策略

(1) 形成生涯规划的策略。设计生涯规划能帮助个体明了工作、学习的目标和方向,只有这样才能做到有的放矢,才有前进的动力。形成生涯规划,首先要掌握生涯规划的设计要领,其次熟悉生涯规划的结构。设计生涯规划需要思考以下几个问题。自己在哪里?要到哪里去?走哪条道路?需要如何走?花多少时间走?

设计生涯规划的要领有五点。第一,盘点自我现状。包括个人现状(人格特征、能力倾向、职业兴趣、价值观、理想自我与现实自我的符合程度、身体健康状况、休闲管理、人际关系与人际资源等)、家庭现状(家庭成员的健康状况、自己与家庭的关系、家庭对自己的发展所持的态度和期望,家庭提供的物质和精神支持的资源有多少)、个人未来打算(事业追求、工作成就、工作收入、休闲追求)。第二,评估生涯发展环境,包括工作环境、职业条件、配偶、生存状态、社会经济发展、社会稳定因素、人际关系、家庭条件。第三,做好个人职业生涯规划,包括短期、中期、长期的职业目标与计划(5 年、10 年、20 年至退休的职业发展规划)。第四,提出实现生涯目标的具体实施措施和保障,并在生涯规划的指导下,坚持不懈。如学好每一门课程,保证顺利毕业,然后进入大学,等等。第五,计划、管理好自己的时间。有效的时间管理,是生涯发展过程中应具备的基本能力。有关时间管理,参见本章"第四节时间管理辅导"部分。

熟悉生涯规划书的基本结构:前言、自我评价、确立生涯目标、生涯环境评估、职业定位与职业发展目标、实施策略和步骤、可行性评估、结语。

(2) 求职策略。求职策略主要有四种。第一,推荐自己的策略,包括学习如何撰写履历表和自传,设计求职简历。第二,求职面试策略,主要是打造第一印象,包括言语表达(准确、精练、平易、生动、言语与非言语恰到好处的结合)、动作举止(神情自若、优雅大方)、服饰仪表(整洁、大方、端庄、简练、得体,头发、面部要整理干净,女性不要浓妆)。第三,正确使用非言语行为传递信息,察言观色,识别面试官的情绪,沉着应对。第四,把握面试过程的细节。开始和结束时,注意礼貌,保持微笑,握手要坚实有力,但不宜过紧,且手要保持干净。离开时要表示感谢,然后开门,退出,且轻轻关上门。中间环节要保持姿势稳重,站直,坐正,身体动作幅度不要夸张,身体也不要随意抖动。总之,注意细节。

【心理拓展】

生涯辅导专门活动举例

(一) 活动名称——我是千面人

(二) 活动目的

引导学生进行生涯角色自我探索,其目的在于帮助学生理解生涯角色的多样性;懂得生涯发展中,角色的变换特性。

(三) 活动组织

一个班级为单位,先分小组活动,4~8 人为一小组。

(四) 活动时间:45 min。

(五) 场地准备:教室。桌椅按活动要求摆设。

(六) 实施程序

第一阶段:由辅导老师做主持人,负责现场组织活动。说明活动目的、内容、活动过程和要求,最后分组,宣布活动开始。

第二阶段:学生分小组活动,人人参与,描述自己过去、现在所扮演的角色,及今后可能要学的角色。

具体可以围绕以下内容进行。

① 列出自己过去曾经扮演过的角色。

② 列出自己现在正在扮演的角色。

③ 比较其间的异同，说出改变的原因。

④ 最喜欢与最不喜欢的角色是什么？为什么？

⑤ 在未来的五年中，可能会增加的角色是什么？

⑥ 哪些角色与未来的职业生涯有关？

⑦ 这些角色组合起来，会是怎样的生活方式？

⑧ 各种角色对自己有何意义？什么时候角色要加重，什么时候角色要减少其重要性，不同阶段的主要任务是什么？

辅导老师在学生小组活动时，要以欣赏的眼光巡回观察各小组的组织活动进展情况，及时指导，把握活动方向，澄清和反馈学生有关信息。

第三阶段：讨论。小组推举学生代表发言，讨论生涯角色的变化意义。

第四阶段：辅导老师小结，宣布活动结束。

第四节　学生的时间管理辅导

或许不少人曾经有过这样的感受：应该做的事总是要拖到明天、后天甚至下个星期时，虽然心里着急，可行为上就是积极不起来，直到实在拖不下去了才临时抱佛脚。美国德宝大学的心理学教授法拉利专门研究人做事拖拉的倾向。他将那些喜欢把该做的事情尽量往后拖的现象，称之为患有“慢性拖拉症”。他认为“慢性拖拉症”可分成两类。一类是“激进型”拖拉症患者，特征是有自信在压力下工作，喜欢把事情拖到最后一刻以寻求刺激；另一类是“逃避型”拖拉症患者，这类人通常是对自己缺乏自信，害怕做不好事情而迟迟不肯动手，或害怕成功后得到别人的关注。在法拉利看来，做事拖拉其实是一种心理疾病，或者说是心理不健康的表现。如果不想做拖拉者，那就从现在起，管理好自己的时间吧。

一、时间管理的含义及其作用

（一）时间管理的含义

所谓时间管理是指用最短的时间或在预定的时间内，把事情做好。时间管理的最大特点就是有效地运用时间。个体实施时间管理，其目的是要决定在一个特定的时间内哪些事该做，哪些事不该做，从而保证完成应该完成的任务。

理解时间管理有两个要点，一是时间管理与工作或学习计划相连；二是时间管理需要利用一定策略和方法才能实现。

（二）时间管理的作用

时间是一种极其重要的资源。对所有人来说，时间管理是按期完成任务的保证，同时，时间管理也是提高工作效率的保证。对学生来说，有效地利用学习时间对学业成功极其重要。

美国纽约城市大学的教育心理学家 Zimmerman 对有成效的学习者的研究表明，运用自我调节技能进行时间计划与管理，可以提高学生对课程材料、测验成绩，以及自我效能感的把握能力。

二、时间管理辅导的含义及意义

(一) 时间管理辅导的含义

所谓时间管理辅导就是指辅导者按照学生时间管理水平和特点，依据时间管理理论及时间管理方法，帮助学生理解时间管理的重要性，掌握时间管理的策略和方法，提升其时间管理能力，协助、督促学生管理好自己的时间的一种心理帮助活动。

时间管理辅导应遵循一般的心理辅导规律和原则，其辅导重点是培养学生时间管理能力，养成良好的行为习惯，使学生能行之有效的管理好时间，提高学习或工作效率。

(二) 时间管理辅导的意义

时间管理对生涯发展极其重要，它是我们个人发展，实现目标的基本保证。不过，并不是每个人都能很好地管理自己的时间。在校学习的学生也不例外。尽管学校的学习活动安排要求学生调整其使用时间的习惯，但大部分学生在时间安排及利用时间上仍然存在诸多问题，不少学生总是要等到作业要交前的最后几分钟才着手去做。齐默尔曼的研究发现，学生很少计划可利用的时间，而总是以应答的方式去完成指导性的作业，他认为，适当的时间管理需要计划和自我训练。

因此，学校必须开展时间管理辅导，帮助学生分析自己时间计划和管理上存在的问题，树立新的时间观念，制订切实的学习计划，从而提高时间的运用效率。

【心理拓展】

拖沓的健康成本

学生总会被要求完成老师布置的任务，对学生而言，是试图尽快完成，还是打算拖到最后一分钟？我们常会把后者称为拖沓者，而行为拖沓的代价就是付出自己的健康。心理学家设计了一套测量的方法，称为一般拖延量表，用以区分那些习惯上将事情拖后(拖沓者)和那些不这样做的人(不拖沓者)。两位研究者在健康心理学课程上将这一量表发给学生使用，并在课上布置了一篇学期末论文。在学期初和学期末，学生们还被要求报告他们体验到了多少身体不适的症状。结果表明，拖沓者交论文的时间平均晚于不拖沓者，而且得分也普遍偏低。同时，期末时，学生报告的身体不适症状都有所上升，但拖沓者比不拖沓者报告出更多的躯体症状。

三、时间管理辅导的目标

(一) 帮助学生明了时间管理对个人的重要性

没有时间,既不会有效率,也不会有成功。时间管理辅导要帮助学生认识到时间是极其重要的学习资源,有效的时间管理可以促进学习,并增强自我效能感,反之,则会削弱自信心,降低学习效率。

(二) 确立正确的时间价值观

时间管理辅导就是帮助学生确立正确的时间价值观。不仅别人的时间不能浪费,自己的时间也不能浪费。时间是无价的。通过时间管理辅导,要使学生形成以下时间观:①时间一旦失去,就永远无法追回;②我们都有相同的时间,真正的价值在于我们利用它做什么事;③损失时间就等于损失自己的未来;④时间是经不起浪费的;⑤时间一流逝,我们就一无所获。

(三) 养成学生的时间管理能力,掌握时间管理技术

时间管理包括确立目标,计划时间、分配时间和自我约束与自我监控等方面。通过时间管理辅导,发展学生的时间管理能力,养成良好的利用时间的习惯。同时,要求学生通过时间管理训练,掌握一些时间管理的策略和技术,形成时间管理技巧。

四、时间管理辅导内容及实施策略

(一) 时间管理辅导内容

时间管理辅导的内容主要包括确立时间管理理念,明了时间管理的基本原则,掌握时间管理策略和技术。

1. 时间管理理念与时间管理原则

(1) 时间管理理念。时间管理实际上是一种自我管理,其基本理念是合理地分配和利用时间,在有限的时间里做最有价值的事情。人们常说,要和时间赛跑。跑赢时间虽不可能,但是,如果能事先确立目标,做好规划,把握核心价值,突出重点,采取行动,达到目标,这就是有效地利用了时间。树立时间管理理念,可以帮助个体减少拖延,避免浪费时间。如果不学习和实践时间管理,我们的时间账户就会不断地亏损,我们就会感到整天忙碌而无所获或是虚度光阴无所事事,此时除了感到焦虑、恐惧或是空虚郁闷外,我们不会收获好心情。

(2) 时间管理原则。时间管理所遵循的基本原则有六个。一是确立明确的目标,时间管理的基本原则是在短时间内实现更多的目标,为此就要明确必须做、应该做和暂时可以不做的事情。二是 80-20 原则,这是意大利的经济学家帕累托提出来的,其核心内容是生活中 80%的结果几乎源于 20%的活动,因此要把注意力放在 20%的关键事情上,也就是 20%的工作占整个工作 80%的价值,所以要集中 80%的精力做好 20%的工作,投入 20%的精力做另外 80%的工作。成功者往往花最多的

时间做最重要的事,而不是最紧急的事情。坚持这一原则就需要列出全部的工作项目、按价值对工作进行分类并分配自己的时间和精力,避免面面俱到、完美主义和平均分配时间和精力。三是排列优先次序,这一原则要求分清轻重缓急,重要且紧急的事必须做,紧急但不重要的事可以交给其他人去做,重要但不紧急的事马上去做,不重要也不紧急的事可以说"不",有空闲的时候再做。四是制订计划、列清单,即对工作做出计划,并严格规定完成期限,以确保更迅速有效地在规定时间内完成它。做计划时还要适当留出一定时间用于处理不可预计事务。列出日、周、月工作清单,就是把要做的事情全部写下来,让自己随时明确自己手头的任务,不要轻信自己可以用脑子把每件都记住。五是做时间日志,详细记录花多少时间在做哪些事情,使自己能清晰发现浪费了哪些时间,有没有拖延的坏毛病。六是养成好习惯,留意自己的消极观念并改变它。如"必须完成这个作业实在讨厌,所以能拖就拖吧",把这种对待时间的观念变成:"这不是个令人愉快的作业,但必须完成,所以我得马上动手做,以便能早点摆脱它。"当然不是说立刻做到改变自己的不良习惯,而是把工作清单中最不想做的事情先挑出来,强迫自己马上行动,避免拖延,从而逐渐养成好的习惯。

2. 时间管理策略与方法辅导

(1) 时间管理的策略。有效的时间管理策略有以下几种。一是确立有规律性地学习时段。每天预留固定的用来学习的时间,就可以形成一种习惯化的活动方式,从而避免每天做计划。二是确立切实可行的目标。目标是否可行,可以用完成时间来衡量。在制定目标分配时间时,学生常倾向于低估完成一个学习任务所需的时间。因此有必要引导学生适当放宽任务所需时间,提高其时间预估能力,从而制订切实可行的目标。三是使用固定学习区域。当个体在一个采光好、环境安静、没有干扰的地方学习时,时间利用效率会更高。固定的学习区域因人而异,如有的学生认为图书馆是个学习的好地方,有的同学可能认为寝室更好,有的同学可能觉得在家里才能营造一个好的学习氛围。四是按任务的性质、难易、重要性及迫切程度来确定完成任务的先后次序。最重要、最难、最花时间的任务先做,然后解决相对容易的任务。五是奖励在学习上的成功。在学习任务开始之初,把奖励作为按时成功完成任务的条件提出来,以激励自己集中注意力,提高做事效率。六是运用时间清单、学习任务清单、任务分项清单、周时间分析表等,以了解自己的时间管理状态,发现存在问题并及时改进。

时间清单分析,目的在于分析每天或每周每月的法定学习时间是怎么用掉的。分析的工具是时间清单分析表。分析的内容主要包括计划是否合理,有多少时段是记不起来做什么了,浪费或超时多少。

工作清单分析,目的在于分析一天内都做了哪些工作事项,用时怎样。分析研究的工具是工作清单分析表,其内容包括时间利用率、延误与浪费时间、寻找原因与对策。

工作活动分项分析,目的在于分析一个学习日内各项工作分别花了多少时间。

分析工具是工作分项分析表，其内容有计划用时与实际用时差异最大的是哪些三项，浪费、延误最多的是哪三项，无计划用时最多的是哪三项。

每周时间分析，目的在于分析一周的时间使用状况。分析工具是每周时间分析表，其内容主要有各项工作每周总用时多少，用时排序并找出前三项，各项工作实际用时顺序并找出前三项，误差最大的工作是哪项及原因分析，一周误差的总小时数。

(2) 时间管理的方法主要有六项工作法、四象限图法、GTD 时间管理方法、时间管理微分法与积分法。

六项工作法由美国效率大师艾维利提出来的。这一方法要求把每天所要做的事情按重要性排序，分别从“1”到“6”标出 6 件最重要的事情。在选择时要思考下列问题：自己内心深处的真实想法，自己是否真的必须做这些事，如果不做会怎么样，如果拖延又会怎么样，对我有何影响。每天一开始，先全力以赴做好标号为“1”的事情，直到它被完成或被完全准备好，然后再全力以赴地做标号为“2”的事，依此类推。

四象限图法把工作按照重要和紧急两个不同的维度进行了划分，基本上可以分为四个象限：既紧急又重要(即将到期的任务)、重要但不紧急(如建立人际关系等)、紧急但不重要(如电话铃声、不速之客)、既不紧急也不重要(如上网、闲谈)。依据这一观点可以把工作任务分为重要且紧急、紧急而不重要、重要但不紧急、既不紧急也不重要等四类，详见图 10-2。

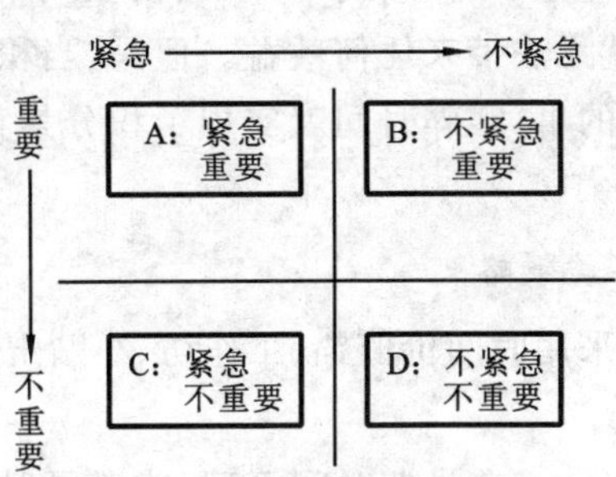

图 10-2　时间管理四象限图

A—紧急且重要的事情——第一优先做；B—不紧急但重要的事情——第二优先做；
C—紧急而不重要的事情——第三优先做；D—不紧急也不重要的事情——第四优先做。

GTD 时间管理方法。GTD 是“getting things done”的缩写。美国的 David Allen 在《Getting Things Done》论述了 GTD 时间管理的方法。其具体做法分为五步：收集、整理、组织、回顾与行动。收集就是将自己能够想到的所有的未尽事宜统统罗列出来，放入工具篮中。收集的关键在于把其他的一切赶出大脑，记录下所有必须要做的工作。整理就是定期或不定期地将任务事件按是否可以付诸行动进行区分，清空工具篮。对于不能付诸行动的内容，可以进一步分为参考资料、日后可能需要处理及垃圾等，而对可行动的内容再考虑是否可在两分钟内完成，如果可以则立即行动完成它，如果不行则对下一步行动进行组织。组织就是对参考资料的和对下一步行动的组织。对参考资料的组织主要就是建立一个文档管理系统，而对下一步行动的组织则一般可分为下一步行动清单,等待清单和未来或某天清单。回顾是通过回顾及检查所有清单并进行更新,可以确保GTD系统的运作,并对未来一周可能还需要进行的工作进行计划。执行即按照每份清单开始行动,在具体行动中可能会需要根据所处的环境、时间的多少、精力情况及重要性来选择清单及清单上的事项来行动。

时间管理微分法的做法是将复杂的或是比较大的任务进行简化、分解,使原来的复杂任务变成一连串的小任务,然后为每一个小任务制定目标,逐一完成之。大的任务或复杂的任务,容易使人产生畏难情绪,甚至恐惧感,简化或分解后的小任务,可以增强人完成任务的信心,而且,重大任务的目标也并非能一次达成,而分解后的小任务目标则容易实现。小任务目标的实现,不仅可以让自己体验到完成任务的喜悦,也可以成为额外的动力,激励自己再努力去完成下一个目标。需要注意的是,在完成系列任务过程中,要先预估各目标完成所需时间,然后在完成部分工作任务后,将实际耗时与之比较,以调整完成任务的方法和节奏,以保证在限期内完成任务。

时间管理积分法。通常情况下,我们会以时间延续的长度为标准,将时间区分完整时间和零碎时间。一般来说,在完整时间内,我们会更努力去投入工作和学习,而对零碎时间就不那么看重了,5 min或10 min,没法用来做复杂的事,很容易被忽略掉,这样的零碎时间也就无法带来任何效益。但是,当积极地利用零碎时间,做一些完整时间段中所不能做的事,零碎时间就实现了积分累积,小时间就成了大时间,没效益就变得有大效益了。

(二)时间管理辅导实施策略

时间管理辅导的可以采用时间价值锚、工作坊、小贴士等策略进行。

1. 时间价值锚

所谓时间价值锚,是指个人在早期时间管理(或者是时间分配习惯)过程中逐步形成的时间价值观。这里是借用锚定理论中的概念,锚定是指人们倾向于把对将来的估计和已经采用过的估计联系起来,找到一个参照点,并据此做出相应反应。简单地说,就是某几项要素(心锚)共同发生时,个体所产生的具有同一性、周期性、重复性的反应与行为。锚定理论认为,个体是生活在一个大的锚定系统中的,且被层层子系统所锚定,这一方面决定了人的成长空间,另一方面又表明,人若不能破除锚定就会维持在封闭的系统中无法自我提升。

人们之所以很难改掉不良习惯主要是由于锚定效应。所谓锚定效应(也称沉锚效应),是指当人们需要对某个事件做定量估测时,会将某些特定数值作为起始值,起始值像锚一样地制约着估测值。在时间管理和做出决策时,人们常常会依赖旧信息,即受过去的完成任务的状况影响,而对新的信息反应不足,导致做出错误的时间预估。一些错误的心锚观念,如认为自己是一个有序的人,时间安排得挺好;时间管理没有用,计划赶不上变化;自己的时间掌握在别人手中;时间管理太麻烦;习惯不同，我就这样，改不了等，都会对时间管理起消极作用。要想消除时间管理障碍，必须消除这些消极的心锚，即减少锚定效应的负面影响。因此，个人在设置目标、预留时间时，要对时间价值锚保持高度的敏感。从时间管理辅导的角度，辅导者要协助受辅者分析自己的时间心锚，积极建构有益的时间心锚，以提高时间管理效率。

2. 工作坊

工作坊是一个由多人共同参与的场域与过程，参与者在参与的过程中能够互相沟通对话、共同思考，进行调查与分析，提出方案或规划，并一起讨论方案的实施，甚至采取实际行动。这种形式的活动或“聚会”，就被称为参与式工作坊。

时间管理辅导可以利用参与式工作坊，将受辅者组织起来，针对时间管理问题，发表自己的意见或看法、相互交流、并凝聚共识，形成一致性的时间管理理念，还可以通过实际的活动，训练时间管理技巧，以提升参与者的时间管理能力。

3. 小贴士策略

小贴士策略是利用零碎时间和学生交流，提供时间管理的建议和小技巧，它可用于学习、生活和休闲等各方面。学习小贴士：工作、学习时间设上限，最重要的事情先完成，专心做一件事情，批量处理杂务事，学会拒绝他人的请求，避免学习和工作中的长谈；家庭生活小贴士：保持家庭和宿舍的秩序，让东西回归原位，晚上提前做好第二天上学或上班的准备工作。有序的环境更容易找到自己想要的东西，更容易清理和操作，减少重新布置、归类和清除杂物所浪费的时间，做好预备功课，可以减少早上的慌乱出错；电脑电视小贴士：限制网络聊天，少用 MSN、QQ 等，限制看电视的时间。

【心理测验】

了解你的时间管理方面的总体水平

下面的每个问题，请你根据自己的实际情况，如实地给自己评分。计分方式为选择“从不”为 0 分，选择“有时”记 1 分，选择“经常”记 2 分，选择“总是”记 3 分。

(1) 我在每个工作日之前，都能为计划中的工作做些准备。

(2) 凡是可交派别人去做的，我都交派出去。

(3) 我利用工作进度表来书面规定工作任务与目标。

(4) 我尽量一次性处理完毕每份文件。

(5) 我每天列出一个应该办理的事件清单，并按重要顺序排列，依次办理这些事情。

(6) 我尽量回避干扰电话、不速之客的来访，以及突然的约会。

(7) 我试着按照生理节奏变动规律曲线来安排我的工作。

(8) 我的日程表留有回旋余地，以便应对突发事件。

(9) 当其他人想占用我的时间，而我又必须处理更重要的事情时，我会说“不”。

结论

0～12 分:你自己没有时间规划,总是让别人牵着鼻子走。

13～17 分:你试图掌握自己的时间,却不能持之以恒。

18～22 分:你的时间管理状况良好。

23～27 分:你是值得学习的时间管理典范。

【思考练习】

1. 理解休闲对人的意义。
2. 休闲辅导的基本内容有哪些?
3. 如何帮助学生形成良好的消费观?
4. 如何理解生涯? 生涯辅导对生涯发展有什么作用?
5. 如何帮助学生认识自我?
6. 请设计一个生涯辅导的专门活动方案。
7. 你认为对学生来说最有帮助的时间计划与管理的策略是什么? 并解释原因。

第十一章 团体心理辅导

学习目标 ……

- 掌握团体心理辅导的相关概念及“以人为中心”的团体辅导理论
- 了解作为团体心理辅导员应具备的基本素养
- 掌握实施团体心理辅导的基本过程
- 掌握团体心理辅导的基本方法与技巧

在绘本《獾的礼物》中描绘了这样一个故事：獾去世后，他的朋友们非常的难过，并持续了很长一段时间。冬天的时候他们聚在一起回忆獾和他们在一起时的美好时光。经过所有动物对獾的一段特殊的回忆，朋友们都觉得獾虽然离开了自己，但给每个人都留下了离别的礼物，他们可以永远的珍藏下去，并用这些礼物互相帮助。于是动物们的悲伤随着积雪慢慢地融化了，每次提到獾的名字，说起獾的故事，用到獾留下的礼物，大家都露出微笑。在春天，一个温暖的日子，曾哭得毯子湿透的鼹鼠来到和獾最后一次见面的山坡上，他想要谢谢獾给他的离别礼物，他轻轻地说：“谢谢你，獾！”他相信獾一定能听到。

从上面这个童话故事中我们看到了一个典型的“团体哀伤心理辅导”。团体心理辅导不仅能处理哀伤等负面情绪，它还有其他许许多多的强大功能。事实上，在学校心理辅导工作中，团体辅导是一种非常实用和有效的形式。作为一名教师，需要对团体心理辅导中的问题有最基本的了解，并适时地应用在班级工作实践中。

第一节 团体心理辅导概述

一、团体与团体工作

人们总是处在各种各样的社会群体中，例如，你是某学校某家庭的一员，同时又是观看湖南卫视“快乐大本营”节目的观众，还是某天某时在街上观看打架斗殴的旁观者等。但是，这些群体未必就是团体。关于什么是团体，在心理学界不同的学者有不同的描述。Lewin 从团体动力学的角度认为，不管团体的大小、结构及活动如何，所有的团体都必须建立在其成员彼此互动的基础上。Hamane 指出，所谓团体是指一群人彼此互相沟通一段时间，以使每个人不需要通过他人，能与其他人面对面地沟通。Shaw 认为，团体是指两个或两个以上的人彼此互动并互相影响。我国学者程正方认为，团体是通过人们彼此之间相互交往、相互联系、相互影响而形成的为达到共同的目标，满足共同的需要，以一定的社会活动方式和一定的社会规范联系在一起的一种组织的集体形态。

综合上面的叙述，心理辅导领域中所谓的"团体"是指在一定的目标引导下，在一定的规范约束下，两个或两个以上独立个体之间彼此互动、相互影响，以满足成员一定心理需要的集合体。

团体生活对人类来说是极为重要的，因为它能够使个体感受到社会支持，产生归属感，并形成认同感。20 世纪 40 年代之后，"团体工作"被视为一种社会工作方法。由于社会团体工作分化成不同的实施模式，各个模式强调的重点有很大的不同，导致各家定义的着眼点与侧重点也有很大的不同。美国社会工作者协会 1965 年出版的《社会工作百科全书》对"团体工作"给出了一个包容各种模式的定义："团体工作是一种在面对面的小团体及通过此团体为个人提供服务的方法，以使在参与团体活动的成员中促成预期的变迁。"显然，心理咨询与辅导领域的团体心理辅导属于团体工作的范畴。

近年来，团体心理辅导已经在学校心理健康教育中受到重视并开始得到广泛的应用，成为学校心理健康教育工作的一种新的发展趋势。团体心理辅导之所以在学校中适用且有效，至少有以下三点理由：学校中团体是自然而然存在的；受教育者都处在相似的身心发展阶段，有共同要面对的发展课题和成长困扰；成长中的青少年更关注同伴对自己的评价，更容易接受来自同龄人的建议。

二、团体心理辅导、咨询、训练与治疗

在心理辅导领域的团体工作中，我们会听到各种名称，主要有团体咨询、团体辅导、团体训练与团体治疗，这到底是四种不同的事物，还是同一事物的不同叫法？常常令人困惑，为了避免这一困惑影响后面的讨论，我们先来解决这个问题。

Gazda 尝试将上述的各种团体工作作出区分，他指出，团体辅导的作用是促进成长，而团体咨询和团体训练等虽然有预防的成分，会产生协助成长的作用，但其目的却是补救性的。至于团体治疗的目的则显然是补救性的了。我国学者樊富珉将这四者做了更细致的区分，详见表 11-1。

表 11-1　团体辅导、团体咨询、团体训练与团体治疗的区别

	团体辅导	团体咨询	团体训练	团体治疗
对象	正常人	正常人	正常人	患者
目标	知识、信息的获得	促进认知、情绪、态度和行为的改变	人际关系技巧的培养	人格重建、人格改变和矫治

续表

	团体辅导	团体咨询	团体训练	团体治疗
功能	预防性、发展性	预防性、发展性、矫治性	预防性、发展性、矫治性	矫治性、临床性
领导者	教师或咨询员	咨询员	教师或咨询员	心理治疗师
行为层面	意识的认知活动	意识、情绪问题和行为	态度和行为	意识及潜意识的心理、思想、情绪问题和行为
动力过程	不太重视团体动力	非常重视团体过程与动力	不重视团体动力	重视团体过程与动力
方法	一般教学活动，传授知识、提供资料	咨询技术，引导探索、自我觉察	以团体作为实验室，帮助成员学习、改变、巩固行为	治疗技术以分析、解释行为为主
人数	以班级人数为原则	6～12人	10～15人	以人数少为原则，一般3～8人
实施地点	学校、机构	学校心理健康教育机构、社区等	学校心理健康教育机构、社区等	医疗诊所、医院心理科
实施时间	短期	短期	短期	长期

对于上述学者提出的关于这四者的区别，我们只需稍做深入考察，便不难发现几乎每一种差异都不是本质的差别，而是程度、范围或侧重点的差别。这四种运作方式在本质上具有相通之处，表现在以下几个方面。

首先，虽然各种团体工作的目的所强调的重点有所不同，但是所有团体工作的目的均在于预防个人社会功能的缺失，提供个人需要的资源，协助个人善用其长处，充分发挥功能，也协助功能受损者康复。

其次，虽然不同的团体工作所依据的理论重点和应用有所不同，但是当代心理学理论体系中一些重要的理论体系，如心理分析理论、行为理论、认知与社会学习理论、人本心理学理论、家庭系统理论等，是所有团体心理工作方式所共同的理论基础。

再次，在方法上有许多共同之处。①都是在团体情境中进行，强调人际相互影响。如团体心理辅导、咨询、治疗都强调借助团体力量影响个体，强调人际互动对人的影响，团体训练强调通过团体环境的行为实验来帮助成员学会如何解决问题。②不同团体工作者常运用许多相似的介入处理方式和技术。例如，都使用催化团体过程、增进成员情感表达的策略、角色扮演、行为预演等技术。

还有，虽然不同的团体工作的团体问题不同，面对团体的角度也可能有些不同，但是所有团体工作者均有一个问题为焦点的共同特征。

可见，团体辅导、团体咨询、团体训练与团体治疗本质上没有重大区别，操作中又有许多相似处，可以这么认为，它们是一个连续体，由多个维度组成的连续体，而每一类团体心理工作在每个维度上都有自己的位置。例如，从每类团体活动关注人的内心、精神角度来区分，团体训练、团体辅导、团体咨询与团体治疗是依次加深的；从对问题解决的深度来划分，团体辅导、团体训练、团体咨询与团体治疗是依次加深的。

正是因为这四种团体工作在本质上相通，有些学者并不主张将它们进行严格的区分。如 Patterson 曾试图从求询者情绪受困扰的程度、问题性质、疗程的目标和过程中所采用的方法与技巧等方面，找出它们的区别，但最后的结论是基本上没有重大的分别。因此，他就指出，它们就如个别心理辅导、咨询与治疗一样，基本上没有区别。那些尝试进行区分的人所持的论据，多流于诡辩，缺乏说服力，不能令人满意。事实上这是学者经常讨论却仍未有一致看法的课题。笔者主张较为中立的看法，即肯定团体心理辅导、咨询、训练与治疗在本质上一致，同时也承认有一些惯例方面的区别，或者"量"的区别。

此书中采用"团体心理辅导"这一称谓，是基于对学校团体心理工作的定位。学校中参加者主要为人格健康的学生，他们在人际关系、学习工作方面存在一些苦恼或困惑，通过团体活动，帮助他们深入认识自己，学习新态度、新技能，改善人际关系和适应能力，促进人格成长。这些活动多以班级为单位进行，也可针对有特殊需要的学生组成小的团体，如父母离婚儿童团体，考试高焦虑学生等。领导者多为班主任或咨询员，时间上没有严格的设置，一般为短期。学校的团体心理活动虽然也会涉及团体咨询和团体训练，但显然以团体辅导为主，所以本书统称为"团体心理辅导"。

三、团体心理辅导与个别心理辅导

在本书前面各章中所讨论的辅导形式都是属于个别辅导的范畴，但那并不是心理辅导的全部。本章集中讨论辅导的另外一种形式，即团体辅导。

至于为什么要进行团体辅导，学者往往习惯于通过与个别心理辅导进行比较来展示团体辅导独特的优势。

团体心理辅导感染力强，影响广泛。个别辅导的过程是咨询师与求询者之间单向或双向的沟通过程，而团体辅导是多向沟通的过程。对每一个成员来说，都存在多个影响源。每个成员在接受来自团体其他成员的帮助的同时，也可以成为帮助其他成员的力量。团体辅导过程中，成员之间相互支持、集思广益，共同探寻解决问题的办法，减少了对领导的依赖。

还有，团体心理辅导效率高、省时省力。个别心理辅导是咨询员与求询者面对面、一对一进行的帮助，每次辅导需要花 50 min 到 60 min，而团体辅导是一个领导者面对多个团体成员，这样增加了辅导人数，节省了辅导的时间与人力；团体辅导的效能还体现在防患于未然，避免问题的发生，利用集思广益的研讨方法，谋求问题发生后的处理方式；当然，团体辅导还可以缓解辅导人员不足的矛盾。

其实，团体心理辅导的出现并非仅仅因为它的实用性和经济上的一些优势，它是有其产生渊源的。毋庸置疑，人是社群性和关系性的动物，人出生后，首先与家庭的群体共处，继之在长大的过程中，不断学习与同辈朋友、邻居、同学、同事及更多不同的人相交共处，其中有单独的相交，但在更多的情况下，人多身处于群体中，甚至往往在同一时间要和不同的人相交。事实上，这是人本质上的需要。而在这一过程中，人不但进行社会化的学习，同时，他在这一过程中和人的交互作用，尤其是和那些在他生命中具有影响力的重要人物的相交经验，会成为他性格塑造的主要因素。因为这一缘故，团体情境中的心理辅导，对组员来说，团体辅导创造了一个比个别辅导更能反映现实生活的社会生活情境，为参加者提供了社交的机会。而成员在团体的言行往往是他们日常生活行为的复制品。再就是，人生中许多的困难和遭遇，通常是在社群生活不同关系中出现的。既然许多问题都是和群体有关，我们利用团体的形式来做补救，也是合乎逻辑的。如精神分析家就曾指出精神分析治疗小组的一个优点就是小组往往是家庭的摹本，小组与家庭有许多相似之处。因此，通过小组经验，组员会有机会学会彻底处理自己与家人的关系。的确，每个人在一生中脱离不了群体生活，因此团体经验是实实在在提供学习的场所，能够协助组员做出具体的生活上的适应和改变。

令人担忧的是，人们有时对于团体辅导所持的观念不太正确；甚至在帮助人的工作者中，也有部分人，只从经济和人力的角度来看团体辅导的价值。例如，在不少情况中，工作者由于个案太多，应接不暇时，就采用小组形式来解决个案太多的困难。可惜，这是错误的处理。任何一位工作者，既然身为专业人员，在所有助人的过程中，都应该以当事人的需要为重心，不能轻重倒置地只求自己的方便，或以个人的工作量和工作时间为主体。

因此，必须特别指出，对于辅导形式的选择，是需要助人者小心考虑的。因为与个别心理辅导相比较，团体辅导也具有一些局限性，主要表现在三个方面。

首先，有些个人特质不适合团体辅导。如依赖性过强、人际焦虑过高或太自我中心的人，在团体中不仅难以获得好处，甚至还会妨碍团体的进展。那些社交障碍者极端内向、害羞、自我封闭，也不宜参加团体辅导。

其次，在团体辅导中个体差异难以照顾周全。由于团体领导者对每个成员都需关照，势必相对减少对每个成员的关注与交流，而无法满足特殊成员的特殊需求。而且，不同的成员个性不同，问题程度不同，个体差异难以照顾周全。因此，并非每个团体都一样有效；同样的团体，也不可能对每个成员都有同样的效果。

再次，在团体情境中有的成员可能会受到伤害。在团体情境中，个人和团体在还没有充分准备的情况下，由于受到团体的压力而自我表露，会造成不安，有些成员甚至会受到伤害。在团体辅导过程中获得的一些关于某个成员的隐私的时候可能不经意泄漏，会给当事人带来不便。

可见，对某些当事人来说，可能由于他的问题或病征的特殊性，或者是人格上的因素，或者是心理上准备不足，一旦要参与小组，后果不但不会理想，万一不慎还可能给他带来伤害。团体辅导中人数较多，其构成的人际关系远比个别辅导复杂，未必人人都能接纳和适应。在不少情况下，有些一对一的辅导中获得帮助的当事人，将他们安排在小组中，却不能产生成效。因此，一位负责任的辅导者，会小心地根据当事人的需要和情况，决定为他提供个别辅导还是小组辅导，以期达到最佳的效果。

四、学校团体心理辅导的理论基础

不少人曾有这样的疑问：是否存在特定的团体辅导理论？答案：没有。当然这并不意味着辅导者在开展成长团体、训练团体或治疗团体工作时不会使用理论。发源于个体心理辅导的理论，如"以人为中心"理论、心理分析理论、理性情绪行为疗法、行为主义、阿德勒主义或现实疗法等，都已经成功地应用于团体心理辅导。Gladding 认为，多理论模式为引导团体提供了丰富性和多样性。

在领导团体心理辅导时应用心理咨询理论是非常重要的。那些不具备任何理论知识与工作经验的人所领导的团体常常非常表浅，也就是说，这个团体从未突破表面的相互作用和交流而达到更深的层次。当成员开始涉及更深层的问题时，没有理论基础的领导者通常会穷于应付。

这里将根据学校团体心理辅导的主要特点，简短介绍"以人为中心"的团体辅导理论。

（一）"以人为中心"心理治疗理论的基本原理

关于"以人为中心"的心理治疗理论已经在前面的章节中有较详细叙述，因其也是"以人为中心"团体辅导的理论出发点，在此有必要就其基本思想做一个简短的归纳。

(1) 个体天生具有一种实现趋向，它驱动着机体的成长成熟和心理上的自我实现。

(2) 判断经验是否符合实现趋向的标准是机体智慧，机体评估引导个体朝着实现趋向规定的方向前进。

(3) 为了满足积极关注的需要，个体有时会按照外界的价值观而非机体智慧来行动，如此形成一些价值条件并进入自我，使得自我中加入了一些非我的成分。

(4) 由于自我中非我成分的存在，经验不可避免地会与自我不一致，此时个体会感到焦虑，从而启动防御机制。若防御奏效，则能有效地缓解经验与自我的矛盾，降低个体的焦虑；若防御机制失效，个体会感到严重的焦虑而又无法消除，从而出现心理困扰或心理疾病。

(5) 心理治疗的目标就是要去除自我中的非我成分，从而消除心理疾病产生的根基。达到这一目标需要治疗的三要件：真诚一致、同感理解和无条件积极关注。

（二）会心团体的原理

20 世纪 60 年代中期，罗杰斯将当时存在于美国的许多性质相同的咨询团体统称为会心团体(encounter group)，包括人际关系小组，T-小组、敏感性训练小组、个人成长小组、人类潜能小组等。这些团体尽管名称各异,但本质上是相同的,都强调团体中的人际交往经验,都注重此时此地的情感问题,团体心理辅导的目的不是为了治疗,而是促进个人的成长。“会心”就是指心与心的沟通和交流,它概括出了这些团体心理辅导最根本的特点。日本咨询心理学家国分康孝把会心团体的原理概括为6条。①自我知觉。不同于自我洞察,更强调体验自己此时的感情。②感情表现。觉察到真实的自我,就要将它表现出来。③自我肯定。用语言的及非语言的形式坚持真实的自我。④接受他人。培养接纳他人的能力,最好的训练是倾听。⑤有信任感。相信他人行为的一贯性,建立良好的关系。⑥完成角色。为了在现实世界里表现真实的自我,只有通过自己的角色来表现才是现实的。

会心团体中,成员相互尊重、相互信任,建立起来的良好关系可以使参加者降低心理防御,积极地表达自己的真实感情,显露那些平时未表露的态度,并从其他成员的反应中得到关于自己的肯定或否定的反馈,以便真正认识自我。这个过程虽然会有曲折,成员间也可能出现冲突,但这只是暂时的。在团体的发展中会使每个成员体会到其他人对自己的关心和尊重,从而增加成员对自己的关心和尊重,加强责任感,改变自己不适应的行为,学会建立满意的人际关系。

五、团体辅导的目标

根据 Corey 和 Egan 的观点,“以人为中心”团体辅导的目标分团体目标和个人目标两层。

(1) 团体应把“促进成员成长和发展”作为总目标,为成员提供一个自我成长的平台,通过团体的努力,成员能正视现实、增强能力、突破局限,得到全方位的发展。使每位成员能够在团体活动中更全面地认识自己、了解自己,学会自我接纳和自我尊重,增强自信,勇于挑战,学会独立解决问题;能够在组员之间的交往中学会更好的沟通,培养集体荣誉感和责任感,增强社会人际交往的能力。除此之外,团体还需要帮助成员制定改进计划并监督其行动,使其能真正地改变自我,得到提高。

(2) 成员应确立自己的个人目标。成员不仅要在团体的帮助下学会自信、自尊和自我接纳,还应根据自己的情况,培养自我表达、自我审视及自我解放的能力,努力做到勇于信任、敢于宽容,学会关心他人并为其提供帮助与支持。

可见,成长性团体辅导的目标主要定位于促进小组成员个人的成长与发展,侧重的是成员个体的自我了解及自我发展,最终促进小组成员达到自我的最大发展。只有在每一个组员的共同努力下,成长小组才能向着更好的方向发展,而小组活动的顺利进行反过来又能促进组员自身的成长,使其达到自己的目标。

六、团体领导者的任务

“以人为中心”团体领导者的角色,主要是扮演催化者(facilitator)的工作,创造一种宽容与信任的团体气氛,强调成员之间充分互动的重要性,让成员勇敢地去袒露自己,学习如何去倾听自己、信任自己。领导者的主要任务是在团体过程中呈现真实的自我，对成员表现关心、尊重与了解。在团体中，领导者要处理妨碍团体沟通的障碍，分享对团体中发生的事情的个人感受，对成员适当地回馈，从而积极地投入团体中。领导者尽可能少地提供结构式与预先的计划或指导，而将个人直接地融入团体过程中。

七、团体的基本技巧

“以人为中心”团体强调催化者的态度与行为，基本技巧包括积极倾听、感受的反映、澄清、支持、连接、摘要、分享个人经验、非批评性、与成员会心、支持与面质、肯定成员的自我决定能力、随着团体的自然发展而不试图指导团体发展等。

第二节　团体心理辅导员的个人修养

一个团体辅导的成效，通常与许多不同的因素有关，如成员、场地和辅导员等，而其中最重要的就是辅导员。辅导员是小组的创造者，其重要性可想而知。帕特森就曾经指出：治疗的关键不是治疗员做些什么，而是他是谁；治疗员应该关注的不是要为受导者做些什么，而是自己是个怎么样的人；治疗的方法和技巧与其使用者及使用者的性格是无法分割的，同时，使用者也不能与其所具备的理论、信念、价值和态度分开，这些因素是彼此相联的。无论是个人辅导还是团体辅导的实际操作过程都印证了帕特森的说法，即在整个辅导过程中，最重要的并不是一个人的学位、资历、理论和技巧的纯熟，而是辅导员本身的修养。心理辅导员的个人修养主要包括人格、态度和伦理操守这些方面的内容。

一、成功的辅导员的人格特质

（一）辅导员个人成长目标

很多研究者就此课题进行深入研究发现，成功的辅导员确有其独特之处。例如，Corey 夫妇与其同事 Callanan 就明确指出辅导员的人格特征是成功辅导员的决定性因素。他们还列出了成功辅导员的人格特征，作为辅导员个人成长的目标。

1. 对他人尊重信任

成功的辅导员应该对别人的幸福和利益真心地感兴趣。在与他人相处中，处处表现出对他人的尊重、信任和关爱。

2. 真诚地与人交往

成功的辅导员与来访者相处时是有情感投入的，能对当事人的痛苦或快乐感同身受。由于辅导员的开放态度，他们对自己所辅导的当事人可以产生一份悲悯之情与认同感。

3. 自信并自我接纳

成功的辅导员具有自信和活力，因为健康的自我接纳，所以他们不需要在来访者面前寻找优越感来肯定自己的能力。反之,他们会致力于帮助当事人发现个人的能力和学会自主独立。

4. 具有个性的辅导风格

一个成功的辅导员往往会开放地向他人学习,可能从不同的治疗学派借用观念和技巧,最终发展出一套可以表现个人性格的辅导风格。

5. 愿意开放和冒险

从理想的层面来说,辅导员应该在其个人生活中勇于表现出他们乐意帮助当事人的态度。因此,他们会愿意冒险,甚至有时出现错误也在所不惜。同时,就算对结果不很肯定,也信任个人的直觉。他们也会从个人的经历中尝试认同别人的感受与挣扎。而在适当时候,也会分享自己对当事人的感受和看法。

6. 自我尊重和自我欣赏

当一个辅导员感到自己是“成功者”时,他通常都会是一个成功的辅导员。换言之,他们对自己的价值十分肯定,以致他们不会以自己的毛病与人相处,而是以个人的长处和别人建立关系。

7. 言行一致,以身作则

成功的辅导员不会要求当事人去做那些辅导员自己不愿意去做的事。倘若辅导员要求当事人开放、诚实和自我省察,那么他也会在自己的日常生活中表现出来,真正为当事人起到榜样作用。

8. 愿意承认错误,善于从错误中学习

一位成功的辅导员知道,倘若自己很少有失败的经验,就只会导致很有限的成就。因此,他们面对错误,敢于承认且不自责,并尝试从错误中有所学习和进步。

9. 保持成长的趋势

那些最成功的辅导员会保持开放的态度,不断拓展自己的视野。他们会经常反省自己的存在、价值观和动机。他们会不断地探索自我知觉,认识自己的恐惧、限制和力量所在。

10. 幽默感

一位成功的辅导员会认真地面对他的辅导工作。他们也应有能力与当事人一同开怀大笑,甚至自嘲。这种幽默感并不是用来愚弄当事人,事实上幽默感有利于与当事人建立良好的关系,同时也使辅导员在工作中保持清醒。

(二) 成功的团体辅导员的人格特征

一位初学者在个别辅导方面很成功,也具备上文所列出的成功辅导员的特征,是否就一定可以成为成功的团体辅导员呢?

对此,林孟平教授的回答是:“在个人的经验和培训中,我发觉当一位辅导员能拥有上文所列述的种种成功辅导员的特征时,他的确会成为一位成功的辅导员。而他这种种优良而珍贵的特质,加上他个别辅导的经验,无疑为他的小组辅导工作奠定了稳固的基础,因为基本上,无论是个别还是小组辅导,虽然在形式方法上有分别，虽然小组的动力比个别辅导复杂而多元，但由于其基本的核心和导致产生基本成效的基本条件相同，两者实在有不少共同之处。不过，也由于小组辅导的独特性，辅导员一定要在这方面接受培训。同时，在个人特征方面，也增加了其他的要求。”正因为如此，林孟平教授又在总结自己十多年辅导服务和辅导培训工作的基础上，结合其他学者的观点，尝试对成功的团体辅导员的人格特征进行了描述。

1. 认识自己、接纳自己，拥有自爱和自信

当一位辅导员有自信自爱时，他才有能力去信任他的组员和爱护他们；当他认识和接纳自己时，他才不会落在要求自己十全十美与无所不知无所不能的圈套里。

2. 敏锐的自觉

一位成功的团体辅导员，必须要有敏锐的自觉，以致他可以每时每刻都知觉自己的情况，其中包括身体、心理、精神与心灵各方面的情况。由于他有清晰的自觉，因此有能力对外在的环境作较正确的观察、评估与回应。

3. 具有自我肯定

在团体辅导中，成员们探寻的问题看来零碎，但仔细归纳之后会发现他们其实都是在问几个基本的问题，如：“我是谁”；“我有没有价值”；“人生的意义是什么”；“我生活、努力和奋斗的目的是什么”等。凡此种种严肃的人生问题，都需要组长有肯定的自我，才可以引导众人追寻到自己。

4. 投入并参与

成功的团体辅导员不会专注于个人的表现如何，而是关心成员的利益，因此他会努力地完全投入，并且会提醒自己，不要光用口说，自己期望组员做的，自己要身体力行，以身作则。

5. 个人的协调和表里一致

成功的团体辅导员往往有一种自然的力量催促自己保持生命的质量。他们经常会从忙碌的工作中退下来，找机会独处作内省，看看自己是否忠于自己所教导和所写的一切。他们也会经常调节自己，保持健康和谐的状态。

6. 愿意做典范

在团体辅导中，无论辅导员愿意与否，他都是组员的典范。尤其是在团体发展的初期，辅导员的言行往往就成为团体的楷模。因此，作为团体辅导员要经常问自己：“我到底在示范什么?”。

7. 愿意接触和面对个人的需要

成功的辅导员往往是愿意作出内省的，而当他发现自己的需要时，会愿意去承认其存在及其影响，同时也因此致力于作出改进；否则就会容易出现枯竭的现象，而无法有效地帮助他人。

8. 清楚了解个人的价值观

一位成功的辅导员会很清楚自己的价值观，而且在团体的运作中，他不会故意将自己的价值观强加于成员身上。部分辅导员由于相信自己的价值观是最好的，或视之为唯一正确的，于是就会不自觉地在团体内进行推销，甚至强迫成员接受，实在

是非常错误的。

9. 信任团体过程的功能

在带领团体的过程中，往往出现困境和挑战，有时甚至在无限的沮丧中一再经历挫折，仿佛找不到出路。在这种时刻，辅导员的那一份对团体过程力量的坚持和信心就是最有效的抗衡力量。最终，也会因为这些信念，辅导员会化险为夷，并使成员得到帮助。

10. 保重自己，不断更新成长

心理辅导的最终目标是促进个人的成长，因此从事辅导工作的辅导员也必须是一个不断成长的人。

11. 个人力量与勇敢

一位成功的辅导员是有力量的。不过，他的力量并不是用来控制或操纵别人，而是去协助成员探索和发展潜能并促进他们健康成长的力量。同时，他们通常也是一个勇敢的人，勇于面对自己，勇于改正错误、勇于创新和冒险。

二、团体辅导员的基本职责与身份

（一）团体辅导员的基本职责

Lieberman 等将团体辅导员最基本的职责界定为以下四大项。

1. 创造融洽的气氛

帕特森认为辅导员主要的职责是开创和安排一个环境，让成员在感到安全和自由自在的情形下，自然、实在、真诚和人性化地彼此交往，以致最后能从小组经验中获得助益。至于如何可以做到，帕特森郑重的提出：辅导员首先要花时间让组员对小组有所认识，清楚自己要做的事项，以便减少焦虑和心理威胁。接着，辅导员要运用聆听、接纳、尊重、同感和适当的回应等技巧，以促进团体的建立。

2. 引发和激励情绪

辅导员在团体中是一个示范者，因此他的言行举止十分有影响力。在团体中，辅导员往往会勇敢地表达自己的感受，他不但会表现出温暖和爱，同时也会在适当的时候表达自己的愤怒。他会向组员详细地解释说明各种行为进行的方法。事实上，辅导员的性格足以刺激组员，推动整个团体的发展。

3. 关心

在团体中，辅导员要经常向组员们表达足够多的温暖、接纳、真诚和关注。因此，我们可以说，关心是辅导员在团体中和成员相处的方式，因此也产生了很重要的功能，其中包括保护，以及提供友谊和爱。同时，他通常会邀请成员彼此寻求反馈、支持、赞赏和鼓舞。

4. 解释

在团体中，辅导员往往为组员提供各种观念，以协助他们明白团体过程进行的情况。当成员自己要做各种改变时，也可以有所参照。对成员来说，辅导员是现实的阐释者。有些辅导员基本上是关注团体中的个体，但对一位强调解释的辅导员来说，他会经常着眼于整个团体来做阐释；同时，这样的一位辅导员也强调在团体的气氛方面要有所认识并要做认知上的肯定。此外，他会时常邀请团体成员对团体整体行为和团体过程阐述自己的感受和观点。

（二）团体辅导员的身份

辅导员在整个团体活动中扮演着很重要的角色，他首先是一个组织者，要控制好讨论的主题方向，要考虑怎样调动组员的积极性，要让每个成员都有机会发言等。这个角色并不是一成不变的。由于辅导员需要被成员接纳和营造融洽氛围以达到成效，因此在团体辅导活动中，他同时又要作为小组成员，跟其他成员保持平等的地位，他需要表达自己感受，提供反馈，甚至进行个人分享。此时，对于部分经验较少的辅导员来说，很可能就会出现一些混淆：在团体辅导中，我积极参与，是否就是和组员完全一样呢？身为辅导员，在十分投入的情况中，是否就可以暂时放下自己组织者的身份和责任呢？

对于以上两个问题，耶洛姆语重心长地指出，无论辅导员如何成为示范者和参与者，都绝对不应该成为一位完全的成员。他认为辅导员绝对不能放弃自己要维持团体的责任。同时，辅导员通常是团体中唯一从团体的整体发展、群体行动和障碍等角度来看团体过程的成员，因此，他要对团体进行的一切加倍留心，不容半点失职。

可见，在团体中，无论辅导员如何投入，他绝对不能忽略自己仍然是组织者，承担着辅导员的重要责任。为了团体的整体发展和组员的利益，他不能有丝毫的松懈。一位有专业道德的辅导员，即使在情绪高涨时，仍然会有所警觉，仍会对事情有清晰的辨认，以免疏忽了自己的责任。

三、团体辅导者的专业伦理

专业伦理是建立在专业价值基础之上的一套规范和行为标准。心理咨询与辅导是一个专业的助人过程，是一项专业性强、要求高、极其严肃的工作。团体心理辅导因为比个体心理辅导难度更大，影响面更广，因此要求也更高。目前，我国劳动与社会保障部制定的心理咨询师职业标准中，以及中国心理学会制定的临床与咨询心理学注册系统文件中，都涉及了有关心理咨询与辅导的专业伦理问题。但是，至今还没有专门针对团体心理辅导的伦理守则。不过，可以借鉴其他国家及我国台湾、香港地区关于团体心理辅导的规定，不断加强辅导员的个人修养。本书重点介绍美国团体工作专业者协会（ASGW）公布的用于规范团体辅导员的伦理准则。

美国团体工作专业者协会设有专业伦理委员会，1980 年制定了《团体领导者伦理准则》（Ethical Guidelines for Group Leaders），1989 年 6 月又重新修订。涉及 16 个方面的问题："方向与提供信息"、"成员的挑选"、"保密性"、"自愿或非自愿的参与"、"强迫与压力"、"离开团体"、"咨询师的价值观"、"公平治疗"、"双重关系"、"技术的应用"、"发展目标"、"间隙咨询"、"结束团体"、"评估与随访"、"转诊"和"专业的提高”。下面就对学校心理辅导密切相关的一些规则进行详细讲解。

1. 方向与提供信息

团体辅导员要尽可能多地把目前团体和拟建团体的情况介绍给成员，以使成员做充分的准备。至少应提供以下几个方面的信息。

(1) 入组程序、团体活动的时间安排、终止程序等。这些问题应由团体辅导员根据成员的成熟程度及团体的性质与目的解释清楚。

(2) 团体辅导员从职业角度向成员讲明团体辅导员的职业资格是有益的，尤其是针对某些具有特殊性质和目的的团体。

(3) 团体辅导员应告知成员双方各自的权利、义务和角色分配。

(4) 团体辅导员要尽可能简明地讲明团体的目标，包括这个目标是哪方面及团体成员在影响和确定团体目标中的作用。

(5) 团体心理辅导员和成员探讨团体活动的经历可能会给成员的生活带来某种潜在的变化及风险，并帮助他们为面对这些可能性而做好准备。

(6) 团体辅导员应告知成员可能在团体活动中要做一些不寻常的或试验性的事情。

(7) 团体辅导员应尽可能实事求是地向成员讲明在某个特定的团体中，哪些服务能提供，哪些服务不能提供。

(8) 在团体中，辅导员要强调必须促进成员全身心地参与。

(9) 团体辅导员要弄清即将成为团体成员者是否接受过心理咨询或治疗。如果他正与其他专业人员保持着咨询关系，团体辅导员应建议此人将他参与团体活动之事告知其原治疗者。

2. 成员的挑选

辅导员应尽可能地对报名参加团体的人员进行选择：他们的目标与团体的目标是否一致；他们将来可能发生的情况会不会影响团体的发展；他们的个人健康会不会因团体经历受到危害等。在挑选过程中应包括团体治疗方向的确定。挑选方式可以通过如下某一种或多种方式完成：①个别会谈；②欲参加成员的小组会谈；③作为团体成员会谈的一部分内容；④让欲参加者完成一份书面问卷。

3. 保密性

团体辅导员通过明确解释保密的含义，解释保密为何很重要及保密在操作中的有关困难等对团体成员进行保护。具体操作规则如下所述。

(1) 团体辅导员通过解释保密的含义和保密性的限度来保护成员。

(2) 团体辅导员要强调保密的重要性，并制定一套针对所有成员隐私的保密原则。保密的重要性应在团体建立之前和建立期间反复强调，当然对保密的局限性也应说明。

(3) 应该让成员知道在团体中执行保密规则的困难。辅导员应举些例子，让成员们知道某些隐私是如何被并无恶意地泄露出去的，以减少类似情况再次发生。辅导员还应告知成员破坏保密原则的潜在后果。

(4) 辅导员只保证自己不泄露所知的秘密，不能替其他成员做出承诺。

(5) 团体辅导员在给团体活动录音、录像之前应征得成员们的同意，并让他们知道这些磁带做何用途。

(6) 采用单向玻璃观察时，辅导员应讲明此时保密的局限性。

(7) 团体辅导员在保存和处置成员的记录（书面的、音像的）时仍需保密。

(8) 无论何时，承担团体辅导员课程的讲员在谈论具体案例时，都要隐去成员的真实姓名。

4. 自愿或非自愿的参与

团体辅导员应告知成员，团体活动是自愿参加的还是非自愿参加的，并在此基础上做出相应的处理。不过，无论如何必须遵守以下两条规则。

(1) 无论是自愿还是非自愿团体，辅导员都应该让成员知道必须遵守同样的规则。

(2) 对于非自愿团体，辅导员应努力征得一部分成员的合作并在自愿基础上坚持参加团体活动。

5. 强迫与压力

辅导员应在其职责范围内尽可能地保护成员们的权利，使成员不受人身威胁、恐吓、强迫及不当的压力。为此，可以参考以下注意事项。

(1) 有必要区分“治疗性压力”和“不当压力”，前者是团体工作的一部分，而后者是非治疗性的。

(2) 团体的目的是帮助成员们找到他们自己的答案，而不是迫使他们去做团体认为合适的事情。

(3) 辅导员提供的帮助并非迫使成员向他们自己已明确表示不愿选择的方向改变。

(4) 当团体其他成员使用不当压力或试图劝说另一些成员反对某人的意愿时，辅导员有义务予以干涉。

(5) 当任何成员企图对他人或自己实施人身攻击或伤害行为时，辅导员应予以干涉。

(6) 当成员辱骂他人或与他人发生不当的对抗时，辅导员应予以干涉。

6. 辅导员的价值观

团体辅导员应该了解自己的价值观和需要及它们对治疗的潜在影响，同时按照以下规则进行适当处理。

(1) 尽管辅导员要避免将他们的价值观强加给团体成员，但当隐瞒这些会使成员出问题时，辅导员表明自己的信仰、决定、需要和价值观是恰当的。

(2) 任何团体中都有一定的价值取向，这些价值取向要在成员加入之前就讲清楚（如表露自己的情感、坦率、诚实、与他人分享个人资料、学会如何去信任、改善人际交往和自己做决定等）。

(3) 不能为满足辅导员个人或职业需要而损害成员的利益。

(4) 辅导员要避免利用团体来为自己进行治疗。

(5) 辅导员应提高自己的认识,即他对成员们的个人反应会影响团体的进展,并监控自己可能发生的反移情。辅导员还应不断通过提高对自己的固执和歧视态度的认识,以保护个人的权利和所有成员的尊严。

7. 公平的治疗

团体辅导员应遵循以下规则,努力为每个成员提供个体化和平等的治疗。

(1) 辅导员应承认并尊重成员之间的差异(如文化、宗教、生活方式、年龄、残疾、性别等)。

(2) 团体辅导员要清楚自己对团体成员的所作所为,并警惕因自己对某些成员的喜欢和偏袒而排斥或伤害其他成员。辅导员可能更喜欢某些成员,但所有成员都应得到公平的对待。

(3) 辅导员可能通过如下手段,如要求沉默少语者参加到团体讨论中来,对其非言语交流的尝试予以鼓励等方式来确保每个成员公平使用团体的时间。同时要劝阻那些散漫的、独占时间的成员。

(4) 如计划建立一个较大的团体,辅导员应考虑寻找一个专业同伴共同负责领导这个团体。

8. 双重关系

心理辅导员应避免与其成员发生双重关系,因为这会损害他们客观的对职业的判断,也不利于成员全身心参与团体活动。为了尽可能避免双重关系的产生,辅导员应严格按照下面的建议规范自己的行为。

(1) 治疗期间,辅导员作为团体领导者,不应滥用赋予其职业角色的权力去扩展与成员之间个人的或社会的关系。

(2) 在治疗期间和治疗终止之后,辅导员均不能利用与成员之间的职业关系谋求个人利益。

(3) 辅导员不能以其提供的专业服务换取成员的其他服务。

(4) 团体辅导员不能让自己的家庭成员、亲属、雇员或私人朋友成为团体成员。

(5) 辅导员要与成员讨论:在小组之外,辅导员与成员之间及成员相互之间建立亲密关系的潜在危险。

(6) 学生以参加团体活动作为学习团体辅导课程所要求的一部分,但是不能以学生参与团体活动的程度为依据去评价其学分等级。教师应把评定学分等级与学生参加团体活动分开,同时允许学生自己决定探讨什么问题和何时停止,这样的方式可以减少参加团体活动对学生的负面影响。

第三节　团体心理辅导的过程

一、团体心理辅导前的筹划与准备

有许多团体辅导不成功正是由于对团体组建前的筹划与准备太不重视。

Gladding 指出团体组建前的筹划与准备的重要性:“团体动力学在团体聚集之前就开始了。”任何一个团体在开展之前需要形成一份详尽的团体心理辅导方案。这份方案就是整个筹划与准备活动的计划书,也是整个团体活动的操作手册。它的主要内容包括以下几个方面。

1. 团体名称

团体名称可以包括一个主标题和一个副标题。主标题可以正式一些,表明团体辅导的领域和内容。副标题则可以生动一些,可以作为宣传招募成员时的标题,更好地吸引团体成员的加入。团体名称要根据具体情况确定,特别是要考虑招募对象的理解能力。如针对小学低年级学生的团体,名字要简洁活泼,像“找啊找啊找朋友”、“游戏大王集中营”等。团体名称还要注意心理辅导在对象人群中的普及程度,对一些不是太熟悉和接受心理辅导的团体,最好要淡化心理辅导的概念和字眼。总之,名称最好要时尚、通俗、委婉,让大家易于接受,不容易产生心理上的排斥感。

2. 团体背景和理论依据

任何一个团体心理辅导方案的设计都是有针对性的。因此要对本方案所针对的心理问题及其危害等进行简要说明和解释。同时,要阐明本方案设计所采用的理论依据,如精神分析、合理情绪治疗、行为主义等。团体方案依据的理论模式不同,团体的形式、介入处理的原则与具体的实施步骤也就不同。

3. 团体目标

通常一个完整的团体心理辅导过程包括了一系列的团体活动,在设置团体目标时,既要设置总目标,也要有每个阶段的目标和每次活动的目标。具体的目标设置可以从认知目标、情感目标、行为目标三个角度进行。目标不能太大太泛,要具体,可操作,可以评估目标达成的情况。

4. 团体的性质

不同的团体性质将对团体辅导的整个方案设计产生不同的影响。因此,在方案中要说明团体的性质。如团体是发展性的、预防性的还是矫治性的团体?是同质性还是异质性团体?是封闭式的还是开放式的团体?是结构式、半结构式,还是非结构式团体?

5. 团体辅导员

团体辅导员在团体中起着引领和带动团体气氛的重要作用,在团体心理辅导方案中应列出辅导员及协同辅导员的基本资料,如名字、基本经验与培训背景、个人的风格及所擅长的领域等。

6. 团体对象与规模

团体心理辅导方案要明确团体招募成员的要求、报名方式、招募与筛选方式。成员的要求包括性别、年龄、身份、心理需求与特征等。报名方式可以有自己报名、同学介绍、老师推荐等多种方式。招募与筛选方式一般有面谈、心理测试、填写问卷等,可适当解释筛选的原因,避免给未能进入团体的参与者带来负面心理影响。

团体规模主要根据成员的年龄、辅导员的经验及能力、团体的性质与类型、成员问题的类型来考虑。一般中小学团体 8～15 人比较合适。同时要根据领导者的经验和能力进行判断。经验不足的领导者，人数要少一些；经验丰富的，可以适当增加人数，但最好不超过 15 人。封闭性团体的人数最好少一些，开放性团体人数则可以多一些。此外还要考虑团体的内容和深度，治疗性团体人数要少，才有利于参加者深入了解自己，让领导者更好地进行引导。

7. 时间分配

要说明团体的总体时间安排，如每次活动的起始时间、每次团体活动的持续时间、团体活动的时间间隔等。时间分配取决于团体的目的和所要解决的问题的性质。总体上看，一个主题的团体活动以 8～15 次为宜，每周 1～2 次，每次 1.5～2 h，持续 4～10 周；成长团体、训练团体、人际关系团体次数可以少一些，一般 10 次左右；治疗性团体的次数可多一些，一般 10～15 次。时间的分配还要考虑团体成员的时间安排，如要错开上课时间等。考虑周全后，一旦定下时间安排，最好不要随意更改，以保持团体活动的严肃性。

8. 活动场地

首先，需要考虑的是进行团体活动的地点是在室内还是室外。一些深层情感类型的团体活动一般在室内进行，使团体成员有一种安全感。一些偏向行为和运动的团体可以在室外进行，如"信任背摔"最好能在沙地或草地上进行，既有足够的空间，也可以保证活动的安全。其次是活动场所的布置、陈设、座位安排、舒适程度、色彩、挂图装饰等，也是要考虑的因素。场地内要准备适量的椅子和板凳，在室内围成圈，最好是高低一致，在形式上保证平等。一些特定的活动可能需要特定的设备，如素质拓展的许多活动都需要一些体育设施，心理剧演出需要舞台、音响及其他辅助工具等。

9. 形成契约

为切实保护组员的合法利益，防止泄密事件发生，创造一个具有较高安全性的环境，以保障团体活动正常开展，最好是辅导员与全体组员商量，达成一份契约，明确各自的权利与义务。

10. 活动过程

从团体开始的签订契约到后来的每次活动和最后的结束，整个过程的活动内容和步骤都要详细列出。每次活动又包括暖身、辅导员的引导、主题活动、团体成员的体验和分享、总结等步骤。

11. 效果评估

这是团体心理辅导的一个重要步骤，通过效果评估，才能了解团体预期目标的达成情况、团体成员的想法和感受、团体活动中的一些不足，便于今后改进。

12. 特别说明

团体的一些特别的要求、团体所需要的材料和需要学校支持的地方等，可以在最后列出。

二、团体心理辅导的实施过程

(一) 罗杰斯关于团体心理辅导的阶段论

罗杰斯对团体心理辅导的贡献很大,他曾将团体发展过程整理,并分为15个不同的阶段,其详尽的剖析对初学者认识团体发展很有帮助。

1. 无目的漫游

在几乎没有结构的情形下,成员随意走动去接触和认识别人。在这一阶段中,成员有很大的混乱和沮丧感。有些人很安静,也有人进行断断续续的交谈。大家倾向于要求辅导员做出指引提示。

2. 对自我表达或探索的抗拒

成员很局促不安,他们彼此之间只有表达"公开的我"的倾向,只有在害怕、冲突时,人们才能慢慢地将"隐私的我"表现出来。

3. 对过去感受的描述

即使对团体仍然有不信任,暴露自己也会有冒险性,但渐渐地,分享自己对过去生活的感受,已在团体中占有较大部分了,但话中绝不会涉及团体中其他人。

4. 消极感受的表达

成员开始讲到自己在团体中负面的情绪。他们负面取向的感受往往首先指向辅导员,随之是其他的成员。这些行动背后的原因是个人感到焦虑和受到威胁而做出防御,同时也借此测试团体的安全度。

5. 对个人有意义资料的探索与表达

一旦消极感受被表达出来后,有些人就会很自然地在团体中开始真实表现出自己来。而团体中彼此的信任也因此逐渐出现。

6. 在团体内能直接表达对他人的感受

成员开始表达对其他人的感受和态度。除了正面的之外,也包括负面的。不过,虽然会有负面的表达,却不会很极端,更不会带有攻击性,纯然是一些个人的反应和感受。结果,大家因此而共同摸索和发展出一种珍贵的信任。

7. 在团体中日渐发展出治疗的能力和空间

这时团体发展出一种奇妙的状况,即成员在面对别人痛苦及受苦的时候,能自然地表示出帮助、包容及治疗的能力与空间。

8. 自我接受与改变的开始

由于大家都很坦诚和信任地表达和互助,成员已很安心地放下个人的防御和伪装,也开始逐渐对自己有更大的接纳,随之而来的就是个人态度和行为的改变。在这一阶段,成员感到团体中每个人都很实在,都是真实的个体。各人虽然有软弱和限制,但也各有所长。

9. 虚伪、假象的舍弃

在时间的流逝中,成员认为大家都应该已经取下了自己的面具,真诚相待。礼貌的话语、对同伴的“理性”理解，与他人表象互动已经不能满足彼此的需要。在团体中，有些成员自我表达，使大家意识到最基本的“会心”是可能的。

10. 提供和接受回馈

因为成员明白到自己在团体的重要性，肯定了个人对别人的影响和价值，因此他们会坦诚为别人提供反馈，同时也愿意接受别人的反馈和帮助。

11. 挑战

有的时候，别人的回馈用“温和”来形容是非常不正确的，因为它实在称得上是“挑战”。有些挑战是积极的，但也会有少数是消极的。不过，成员们最后都至少能达成最基本的理解。

12. 将帮助延伸到团体之外

成员的关系密切，除了在团体中彼此帮助之外，在团体之外，他们也有很人性化的交往和支持。这种行为，对正在经历一种可能很痛苦的自省和改变的成员，往往很有意义，很有帮助。

13. 基本的心灵相遇

成员可以具体感受到大家之间的亲密及高度的同感，结果发展出一种很深厚的人际关系。那是一种人与人的真实接触，一种难能可贵的“我-你”关系。而这就是一种基本的心灵相遇。

14. 对积极亲密感及积极感受的表达

当团体继续进行时，成员之间逐渐形成了一种态度，就是敢于表达无论是积极的还是消极的感受。此时，团体的精神和信任就会由此而建立起来。

15. 团体中的行为改变

成员逐渐改变。他们变得很体谅人，富有同感，对人接纳、温暖、诚挚且真实。即团员已经开始踏上自我实现之路。他们不但使个人的问题得到解决，在人际关系上也得到改善。

关于团体发展的不同阶段，其他学者的描述也各有异同。如 Standford 将团体发展历程分成定向阶段、规范建立阶段、冲突阶段、生产阶段及结束阶段五个阶段。Corey 和 Gladding 均将团体发展历程分成团体形成、转换阶段、工作阶段及结束阶段四个阶段。林孟平教授建议将团体发展过程分为创始阶段、过渡阶段、委身阶段和结束阶段四个阶段。

（二）作者关于团体心理辅导的阶段论

根据学者的理论观点，笔者结合自身的实践经验，将学校团体心理辅导的实施过程划分为四个阶段。首先声明一点——团体辅导活动过程就是团体的生命发展历程，是个自然流程，阶段的划分并没有清晰的界限，有时还会有反复，在此只是一个大致的划分。

1. 形成阶段

(1) 形成阶段成员的心理、行为特点。

第一,陌生与好奇。组员初入团体,对团体还不了解,成员之间陌生、客套、同时充满了好奇,急于了解团体的活动和其他成员。

第二,缺乏安全感。成员这时往往不知道自己该做什么,显得紧张、不安,常会担心其他成员能否接纳、尊重自己,自己是否受人喜欢。因此,说话比较小心谨慎。

第三,对辅导员依赖。由于成员间彼此陌生和缺乏安全感,希望表现自己最好的一面,以获得他人的好感,往往对辅导员有很强的依赖感。

(2) 形成阶段的主要任务。

第一,要消除成员的疑虑和担心。在活动开展之前,辅导员应重申举办团体的目的;强调团体的规则及保密的重要性,必要时签订承诺书;澄清辅导员的工作、职责及帮助成员的方法;澄清辅导员及成员彼此之间的期望;有时还需通过解释来修正成员对团体的错误观念。

第二,协助成员之间彼此熟悉。可通过巧妙设计互动游戏,引导全体成员积极参与,在互动中不断强化,相互熟悉。

第三,形成一种真正安全的气氛。要引导和鼓励成员尽量开放,表达个人感受,同时鼓励其他成员积极地做出真诚的回应和支持,从而在小组中营造温暖、安全、自由的氛围。

第四,辅导员要带头示范。辅导员从一开始就应以身作则,做到以下几点:自由发言;认真聆听;对成员尊重、信任、开放、不具批评性和威胁性;鼓励成员通过集体讨论解决出现的各种问题。

2. 发展阶段

(1) 发展阶段成员的心理、行为特点。

第一,试探。在大家了解以后,成员开始改变初入时的客气和浅层交谈,这时会有成员通过试探,了解团体是否安全,确定个人分享的深浅,尝试表达不同的意见。

第二,担心。成员虽尝试表达自己内心真正的感受和想法,但内心会有矛盾、焦虑和自我防卫。担心别人能否理解、关心、帮助自己;担心在触及个人问题时,自己能否控制情绪;担心团体能否达到预期的效果。

第三,冲突。随着互动的增加,讨论时有些成员间会出现冲突,辅导员会受到挑战,有人开始退却,成为旁观者。

(2) 发展阶段的主要任务。

第一,帮助成员认识自己的担心,增进彼此的信任。辅导员通过预先设计好的活动,带领成员进行自我探索;启发成员进行个人分享;鼓励成员学会更好地表达自己的感受;消除成员的紧张、不安、担心、怀疑等不良情绪。

第二,接纳成员的挑战,形成良好的团体氛围。辅导员要坦诚面对成员的挑战,进一步营造温暖、安全、充满关怀的团体氛围。

3. 成熟阶段

(1) 成熟阶段成员的主要心理、行为特点。

第一，和谐一体感。冲突过后，团体凝聚力增强，形成和谐的整体氛围；成员间建立了有效的沟通网络，减少了对辅导员的依赖；成员通过沟通和互动有所领悟，尝试去改变自己；成员间互相帮助，互相支持；成员对团体活动产生了兴趣并对团体产生了依恋，愿意真心为团体奉献。

第二，全身心投入。成员在团体里能看到别人的真心表露和分享、承诺的兑现，对团体充满信心与希望，自我改变的愿望强烈，并且相信团体一定会促进自己的成长。因此，成员会全身心投入，作较深层次的自我表露、同感和面质。

第三，彼此信任、关怀。在团体中，成员之间开始相互信任、关心和尊重，建立了融洽、亲密的关系；成员开始认同辅导员的能力，对团体里的安全度表示肯定，愿意畅所欲言、深入交流；团体的发展趋于稳定。

(2) 成熟阶段的主要任务。

第一，鼓励成员之间的互助。此时，成员之间隔膜消除，坦诚相见，相互回馈，相互帮助，彼此互为资源。辅导员可以以身示范，引导成员更好地互动，但尽量不要控制。

第二，帮助成员认识个人问题的实质。启发成员作进一步的自我探索，通过对个人问题澄清、分析和诊断，逐步认识问题的本质，从而为寻找正确的解决方法打好基础。

第三，认知重建。成员在团体中宣泄自己积压的情绪后，还须针对自己存在的心理问题重建认知，这样才对改变行为和解决问题有实质意义。

第四，鼓励尝试新行为。鼓励成员把领悟化为行动，在团体中尝试新行为，并在所期待的新行为出现时给予强化，并鼓励在团体之外运用。

4. 结束阶段

(1) 结束阶段成员的主要心理、行为特点。

第一，别情依依。成员的心情比较沉重，会被强烈的分离感、依恋感、无助感所困扰，他们往往会彼此表示感谢，彼此交谈和留言。

第二，对离开团体后的担心。离开团体后，成员将要自己面对生活、工作中出现的各种问题，他们为此会感到担心、困惑。

第三，有松散现象。意识到团体活动快要结束了，有些成员表现出害怕和犹豫，他们可能用缺席来逃避。考虑到离别，成员间互动的频率和强度降低，团体的影响力降低，成员的自我约束放松。

(2) 结束阶段的主要任务。

第一，处理离别情绪。可通过临别赠言等活动，启发成员尽情向其他成员表达团体对自己的帮助，分享结束时的个人感受。

第二，处理未完成事项。协助成员对团体经历做出个人评估，整理自己的学习效果；结合团体目标，对团体发展过程做出总结。

第三，协助成员预备适应外界环境。为成员指明今后发展中应注意的问题，使成员能将团体经验及感悟带到日常生活中去，从而独立、有效地面对自己的问题。

最后，让我们一起回顾一下整个团体发展的流程：在团体形成阶段，常常通过一些互动游戏或浅层的共同话题，来增进成员间相互熟悉和彼此信任，以便初步形成团体；之后，团体互动逐渐发展深入，探讨较深层次话题；到了成熟阶段，就成员目前各自存在的问题，大家共同探讨，寻求解决的策略；最后是结束阶段。

【学以致用】

为了更好地理解和掌握团体心理辅导，下面介绍一个按照上述团体辅导阶段理论设计的简短的团体辅导方案。

自我之旅

活动一　你我相约

1. 组员背景分析

由于组员初次见面，互不认识，比起一般的自我介绍，这一活动能够较好地让大家相互熟悉。

2. 活动目标

(1) 让组员相互认识并熟悉。

(2) 组员间分享自己的感受，并对他人的分享作有效的回馈。

(3) 初步建立良好、信任的正向关系。

3. 活动程序

(1) 破冰与暖身：刮大风、接龙、轻柔体操、拍打穴位。

(2) 让我们彼此相识：自我介绍、松鼠和大树、想要有个家、连环介绍。

(3) 让我们彼此相拥：订立团体契约。

(4) 活动结束：合唱《相逢是首歌》。

活动二　走近自我

1. 组员背景分析

通过第一单元的接触，组员有了一定的认识，需要进一步培养信任感并初步形成团体合作的意识。

2. 活动目标

(1) 促进自我了解。

(2) 使成员间建立信任，彼此接纳，减少防卫心理。

(3) 进一步促进良好团体氛围的形成。

3. 活动程序

(1) 对视与观察、相互放松。(10 min)

(2) 渐进式放松练习。(12～15 min)

(3) 关注。(30 min)

练习问和答,彼此了解,学习聆听,学习关注别人并应对别人对自己的关注。分小组,小组的每一个人都被关注一次。

(4) 自画像。(30 min)

让成员画出"自画像",可以是写实(长什么样画什么样),也可以象征(用树,花等)。然后小组分享,每个人讲一讲"为什么我要这样画自己"。最后大组分享。

活动三　我的完全手册

1. 组员背景分析

经过前两个单元的辅导活动,组员之间已经形成了信任和合作意识,团体辅导进入较成熟的阶段,可以进行较深入的自我探索了。

2. 活动目标

(1) 促进成员自我探索,深化自我认识。

(2) 促进成员间相互坦诚和接纳,从而互相帮助。

3. 活动过程

(1) 想象放松训练。(12～15 min)

(2) 描述自己是一个怎样的人。(30 min)

目的:促进自我认识。

操作:发练习纸,要求成员迅速填写完,然后认真看一下并思考自己所写的内容,最后在小组内分享交流看了自己所写的内容后的感触。

(3) 生命线。(30 min)

目的:对过去的我,现在的我,未来的我做评估和展望。

操作过程具体有以下四点。

① 在白纸的上方写上"×××的生命线",在下方划一道长长的横线,然后在这段横线的左端标上0,表示刚出生,再在右段写上你为自己预计的寿终年龄。

② 找出自己今天的位置,写上今天的日期,今天的年龄。

③ 思考过去的我与未来的我:列出过去影响你最大或令你最难忘的三件事;列出今后你最想做的三件事或最想实现的三个目标;如果危机降临,你的生命只有24 h,你最想做什么,你会如何使用这仅剩的时间?

④ 10 min后大家一起分享交流。

(4) 分派守护天使。(10 min)

每人手中拿到写有一个同学名字的纸片后,就在上面认真写上祝福,不要让被守护的同学发现自己的守护天使。接着辅导员收起来,送至每个被守护者手中。

活动四　一路走过

1. 组员背景分析

经过前面三个单元的辅导,团体形成一定的凝聚力,组员对自己有较深入的认识和接纳,但还需进一步增强组织凝聚力,以及处理离别情绪。

2. 活动目标

(1) 练习关注、欣赏他人。

(2) 进一步加强自信。

(3) 大家在欢快中结束团体。

3. 活动过程

(1) 小天使送祝福。(30 min)

此次送祝福之后,要求守护天使亮相,并要求被守护者与守护天使拥抱一下。

(2) 红色轰炸。(40 min)

活动过程:每个人被全体小组成员欣赏一次。要说真话、看见的、观察到的、由衷的,都经历一下被别人欣赏的感觉。最后团体分享感受。

(3) 我的收获。(30 min)

材料:A4 白纸每人一张,笔每人一支。

操作:指导者将纸笔发下,请成员在纸上写下有关团体的感受和体会。如"在团体中我所学到的三四件事";"你的个人目标完成的状况如何";"怎样才能将团体中所学到的运用到日常生活中"等。写完后成员分组交流,再到团体中分享。

(4) 解开千千结。(30 min)

活动过程:手拉手,记住左手是谁,右手是谁。放手,走动,停!伸出左右手,牵住原来的左右手。然后用钻、跨等方法恢复原样。

(5) 把心留住。(10 min)

大家一起手拉手,聚拢静默 30 s,最后一起唱《朋友》。

三、团体心理辅导的追踪与评价

对每一次团体心理辅导的效能进行评估和总结,可以帮助辅导员了解团体成员心理和行为的发展变化情况及未能解决的问题,使下一次辅导设计更具针对性和实效性。特别是学校团体心理辅导,更应从实际出发,采用简洁明了、重点突出、操作简便的形成性评价工具,对中小学团体心理辅导进行多角度、多层次的评估。下面从辅导员、成员和活动三个角度介绍团体心理辅导的评估方法。

(一) 立足于辅导员角度的评价

中小学团体心理辅导活动中,可以根据辅导员是否执行好了以下四个方面的具体任务来加以评估。

1. 筹备工作

筹备工作主要包括场地是否安全、环境布置能否调节活动气氛、时间安排是否合理、开场白和游戏等是否充分且具有灵活性。

2. 辅导技巧的运用

作为一个团体辅导员应掌握的技巧将在下节详细叙述,此处主要强调以下五个方面技巧的运用是否得当。

(1) 主题和时间的控制。当成员活动与主题有偏差时,能引导回来。能够控制好时间，在预定的时间内完成活动任务。

(2) 观察。在活动中注意观察每个成员的表现，并灵活根据每个成员的具体情况作出反应。

(3) 鼓励。及时鼓励成员的参与和正向表现，尤其对于那些比较内向的成员。

(4) 反馈与连接。对成员的语言和非语言行为，要及时通过插入技术反馈给成员，如同照镜子，帮助成员了解自己或凭借别人的话语看到自己的形象。对活动中出现的零碎资料，也要经过摘要、总结等技术连接起来，使成员获得完整与系统的反馈。

(5) 参与。辅导员要和成员一起活动，在参与中观察，不以局外人自居。

3. 特殊情况的处理

(1) 个别辅导。在团体辅导中通常能觉察到成员的发展危机或各项困扰，辅导员应针对必须辅导的成员予以个别辅导。

(2) 转介。若需要个别辅导的人数过多或成员需要的辅导非辅导员专长领域，基于专业伦理，必须将成员转介到辅导室或能够胜任辅导工作的辅导员。

(3) 突发事件处理。当团体辅导引起成员间情感互动，特别是产生冲突，或者引起一些人回忆童年经历中不愉快的感受，甚至触发其创伤经历时，辅导员要知道如何应对，及时处理消极情绪，带动和培养积极的情绪情感，避免二度创伤。尤其是明显的异常表现，要作适当处理，如在团体辅导后做个别辅导。

(4) 对难处理组员的发现与回应。团体辅导过程中难免会出现一些麻烦的成员，如"顽固的谈话者"、"支配者"、"捣乱者"、"抵抗者"、"想难倒领导的成员"、"沉默者"等，辅导员必须对这些人有深入的了解，并恰当运用各种技巧技术进行应对。

4. 辅导阶段的把握

根据成员互动情况，准确确定本次团体辅导所处的阶段。并在此基础上明确下次处理的方案。

辅导员可以将上述内容按条目排列，制成评估量表，每次团体辅导结束后进行自评，以促进自我觉察和提高。建议在每次评估后，记下此次团体辅导的感受、尝试与突破及对自己新的认识等。

(二) 立足于成员角度的评价

着眼于成员的评价包括以下一些内容。①成员在团体中是否获得了情感上的支持，如是否被团体所接纳，情绪是否得到宣泄，是否感到被尊重；②成员在团体辅导中是否获得了积极的体验，包括享受到亲密感，增强了归属感和认同感，体验到了互助合作，获得了自信心等；③成员在团体辅导中是否增长了见识，包括了解了有关心理健康的常识，认识到了某些不良行为的危害等；④成员在团体辅导中是否发展了适应性行为，包括学习社会交往技巧，互相学习交流经验，尝试模仿适应行为等；⑤成员在团体辅导中是否重建了理性的认识，包括改变了过去不合理的认知，重新建立了合乎理性的认知。团体成员自我评估量表如表 11-2 所示。

表 11-2 团体成员自我评估量表

利用下面的句子，以 1 到 5 的尺度估量你自己参与团体的情况。 说明：1 代表“我绝不是这样”，5 代表“我总这样”	1	2	3	4	5
(1)在团体里，我是一个积极投入的成员。	□	□	□	□	□
(2)我愿意完全投入团体，并且与大家分享目前生活的问题。	□	□	□	□	□
(3)我认为自己愿意在团体里尝试新的行为。	□	□	□	□	□
(4)我愿意尽力表达自己的感情，就像其他人一样。	□	□	□	□	□
(5)在每次团体讨论之前，我总会花一些时间准备。结束后，我也会花一些时间反省自己参与情形。	□	□	□	□	□
(6)我尽量以真诚的反应面对其他人。	□	□	□	□	□
(7)在团体里，我总是不断地追求澄清我的目标。	□	□	□	□	□
(8)我总是注意倾听别人在说什么，也会把我的感受直接地告诉他们。	□	□	□	□	□
(9)我会与别人分享我的想法，将自己如何看他们及如何受他们的影响告诉他们。	□	□	□	□	□
(10)在团体里，我尽量使自己做别人的模范。	□	□	□	□	□
(11)我愿意参加团体各种不同的活动。	□	□	□	□	□
(12)我常会想要参加团体的讲座会。	□	□	□	□	□
(13)不必等他人开口，我就能主动帮助他们。	□	□	□	□	□
(14)在团体建立信任感的过程中，我是采取主动的角色。	□	□	□	□	□
(15)我是在没有防卫的心态下，坦诚地接受别人的反馈的。	□	□	□	□	□
(16)我尽量把团体里所学习到的东西，应用到外面的生活。	□	□	□	□	□
(17)我会注意自己对团体领导者的反应，并说出他们是个怎样的人。	□	□	□	□	□
(18)我会避免标定自己和团体其他的人。	□	□	□	□	□
(19)我会避免询问别人问题或给他们忠告。	□	□	□	□	□
(20)我对自己在团体里的学习负责。	□	□	□	□	□

(三) 立足于辅导过程的评价

从这个着眼点进行的评价，主要包括辅导氛围和辅导效果评估两方面。对辅导氛围的评估，主要考察整个过程是否充满民主温暖的气氛，沟通表达是否真诚开放，形式是否多样等(见表 11-3)。对辅导效果的评估，主要考察团体目标是否达到，团体是否具有较高的凝聚力，每个成员对团体的满意度如何，成员的行为、态度或观念的改善程度如何等(见表 11-4)。

表 11-3　团体气氛评估表

说明:回想在团体内与其他成员互动的情形,在每一项目前的括号内写下适当的字母。 A. 他们总是这样　B. 他们时常这样　C. 他们偶尔这样　D. 他们很少这样　E. 他们不会这样
我觉得和我一起参加这个团体心理辅导的人________。
1　(　)诚实对待我。
2　(　)掌握到我说的重点。
3　(　)打断或不理会我提出的意见。
4　(　)接受我。
5　(　)当我干扰他们的时候,他们很自然地让我知道。
6　(　)误解我所说的和所做的。
7　(　)对我感兴趣。
8　(　)提供一种气氛使我能表现真实的我。
9　(　)有事藏在心里不让我知道。
10　(　)能洞悉我是怎么样的一个人。
11　(　)无论什么事都会考虑我一份。
12　(　)对我采取判断式的反应。
13　(　)对我完全坦白。
14　(　)能觉察我的困扰。
15　(　)不论我技术能力或地位如何,都充分地尊重我。
16　(　)如果我表现特异的话,即嘲笑我或表示赞同。

注　团体气氛问卷计分法(分数越高,团体气氛越佳):第 3、6、9、12、16 项是负向行为,先予评分,A=0,B=1,C=2,D=3,E=4;其他题的计分方向相反,A=4,B=3,C=2,D=1,E=0。

然后,按下列归类将个体分数相加,得出四种团体气氛的分数:真诚(包括 1、5、9、13 四题);了解(包括 2、6、10、14 四题);尊重(包括 3、7、11、15 四题);接纳(包括 4、8、12、16 四题)。

表 11-4　团体效果评估(开放式问卷)

1. 你对这次团体印象最深的是什么?
2. 你个人认为在这次团体中有什么收获?
3. 你认为这次团体达到了什么效果?
4. 你的个人目标完成的状况如何?
5. 怎样才能将团体中所学到的运用到日常生活中?

第四节 团体心理辅导的方法与技术

为了使团体心理辅导发挥应有的效用，辅导员除了必须掌握相关的理论外，还必须了解和掌握带领团体的各种技术和方法。团体心理辅导的方法与技术多种多样，本节介绍一些常用的方法与技术。

一、基本方法与技术

团体过程中的技术很多，既有个别辅导的技术，也有团体特有的技术。与个别辅导相似的团体辅导技术包括倾听、同感、重复、澄清、面质与自我表露等，这些技术在第六章中已有详细介绍。但是要特别提醒的是团体辅导技术的关键在于促进团体成员之间的互动，为此需要注重从整个团体层面与人际层面考虑做必要的介入以推动团体动力的发展。下面介绍三种团体辅导特有的基本技术。

1. 微型演说和提供信息

微型演说是指在带领团体的过程中，辅导员需要针对某些主题做3～5 min的小型演说，来帮助团体的焦点集中、深入，或者协助成员解答其心理困惑。成功的微型演说的关键是简洁明了地提供新而有趣的信息。一个有经验的辅导员的微型演说往往会做到言之有物、生动有趣、切题和具有很强的针对性，而且充分考虑到了团体的性质。

提供信息是指辅导员针对团体成员所关心的问题提出建议，给予指导性和参考性的信息，协助成员思考其问题和作出决策。提供信息技术旨在使成员从辅导员那里及团体讨论中学习资讯和经验，通过辅导员的简短评论，辅导员可以将适宜的信息或忠告提供给成员。

如一个为高中生所开的人际交往训练团体，其目标是促进有一定交往困难的中学生开放自己，接纳别人，内化经验，形成新的人际交往理念和态度。在第三次活动中，一位成员问道："其实，我很想跟同学们建立良好的关系，可是不知为什么，好像同学们都不大愿意跟我交往，这是为什么呢？"经过其他成员的分析后，辅导员总结："同学们都说得言之有理，我也想就这个问题跟大家谈谈我的一些观点，人的感觉是灵敏的，你是否注意过自己与人交往时的心态？导致交往失败的人际态度有自卑、自闭、怀疑、敌意、自负、任性、自我中心、功利交往、求全责备等"。辅导员大约谈了4 min，团体成员大多觉得从他这一席话中得到很多关于人际交往的启发。

2. 基调的设定

基调设定是指辅导员为所带领的团体建立的一种情绪氛围。有些刚开始做辅导的人不了解团体辅导中基调设定这个维度，正是因为没有意识到这个问题，很有可能他便在无形中设定了一种乏味的或非常严肃的基调。辅导员必须认识到团体的基调是通过自己的行动、语言及允许团体中发生何种事情而设定的。例如，辅导员允许成员攻击和批评他人，一种恐惧的基调就会出现；如果辅导员鼓励交流和关怀，就会建立起一种积极的氛围。要记住的是辅导员有责任设定基调，他应当考虑到以下问题。①这个团体是严肃性的，还是轻松性的？②这个团体是对抗性的，还是支持性的？③这个团体是正式的，还是非正式的？④这个团体是任务取向的，还是社交取向的？

如果你问了自己这些问题，然后依照你的答案来带领团体，那么你就可能会为团体设定好理想中的基调。

3. 打断与引导

打断是指领导者阻止其团体成员继续谈下去。首先必须说明的是，“打断”并不是允许辅导员在团体中粗鲁或武断地阻止成员。使用这个技巧，目的是在有些时候为了保护其他成员或使团体朝更好的方向发展，辅导员必须打断有些成员的谈话。在两种情况下，辅导员需要运用打断技巧：①当一个成员有谈话机会，但却只是漫谈，讲故事，或者避免更深的探索；②当一个成员正在说一些不恰当的事情时，辅导员也需要打断该成员。具体打断技巧的应用请看下面一段对话。

成员A：我感到我与大家分享这个话题是很重要的，我还不能做到完全开诚布公。我总是会对有魅力的同性怦然心动，对异性从来没有过。这种感觉既让我兴奋，又让我充满恐惧。

成员B：太恶心了，我认为……

辅导员：等等，B，那是你的个人观点。我想我们还是应该多关注A及他的感觉。

引导是指诱发出团体成员谈话的技巧。辅导员使用引导技术的目的在于：①促使成员更好更多地参与团体之中；②协助那些在团体中分享、表达有困难的成员，使其从交谈中获益并提升自信心；③希望团体进行更深层次的自我探索；④使团体焦点转移或保持。下面的对话是对一个心不在焉的成员的引导。

辅导员：C，你一直没有说话。你在想什么？

成员C：噢，是的，我想今天我的心没放在这上面。我爸爸现在正在看医生，因为他的肺上发现了一个阴影，那可能是很严重的一种疾病。

辅导员：即使这个话题有违我们这次辅导的初衷，如果你愿意花5 min左右谈谈，我们愿意听，很明显，这是一件重要的事情。

二、团体讨论的方法

团体讨论是运用最普遍的团体心理辅导方法之一，也是团体辅导的一种主要活动形式。团体讨论是指团体成员对一个共同问题，根据资料与经验，做合作的、深入的探讨。在这个过程中，成员可以充分发表自己的意见，听取他人的意见，修订自己的看法。从而达到沟通意见、集思广益、解决问题的目的。团体讨论中常用的技巧有以下三种。

（一）脑力激荡法

脑力激荡法又称头脑风暴法，1941年美国人Osborn所创，现在已经在许多团体讨论中被广泛应用。这种技术是利用一个灵感激发另一个灵感的方式,集体思考,使大家发挥最大的想象力产生创造性思想,并从中选择解决问题的最佳途径。这种不受拘束的讨论形式可以让成员非常自由地发表意见,集思广益,在很短的时间里为团体提供许多独特的、创新的思想和方法。同时团体成员在讨论的过程中,可以增强信心,开阔思路,培养团体合作精神。

1. 使用原则

(1) 延缓批判,禁止指责。为使主意容易产生,任何判断必须延至所有参加者发表其意见后,待整个活动快完成前才共同选出最佳的构想。

(2) 鼓励自由运转、异想天开。鼓励成员自由表达,想法越独特、意见越新奇越好。

(3) 构想越多越好。意见越多,得到最佳的解难方案的可能性亦越高。

(4) 公开交流,优化整合。讨论结束时,将各种意见按先后顺序排列,加以整合改进。

2. 操作实施

(1) 确定主题。脑力激荡法必须有明确的主题,且最好是单一问题,所以开始前必须界定清楚要讨论的题目。

(2) 说明规则。先要进行 10～15 min 的热身活动,让成员之间能够彼此熟悉起来,在此基础上引导成员了解必须遵守的规则,特别注意要限定讨论的时间。

(3) 鼓励发言。在活动进行过程中,辅导员必须旁敲侧击来促进和提升成员的参与热情和想象力,尽量营造轻松的、合作的、接纳的团体气氛,鼓励积极参与。不过,当时间将尽时,辅导员也要记得提醒成员。

(4) 记录,归并所提出的意见。可采用录音的方式记录每个成员的发言。为公平起见,到时间所有成员必须停止,每组统计数量,先后公布。

(5) 共同决定评估标准。评估的标准须由大家共同商定,辅导员不能搞一言堂。

(6) 根据评估标准共同选取最好的意见,可以设立一些奖项,如最具创意的、最实用的、最经济的、最可行的、最大众的、最幽默的点子,良性的竞争可以激发成员参与的主动性和热情。

3. 注意事项

(1) 讨论主题必须是开放性的问题,事先提出,其意义为大家所了解。

(2) 尽可能使每个人针对问题设计一种方案,不管这个方案听起来多么可笑或不切实际。

(3) 把每一种方案写在黑板或白板上,使每个人都能看见,以利于激发出新的方案。

(4) 鼓励由他人的方案引出新的方案。

(5) 主持者要设营造热烈的气氛。

(6) 全过程录音。

(7) 参加人员以 6～12 人为最恰当。

（二）轮换发言

轮换发言时辅导员要求每个成员依次对其提出的问题做出反应。这种方法对于获得信息，以及让成员参与方面有极大的助益，同时还有助于限制那些健谈的成员。有四种轮换发言的方式，具体如下文所述。

1. 确定词句轮换法

这种轮换方法就是辅导员要求成员对所提出的问题，从两三种答案中选择其一。这些答案都是一些确定的词或句子，如“是”、“不是”等。

辅导员：我想让你们考虑一下你们刚刚看过的电影，用以下三种描述中的一种来表明你们的反应，“非常有价值”、“有价值”或“没有价值”。

辅导员给成员留了些时间作决定，然后团体成员依次轮流发言。

2. 数字描述轮换法

这种轮换方法就是要求成员依次用1～10的等级描述自己的情况。这种回答经常会产生有趣的结果，即他们会对自己的评估与其他成员的评估结果之间差异很吃惊。

辅导员：在1至10的等级中，10代表“很多”，在你们早年的家庭环境中，你们认为争吵、打架和紧张达到了怎样的程度？

3. 简洁短语轮换法

在这种轮换中，辅导员提出一种要求，成员们被要求用一个词或小短句来回答，以保证谈话内容的简洁。

辅导员：用一个词或短语描述，你对学校的感觉如何？

4. 短评回答轮换法

在这种轮换中，辅导员问一个开放式的问题，给每个成员机会做短评式回答。这种轮换方式与前几种不同的是，在前几种轮换的用法中，辅导员可以更好地控制谈话的长度与内容。而用这种方法，每个成员可以谈1～2 min。当每个成员都发过言后，其他人能够了解他们的想法，这种谈话就能够更有效地进行下去。

辅导员：今天你对团体的突出印象是什么？我们来轮流回答，听听每个人的回答是什么。

以上四种轮换方式有一个共同的实用之处，即能够让辅导员快速获得信息，并将焦点集中到更需要关注的成员身上。下面看一个减肥团体运用确定性词句轮换方式的情况。

辅导员：让我们依次用“在这儿”、“正在这儿”、“没在这儿”词语进行回答。也就是说，你是将注意力集中在我们要做的事情上，还是你的思想在别的地方？如果你的注意力在这个团体上，就说“在这儿”，如果你的思想在别的地方，就说“不在这儿”。不要害怕说出“不在这”。如果你感觉自己正在把思想集中到这儿来，你可以说“正在这儿”。

成员A：在这儿。

成员 B:在这儿。

成员 C:正在到这儿。

成员 D:不在这儿。

成员 E:在这儿。

成员 F:不在这儿。

辅导员:我们能做些什么将你们的注意力带回到这儿?

成员 D:我的注意力正在集中到这儿——我今天下午四点钟有个工作预约,这让我很紧张不安。

成员 F:我很累,而且,我没吃午饭,我很快会将注意力集中。

辅导员:好的,那么我们就开始吧。D 同学,在我们谈论今天的话题前,你愿意花 5 min 讨论一下你的工作预约吗?然后再谈谈当你们节食时都做了些什么,以及你们是如何对付假期宴会的?

(在这种情况下,辅导员选择邀请 D 同学谈谈她的预约,即使这个话题与团体的目标无关,这种做法是为了帮助她减轻焦虑,足以使她的注意力重新集中到今天的话题上。)

(三)六六讨论法

由美国密歇根州立大学菲利普斯首倡的讨论方法,即把一个大群体(最好为 36 人)分为每组六人的小组,每人发言 1 min,共计只进行 6 min 的小组讨论,然后再回到大团体中分享及作最终的评估。该方法的基本原则是将大团体分成小团体进行讨论及分享,目的在于互相能听得更清楚,且能更有效地互动和执行工作。至于讨论的时间可以视具体情况有所调整,并不是绝对只能 1 min。与六六讨论法相似的是耳语讨论法,唯一不同的是小团体原则上是两人一组进行讨论。两人一组窃窃私语更容易实施。

三、处理特殊成员的技术

团体中每个成员都存在或多或少、或轻或重的个人问题,而每个人也会将自己的个性带进团体中,对团体造成一定的影响。更有甚者,其中有些成员基于其本身问题的独特性及其特异的个性,使他们的言行对整个团体或个别组员带来了干扰。倘若辅导员处理不当,这些组员会阻碍团体的发展和凝聚力的形成,同时会使团体的成效大打折扣。难以处理组员的类型相当多,在此只探讨其中较常见的四种。

1. 顽固的谈话者

这种成员很容易被发现,他们往往表现出持续地东扯西拉、重复和没完没了地闲聊。根据其多话原因可以将其分成三类:①紧张型,他们说话是为了减轻焦虑,因此只要有机会就会说个不停;②闲扯型,他们会讲很拖沓的琐碎的无意义的故事,并且常会重复;③卖弄型,他们的不安全感会促使他们回答所有的问题,问一些不相关的问题以吸引辅导员的注意,并且会给别的成员提出这样那样的建议。

要判断成员是否为一个多话者，辅导员应该考虑以下问题。

这个成员说了多长时间？

这个成员对其他成员的意见发表了多少评论？他的发言与团体的目的一致吗？

这个成员与别人抢话吗？

对这个成员的发言，别人已感到厌倦或恼怒了吗？

这个成员讲话是因为紧张还是想给别人留下印象？

对付多话的成员有三种策略。①两人结对法。在认出这个成员的基础上，辅导员让大家两人一组结成对子，并让自己和这个成员一组。在小组中，辅导员可以试着让该成员谈谈他的"多话"。②不点名提醒法。一般在会谈的开始阶段，辅导员可以事先提醒大家注意把握讲话时间。③成员反馈法。辅导员只有在确定有相当多的成员想要表达对多话成员的反感时，才可以使用反馈练习的方式。

辅导员：正如我在开始时所说的，团体中潜在的、最有益的方面之一就是，让成员们接收团体中其他人对自己的看法。从功能上来讲，这种反馈就像面镜子，让你知道团体中的其他人如何看待你，在座的哪一位愿意给另一位成员一点反馈？（成员反馈法）

2. 抵触的成员

在学校的团体心理辅导中，经常会出现一些被迫加入团体的成员，他们往往具有强烈的抵触情绪。我们可以根据这些成员的不同特点作出相应的处理。

（1）有的成员对团体的有效性持悲观态度，他们相信团体是没有用的，因而他们拒绝以合作的姿态参与其中。面对这类抵触的成员，辅导员可以让他们表白在团体中的感受，或者结成对子，一对一地与他交谈，或者在会谈结束之后努力帮他们改变这种情绪。如果所有这些努力都失败了而这个成员由于外界的原因又必须继续留在团体中，辅导员可以把那个成员排除在团体的焦点之外。

（2）有时候抵触成员反对的好像是辅导员的帮助，而不是成员的帮助。如果这样，可以采用辅导员不参与的结对、三人小组和多人小组讨论等形式，让成员们做主要的帮助工作。

（3）如果抵触成员反对的是团体成员的帮助而不是辅导员，在这种情况下，在团体内的个别辅导可能是最佳的选择。

3. 想难倒辅导员的成员

"想难倒辅导员"是指故意破坏辅导员在团体中的言行的意图。难倒辅导员的形式有不同意辅导员的安排，不按照辅导员的指导行事，提出无法回答的问题使辅导员难堪，或者在辅导员说话时交头接耳。难倒辅导员者与消极抵触者不同，因为前者的内心是想得到辅导员的注意，而后者则是漠然，对团体感到没有兴趣或愤怒。

成员们想要难倒辅导员的可能原因有很多。一般来说，是辅导员的所作所为致使成员觉得恼火或尴尬，从而激起了这些成员想难倒辅导员的意图。如把一个成员置于全组人的注视之下；不适当地打断成员发言（甚至包括适当打断成员发言）；没有给予成员说话的机会或没有觉察到成员想要发言；通知成员团体将重新讨论他的问题却食言了等。

辅导员在意识到某个成员想要难倒他时，应该做的第一件事情是把焦点从成员与自己的激烈争斗中转移开。请看下面一位辅导员是如何转移注意焦点的。

辅导员：我想让大家都闭上眼睛，并且试着想象。

成员A：（插话）你是不是打算还要再做一个愚蠢的想象练习？那有什么用？

辅导员：A，你不愿照做可以坐在一边看着，（对其他成员）大家请闭上眼睛，并且想象自己是一只动物……

一旦辅导员躲开了成员要难倒他的企图，他应该努力弄明白成员们为何把自己当成靶子。一般情况下辅导员会知道这事为什么会发生，如果不明白的话，他可以在分组会谈中与该成员分在同一个两人小组中，或者在会谈结束后与他谈话看看是否能获得一些信息。如果该成员不愿坦白他的想法，领导者还可以从其他成员那里了解情况。一般来说，这个成员会把不满的想法告诉他的伙伴而不告诉领导者。

弄明白成员企图难倒辅导员的原因后，要及时采用正确的办法来纠正问题。比如给该成员更多的关注，重新回到成员的问题，或确定不让这个成员成为焦点等。

4. 互相敌对的成员

在任何类型的团体中，一个成员不喜欢另一个成员是很常见的。这种不喜欢会从成员间的争论、反对和沉默中表现出来。如果可能，领导者应该在筛选面试时直接询问："这里有没有你不喜欢或不想在团体中共处的人？"但这并不是防止成员互相讨厌的简单有效的方法，因为就算成员们开始并不认识也会很快滋生出不满。一般来说，处理这种问题比较有效的方法有以下三种：①因为成员在团体内的行为也反映了他在团体外的行为，辅导员可以就此问题在团体中提出讨论，特别关注成员们是如何变得互相不喜欢的过程；②帮助成员们建立友谊，也是巩固团体关系、建立协调的有效工具；③当各种方法都使用后仍然收效甚微时，辅导员应注意调整目标，即不是让成员们彼此喜欢，而是让成员们不要因彼此的讨厌妨碍了他们从团体中获益。

在此需要特别强调的是，如果领导者决定在团体会谈中集中讨论两个成员间的主要冲突，最好是在会谈前同每个成员单独面谈。这种私人的接触能够建立额外的共情并获得成员的合作。如果辅导员很唐突地在团体中来处理这个问题，则很有可能使团体成为这两个人的"战场"。

【思考练习】

1. 请谈谈在学校心理健康教育中，进行团体心理辅导的必要性。

2. 作为团体心理辅导的辅导员，应该具备怎样的修养？

3. 根据"以人为中心"团体心理辅导理论，按照本章所介绍的团体辅导的四个阶段，设计一个专题的团体辅导方案。

4. 在实施上述团体辅导方案的过程中，记录并总结应对特殊成员的经验。

【课外延伸】

请利用班会时间以团体辅导的形式开展互动式主题班会。建议围绕某个主题，按照团体发展的自然规律至少分四次进行。

参 考 文 献

[1] 吴增强.现代学校心理辅导[M].上海:上海科学技术文献出版社,2004.

[2] 汤梅.论心理咨询与心理治疗和心理辅导的联系与区别[J].中国心理卫生杂志,2006(3).

[3] 张春云.心理咨询与思想政治教育的差异性分析[J].思想政治工作研究理论月刊,2006(3).

[4] 叶一舵,任志洪.台湾中小学辅导工作的目标与内容[J].中小学心理健康教育,2006(2).

[5] 边保旗.美国学校心理辅导的发展历程及启示[J].教育实践与研究(中学版),2001(12).

[6] 孙少平.国外学校心理辅导发展的历史和现状述略[J].现代教育论丛,1994(5).

[7] 傅林.国外与港台地区学校心理健康教育的几点启示[J].四川师范学院学报(哲学社会科学版),1998(2).

[8] 于鲁文.美国心理咨询的发展及职业化历程[J].心理学动态,1997(1).

[9] 易凌峰.国外心理教育的发展对我国当前心理教育的启示[J].西南师范大学学报,2000(4).

[10] 乐国安,李强,汪新建.咨询心理学[M].天津:南开大学出版社,2002.

[11] 中国心理学会,中国心理卫生协会.关于公布《卫生系统心理咨询与心理治疗工作者条例》的说明[J].心理学报,1993(2).

[12] 中国心理学会.关于公布“心理测验管理条例(试行)”和“心理测验工作者的道德准则”的说明[J].心理科学,1993(2).

[13] 中国心理学会.当代中国心理学[M].北京:人民教育出版社,2001.

[14] 钱铭怡.心理咨询与心理治疗[M].北京:北京大学出版社,1994.

[15] 于鲁文.论有效的心理咨询师[J].心理学动态,1997(4).

[16] (美)S. Cormier,等.心理咨询师的问诊策略[M].张建新,等,译.北京:中国轻工业出版社,2000.

[17] 中华人民共和国劳动和社会保障部.国家职业标准《心理咨询师》(试行)[M].北京:中央广播电视大学出版社,2001.

[18] (日)原田玲仁.每天懂一点色彩心理学[M].郭勇,译.陕西:陕西师范大学出版社,2009.

[19] (美)曾文星.文化与心理治疗[M].北京:北京大学医学出版社,2002.

[20] 郭黎岩.心理学[M].南京:南京大学出版社,2002.

[21] 韩永昌.心理学[M].上海:华东师范大学出版社,2001.

[22] 周宗奎.青少年心理发展与学习[M].北京:高等教育出版社,2007.
[23] 莫雷.青少年心理健康教育[M].上海:华东师范大学出版社,2003.
[24] 马建青.高中生心理健康与辅导[M].杭州:浙江大学出版社,2005.
[25] 徐学俊,王文.心理学教程[M].武汉:华中科技大学出版社,2010.
[26] 郑希付.中学生心理健康教育案例分析[M].广州:广东高等教育出版社,2004.
[27] 李华燕.中学生心理健康与心理咨询[M].广州:广东高等教育出版社,2000.
[28] 王玲.高中生常见心理问题及疏导[M].广州:暨南大学出版社,2006.
[29] 蔡笑岳.心理学[M].北京:高等教育出版社,2000.
[30] 张伯源,等.变态心理学[M].北京:北京科学技术出版社,1986.
[31] (奥)弗洛伊德.日常生活的心理分析[M].林克明,译.杭州:浙江文艺出版社,1986.
[32] (奥)弗洛伊德.精神分析引论[M].高觉敷,译.上海:商务印书馆,1984.
[33] 陈仲庚.心理治疗与咨询[M].沈阳:辽宁人民出版社,1989.
[34] 陈仲庚.变态心理学[M].北京:人民卫生出版社,1985.
[35] (美)曾文星,等.心理治疗[M].北京:人民卫生出版社,1987.
[36] 张小乔.心理咨询治疗与测验[M].北京:中国人民大学出版社,1993.
[37] 王玲,刘学兰.心理咨询[M].广州:暨南大学出版社,2005.
[38] 钟友彬.现代心理咨询——理论与应用[M].北京:科学出版社,1992.
[39] (日)高良武久.森田心理疗法实践——顺应自然的人生学[M].康成俊,等,译.北京:人民卫生出版社,1989.
[40] 森田正马.神经质的实质与治疗——精神生活的康复[M].臧修智,译.北京:人民卫生出版社,1992.
[41] 江光荣.心理咨询与治疗[M].安徽:安徽人民出版社,1995.
[42] 林孟平.辅导与心理治疗[M].香港:商务印书馆,1986.
[43] 马建青.辅导人生——心理咨询学[M].山东:山东教育出版社,1992.
[44] 刘华山.学校心理辅导[M].安徽:安徽人民出版社,1998.
[45] 张松.心理咨询的良好咨访关系[J].许昌学院学报,2004(6).
[46] 罗丹云.学校心理咨询中心理阻抗原因分析及对策[J].中国职业技术教育,2007(11).
[47] 谭雪晴.心理咨询中阻抗的成因与处理策略[J].中国行为医学科学,2007(5).
[48] 孔德生,蔡丽.不同心理治疗流派对移情的理解与运用[J].学术交流,2010(7).
[49] 刘俊升,周颖.移情的心理机制及其影响因素概述[J].心理科学,2008(4).
[50] 黄伟东.如何处理心理咨询中的移情现象[J].中小学心理健康教育,2008(3).
[51] 胡姝婧,江光荣.心理咨询过程-效果研究现状及展望[J].心理科学进展,2008(4).

[52] 朱旭,江光荣.咨询过程的深度:一个三维模型的验证研究[J].中国心理卫生杂志,2010(1).

[53] (美)G.伊根.高明的心理助人者——心理咨询的操作过程与技能[M].郑维廉,译.上海:上海教育出版社,1999.

[54] (美)麦克威廉姆斯.精神分析案例解析[M].钟慧,等,译.北京:中国轻工业出版社,2004.

[55] (美)韦尔费勒.心理咨询的过程——多元理论取向的整合探索[M].高申春,等,译.高等教育出版社,2009.

[56] (美)罗杰斯.个人形成论——我的心理治疗观[M].杨广学,等,译.北京:中国人民大学出版社,2004.

[57] (美)科里.心理咨询与治疗的理论及实践[M].谭晨,译.北京:中国轻工业出版社,2010.

[58] (美)韦纳.心理治疗法则[M].周博林,译.成都:四川人民出版社,2007.

[59] Blocher D H. The professional counselor. New York:Macmillan,1987.

[60] 江光荣.心理咨询的理论与实务[M].北京:高等教育出版社,2005.

[61] 中国就业培训技术指导中心,中国心理卫生协会.国家职业资格培训教程:心理咨询师(三级)[M].北京:民族出版社,2009.

[62] (英)乔伊斯.格式塔咨询与治疗技术[M].叶红萍,等,译.北京:中国轻工业出版社,2005.

[63] Malan D. Individual psychotherapy and the science of psychodynamics [M]. London:Butterworth,1979.

[64] Menninger K. Theory of psychoanalytic technique [M]. New York:Basic Books,1958.

[65] Nystul M S. Introduction to counseling:an art and science perspective [M]. Boston:Allyn & Bacon,2005.

[66] Conte C. Advanced Techniques for counseling and psychotherapy [M]. New York:Springer Publishing,2009.

[67] 钱铭怡.心理咨询与治疗[M].北京:北京大学出版社,1994.

[68] 乐国安,李强,汪新建.咨询心理学[M].天津:南开大学出版社,2002.

[69] 许玲玲.人际交流中非言语信息的采集[J].情报理论与实践,2005(5).

[70] 蔺桂瑞.共情使用中的误区及共情能力的提高[J].中国心理卫生杂志,2010(6).

[71] 段联峥.浅析具体化技术在大学生心理咨询中的运用[J].云南农业大学学报(社会科学报),2008(5).

[72] 郑日昌,等.心理测量学[M].北京:人民教育出版社,1999.

[73] 金瑜.心理测量[M].上海:华东师范大学出版社,2001.

[74] 刘远我.人才测评的几个认识误区[J].中国人力资源开发,2003(10).

[75] 林传鼎.我国古代心理测验方法试探[J].心理学报,1980(1).

[76] 关丹丹,张厚粲.信度的再认识与信度概括化研究[J].心理科学,2004(2).

[77] 斯腾伯格.超越IQ——人类智力的三元理论[M].俞晓琳,吴国宏,译.上海:华东师范大学出版社,1999.

[78] 龚耀先.韦氏成人智力量表的修订[J].心理学报,1983(3):205-212.

[79] 凌文辁,方俐洛.心理与行为测量[M].北京:机械工业出版社,2004.

[80] 陈仲庚,等.艾森克人格问卷的项目分析[J].心理学报,1983(2).

[81] 严瑜.心理测量与人才评鉴[M].北京:人民出版社,2008.

[82] 吴增强.学校心理辅导通论:原理·方法·实务[M].上海:上海科技出版社,2005.

[83] 姚本先.学校心理健康教育新论[M].北京:高等教育出版社,2010.

[84] 岳晓东.中小学心理辅导实用理论与技巧[M].北京:北京师范大学出版社,2001.

[85] 徐学俊.青少年心理辅导[M].武汉:湖北人民出版社,1995.

[86] 刘华山.学校心理辅导[M].安徽:安徽人民出版社,1998.

[87] 徐光兴.学校心理学——心理辅导与咨询[M].上海:华东师范大学出版社,2008.

[88] 徐学俊.构建中小学心理辅导体系的研究[J].教育研究,2000(12).

[89] 杭州教科所.中学生心理健康教育读本[M].杭州:杭州大学出版社,1997.

[90] 吴增强.现代学校心理辅导[M].上海:上海科学技术文献出版社,1998.

[91] 陈一筠,王秀芳.青春期人生教育手册[M].北京:社会科学文献出版社,1998.

[92] (美)曾文星.性心理分析与治疗[M].北京:北京大学出版社,北京大学医学出版社,2004.

[93] 岳晓东.中小学心理辅导实用理论与技巧[M].北京:北京师范大学出版社,2001.

[94] 龙迪.我们的青春我们的身体[M].北京:中国青年出版社,2001.

[95] 贾晓波,陈世平.学校心理辅导实用教程[M].天津:天津教育出版社,2002.

[96] (英)霭理士.性心理学[M].潘光旦,译.上海:上海三联书店,2006.

[97] 贾晓波.走出心理误区中小学生心理辅导与咨询案例[M].天津:天津教育出版社,2001.

[98] 胡家辉,邓明昱.儿童·少年性知识启蒙[M].沈阳:辽宁科学技术出版社,1991.

[99] 刘华山,江光荣.咨询心理学[M].上海:华东师范大学出版,2010.

[100] (美)理查德·格里格,菲利普·津巴多,著.心理学与生活[M].王垒,等,译.北京:人民邮电出版,2003.

[101] 马惠娣.人类文化思想史中的休闲——历史·文化·哲学的视角[J].自然辩证法研究,2003(1).

[102] 马惠娣,刘耳.西方休闲学研究述评[J].自然辩证法研究,2001(5).
[103] 宁晓菊.大学生休闲生活调查研究——以南华工商学院为例[J].广东青年干部学院学报,2006(4).
[104] 蒋晓明,方成智,林洁.大学生休闲现状调查报告[J].长沙民政职业技术学院学报,2009(1).
[105] 王镜.大学生休闲状况调查与休闲教育探索[J].人力资源管理,2010(5).
[106] 石绍华,等.北京中学生的消费价值观与消费行为[J].心理学报,2002(6).
[107] 米珍,穆莉,答会明.城市小学高年级学生零花钱现状及对策研究[J].卫生职业教育,2009(11).
[108] 梁玲玲.关于中小学生"人情消费"的调查[J].上海教育科研,2005(8).
[109] 龙立荣,李晔.职业辅导思想的嬗变——从职业指导到生涯辅导[J].华中师范大学学报(人文社会科学版),2001(6).
[110] 龙立荣,方俐洛,凌文辁.职业成熟度研究进展[J].心理科学,2000(5).
[111] 李亚真,叶一舵.大学生的生涯成熟度研究[J].教育评论,2007(6).
[112] 池忠军.生涯辅导的理论渊源与方法辨析[J].中国矿业大学学报(社会科学版),2003(1).
[113] 吴炳进.高中生涯辅导课程设计的实践探索[J].中国校外教育(理论),2009(7).
[114] (美)珀文.人格科学[M].周榕,等,译.上海:华东师范大学出版社,2001.
[115] 刘宣文.学校发展性辅导[M].北京:人民教育出版社,2004.
[116] (美)施密德.学校心理咨询实用规划[M].沈湘秦,译.北京:中国轻工业出版,2005.
[117] 沈之菲.生涯心理辅导[M].上海:上海教育出版,2000.
[118] 汪向东,等.心理卫生评定量表手册[M].北京:中国心理卫生杂志社出版社,1999.
[119] (美)Zimmerman,等.自我调节学习——实现自我效能的超越[M].姚梅林,等,译.北京:中国轻工业出版社,2001.
[120] (美)戴维·艾伦.尽管去做——无压力工作的艺术[M].北京:中信出版社,2003.
[121] 林建华.中学生心理教育原理与教程[M].南京:南京大学出版社,1999.
[122] Shulman L. The Skills of Helping Individuals Families, Groups, and Communities[M]. Illinois:F. E. Peacock Publishers,1981.
[123] Lieberman M A,Yalom I D,Miles M B. Encounter Groups:First Facts[M]. New York:Basic Books,1973.
[124] 林孟平.小组辅导与心理治疗[M].上海:上海教育出版社,2005.
[125] 刘勇.团体咨询治疗与团体训练[M].广州:广东高等教育出版社,2003.

[126] (美)Ed E. Jacobs,(美)Robert L. Masson,(美)Riley L. Harvill. 团体咨询的策略与方法[M]. 洪炜,等,译. 北京:中国轻工业出版社,2000.
[127] 李坤崇. 班级团体辅导[M]. 北京:中国人民大学出版社,2010.
[128] 陈虹,郑小东. 中小学生团体心理辅导[M]. 福州:福建教育出版社,2008.
[129] 颜农秋. 朋辈心理辅导理论与技巧[M]. 广州:中山大学出版社,2007.
[130] 樊富珉. 团体心理咨询[M]. 北京:高等教育出版社,2005.